Lorrie L. Brubacher

# Wegweiser Emotionsfokussierte Paartherapie

Paare prozess- und bindungsorientiert durch
den Dschungel der Gefühle begleiten

Aus dem Englischen von Ursula Becker

Mit 6 Abbildungen

Vandenhoeck & Ruprecht

*Dieses Buch widme ich folgenden Personen:*
*Sue Johnson, einer außergewöhnlichen Mentorin und Wegbereiterin.*
*Carl Rogers, Quelle und Inspiration für all das.*
*John Bowlby, der den schwierigen Momenten des Lebens Sinn verleiht.*
*Dan Perlman, meinem sicheren Hafen und meiner sicheren Basis an jedem Tag.*
Lorrie L. Brubacher

Bibliografische Information der Deutschen Nationalbibliothek:
Die Deutsche Nationalbibliothek verzeichnet diese Publikation in der
Deutschen Nationalbibliografie; detaillierte bibliografische Daten sind
im Internet über https://dnb.de abrufbar.

© 2020, Vandenhoeck & Ruprecht GmbH & Co. KG, Theaterstraße 13, D-37073 Göttingen
Alle Rechte vorbehalten. Das Werk und seine Teile sind urheberrechtlich
geschützt. Jede Verwertung in anderen als den gesetzlich zugelassenen Fällen
bedarf der vorherigen schriftlichen Einwilligung des Verlages.

Autorisierte Übersetzung der englischsprachigen Ausgabe von Routledge, einem Mitglied
der Taylor & Francis Group

Originalausgabe: Lorrie L. Brubacher, Stepping Into Emotionally Focused Couple Therapy.
Key Ingedrients of Change. New York: Routledge, Taylor & Francis Group.
Copyright © 2018 Lorrie L. Brubacher
ISBN 9781782203254

Fachlektorat: Christine Weiß, Hendrik Weiß, EFT Community Deutschland e.V.
www.eft-paartherapie.de

Umschlagabbildung: Graffiti-Herz/pixabay

Satz: SchwabScantechnik, Göttingen
Druck und Bindung: ♾ Hubert & Co. BuchPartner, Göttingen
Printed in the EU

Vandenhoeck & Ruprecht Verlage | www.vandenhoeck-ruprecht-verlage.com

ISBN 978-3-525-40497-3

# Inhalt

Vorwort zur englischen Ausgabe von Sue Johnson und Alison Lee .... 11
Vorwort zur deutschen Ausgabe von Christine Weiß, Vorsitzende
der EFT Community Deutschland ................................. 12
Anmerkung zur deutschen Ausgabe ................................. 14
Einführung ...................................................... 15
Wozu überhaupt ein Einführungsbuch in die emotionsfokussierte
Paartherapie (EFT)? ............................................. 15
Eine Theorie der Liebe zwischen Erwachsenen und ihre Bedeutung für die
Paartherapie .................................................... 15
Von der Beziehungskrise zur sicheren Bindung: die Bindungstheorie als
Wegweiser ....................................................... 16
Im Fokus: Was macht die EFT eigentlich wirksam? ................. 17
Eine experientielle Perspektive ................................. 18
Schlüsselbestandteile der Veränderung in der EFT ................ 18
Überblick über dieses Buch ...................................... 19

## Teil I   Emotionsfokussierte Paartherapie: Liebe als Bindungsprozess

**Kapitel 1**  Einführung in die emotionsfokussierte Paartherapie (EFT)  24
  Die Wurzeln der EFT: drei Welten begegnen sich ................ 27
  Die Landkarte der EFT: Schritte und Phasen der Veränderung .... 30
  Wirksamkeitsbelege ............................................ 36
  Drei Paare .................................................... 38
  Tanja und Kilian: Protest gegen Gleichgültigkeit (Protest-Polka) 39
  Philipp und Julia: Selbstschutz im Rückzug-Rückzugs-Zyklus
  (Erstarren und Fliehen) ....................................... 40
  Gefangen im gegenseitigen Angriff (Suche den Bösewicht):
  Sophie (Verfolgerin) und Ella (Rückzüglerin) .................. 41
  Die Schlüsselbestandteile der Veränderung im Überblick ........ 43

| | | |
|---|---|---|
| Kapitel 2 | **Schlüsselbestandteile der Veränderung auf der EFT-Landkarte** | 45 |
| | Vorbemerkung | 45 |
| | Klientenbezogene Faktoren | 46 |
| | Therapeutische Interventionen | 49 |
| | Interventionen mit dem Ziel, Interaktionszyklen nachzuverfolgen und Raum für neue Interaktionen zu schaffen | 64 |
| | Die Interventionen in der EFT im Überblick | 69 |
| | Die Schlüsselbestandteile der Veränderung im Überblick | 70 |
| Kapitel 3 | **Liebe als Bindungsbeziehung – ein revolutionär neuer Ansatz** | 72 |
| | Menschliche Liebe und Bindung | 74 |
| | Bindungstheorie in der Praxis – ein Einstieg | 75 |
| | Die Eltern-Kind-Beziehung | 76 |
| | Was in erwachsenen Bindungsbeziehungen geschieht | 80 |
| | Bindungssicherheit verändert das Gehirn | 83 |
| | Die grundlegenden Gesetzmäßigkeiten menschlicher Liebe und Bindung | 84 |
| | Die Bindungstheorie als Lotse – ein steiniger Weg | 94 |
| | Fazit | 100 |
| | Die Schlüsselbestandteile der Veränderung im Überblick | 101 |

## Teil II  Wenn die Bindungsemotionen Alarm schlagen: Deeskalation negativer Zyklen in Phase 1 der EFT

| | | |
|---|---|---|
| Kapitel 4 | **Assessment und Aufbau einer Allianz: Bindungserleben in Schritt 1 und 2** | 104 |
| | Was die EFT-Therapeutin in Schritt 1 und 2 sieht und hört | 105 |
| | Was EFT-Therapeutin und Klienten in Schritt 1 und 2 tun | 110 |
| | Schritt 1: Assessment und Aufbau einer Allianz | 111 |
| | Schritt 2: Dem negativen Interaktionszyklus auf der Spur | 118 |
| | Wie die EFT-Therapeutin Schritt 1 und 2 umsetzt | 126 |
| | Fazit | 132 |
| | Die Schlüsselbestandteile der Veränderung in Schritt 1 und 2 | 132 |

| | | |
|---|---|---|
| Kapitel 5 | Die Tyrannei unbeachteter Emotionen: das Auffächern der Emotionen im Veränderungsereignis Deeskalation (Schritt 3 und 4) | 135 |
| | Schritt 3 und 4 | 136 |
| | Emotionen in der EFT | 138 |
| | Was die EFT-Therapeutin in Schritt 3 und 4 sieht und hört | 144 |
| | Was EFT-Therapeutin und Klienten in Schritt 3 und 4 tun | 149 |
| | Wie die EFT-Therapeutin Schritt 3 und 4 umsetzt | 157 |
| | Fazit | 158 |
| | Die Schüsselbestandteile der Veränderung in Schritt 3 und 4 | 160 |

## Teil III  Emotionen als Motor der Veränderung: die Neugestaltung der Bindung in Phase 2 der EFT

| | | |
|---|---|---|
| | Vorbemerkung zu Teil III | 164 |
| | Eine grundlegende Veränderung | 164 |
| | Entscheidende Unterschiede | 165 |
| Kapitel 6 | Das Veränderungsereignis »Wiedereinbindung des Rückzüglers«: Emotionen als Motor der Veränderung (Schritte 5–7) | 167 |
| | Phase 2: Der Rückzügler geht voran | 167 |
| | Was die EFT-Therapeutin im Veränderungsereignis »Wiedereinbindung des Rückzüglers« sieht und hört | 168 |
| | Was EFT-Therapeutin und Partner im Veränderungsereignis »Wiedereinbindung des Rückzüglers« tun | 171 |
| | Wie die EFT-Therapeutin die Veränderung in Phase 2 begleitet | 183 |
| | Fazit | 189 |
| | »Wiedereinbindung des Rückzüglers«: Schlüsselbestandteile der Veränderung in Schritt 5, 6 und 7 | 190 |

Kapitel 7   Das Veränderungsereignis »Erweichen des Anklägers«:
            Emotionen als Motor der Veränderung (Schritte 5–7) ...... 193
            Was die EFT-Therapeutin im Veränderungsereignis »Erweichen
            des Anklägers« sieht und hört ............................ 195
            Was EFT-Therapeutin und Klienten im Veränderungseignis
            »Erweichen des Anklägers« tun ........................... 197
            Die Meta-Perspektive: was Partner und Therapeutin tun ....... 208
            Wie die EFT-Therapeutin das Paar darin unterstützt, das
            »Erweichen des Anklägers« gemeinsam zu gestalten .......... 209
            Phase 2 im Überblick ...................................... 210
            »Erweichen des Anklägers«: Schlüsselbestandteile
            der Veränderung in Schritt 5, 6 und 7 ..................... 211

## Teil IV   Integration und Konsolidierung

Kapitel 8   Phase 3: Sichere Bindung konsolidieren (Schritt 8 und 9)   216
            Was die EFT-Therapeutin in Schritt 8 und 9 sieht und hört .... 217
            Was EFT-Therapeutin und Klienten in Schritt 8 und 9 tun ..... 220
            Wie die EFT-Therapeutin zum Gelingen von Phase 3 beitragen
            kann .................................................... 224
            Fazit ................................................... 226
            Schlüsselbestandteile der Veränderung in Schritt 8 und 9 ...... 226

Kapitel 9   Implementierung und Konsolidierung der EFT-Landkarte
            von Veränderung ........................................ 228
            Mikromarker impliziter Emotion: das Herzstück des EFT-
            Veränderungsprozesses .................................. 229
            Marker der Schritte und Phasen der EFT .................. 233
            Marker in Phase 2 ....................................... 248
            Verstehen mittels Felt Sense ............................ 254
            Der Felt Sense durch die Schritte und Phasen hindurch ........ 259
            Fazit ................................................... 259

## Teil V     Häufige Hürden in der EFT-Therapie

Einführung in Teil V .................................... 262

**Kapitel 10**    **Suchtprozesse als Bindungsersatz** ........................ 264
Suchtprozesse – alles eine Frage der Bindung ................ 265
Suchtprozesse als Bindungsstörung: auf der Suche nach
emotionaler Regulation ..................................... 265
Sucht als motivationsgetriebener Prozess .................... 267
Was die EFT-Therapeutin bei aktiven Suchtprozessen
sieht und hört ........................................... 270
Was die EFT-Therapeutin bei aktiven Suchtprozessen tut ...... 271
Fallbeispiel von Emily mit Janina und Juri .................. 273
Fazit .................................................... 277

**Kapitel 11**    **Zerbrochene Bindungen reparieren: Vergebung und Versöhnung mit dem EFT-Modell zur Überwindung von Bindungsverletzungen** ........................................ 279
Was ist eine Bindungsverletzung? ........................... 279
Was eine Bindungsverletzung nicht ist ...................... 281
Bindungsverletzungen in unterschiedlichem Gewand ........... 282
Eine klaffende Wunde: Phase-1-Arbeit mit einer offenliegenden
Bindungsverletzung ........................................ 283
Das EFT-Modell zur Überwindung von Bindungsverletzungen
(AIRM) ................................................... 288
Das EFT-Modell zur Überwindung von Bindungsverletzungen
(AIRM) bei einer in Phase 2 sichtbar werdenden
Bindungsverletzung ........................................ 291
Fazit .................................................... 297

| Teil VI | Die nächsten Schritte | |
|---|---|---|
| | Vorbemerkung zu Teil VI | 300 |
| Kapitel 12 | Das bindungsbasierte Konzept der EFT auf Einzeltherapie erweitern | 301 |
| | Das Ziel emotionsfokussierter Einzeltherapie | 305 |
| | Entpathologisieren: Muster der Emotionsregulation | 306 |
| | Das EFT-Modell therapeutischer Veränderung in der Einzeltherapie | 310 |
| | Die fünf Moves des EFT-Tangos in der Einzeltherapie | 315 |
| | Fazit | 326 |
| Kapitel 13 | Ihr zukünftiger Weg mit der EFT | 328 |
| | Kostbare Perlen | 329 |
| | Teil der Gemeinschaft werden | 333 |
| | Im Erleben des EFT-Modells wachsen | 335 |
| | Ihre nächstmöglichen EFT-Schritte | 335 |
| | EFT-Haiku | 337 |

Dank .................................................................. 339

Glossar ............................................................... 341

Literatur ............................................................. 344

# Vorwort zur englischen Ausgabe von Sue Johnson und Alison Lee

Wir sind fest davon überzeugt, dass dieses Buch zu einer unschätzbaren Quelle für EFT-Therapeuten jeglicher Erfahrungsstufe werden wird. Es gibt Antworten auf die Frage »Wie geht das genau?«, verdeutlicht anhand einer Vielzahl von Fallbeispielen das therapeutische Vorgehen an jedem Punkt des Prozesses und führt die Leser und Leserinnen in das weite Feld der EFT-Begrifflichkeiten ein.

Jeder Schritt und jede Stufe der EFT werden sowohl theoretisch als auch praktisch gut nachvollziehbar und verständlich beschrieben. Dabei geht Lorrie Brubachers Fokus weit über die praktische Anwendung hinaus. Sie füllt den Begriff der experientiellen, d. h. erfahrungsbasierten Therapie mit Leben, zeigt uns, wie wir Klienten in der von Moment zu Moment auftauchenden emotionalen Erfahrung begleiten und wie wir emotionales Engagement zwischen den Partnern fördern. In Kapitel 9 gibt sie ihren Lesern eine wunderbare Übersicht aller Marker, die Therapeuten und Therapeutinnen in ihrer Arbeit mit Emotionen und auf ihrem Weg durch die Schritte und Phasen der EFT als Wegweiser dienen.

Die Inhalte dieses Buchs decken sich mit der »Praxis der Emotionsfokussierten Paartherapie« (Johnson, 2004) und beziehen darüber hinaus aktuelle Forschungsergebnisse und neue Entwicklungen in der EFT mit ein. In einer Vielzahl von Zitaten und Verweisen verbindet Brubacher die Inhalte der EFT mit aktuellen Befunden aus der EFT-Forschung sowie den Originalarbeiten von Bowlby, Coan, Mikulincer und Shaver, den führenden Köpfen der Bindungsforschung.

In einem aufwendigen Prozess ist es ihr gelungen, die intellektuellen und theoretischen Wurzeln der EFT herauszuarbeiten, und als EFT-Therapeutin, Supervisorin und Trainerin zeigt sie sich als hervorragende Expertin. Sie werden den »Wegweiser Emotionsfokussierte Paartherapie« mit Genuss lesen!

# Vorwort zur deutschen Ausgabe von Christine Weiß, Vorsitzende der EFT Community Deutschland

Die Emotionsfokussierte Therapie nach Sue Johnson fasst endlich im deutschsprachigen Raum Fuß. Seit einigen Jahren lernen Kollegen und Kolleginnen in Deutschland, Österreich und der Schweiz von ICEEFT[1] zertifizierten Trainern und Supervisoren die Exzellenz der emotionsfokussierten Arbeit kennen; die Methode wird von Paaren zunehmend angefragt und Jahr für Jahr stehen uns mehr Lernressourcen in der deutschen Sprache zur Verfügung. Es ist ein deutschsprachiges EFT-Netzwerk entstanden, das sich seit 2017 als eigener Verband, der EFT Community Deutschland (EFTCD), organisiert, angeschlossen an die Kanadische Mutterorganisation ICEEFT. Wir sind also auch hier endlich am Puls der EFT-Zeit angelangt und damit Teil des renommierten internationalen Netzwerks mit Therapeutinnen aus über vierzig Ländern – Tendenz steigend.

Zu diesem Zeitpunkt sind wir in der EFTCD mehr als hocherfreut, Lorrie Brubachers Buch »Stepping into EFT« – »Wegweiser Emotionsfokussierte Paartherapie« jetzt auf Deutsch in unserer Hand halten zu können. Wir danken Vandenhoeck & Ruprecht und der Übersetzerin Ursula Becker für ihre brillant gelungene Arbeit! Wir sind dankbar, dass wir als EFTCD mit unserem Fachlektorat des deutschen Textes einen Beitrag dazu leisten konnten, dass sich die original englische EFT-Fachsprache im Deutschen bestmöglich widerspiegelt.

Ja, wir Menschen brauchen Bindung – das verdeutlicht uns die Bindungswissenschaft seit John Bowlby jedes Jahr mehr. Um es mit Sue Johnson zu sagen: »Wir müssen anerkennen, dass wir mehr sind als Homo sapiens. Wir sind Homo vinculum – wir binden uns an andere. Und diese Verbundenheit ist es, die uns rettet. So war es immer.«[2]

---

1 ICEEFT (International Centre for Excellence in Emotionally Focused Therapy) ist die Kanadische EFT-Mutterorganisation mit Sitz in Ottawa, Kanada (www.iceeft.com).
2 Siehe ICEEFT-Homepage.

Bindung ist der Nährboden der EFT. Sie arbeitet mit ihren Klienten am Kern ihres Menschseins. Sie hilft ihnen, zu wachsen – und wir Therapeuten und Therapeutinnen wachsen gemeinsam mit unseren Klienten. Die EFT hilft Paaren, Familien und Individuen auf den Weg zu sicherer Bindung –, die uns Menschen, so zeigen die revolutionären Ergebnisse der Bindungswissenschaft, gesünder, zufriedener und empathischer macht, die uns auffängt in Zeiten von Schicksalsschlägen und Stressoren im Außen, die unsere Heilungschancen bei Krankheit erhöht und uns länger leben lässt. Auf dem Weg zu sicherer Bindung geht die EFT in das Erfahrbare – sie nutzt die Veränderungskraft der Kernemotionen, sie hilft, neue Erfahrungen zu machen und diese gemeinsam zu reflektieren. Neue, sichere Bindungserfahrungen werden emotional-physiologisch verankert und sind der Motor für das sich umstrukturierende Paarsystem. Mit Brubachers Buch in Ihren Händen lernen Sie verstehen, wie das in und mit EFT geht. Und Brubachers Sprache spricht mehr in uns an als allein unsere kognitive Ebene: An der Seite der imaginierten Therapeutin Emily, die uns durch dieses Buch hinweg an ihrem Lernprozess teilhaben lässt und uns einige ihrer Klientenpaare vorstellt, gelingt es Brubacher, dass wir EFT in uns erleben können. Der Buchtitel »Wegweiser Emotionsfokussierte Paartherapie« ist Programm. Dieses Buch lässt Sie die Methode umfassend kennenlernen und weiter vertiefen. Es ist ein Reiseführer durch den Dschungel der paartherapeutischen Arbeit – und darüber hinaus finden Sie ein zusätzliches Kapitel über die emotionsfokussierte Einzeltherapie.

Brubachers Buch unterstützt Sie dabei, eine gute Paartherapeutin oder ein guter Paartherapeut zu werden. Ich selbst habe die englischsprachige Originalausgabe nach deren Erscheinen nahezu »eingeatmet«. Das Fachlektorat der deutschen Übersetzung zusammen mit meinem Mann Hendrik Weiß hat uns EFT noch einmal ein Stück nähergebracht. Jeder Satz, den Sie von Brubacher lesen werden, ist kristallklare EFT. Ich wünsche Ihnen Freude und Wachstum auf Ihrer EFT-Reise und beim Lesen dieses Buches!

Christine Weiß,
Vorsitzende der EFT Community Deutschland (EFTCD) e. V.

# Anmerkung zur deutschen Ausgabe

In der EFT arbeiten wir mit Paaren verschiedener kultureller, religiöser oder nationaler Herkunft, mit gegengeschlechtlichen sowie gleichgeschlechtlichen Paaren. Die Bindungswissenschaft und die Praxis der EFT zeigen uns, dass, wenn Bindung zwischen zwei Liebenden unsicher ist, Bindungsdynamiken unabhängig vom Geschlecht und der Herkunft ähnlich entstehen können. In diesem Buch wird zwischen der männlichen und weiblichen Form so manches Mal gewechselt, um den Lesefluss zu erleichtern. Die Geschlechtszugehörigkeit und damit die Namensgebung sind frei erfunden und ebenso für andere Paarkonstellationen vorstellbar.

Treue Begleiterin durch dieses Buch ist Emily, eine junge EFT-Therapeutin, der wir auf ihrem Weg folgen und die uns teilhaben lässt an ihren Erfahrungen. Aus diesem Grund haben wir uns in diesem Buch durchgängig für die weibliche Form, d. h. »Therapeutin« entschieden und sprechen dabei natürlich alle Geschlechter an.

# Einführung

## Wozu überhaupt ein Einführungsbuch in die emotionsfokussierte Paartherapie (EFT)?

Unabhängig davon, ob Sie sich noch ganz am Anfang oder bereits in einer fortgeschrittenen Etappe Ihres EFT-Lernprozesses befinden oder EFT-Therapeutin auf der Suche nach einem Refresher sind – dieses Buch mit seiner umfassenden Darstellung der EFT, einer Vielzahl praktischer Tipps, mutmachenden Gedanken und bindungsbasierten Inspirationen wendet sich an Sie alle. Wie in Kapitel 1 dargestellt, belegt die Verlaufs- und Ergebnisforschung, dass die EFT nicht ohne Grund als das derzeit effektivste Paartherapiemodell bezeichnet wird. Ich möchte Sie mit diesem Buch emotional berühren und anregen und Sie mit der Technik und Kunstfertigkeit von Sue Johnsons (2004) Modell von Veränderung vertraut machen. Mein Anliegen ist es, einen Beitrag zur Verbesserung Ihrer paartherapeutischen Kompetenz zu liefern und Ihre Fähigkeit zu stärken, sich auf den jeweils gegenwärtigen Moment *in Ihnen* und *in Ihren Klienten* und in der Interaktion *zwischen* den Teilnehmern dieser von Bindungsmomenten geprägten Reise einzustimmen. Die folgenden Kapitelüberschriften geben Ihnen einen Überblick über das, was Sie in diesem Buch erwartet und wovon ich hoffe, dass es Ihre praktische Tätigkeit bereichern wird.

## Eine Theorie der Liebe zwischen Erwachsenen und ihre Bedeutung für die Paartherapie

Die EFT basiert als einziges Paartherapiemodell auf einer klar umrissenen und empirisch bestätigten Theorie der Liebe zwischen Erwachsenen. Das Grundverständnis der EFT, die Liebe zwischen Erwachsenen als Bindungsprozess zu sehen, gibt Orientierung und Antwort auf Fragen wie: Was geschieht in Paarkonflikten? Wo will ich mit diesem Paar eigentlich hin? Wie, auf welche

Weise kann Verbesserung erreicht werden? Eine klar formulierte Theorie der Liebe zwischen Erwachsenen zeigt nicht nur auf, was eine gelingende Liebesbeziehung auszeichnet, sondern gibt Paartherapeuten auch eine Landkarte an die Hand, die den Weg zu diesem Ziel aufzeigt. Ohne eine solche Theorie verlieren sich Therapeuten allzu schnell in einem Dschungel aus Konflikten, Distanzierung, Verletzungen und Verzweiflung und begeben sich auf eine Reise ohne klaren Ziel- und Endpunkt und ohne die Not des Paares zu verstehen, die sich hinter den triggernden äußeren Konfliktherden verbirgt. Ohne eine solche Theorie gleicht Paartherapie einer Reise, deren Ziel im besten Fall die Liebe ist, allerdings ohne ein zuverlässiges Navigationsgerät, das Orientierung auf dem Weg gibt.

Bindungstheorie und Bindungswissenschaft ermöglichen uns ein neues Verständnis der Liebe zwischen Erwachsenen und halten eine zuverlässige Landkarte bereit, um ein System zu verändern, angetrieben durch Bindungsemotionen und -bedürfnisse, die noch keinen adäquaten Ausdruck gefunden haben. Ich werde Ihnen in diesem Buch anhand vieler Fallbeispiele aufzeigen, wie uns die Bindungsbrille helfen kann, auch noch so schwierige und entmutigende Paarinteraktionen unter einem neuen Blickwinkel zu sehen und zu normalisieren. Die Fähigkeit, Paarkonflikte als »Bindungsstress« zu verstehen, gibt Paartherapeuten unterschiedlicher Ausrichtung ein Handwerkszeug an die Hand, das sich vor ihren Augen abspielende, oft völlig irrational erscheinende und die Partner schier verrückt machende Drama zu entpathologisieren und ihm Sinn zu geben.

## Von der Beziehungskrise zur sicheren Bindung: die Bindungstheorie als Wegweiser

Neun Schritte, drei Phasen und drei entscheidende Veränderungsereignisse – diese Struktur der EFT kann auf den ersten Blick einschüchternd wirken. Therapeuten, die sich auf den Weg machen, die EFT in ihr therapeutisches Handeln zu integrieren, müssen sich (1) auf ein neues Paradigma der Liebe zwischen Erwachsenen und von Beziehungskonflikten einlassen, (2) die Landkarte der Veränderung verinnerlichen und (3) experientielle, d. h. erfahrungsbasierte sowie systemische Interventionen miteinander verbinden – stets unter der Leitperspektive der Bindungsemotionen als Motor und Endpunkt der Veränderung.

Mit dem Buch »Wegweiser Emotionsfokussierte Paartherapie. Paare prozess- und bindungsorientiert durch den Dschungel der Gefühle begleiten« geben wir

Ihnen eine Anleitung an die Hand, die EFT Schritt für Schritt kennenzulernen. Nach einer kurzen und prägnanten Einführung in Johnsons (2004) empirisch belegtes Paartherapiemodell beschäftigt sich dieses Buch vornehmlich mit der praktischen Umsetzung des Modells und wendet sich damit sowohl an erfahrene Paartherapeutinnen auf der Suche nach einem Paradigmenwechsel als auch an junge Psychotherapeuten und graduierte Studierende, die die EFT in ihre klinische Praxis integrieren möchten. Das Buch ist ebenso eine Einladung an Paartherapeuten anderer Therapierichtungen, um neugierig gewissermaßen eine Zehenspitze in EFT-Gewässer einzutauchen und die Wirkung der EFT in der Paartherapie zu erkunden.

## Im Fokus: Was macht die EFT eigentlich wirksam?

In der breiten Öffentlichkeit wächst die Erkenntnis, dass Paartherapie mehr sein kann als reine Konfliktbewältigung. Angeregt durch Johnsons (2008, 2013) beliebte und bindungswissenschaftlich fundierte Selbsthilfebücher suchen immer mehr Paare gezielt nach EFT-Therapeuten – Therapeuten, die sie auf ihrem Weg zu neuer Verbundenheit unterstützen können.

Wenn Paartherapeuten in die EFT einsteigen, sind sie fast immer begeistert von der Idee, ihre Aufmerksamkeit von den präsentierten Problemen des Paares zu einem Prozessmodell zu verlagern, das Paare erwiesenermaßen in der Entwicklung einer sicheren Bindung unterstützt. Sie empfinden es als befreiend, ihr bisheriges Bemühen um eine Problemlösung durch die Deeskalation negativer Interaktionszyklen zu ersetzen. Die diesen Zyklen zugrunde liegenden Emotionen werden im therapeutischen Prozess neu bearbeitet, um aus alten Mustern neue Muster stabiler, sicherer Bindung entstehen zu lassen. Unabhängig davon, ob Sie bereits entschlossen sind, diesen bindungsorientierten Paradigmenwechsel mit zu vollziehen oder noch zögern, wird es Ihre therapeutische Praxis bereichern, die Schlüsselelemente der EFT kennenzulernen, denen erwiesenermaßen eine entscheidende Funktion im Prozess nachhaltiger therapeutischer Veränderung zukommt (Greenman u. Johnson, 2013). Mein Wunsch und Anliegen ist es, Sie als praktisch Tätige mit Hilfe dieses Buchs in die Lage zu versetzen, die Elemente der EFT nach und nach in Ihre Arbeit zu integrieren. Einige von Ihnen werden damit zuerst etwas experimentieren und noch überlegen, ob sie das Modell komplett annehmen. Andere suchen eher nach Bestätigung und Anleitung, um sich voll und ganz in das Abenteuer EFT stürzen und diese in ihrer Praxis umsetzen zu können.

## Eine experientielle Perspektive

Johnsons bindungsorientiertes Paartherapiemodell hat das Potenzial, die Wahrnehmung dessen, was sich zwischen gestressten Partnern abspielt, zu verändern und eine neue Sicht auf das, was »in einer Psychotherapiesitzung geschieht« (Stern, 2004, S. xiii) zu eröffnen. Die emotionale Sicherheit in einer Bindung zu verändern, geht einzig und allein über korrigierende emotionale Erfahrungen, nicht über Einsicht oder Erklärungen. Stern (2004, S. xiii) zufolge muss »ein Ereignis im gegenwärtigen Moment erlebt werden«, denn – um mit Reichman zu sprechen – der Klient »braucht eine Erfahrung, keine Erklärung« (Ehrenwald, 1976, S. 392). Johnson beschreibt das gern mit den Worten: »Wenn dein Klient nicht emotional engagiert ist, dann tanzt dein Klient nicht mit dir auf derselben Tanzfläche.«

Ein integraler Bestandteil der Wirksamkeit der Schlüsselelemente ist die Art und Weise, wie sie umgesetzt werden. Auch wenn es sich bei der EFT um eine Kurzzeittherapie handelt, erfordert der experientielle Zugang ein langsames Vorgehen mit vielen Wiederholungen, stets engagiert und auf das gegenwärtige Erleben der Klienten eingestimmt. Diese schrittweise, fokussierte, akzeptierende und ganz im Moment aufgehende Erfahrung beschreibt gleichzeitig die Art und Weise, wie Therapeuten die EFT erlernen und in ein neues Paradigma eintreten. Um die Schlüsselelemente zur Entwicklung langfristig stabiler, sicherer Bindung in Paaren für Sie als Leserschaft lebendig werden zu lassen, finden Sie in diesem Buch Fallbeispiele, die sowohl Klientenprozesse als auch therapeutische Interventionen verdeutlichen. Sie werden auch eine Therapeutin namens Emily kennenlernen, die gerade dabei ist, sich die EFT zu erschließen und die Sie an ihren Erfahrungen und Überlegungen teilhaben lässt. Mit dieser Darstellungsform verbinde ich die Hoffnung, Therapeutinnen unterschiedlichster Ausrichtung für den qualitativen und praktischen Unterschied zwischen EFT-Interventionen und auf den ersten Blick ähnlich erscheinenden Interventionen anderer Methoden zu sensibilisieren.

## Schlüsselbestandteile der Veränderung in der EFT

Drei Veränderungsereignisse kennzeichnen die EFT:
- die Deeskalation in Phase 1,
- die Wiedereinbindung des Rückzüglers
- und das Erweichen des Anklägers in Phase 2.

Die Landkarte der EFT zeigt die grundlegenden Aufgaben auf, die auf diesem Weg zu meistern sind und zu deren Bewältigung die Therapeutin auf ein Set empirisch validierter Interventionen zurückgreifen kann.

Die drei wesentlichen Aufgaben bestehen darin, eine Allianz mit den Partnern aufzubauen, den negativen Zyklus zu deeskalieren und die Bindungsbeziehung neu zu gestalten. Die erforderlichen therapeutischen Interventionen lassen sich in zwei Gruppen mit jeweils unterschiedlicher Zielsetzung einteilen:
- experientielle Interventionen dienen dazu, Zugang zu Emotionen zu ermöglichen und diese Emotionen zu reprozessieren, d. h. neu zu bearbeiten;
- systemische Interventionen helfen, gegenwärtige Interaktionen nachzuverfolgen und mit Hilfe neu zutage tretender zugrunde liegender Emotionen neue Interaktionen zwischen den Partnern zu gestalten.

Diese beiden Gruppen von Interventionen korrespondieren mit zwei für den Therapieerfolg entscheidenden Schlüsselelementen: dem Vertiefen des emotionalen Erlebens und verbindenden Interaktionen zwischen den Partnern, in denen Bindungsängste und -bedürfnisse geteilt werden (Greenman u. Johnson, 2013).

Gute Therapeuten konzentrieren sich nicht nur auf die Frage, *was* sie machen, sondern sie achten auch auf das *Wie*. Im *Wie* zeigen sich Stil und Art des Engagements von Therapeuten; ein Aspekt, dem hohe Bedeutung zukommt. In den Interventionen und Veränderungsmomenten, die die Überführung ineffektiver Beziehungsmuster in eine sichere emotionale Beziehung und eine dauerhafte und sichere Bindung gestalten, lassen sich das »Was« und »Wie« des therapeutischen Vorgehens nicht trennen. Experientielle Therapien wie die EFT sind nicht denkbar ohne die Fähigkeit von Therapeuten, sich in jedem Moment emotional mit beiden Partnern zu verbinden und das Engagement zwischen den Partnern zu stärken. Diesen Fähigkeiten kommt die gleiche Bedeutung zu wie der Fähigkeit der Partner, sich den an sie herangetragenen Anforderungen zu stellen und ihrem Innern Ausdruck zu verleihen.

Transkripte und Videos, die die Schüsselbestandteile der Veränderung sichtbar machen, sind unter www.steppingintoEFT.com verfügbar.

## Überblick über dieses Buch

Sich ein neues Paradigma zu erschließen braucht Zeit. Neueinsteiger in die EFT sollten sich deshalb nicht von den komplexen Herausforderungen entmutigen lassen, denen sie auf diesem Weg begegnen werden. Diesen Herausforderungen steht eine von Therapeuten als beeindruckend erlebte Veränderung ihres therapeutischen Selbstverständnisses entgegen. Sie beschreiben ihre wachsende Empathie und geben an, den therapeutischen Prozess zunehmend als Gemeinschaftswerk zu betrachten (Conrad, 2015; Sandberg u. Knestel, 2011). Dem Bedürfnis vieler Therapeuten entsprechend, schrittweise und mit Bedacht in die EFT einzusteigen, gebe ich zunächst einen Überblick über die Interventionen und beschreibe erwachsene Liebe aus der Bindungsperspektive, *bevor* ich die Umsetzung detailliert in allen Schritten und Phasen aufzeige.

In den Kapiteln 4 bis 8 skizziere ich die einzelnen Schritte des EFT-Prozesses und orientiere mich dabei an folgenden Fragen:
– Was *sieht* und *hört* die EFT-Therapeutin? Wie leitet die Bindungstheorie als Theorie der erwachsenen Liebe Therapeuten in ihrer Wahrnehmung und Resonanz? Ich erforsche Beziehungskrisen als Dramen unsicherer Bindung bzw. »Schmerz von Unverbundenheit« und identifiziere den Samen für Sicherheit und Hoffnung, enthalten in den Sehnsüchten und Bedürfnissen von Partnern nach gegenseitiger Zugewandtheit.
– Was *tun* EFT-Therapeutin und Klienten? Um diese Frage zu beantworten, beschreibe ich das therapeutische Vorgehen anhand der sich stellenden Aufgaben und der Interventionen – in jedem Schritt in jeder Phase. Ich unterziehe auch den Prozess der Klienten einer genauen Untersuchung. EFT kann nur als gemeinsamer Prozess verstanden werden; aus diesem Grund müssen Therapeuten nicht nur wissen, was sie bei jedem Schritt zu tun haben, sondern auch, was ihre Klienten tun.
– *Wie* setzt die EFT-Therapeutin diese Aufgaben und Interventionen um? Ich beschreibe ganz genau, auf welche Art und Weise Therapeuten ihr Handwerk ausüben. EFT ist sowohl Kunst als auch Wissenschaft. Um beidem gerecht zu werden, müssen sich Therapeuten nicht nur permanent der Einzigartigkeit jeder Paarbeziehung öffnen und in jedem Moment mit beiden Partnern mitschwingen, sondern auch eingestimmt bleiben in das eigene Erleben sowie den interpersonalen Raum zwischen ihnen.

In Kapitel 9 gebe ich Ihnen eine weitere Hilfe an die Hand, um die Schlüsselbestandteile der Veränderung in der EFT zu integrieren und zu konsolidieren: einen Überblick der Marker, um der EFT-Landkarte zu folgen. Darüber hinaus gehe ich der Frage nach, wie Sie Ihren »Felt Sense«[3] dazu nutzen können, diesen Markern zu folgen. Die Kapitel 10 bis 12 beschäftigen sich mit speziel-

---
3   Felt Sense: Bezeichnung für ein Körpergefühl, das eine Bedeutung hat. Unsere Emotionen drücken sich im Körpergespür, im Felt Sense aus und spiegeln damit ein sogenanntes inneres Wissen.

len Situationen wie der Arbeit im Suchtkontext, der Überwindung beziehungsspezifischer Bindungsverletzungen und der Anwendung der EFT in der Einzeltherapie. Das Buch schließt in Kapitel 13 mit einer Zusammenfassung der Perlen der EFT-Weisheit und Vorschlägen zur Gestaltung Ihrer nächsten EFT-Schritte.

Ich wünsche mir, dass das Lesen dieses Buches Sie anregt, Schritt für Schritt die EFT in ihr therapeutisches Selbstverständnis zu integrieren und zu einer Bereicherung Ihrer paartherapeutischen Praxis werden zu lassen. Auf diese Weise können Sie sich auf eine lebenslange Entdeckungsreise durch das Wissen und die Kunst aufmachen, mit denen Sie Verbundenheit und sichere Bindung mit Paaren in Krisen erschaffen. Sie werden jeden einzelnen Klienten und jedes einzelne Paar in einen Veränderungsprozess begleiten, der nur ein Ziel kennt: effektive Abhängigkeit (Bowlby, 1988), unabdingbare Voraussetzung für das Überleben und Gedeihen aller Säugetiere, oder – wie Bowlbys Schüler es später formulierten – optimale Abhängigkeit (Feeney, van Fleet u. Jakubiak, 2015). Aber nicht nur Ihre Paare werden davon profitieren, sondern auch Sie. Forschungsarbeiten zum Lernprozess in der EFT belegen, dass Sie damit rechnen können, in Ihrer therapeutischen Arbeit sicherer und in Ihren persönlichen Beziehungen einfühlsamer und vertrauensvoller zu werden (Conrad, 2015; Sandberg u. Knestel, 2011).

EFT anzuwenden bedeutet, sich kontinuierlich weiterzuentwickeln. Angeregt durch ein Interview mit dem langjährigen Songschreiber Paul Simon auf einer elektronischen Mailingliste zog ein EFT-Therapeut (Ogner, 2015) einen Vergleich zwischen Simon und Therapeuten, die EFT praktizieren. Simon gab in diesem Interview an, dass er sich allein durch das Praktizieren seiner Kunst ständig weiterentwickle. Ogner zufolge entspricht das einer Erfahrung, die auch EFT-Therapeuten machen: das Praktizieren ihrer Kunst bringt sie in einen steten Prozess der Weiterentwicklung. »Allein durch die jahrzehntelange Beschäftigung mit der Frage, wie du ein Gespür für die passenden und nicht passenden Worte entwickeln kannst, wie sich Rhythmus und Melodie einsetzen lassen … alleine dadurch lernst du es – indem du es tust.« Sue Johnsons Antwort auf den Beitrag des Kollegen auf der Mailingliste lautete:

> Genau das ist es, was ich an meiner Arbeit so liebe – es beschreibt genau mein Gefühl in der Arbeit – wenn ich mir im Kontakt mit einem neuen Paar oder einem Einzelklienten sage – »faszinierend« und »und jetzt?«. Durch meine Liebe zum Prozess bewahre ich mir die Leidenschaft.

Sollte sich das EFT-Modell als für Sie passend erweisen, dann könnte es Sie beruhigen, zu hören, dass es genau diese Begeisterung und die Loyalität des

Therapeuten zum Therapiemodell ist, die wesentlich zum Erfolg von Therapien beitragen (Blow, Sprenkle u. Davis, 2007). Möge Ihre Reise durch dieses Buch zu einem inspirierenden Abenteuer werden!

# Teil I

## Emotionsfokussierte Paartherapie: Liebe als Bindungsprozess

# Kapitel 1

## Einführung in die emotionsfokussierte Paartherapie (EFT)

Liebe Leserinnen und Leser, mit diesem Buch lade ich Sie zu einer Entdeckungsreise in die Welt der emotionsfokussierten Paartherapie ein. Auf dieser Reise wird uns eine Begleiterin zur Seite stehen: Emily, eine Kollegin, die gerade ihre ersten Erfahrungen mit der EFT sammelt. Ich beginne dieses Kapitel mit einem kurzen Überblick über die Geschichte der EFT, bevor ich die einzelnen Schritte und Phasen des EFT-Konzepts zur Begleitung von Veränderungsprozessen – im Folgenden als Landkarte der EFT bezeichnet – skizziere und den aktuellen Stand der Forschung zur Wirksamkeit der EFT darstelle. Nach dieser theoretischen Einführung lernen Sie am Ende des 1. Kapitels drei verschiedene Paare kennen, die Emilys beruflichen Alltag prägen. Diese drei Paare werden uns auf unserer Entdeckungsreise durch die einzelnen Schritte und Phasen der EFT immer wieder begegnen.

Es ist Dienstagmorgen, wirbelnde Herbstblätter fallen auf die Straße und Emily ist auf dem Weg zur Arbeit. In Gedanken ist sie schon bei Tanja und Kilian, dem Paar, mit dem sie heute als erstes arbeiten wird. Die Arbeit mit den beiden macht ihr viel Freude. Das Paar ist in einem klassischen Bindungstanz gefangen: Tanja in der Position der Verfolgerin/Anklägerin und Kilian als Rückzügler/Verteidiger. Im Anschluss daran wird sie Philipp und Julia, ein weiteres Paar, treffen. Auch wenn sie es sich nur ungern eingesteht, bereiten ihr diese beiden im Gegensatz zu Tanja und Kilian doch gewisse Bauchschmerzen. Auf den ersten Blick wirken sie ganz ruhig und beschreiben ihre Beziehung eigentlich eher positiv. Aber unter dieser ruhigen Oberfläche ahnt sie bei Julia so etwas wie Zerbrechlichkeit und bei Philipp einen kaum wahrnehmbaren Schutzwall. Emily empfindet es als besondere Herausforderung, bei ihrer Arbeit mit diesem Paar – beide sind tapfere Traumaüberlebende – den Bindungsfokus der EFT nicht zu verlieren. Dass Julia vor Kurzem auf Philipps extensiven Pornokonsum stieß, macht es nicht gerade leichter. Darüber hinaus nehmen beide am Zwölf-Schritte-Programm *(der Anonymen Alkoholiker, Anm. d. Ü.)* teil, was die Konzentration auf Bindung manchmal zusätzlich erschwert.

Das alles geht Emily durch den Kopf, bevor ihre Gedanken zu dem Paar wandern, das sie direkt nach der Mittagspause das erste Mal treffen wird. Diese Gedanken werden wie bei jedem neuen Paar, das sie kennenlernt, von einem vertrauten Herzklopfen begleitet.

Sie ahnen es vermutlich schon: Keines dieser beschriebenen Paare existiert in der Realität. Aber alle drei Fälle basieren auf einem reichen Erfahrungsschatz und stehen stellvertretend für viele Paare, denen Sie begegnen werden. Ihre Beschreibung wurde so verfremdet, dass kein Rückschluss auf konkrete Personen möglich ist. Sollten Ihnen das eine oder andere Paar trotzdem bekannt vorkommen, dann gibt es dafür eine einfache Erklärung: Bindung ist universell.

In Emily begegnet uns eine engagierte und passionierte Paartherapeutin, die sich regelmäßig im Zentrum des heftigen Gefühlschaos zwischen zwei Partnern wiederfindet. Die aus der Unterschiedlichkeit der Partner resultierende Heftigkeit der Gefühle bringt auch Emily von Zeit zu Zeit aus ihrer emotionalen Balance. Dann kann sie dem Druck und der Erwartung ihrer Klienten, anscheinend unlösbare Konflikte nun endlich zu lösen und die mit Händen greifbare Spannung aus Konfliktthemen wie der Schwiegerfamilie, Kindererziehung, Arbeitszeiten, fehlender sexueller Intimität oder kürzlich entdeckten Affären zu nehmen, kaum widerstehen. In solchen Momenten kommt sie sich wie ein Eindringling vor, der in ein Wespennest voller Geheimnisse, Wut, Gleichgültigkeit, Ekel, vergeblicher Annäherungsversuche, Vorwürfe und Gegenangriffe sticht. Beruhigung kehrt erst ein, wenn sie das sich vor ihren Augen abspielende, verzweifelte emotionale Drama in einen Bindungsrahmen stellt. Dann fühlt es sich an, als würde ein kühler Windhauch durch das offene Fenster wehen und die aufgeheizte Atmosphäre abkühlen. In dem Moment, in dem sie das Geschehen durch die Bindungsbrille betrachtet, stimmt sie sich auf die Melodie des Paares ein; die Töne, die sie hört, formen sich zu einem Lied, das von dem tiefen Wunsch handelt, sicher gebunden und angenommen zu sein. Jetzt hört sie hinter dem erbitterten Streit eines Paares über den misslungenen letzten Familienurlaub die verzweifelte Bitte der einen Seite, die endlosen Vorwürfe und Forderungen zu stoppen, und sieht, wie verzweifelt die andere Seite um emotionales Engagement und Nähe kämpft.

Auch wenn Emily erst seit Kurzem emotionsfokussiert arbeitet, erlebt sie schon jetzt die befreiende Wirkung der entpathologisierenden Sicht, die der Bindungsrahmen all den Dramen gestresster Paare verleiht. Nur zur Genüge hat sie in der Vergangenheit in ihrer Praxis die kurze Halbwertszeit der Kommunikationstechniken und Problemlösungsstrategien erlebt, die sie Paaren vermittelt hat. In der Praxis, vor ihren Augen, funktionierte ja manches richtig gut. Aber nur zu schnell kochten im Alltag ihrer Klienten die Emotionen wieder hoch und alles Erlernte löste sich in Windeseile in Rauch auf. Seit sie aber dabei ist, die Bindungstheorie nicht nur theoretisch, sondern Schritt für Schritt auch praktisch in ihre Tätigkeit zu integrieren und Emotionen als einen von Wahrnehmung und Bewertung gesteuerten Prozess zu sehen, erlebt sie ihre Arbeit und ihr Leben auf ganz neue Weise als sinnvoll. »Ich bin nicht länger dafür verantwortlich, die Partner zu verändern und gewissermaßen zu reparieren, ihnen etwas beizubringen oder ihre Probleme zu lösen«, sagt sie sich und fährt fort: »Ich muss nicht mehr die Lösung für die Probleme eines Paares finden oder sie darin unterstützen, ihre Kämpfe respektvoller auszutragen. Ich muss mich lediglich auf die Partner einstimmen und bereit sein, ihre (emotionale) *Musik* zu hören.«

Emily hat verstanden, dass Veränderung immer dann stattfindet, wenn ihre Klienten sich ihres tiefsten Bedürfnisses bewusst werden: des Bedürfnisses, wertvoll für den anderen zu sein und wertgeschätzt zu werden. Dazu brauchen die Klienten ihre Hilfe. Und sie hat erlebt, dass Veränderung in dem Moment beginnt, in dem die Partner – dank ihrer Hilfe – in der Lage sind, die immer wiederkehrende Bewegungsabfolge ihres gemeinsamen Tanzes zu erkennen; eines Tanzes, der jedes Mal neu beginnt, wenn aus Verletzung und Angst wütender Angriff bzw. abrupter Rückzug werden. Zu verstehen, dass diese sich stets wiederholenden Schritte den Tanz des Paares formen, den Teufelskreis, den sich vor ihren Augen abspielenden Kampf, hilft Emily, ruhiger zu werden. »Ich muss mir und meiner Wahrnehmung trauen; dann kann ich mich voll und ganz der Musik und dem Tanz des Paares öffnen – das ist das Wertvollste, was ich anbieten kann.«

Dieses Wissen und Verstehen lassen Emily darauf vertrauen, dass das Erkennen und Entwirren ihres Interaktionszyklus Partnern Türen öffnet, sich ihren so lange unter reaktiven Gefühlen und Verhaltensweisen verborgenen weicheren und verletzlicheren Gefühlen, Ängsten und guten Absichten zu nähern und sie zu erkunden. Sie weiß, dass sich die reaktiven (oder protektiven) Gefühle und Verhaltensweisen im Laufe der Zeit so verselbständigen, dass sie kaum noch wahrnehmbar sind. Ihr ist deshalb klar, dass es Zeit brauchen wird, bis das Paar bereit ist für die nächste Stufe; die Stufe, in der diese verletzlicheren Gefühle und Bedürfnisse freigelegt und wie neu entdeckte Schätze gewürdigt werden können. Geschieht dies zum richtigen Zeitpunkt, erweisen sich die bisher nicht erkannten und nicht ausgedrückten Gefühle für das Paar als pures Gold, denn sie sind der Treibstoff, der die Verwandlung des bisherigen Teufelskreises von Distanz und Vorwürfen in einen positiven Kreislauf von Sicherheit, Verbindung und Freude befeuert.

»Ich weiß noch nicht richtig, wie ich das alles bewerkstelligen soll,« gesteht sich Emily ehrlich ein. Aber von Sitzung zu Sitzung gelingt es ihr besser, die im Raum spürbare Spannung als Ausdruck des ganz normalen Bindungsstresses zweier

Menschen, die füreinander bedeutsam sind, zu verstehen. Das hilft ihr, die Paare mit mehr Hoffnung und Ruhe zu begleiten. Nach und nach wird es immer leichter, darauf zu vertrauen, dass die empathische Präsenz, mit der sie sich auf jedes Paar einstellt, und die validierende Art, mit der sie ihr Verständnis für jedes Bindungsdrama in seiner Einzigartigkeit zeigt, diesem Paar die ersten und entscheidenden Schritte bahnen, einen Weg aus der bedrückenden Finsternis heraus zu finden. Gern erinnert sie sich an die wichtigste Botschaft, die Bowlby Eltern und anderen Bezugspersonen von Kindern mitgab: Strengt euch nicht so an, perfekt zu sein; seid einfach *präsent*.

Nach diesen einleitenden Gedanken gebe ich Ihnen nun einen kurzen Überblick über die Wurzeln der EFT und die Schlüsselbestandteile der Veränderung im EFT-Prozess. Anschließend werden Sie die bereits erwähnten drei Paare in der Frühphase der Therapie kennenlernen. Höchstwahrscheinlich entdecken Sie in dem einen oder anderen oder gar in allen drei Szenarien Herausforderungen, die Ihnen als Paartherapeuten nicht fremd sind. Bevor ich das Kapitel mit einem Überblick zum Gesamtaufbau dieses Buches abschließe, zeige ich auf, wie dieses Buch Ihre Praxis der Paartherapie konkret verbessern kann.

## Die Wurzeln der EFT: drei Welten begegnen sich

Die Geburtsstunde der EFT schlug, als Johnson und Greenberg (1985, 1988) der Frage nachgingen, welche therapeutischen Schritte und Klientenprozesse es Paaren letztlich ermöglichen, aus einer Krise heraus zu einer zufriedenstellenden und vertrauensvollen Beziehung zu gelangen. Bei der Betrachtung der von ihnen aufgezeichneten Therapiesitzungen war ihr Blick zugegebenermaßen von einer erfahrungsbasierten, experientiellen[4] Sichtweise geprägt. Aus dieser Grundhaltung heraus suchten sie nach Momenten, in denen emotionales Erleben empathisch gespiegelt wurde und eine nicht pathologisierende Akzeptanz von Seiten des Therapeuten spürbar war. Sie gingen der Frage nach, welche Bedeutung eine Haltung therapeutischer Kongruenz und die Beziehungsgestaltung im Hier und Jetzt hat (Perls, 1969; Rogers, 1961, 1980). Schnell wurde deutlich, dass das Nachvollziehen von Interaktionen zwischen Partnern und des Einflusses, den Partner aufeinander haben, nicht ohne eine ergänzende systemische Perspektive möglich ist. Hierzu griffen sie auf die von Bertalanffy (1968) als Systemtheorie formulierte und von Minuchin und

---
4   Experientiell bedeutet auf Erfahrung beruhend, erfahrungsbasiert, erlebensbezogen.

anderen strukturellen Familientherapeuten entwickelte Familientherapie (Minuchin u. Fishman, 1981) zurück. Sowohl die Systemtheorie als auch die empirische Theorie beschreiben Probleme eher prozessorientiert und weniger intrapsychisch.

Bei der Analyse der Therapiesitzungen stellte Johnson schon bald fest, dass bestimmte Themen in den Geschichten der Paare immer wieder auftauchten: die Angst vor Verlust und Verlassenwerden, vor Einsamkeit und Bindungsverlust, Vertrauensverlust, Angst vor Ablehnung und das Gefühl, versagt zu haben. Rasch erkannte sie, dass diese Themen der Paartherapie eine neue, bisher unbekannte Richtung wiesen. Nahe Beziehungen erschienen plötzlich nicht länger als Handel und Geschäft auf Gegenseitigkeit oder als auszuhandelnde Form des Zusammenlebens. Stattdessen erkannte Johnson sie als *emotionale Bindungen* voller intensiver Sehnsucht; Bedürfnisse und Nervenkitzel, die den Bindungsbeziehungen zwischen Eltern und Kindern verblüffend ähnelten. Eine bemerkenswerte und geradezu revolutionäre Entdeckung! Es war Johnsons kreative und einfühlsame Genialität, mit der sie einen der initialen Schritte in der Paar- und Familientherapie aufzeigte, um den »Code der Liebe zu knacken« (Burgess Moser, Johnson, Dalgleish, Lafontaine, Wiebe u. Tasca, 2015; Johnson, 2013).

Aufbauend auf diesen Entdeckungen entwickelten und testeten Johnson und Greenberg in den frühen 1980er Jahren das Modell der emotionsfokussierten Paartherapie (Johnson u. Greenberg, 1985, 1988). Dieses Modell zeichnete sich durch eine klar beschriebene Integration experientieller (Perls, 1969; Rogers, 1961) und systemischer Traditionen (Minuchin u. Fishman, 1981) aus, indem es gleichzeitig das intrapsychische und das interpersonale Erleben in den Blick nahm. Eine solche Synthese stellte zum damaligen Zeitpunkt ein Novum dar. Erstmalig rückten Emotionen nicht nur als Ziel, sondern auch als Motor der Veränderung in Form korrigierender emotionaler Erfahrungen in den Mittelpunkt; Erfahrungen mit dem Potenzial, verletzte Paarbeziehungen zu heilen. Johnson verdanken wir die Integration der Bindungsperspektive (Bowlby, 1973, 1979, 1980, 1982) in dieses Modell; ein Schritt, der die EFT zum einzigen, sich auf eine empirisch validierte Theorie der Liebe zwischen Erwachsenen beruhenden Paartherapieansatz werden ließ. Die Erweiterung der EFT um das Bindungsfundament ermöglichte zudem die Untermauerung und präzise Beschreibung der Aufgaben, die von Paaren auf dem Weg von einer krisenhaften Beziehung zu einer zuverlässigen und sicheren Bindung zu bewältigen sind (Johnson, 2004; Johnson et al., 2013). Während Emily über diese Integrationsleistung der EFT nachdenkt, erscheint ein Lächeln auf ihrem Gesicht. Sie erinnert sich an eine Geschichte, die diese Integrationsleistung der EFT bildlich beschreibt: Stellen Sie sich vor, Rogers, Minuchin und Bowlby treffen sich zu einer Tasse Tee. Auch Sue Johnson und Leslie Greenberg sind eingeladen und sitzen zwischen den dreien. Leise flüsternd lassen Rogers, Minuchin und Bowlby die beiden an ihren zentralen Erkenntnissen zu Paarproblemen und dem Weg von Paaren hin zu einer sicheren und zuverlässigen Bindung teilhaben.

EFT kann als pragmatische Verbindung von (1) Bindungstheorie mit (2) systemischen und (3) experientiellen Ansätzen beschrieben werden. Allen gemeinsam ist der tiefe Glaube an die Fähigkeit von Klienten, sich zu verändern und zu wachsen. Dabei ist es die Bindungsperspektive, die Therapeuten auf Kurs hält. Als menschliche Wesen sind wir auf Bindung hin angelegt; Therapie bedeutet demzufolge, sich in den Bindungskanal einzustimmen und das Ziel, Bindungsmomente zu Momenten sicherer emotionaler Bindung werden zu lassen, nie aus den Augen zu verlieren. In dieser Einstimmung verstehen Therapeuten Trigger, Verhaltensweisen, Impulse und emotionales Erleben als Ausdruck von Verbindung und Trennungsangst. Mit dem Blick durch die Bindungsbrille ist alles, was zwischen Partnern geschieht, Ausdruck der Bedeutung, die beide füreinander haben. Egal wie ineffektiv diese Versuche auch sein mögen, dienen sie letztlich doch immer dazu, die Reste einer in Mitleidenschaft gezogenen Beziehung zu sichern. Aus Bindungssicht besteht das Kernproblem von Beziehungskrisen in misslingenden Versuchen, das universelle Bedürfnis nach sicherer Bindung zu stillen. Die Bindungstheorie lässt Paarprobleme nicht nur verstehen, sie weist Paartherapeuten auch einen Weg aus ineffektiven Beziehungsmustern hin zu einer sicheren emotionalen Beziehung und einer dauerhaften stabilen Bindung.

Nach Berscheid (1999) »müssen [...] wir die klassische, individuumsbezogene psychologische Perspektive überwinden und in der Forschung stärker der Frage nachgehen, wie sich Affekte auf die Kognition und die äußeren Rahmenbedingungen von Paarbeziehungen und auf deren innere Dynamik auswirken« (S. 260), um eine Wissenschaft interpersonaler Beziehungen zu entwickeln. Diese Forderung beinhaltet alle drei in der EFT integrierten Elemente: (1) Die Bindungstheorie lässt die individualistische Perspektive hinter sich, wenn sie unterstellt, dass wir nicht ohne andere existieren können; (2) in der experientiellen Therapie sind es Emotionen, die Erfahrungen erst Bedeutung verleihen und vorrangig unser Verhalten steuern (Tronick, 1989); (3) die systemische Therapie wiederum fokussiert auf die Verflechtungen zwischen innerer und äußerer Umwelt und deren wechselseitige Beeinflussung.

Bei der EFT handelt es sich um ein integratives Kurzzeitmodell mit einer durchschnittlichen Dauer von ca. 25 Sitzungen, bei Traumaüberlebenden meist mehr. In ihrer Fokussierung auf Emotion und Interaktion integriert sie unter Einbeziehung der Bindungstheorie experientielle und systemische Ansätze. In ihr verbindet sich Empirie mit der Fähigkeit von Therapeuten, empathisch und kreativ zu arbeiten (Johnson u. Brubacher, 2016c). Das Feld der Paartherapie hat der EFT viele innovative Beiträge zu verdanken. Als einziger Paartherapie-Ansatz, der auf einer empirisch validierten Theorie der Liebe zwischen Erwachsenen beruht (Bindungstheorie), hat die EFT erhebliche Auswirkungen auf die Konzeptualisierung des Verständnisses von Beziehungskrisen sowie deren Heilung und erweitert die empirische Basis eines Verständnisses von Emotionen als wesentlichem Motor von Veränderung.

## Die Landkarte der EFT: Schritte und Phasen der Veränderung

Die Landkarte der EFT gliedert sich in neun Schritte in drei Phasen. Sie dient EFT-Therapeuten als gute Orientierung auf dem Weg, Paare zu mehr Zufriedenheit in der Beziehung und einer sicheren Bindung zu begleiten (s. Kasten »EFT-Schritte und -Phasen«). In den Kapiteln 3 bis 8 werde ich die dort aufgeführten Schritte näher erläutern. EFT-Therapeuten haben auf dieser Reise die Rolle von Prozessbegleitern (Johnson, 2004). Damit grenzen sie sich von anderen möglichen Rollen wie Coach, Lehrer, kundigem Weisen oder Lösungsstrategen ab. Als Prozessbegleiter richten sie ihren Fokus auf den gegenwärtigen Prozess mit dem Ziel, Paare darin zu unterstützen, den Sinn hinter ihrer mangelnden Verbundenheit zu erkennen und neue Interaktionsmuster zu entwickeln, die wieder eine sichere Bindung ermöglichen.

### EFT-Schritte und -Phasen

Phase 1 Deeskalation des negativen Zyklus
Schritt 1 Bauen Sie eine Allianz auf und erstellen Sie ein Assessment.
Schritt 2 Identifizieren Sie den negativen Zyklus (Trigger, Handlungsimpulse, Bedeutungszuschreibung) und die zugehörigen Bindungspositionen.
Schritt 3 Machen Sie die dem Zyklus zugrunde liegenden und ihn antreibenden Bindungsemotionen zugänglich.
Schritt 4 Rahmen Sie den negativen Zyklus als Versuche, Bedürfnisse zu erfüllen.

**Phase 2  Die Bindung umstrukturieren:
Wiedereinbindung des Rückzüglers**[5]

Schritt 5  Der Rückzügler gewinnt Zugang zu zugrunde liegenden Emotionen, verleugneten Bedürfnissen und Anteilen seines Selbst. Begleiten Sie ihn darin, sein Erleben zu vertiefen, filtern Sie es heraus und unterstützen Sie den Rückzügler darin, dieses Erleben seiner Partnerin gegenüber offenzulegen.

Schritt 6  Unterstützen Sie die Verfolgerin darin, sich dafür zu öffnen, den Partner neu wahrzunehmen – erweitern Sie den Tanz.

Schritt 7  Der Rückzügler geht auf seine Partnerin zu und drückt aus, was er von ihr braucht und sich wünscht, um sich sicher zu fühlen und sich dauerhaft in die Beziehung einbringen zu können, so dass die Partner neue Interaktionen entwickeln können: Der Rückzügler geht das Risiko ein, auf seine Partnerin zuzugehen und für seine Wünsche und Bedürfnisse einzustehen; die Verfolgerin reagiert, der Rückzügler wiederum nimmt die Reaktion auf. Dieses Bindungsereignis stellt das erste wirksame Gegenmittel zum Schutz der Bindung vor zukünftigen Bedrohungen dar.

**Phase 2  Die Bindung umstrukturieren: Erweichen der Anklägerin**[5]

Schritt 5  Die Verfolgerin (auch als Anklägerin bezeichnet) gewinnt Zugang zu zugrunde liegenden Emotionen und verleugneten Bedürfnissen und Anteilen des Selbst. Begleiten Sie sie darin, ihr Erleben zu vertiefen, filtern Sie es heraus und unterstützen Sie die Verfolgerin darin, dieses Erleben dem Partner gegenüber offenzulegen.

Schritt 6  Unterstützen Sie den wieder eingebundenen Rückzügler, sich dafür zu öffnen, die Partnerin neu wahrzunehmen – erweitern Sie den Tanz.

---

5  In Phase 2 wird – angelehnt an das Fallbeispiel von Tanja und Kilian – aus Gründen der Übersichtlichkeit in diesem Buch durchgängig von der Verfolgerin bzw. Anklägerin und dem Rückzügler gesprochen, sofern sich nicht aus dem jeweiligen Fallbeispiel eine andere Geschlechterkonstellation ergibt. In Rückzügler/Rückzügler-Dyaden entspricht der Rückzügler mit dem schwächer ausgeprägten Rückzugsverhalten der Verfolgerin resp. Anklägerin, in Angreifer/Angreifer-Dyaden ist dies der Partner mit dem stärker ausgeprägten Angreiferverhalten (Anm. d. Ü.).

Schritt 7  Mit der Übernahme der Verantwortung für ihre Bindungsängste und -bedürfnisse geht die Verfolgerin das Risiko ein, aus ihrer verletzlichen Position heraus und trotz ihrer Angst auszudrücken, was sie von ihrem Partner braucht, um sich sicher mit ihm verbunden zu fühlen. Die Partner entwickeln weitere neue Interaktionen: Die Verfolgerin geht auf den Rückzügler zu, der sich einbringende Rückzügler reagiert, die Verfolgerin wiederum nimmt diese Reaktion an. Dieses Bindungsereignis stellt das zweite wirksame Gegenmittel zum Schutz der Beziehung dar; es definiert Sicherheit zwischen den Partnern neu.

**Phase 3  Konsolidierung**
Schritt 8  Verknüpfen Sie den neuen Zyklus mit alten Problemen. Unterstützen Sie die Partner in der Entwicklung neuer Lösungen für alte Anliegen. Die Partner sind jetzt in der Lage, Probleme von einer sicheren Basis heraus zu lösen und mit Differenzen umzugehen.
Schritt 9  Sorgen Sie für die Konsolidierung der neuen, von Zugewandtheit geprägten Positionen und Zyklen. Laden Sie die Partner ein, neue Narrative ihrer Probleme und deren Lösungen zu entwickeln. Erarbeiten Sie unter dem Motto »Aus der damaligen Krise in die heutige Verbundenheit« gemeinsam mit dem Paar ein Narrativ seiner Resilienz und einer gemeinsamen, von Liebe geprägten Zukunft, geprägt von Ritualen, die die Liebe lebendig halten.

Jede dieser Phasen hat ihren eigenen Fokus. In Phase 1 liegt er auf der Identifikation und Erkundung des negativen Interaktionszyklus. Dieser Zyklus ist das Problem, mit dem das Paar zu der Therapeutin in die Praxis kommt. Indem sich die Therapeutin auf die Melodie der Emotionen dieses Paares einstellt, öffnet sie sich für die zugrunde liegende und bisher nicht in Worte fassbare Geschichte von Unverbundenheit, Schmerz, Angst und dem Gefühl, dem Partner nicht genügen zu können. Diese Geschichte ist es, die das wiederkehrende Verhaltensmuster von Protest und Rückzug steuert. Wenn die Therapeutin jetzt all die Geschichten, in denen sich die Partner gegenseitig im Stich gelassen, nicht wertgeschätzt, nicht umsorgt oder gar betrogen fühlten, hört, dann erschließen sich ihr die reaktiven Emotionen (z. B. Ärger) im Kontext des Erlebens ihrer

Klienten und sie kann sie validieren. Reaktive Emotionen, auch als sekundäre Emotionen bezeichnet, stellen Reaktionen auf Kern- bzw. primäre Emotionen[6] dar, die klassischerweise im negativen Zyklus nicht ausgedrückt werden (so wird beispielsweise eine Partnerin wütend, wenn sie befürchtet, für ihren Partner unbedeutend zu sein).

**Phase 1 besteht aus folgenden Schritten:**
Schritt 1  Die Therapeutin baut eine Allianz auf und arbeitet die miteinander kompatiblen Anliegen des Paares heraus.
Schritt 2  Die Verfolger- und Rückzüglerposition werden identifiziert, die einzelnen Schritte des verselbständigten reaktiven Zyklus nachverfolgt.
Schritt 3  Gemeinsam entdecken und erschließen die Beteiligten zugrundeliegende (unbewusste) Bindungsängste und unerfüllte Bedürfnisse; diese sind die Antreiber, die den negativen Zyklus befeuern.
Schritt 4  Das Beziehungsproblem wird als spezifischer negativer Interaktionszyklus des Paares in einen Bindungsrahmen gestellt (»Reframing«[7]); der Zyklus verliert seine Macht und beherrscht die Beziehung nicht länger – es kommt zur Deeskalation.

Die wichtigste Aufgabe von EFT-Therapeuten ist der Aufbau einer dauerhaften Allianz mit dem Paar. Dazu gehört es, den Erzählungen der Klienten aufmerksam und empathisch zuzuhören, um ihre Geschichte nachzuvollziehen. Grundlage der Allianz ist eine von Einstimmung auf das Paar geprägte Haltung und

---

6  Reaktive bzw. sekundäre Emotionen: Es kann beängstigend sein, primäre Gefühle direkt auszudrücken. Deshalb kaschieren oder überdecken wir sie häufig mit sogenannten sekundären Gefühlen, indem wir uns nach außen anders zeigen als wir tief im Inneren empfinden – beispielsweise indem wir wütend und anklagend oder gleichgültig und gereizt reagieren, obwohl wir uns eigentlich verlassen und einsam fühlen. Durch unsere reaktiven bzw. sekundären Gefühle geraten wir schnell in negative Muster mit unserem Partner – denn dieser kann dann nicht erkennen, wie es uns wirklich geht, sondern bekommt beispielsweise das Signal: »Du bist nicht gut genug« oder »Du bist mir egal«. Als Kernemotionen bzw. primäre Emotionen werden Gefühle bezeichnet, die unsere Wahrnehmung und unser Verhalten steuern, uns aber nicht immer bewusst sind. Die Begriffe »Kernemotionen« und »reaktive Emotionen« lösen zunehmend die Benennung als »primäre und sekundäre Emotionen« ab, weisen sie doch inhaltlich bereits darauf hin, worum es in der EFT-Arbeit geht.
7  In der EFT steht »Reframing« für die therapeutische Intervention, ein Ereignis bzw. Verhalten in den Kontext von Bindung, den Bindungsrahmen, zu setzen und dadurch Klienten eine neue Perspektive zu eröffnen.

die Überzeugung, dass Menschen nichts ohne guten Grund tun und es im Therapieraum nur einen »bad guy« gibt – den »Zyklus«. Ziel ist es, das vorgebrachte Problem als Negativzyklus neu zu rahmen und die bisherigen, von Stress geprägten Interaktionen des Paares aus einer Bindungsperspektive heraus nachzuverfolgen und zu normalisieren.

Das Ziel der Deeskalation in Phase 1 ist erreicht, wenn das Paar dem Gedanken des Zyklus als dem eigentlichen Problem folgen kann und die sich immer enger werdende Schleife, in der beide stecken, erkennt. Sue Johnson bezeichnet diesen negativen, sich selbst verstärkenden Zyklus in »Halt mich fest« (»Hold Me Tight«; Johnson, 2008) auch als »Teufelskreis«. An diesem Punkt erkennen die Partner, wie sie sich beide automatisch in diesen Tanz ziehen lassen und übernehmen Verantwortung für ihren jeweiligen Anteil. Außerdem erkennen sie, wie sie wechselseitig durch eigenes reaktives Verhalten Bindungsängste beim Gegenüber triggern und wie ihre Kernemotionen klar vorhersagbare eigene Reaktionen in einer nicht enden wollenden Schleife hervorrufen.

Beide entwickeln ein Gespür dafür, wie sie in solchen Momenten emotional aus der Balance geraten und welche Trigger bei ihnen ein Gefühl der Bedrohung durch das Gegenüber hervorrufen. Darüber hinaus erkennen beide immer mehr die spezifische Verletzlichkeit des Partners bzw. der Partnerin und wie die Befriedigung der tiefen Sehnsucht des Gegenübers – sich geliebt, akzeptiert, erwünscht und unterstützt zu fühlen – durch das eigene Schutzverhalten unmöglich gemacht wird.

In Phase 2 steht in den Schritten 5 bis 7 die Umstrukturierung der Bindung im Vordergrund. Primäre Bindungsemotionen werden vertieft und erweitert, sodass das Paar neue Wege des Aufeinander-Zugehens und -Reagierens finden kann, die ihnen eine neue, sichere und zuverlässige Bindung ermöglichen. Beiden Partnern öffnet sich ein Zugang zu den Sehnsüchten und Bedürfnissen, die zuvor hinter den jetzt aufgeweiteten Kernemotionen – den Antreibern des negativen Zyklus – verborgen waren. Aufeinander zuzugehen und um Erfüllung dieser bisher nicht in Worte fassbaren elementaren Bindungsbedürfnisse zu bitten, ist für beide mit einem erheblichen Risiko verbunden. Deshalb wird dieser Prozess mittels klar strukturierter Interventionen, Enactments genannt, in zwei Veränderungsereignissen gesichert, in denen eine *Umstrukturierung* der Bindung erfolgt.

Erster Adressat in Phase 2 ist der Rückzügler, der sich im negativen Zyklus bisher zurückgehalten und abgewandt hat. Seine Aufgabe ist es, das Wagnis einzugehen, einen Schritt auf die andere Seite zuzugehen und aktiv um Befriedigung seiner Bindungsbedürfnisse zu bitten. In der Regel geht es hierbei darum, akzeptiert zu werden und sich sicher sein zu können, geliebt und gebraucht zu werden.

Dies ist nur und erst möglich, wenn das Gegenüber seinerseits von Vorwürfen und Kritik ablässt. Für einen Menschen, der nur Rückzug, Konfliktvermeidung und Gegenwehr als Schutz vor immer höheren Erwartungen kennt, ist der Schritt, emotionale Bedürfnisse in einer kongruenten und klaren Form mitzuteilen, mit einem hohen Risiko behaftet. Für Rückzügler ist es in der Regel eine neue Erfahrung, sich mit ihren eigenen Wünschen und Bedürfnissen nach emotionaler Nähe zu verbinden, nachdem Nähe und Zugehörigkeit bisher mit Forderungen und Unzufriedenheit des Gegenübers assoziiert wurden. Dieses Veränderungsereignis wird als »Wiedereinbindung bzw. Re-Engagement des Rückzüglers« bezeichnet.

Der »Wiedereinbindung des Rückzüglers« folgt im erneuten Durchlaufen der Schritte 5 bis 7 das zweite Veränderungsereignis, »Erweichen des Anklägers« genannt. An dieser Stelle setzt sich die bisher ängstlich besorgte und anklagend-fordernde Partnerin genauso wie zuvor der Partner dem Risiko aus, sich angreifbar und verletzlich zu machen, indem sie ihrer Angst Worte gibt. Es ist die Angst, verlassen zu werden und nicht bedeutsam zu sein, die sie um Trost und Sicherheit bitten lässt. Studien belegen, dass diese beiden Veränderungsereignisse Prädiktoren[8] für eine dauerhafte Verbesserung der Beziehungszufriedenheit und der beziehungsspezifischen Bindungssicherheit darstellen (Johnson, Lafontaine u. Dalgleish, 2015).

Nach Abschluss von Phase 2 dient Phase 3 der EFT der Konsolidierung des Erreichten. Ziel ist es, positive Bindungszyklen dauerhaft in den Alltag des Paares zu integrieren. Gemeinsam mit der Therapeutin reflektiert das Paar die sich zunehmend entwickelnden »Broaden-and-Build«[9]-Zyklen (Mikulincer u. Shaver, 2016) und schreibt die Geschichte des Scheiterns um in eine Geschichte der Resilienz: wie sie von Beziehungsstress zu Beziehungssicherheit gefunden haben und was dies für ihr zukünftiges gemeinsames Leben bedeutet. Bei Paaren, denen es gelungen ist, ein tiefes, befriedigendes Gefühl gemeinsamer Sicherheit zu entwickeln, besteht eine hohe Wahrscheinlichkeit, dass sie dauerhaft auf diesem Weg bleiben (Mikulincer u. Shaver, 2015).

---

8 Prädiktor: Vorhersagevariable.
9 Broaden-and-Build-Zyklen: Interaktionen mit einfühlsamen Bindungspersonen in Momenten, in denen wir aufeinander angewiesen sind, führen zu sogenannten »Broaden-and-Build-Zyklen«, d. h. einer Abfolge von Interaktionsmomenten, die das subjektive Wohlbefinden und die Verbundenheit steigern und die Bindungssicherheit dauerhaft verankern.

## Wirksamkeitsbelege

Sechzehn Ergebnisstudien belegen, dass es sich bei der EFT um einen der wirksamsten paartherapeutischen Zugänge mit nachweislich langfristigen Effekten handelt. Einer Metaanalyse (Johnson, Hunsley, Greenberg u. Schindler, 1999) zufolge berichten 70–73 % der in die Untersuchungen einbezogenen Paare von deutlich reduziertem Stress in der Beziehung und 86 % geben eine signifikante Verbesserung an (ermittelt anhand der Dyadic Adjustment Scale). Die Effektgröße der EFT liegt bei 1,3 und damit deutlich höher als bei anderen paartherapeutischen Ansätzen. Darüber hinaus sind die Follow-up-Ergebnisse ausgezeichnet, die Rückfallquote gering und mehrere Studien belegen bei einem signifikanten Anteil der untersuchten Paare weitere Verbesserungen der Beziehung nach Beendigung der Therapie (s. Wiebe u. Johnson, 2016). Auch die langfristige Wirksamkeit der EFT im Hinblick auf zentrale Aspekte wie die Fähigkeit, Verletzungen zu vergeben (Wiebe u. Johnson, 2016), kann als gesichert angesehen werden; siehe auch Kapitel 11.

Mehr als bei jeder anderen im Paartherapiekontext angewandten Methode können wir bei der Frage nach der Wirksamkeit auf eine umfangreiche Prozessforschung zurückgreifen, die sich der Frage widmet, was, d. h. welche Bestandteile des therapeutischen Prozesses wirksam sind. Diese Forschung – insgesamt neun Studien (Greenman u. Johnson, 2013) – belegt die hohe Bedeutung der Schlüsselbestandteile der Veränderung in der EFT für die Entwicklung einer dauerhaft sicheren und belastbaren Bindung (einen Überblick über diese Forschungsergebnisse finden Sie unter www.iceeft.com/eft-research).

Die EFT erfüllt die für die Anerkennung evidenzbasierter Paartherapie gültigen Standards (Snyder, Castellani u. Whisman, 2006). Um als evidenzbasiert zu gelten, bedarf es eines spezifischen Behandlungsansatzes, klar definierter Ergebnisparameter, methodischer Konstanz des Therapeuten, einer klaren Definition der Problemstellung und des Behandlungskontextes sowie einer validen Erfassung der Ergebnisse. Auf all das kann die EFT verweisen. In diesem Zusammenhang sei Therapeuten geraten, sich bei der Suche nach einem wirksamen Paartherapieansatz vor Methoden in Acht zu nehmen, die sich auf angeblich solide Grundlagenforschung berufen. Häufig sind solche Ansätze lediglich *evidenz-informiert* anstelle von evidenzbasiert, d. h. sie berufen sich auf eines oder mehrere evidenzbasierte Modelle ohne selbst als Ansatz konsequent einer wissenschaftlichen Überprüfung unterzogen worden zu sein. Andere Methoden beinhalten Behandlungstechniken aus unterschiedlichen Therapiemodellen, ohne ein kohärentes Praxismodell vorweisen zu können (Sexton, Coop Gordon, Gurman, Lebow, Holzworth-Munroe u. Johnson, 2011) und wieder andere Ansätze können zwar unter Umständen auf ein klar definiertes Modell verweisen, entbehren aber ausreichender Forschungsdaten im Hinblick auf definierte Therapieziele und Langzeiteffekte.

Sexton et al. (2011) stellen evidenzbasierten Ansätzen wie der EFT Behandlungsansätze gegenüber, die auf den ersten Blick vielversprechende Effekte zeigen, aber methodische Schärfe und Replikation der Ergebnisse vermissen lassen. Sie unterscheiden drei Kategorien der Evidenzbasierung, wobei die höchste Kategorie definiert wird als »evidenzbasiert mit der Empfehlung zur Verbreitung und Umsetzung in unterschiedlichen gesellschaftlichen und kulturellen Settings« (S. 377). Für die EFT gibt es zwar noch keine randomisierten Kontrollstudien hinsichtlich ihrer Anwendung in unterschiedlichen kulturellen Kontexten (Greenman, Young u. Johnson, 2009; Johnson u. Brubacher, 2016c), aber Therapeuten in über vierzig Ländern sind an EFT-Trainings interessiert und erleben in ihrer Praxis, dass sich das Konzept für Menschen unterschiedlicher spiritueller, religiöser, sexueller und Genderorientierung und in unterschiedlichen familiären Lebensformen eignet. Eine Erfahrung, die eigentlich nicht verwunderlich ist – ist doch die Bindungstheorie und unser Wissen über den Bindungsprozess kulturübergreifend (Mesman, van Ijzendoorn u. Sagi-Schwartz, 2016; s. a. Liu u. Wittenborn, 2011).

Mittlerweile liegen uns auch Wirksamkeitsbelege für den Einsatz der EFT bei unterschiedlichen Patientengruppen, beispielsweise Menschen mit vorbestehenden Störungen wie Depression oder posttraumatischen Belastungsstörungen (PTBS), vor. Auch durch chronische Krankheit belastete Paare profitieren von der Methode. Wir verfügen über ein Modell zur Anwendung der EFT bei sexuellen Problemen, Pilotstudien zur Frage der Wirksamkeit der EFT bei sexuellen Störungen liegen vor (Wiebe u. Johnson, 2016). Landau-North, Johnson und Dalgleish (2011) berichten über den erfolgreichen Einsatz von EFT bei Paaren mit einer Suchtproblematik. Neben diesen spezifischen Anwendungsbereichen verfügen EFT-Therapeuten mittlerweile über vielfältige Erfahrungen in weiteren Kontexten, in denen es gelungen ist, Partner in einen Prozess von zunehmendem emotionalem Engagement und Zugewandtheit zu bringen (Johnson u. Brubacher, 2016c).

Der Anwendungsbereich der EFT erweitert sich kontinuierlich. Es gibt wissenschaftliche fundierte Veröffentlichungen im Bereich der Selbsthilfe (Johnson, 2008, 2011; Johnson u. Sanderfer, 2016) sowie psychoedukative Programme für die breite Öffentlichkeit. Auch im Gruppensetting ist die Wirksamkeit der Methode belegt (Wiebe u. Johnson, 2016). Zusammenfassend lässt sich also sagen, dass die EFT nicht nur in der Praxis des Therapeuten, sondern auch im Alltag als Methode wirksam ist.

Aber was bedeutet Wirksamkeit in diesem Zusammenhang? Studien belegen, dass die EFT mehr leistet als Zufriedenheit in der Paarbeziehung herzustellen. FMRI-Untersuchungen (Hirnscans) zeigen, dass die im EFT-Prozess entwickelte Fähigkeit der Klienten, sichere Bindungen zu gestalten, sie in die Lage versetzt, anders als zuvor auf Bedrohungen zu reagieren und unsichere in sichere Bindungen zu transformieren (Burgess Moser et al., 2015). Eine sichere Bindung hat viele Vorteile (Johnson et al., 2015; Mikulincer u. Shaver, 2015). Sie versetzt Menschen in die Lage, auch in Zeiten von Stress und Bedrohung emotional ausgeglichen zu bleiben, um Hilfe und Unterstützung zu bitten beziehungsweise anzunehmen und nicht zuletzt, sich implizit die beeindruckenden seelischen und körperlichen Vorzüge befriedigender sozialer Beziehungen zu Nutze zu machen (Feeney u. Collins, 2014).

## Drei Paare

Heute hat Emily einen typischen Praxistag. Sie wird drei Paaren begegnen, die stellvertretend für die häufigsten negativen Interaktionsmuster von Paaren in Krisen stehen. Im Rückblick auf die Zeit, als sie die partnerschaftliche Liebe noch nicht durch die Bindungsbrille sah, erinnert sich Emily, wie oft sie in Gefahr war, sich von der Unberechenbarkeit und Feindseligkeit, dem schweigenden Rückzug und den Rationalisierungen der Partner überwältigen zu lassen. Mit Schaudern denkt sie daran, wie oft sie sich fragte, ob diese Paare überhaupt eine Perspektive hatten. Jetzt – mit dem Bindungsblick – gewinnt das Chaos der so unterschiedlichen Geschichten von Beziehungskrisen an Ordnung. Auf den ersten Blick oft übertrieben erscheinende Unter- und Überreaktionen der Partner aufeinander ergeben – durch die Bindungsbrille betrachtet – plötzlich Sinn und sie kann diese Reaktionen als Therapeutin validieren und normalisieren. Dabei fühlt sie sich getragen von dem Mantra: »Wenn es um Bindung geht, hat selbst das bizarrste Verhalten einen Sinn. Ich muss mich lediglich auf das Paar einstimmen und es verstehen.«

Die Bindungsperspektive schafft Klarheit und versieht Emily mit einem neuen Blick auf all die komplexen Dramen, die sich in ihrer Praxis vor ihr abspielen. All die Varianten, sich aneinander zu klammern, zu protestieren, sich Vorwürfe zu machen und sich zurückzuziehen, kann sie jetzt als normale, universelle und dem seelischen Überleben dienende Reaktionen wahrnehmen – als bestmögliche Versuche, die eigene Integrität angesichts eines nicht erreichbaren Partners zu sichern. Vor ihrem inneren Auge tauchen immer wieder Bilder und Begriffe aus dem Selbsthilfebuch »Halt mich fest« (Johnson, 2019) auf, mit denen Sue Johnson negative Bindungszyklen plastisch beschreibt: »Protestpolka«, »Erstarren und

Fliehen«, »Suche den Bösewicht«. Je besser es ihr gelingt, sich auf die Bindungsperspektive einzustimmen und gemeinsam mit dem jeweiligen Paar dessen Zyklus zu explorieren, desto leichter wird es für sie, Feindseligkeit, Schmerz, Schweigen und Verzweiflung der Partner als normale Reaktionen in Momenten der Bindungsbedrohung zu verstehen. Dank dieser Perspektive gelingt es ihr, ihre Hoffnung für das Paar zu aktivieren und dem Paar Hoffnung für die vor ihnen liegende Arbeit zu vermitteln.

## Tanja und Kilian: Protest gegen Gleichgültigkeit (Protest-Polka)

Während der Sitzungen mit Emily bricht Tanja, eine große und äußerst gut aussehende junge Frau, in Anwesenheit ihres Mannes, Kilian, wiederholt in Tränen aus. Meist ist sie wütend über Kilians scheinbare Gleichgültigkeit und hat den Eindruck, dass er sich »nicht einen Zentimeter bewegen wird, um mir zu zeigen, dass ich ihm wichtig bin.« Wäre da nicht die konstante Bewegung seines linken Fußes, würde man ihn in der Tat als reglos und unbeeindruckt beschreiben. Von Zeit zu Zeit wendet er sich Emily allerdings unter leisem Protest zu und beschreibt Tanja als unnachsichtig und Mensch mit unerfüllbaren Ansprüchen. Aber meistens zuckt er nur mit den Schultern und seufzt: »Was kann man denn da noch tun?« Dieser Satz wiederum führt bei Tanja dazu, dass sie ihn mit Kritik überzieht bzw. sich die Hände vor das hinter ihren Haaren versteckte Gesicht hält und leise schluchzt. Außer ihrem Wimmern ist dann nichts zu hören.

Emily, durch Tanjas Schönheit ein wenig in den Bann gezogen, ist ebenfalls irritiert von Kilians außergewöhnlichem Mangel an Reaktion. Tanjas Klagen reichen von Verzweiflung über seine fehlende Bereitschaft, im Haushalt zu helfen über den Vorwurf, sich nur am Rande um die drei Kinder, zwei Grundschulkinder und einen Dreizehnjährigen, zu kümmern bis hin zu dem Satz »Nie nimmt er sich Zeit, sich mit mir zu unterhalten oder mich wenigstens wahrzunehmen!«. Beide sind beruflich engagiert: Tanja ist als Pressesprecherin für eine der größten Kunstorganisationen der Stadt tätig, Kilian hat ein eigenes Computerunternehmen, das er im Homeoffice managt. Darüber hinaus kümmert sich Kilian um den großen Schrebergarten der Familie am Stadtrand, den er tadellos in Schuss hält.

Von Anfang an zeigt sich bei diesem Paar ein klares Muster: Je lauter und drastischer sich Tanja bemüht, Kilian zu erreichen und eine Reaktion von ihm zu erhalten, desto stoischer, gleichgültiger und weniger zugewandt wird er. Und je ruhiger, distanzierter und unerreichbarer sich Kilian zeigt, desto lauter, verzweifelter und wütender reagiert Tanja. Das Ganze findet erst dann ein Ende, wenn Kilian die

Hände in die Luft wirft und laut seufzend ruft: »Wie kann dem überhaupt irgendjemand gerecht werden?!«

Mit ihrem bindungsorientierten Blick auf partnerschaftliche Liebe sieht Emily hinter diesem sich immer wieder abspielenden Drama das starke, aber auch sehr ramponierte Bindungsband zwischen Kilian und Tanja. Und sie spürt die ungeheure Bindungspanik (Panksepp, Solms, Schläpfer u. Solms, 2014), die das eskalierende Verhaltensmuster immer wieder antreibt und verstärkt. Hinter der verzweifelten Wut von Tanja über Kilians mangelnde Reaktion hört Emily deren Angst vor dem Verlassenwerden. Und unter Kilians scheinbar gleichgültiger Oberfläche, mit der er Tanjas Versuche, ihn zu erreichen, abweist, hört sie seine Panik, wenn er sich von Tanja abgelehnt fühlt und den Eindruck hat, sie wolle ihn verändern.

## Philipp und Julia: Selbstschutz im Rückzug-Rückzugs-Zyklus (Erstarren und Fliehen)

Auf den ersten Blick wirken Philipp und Julia wie das genaue Gegenteil von Tanja und Kilian. Philipp kann endlos darüber reden, wie gut es ihnen miteinander geht und welche Fortschritte er schon gemacht hat. Die nach außen sehr schüchtern wirkende Julia räumt ein, dass ihr das Reden schwerfällt, bestätigt aber, dass sie stolz auf ihn ist, weil er eine »Gruppe für Sexsüchtige« besucht und dass sie ihm außerordentlich dankbar dafür ist, dass er so hart an seiner Alkoholsucht arbeitet. Im Gespräch fällt Philipp ihr ständig ins Wort. Er erklärt Emily, dass Julias Entdeckung seiner Sexsucht eigentlich das Beste sei, was ihnen beiden passieren konnte. Übereinstimmend berichten beide, dass sie nach mehreren schwierigen Phasen nach der Hochzeit, in denen Philipp aufgrund seiner Alkohol- und Pornografiesucht nicht erreichbar war, nun wieder zusammengefunden hätten. Das bringt Emily zu der Frage, was die beiden eigentlich in der Paartherapie bei ihr erreichen wollen.

In seiner Antwort auf diese Frage erläutert Philipp, dass er keinerlei Erinnerungen an die Zeit vor seinem 18. Lebensjahr hat. Er hat große Angst davor, diese Erinnerungen zu wecken. Als Ziel der Paartherapie gibt er an, dass sie »ihre Ehe stärken und die Intimität verbessern« wollen. Julia, die aktuell keinen körperlichen Kontakt mit Philipp erträgt, erhofft sich Hilfe bezüglich der Frage, ob sich diese Distanz wieder überbrücken lässt oder ob sie in Zukunft getrennte Wege gehen sollten.

Für Emily wird deutlich, dass Julia zwar einerseits stolz von »Philipps Fortschritten« berichtet, die beiden sich aber gegenseitig vor dem schützen, was sie als »Horrorkindheiten« bezeichnen. Hinter dem gemeinsam vorgetragenen Stolz darüber, wie erfolgreich sie die erschütternde Entdeckung seines geheimen Lebens gemeistert haben, registriert Emily subtile Hinweise darauf, dass die Entdeckung von Philipps Pornosucht Julia bis ins Mark erschüttert hat, sie derzeit aber auf keinen Fall daran rühren will.

Dieses Paar stellt für Emily definitiv eine Herausforderung dar. Sie bemüht sich, den versteckten Hinweisen auf den Schmerz dieses so sehr im Intellekt verhafteten Paares nachzugehen, das sich jedes Mal, wenn sie einen solchen Hinweis aufgreift, ganz schnell in sein intellektuelles Schneckenhaus zurückzieht. Auf den Beziehungsstress angesprochen, reagieren sie auf die kleinste Andeutung immer wieder mit Beschönigung des Belastungserlebens oder mit plötzlich auftauchender Überflutung und Sprachlosigkeit. Für Emily ist es harte Arbeit, die beiden in ihrem emotionalen Prozess zu aktivieren, ohne neue Überwältigungserfahrungen zu provozieren bzw. die sowieso fragile Allianz in Gefahr zu bringen.

Auch wenn Philipp gern das Wort ergreift und so wirkt, als würde er lieber sprechen als Emilys Reaktion abzuwarten, hat Emily doch den Eindruck, dass sich zwischen Philipp und Julia ein Rückzug-Rückzugs-Zyklus abspielt. Dem liegt ihre Beobachtung zugrunde, dass Philipp sich im Allgemeinen eher von Julia zurückzieht anstatt sie um Unterstützung zu bitten. Bei Philipp hört sie eine Geschichte der Rückzüge, zunächst hin zu Alkohol und Pornografie, und jetzt zu seiner Zwölf-Schritte-Gruppe[10], seinen Filmen und Romanen sowie seiner Intellektualisierung. Julia spricht ganz offen darüber, dass sie sich nicht wirklich öffnet; ihr fällt es schwer zu sprechen. Stattdessen wringt sie ihre Hände und äußert Angst und Unsicherheit hinsichtlich der Zukunft ihrer Beziehung. Öffnet sich Philipp dann aber ein wenig und sagt: »Ich sehe, wie schwer ihr das Sprechen fällt. Mir geht es da genauso«, dann seufzt Julia gelegentlich, lächelt breit und antwortet: »Genau deshalb habe ich dich geheiratet! Du verstehst mich!« Emily spürt, wie wichtig die beiden füreinander sind und Schritt für Schritt entdeckt sie die dem Verhalten zugrunde liegenden Emotionen – die Sehnsucht, sich mit dem anderen sicher zu fühlen und gleichzeitig die Angst vor verletzlich machender Nähe.

## Gefangen im gegenseitigen Angriff (Suche den Bösewicht): Sophie (Verfolgerin) und Ella (Rückzüglerin)

In der ersten Sitzung mit Sophie und Ella, einem gleichgeschlechtlichen Paar, geht es gleich hoch her. »Das Problem ist ihre Familie«, kreischt Sophie. »Alle sind ihr wichtiger als ich!« Ella seufzt und antwortet: »Das Problem sind ihre nicht enden wollenden und lächerlichen Erwartungen. Ich kann einfach nicht mehr. Der Stress macht mich krank – nichts ist ihr gut genug!« Und es dauert nicht lange, bis auch sie ihre Stimme hebt.

---

10 Das Zwölf-Schritte-Programm ist das Programm der Anonymen Alkoholiker.

Auch wenn Emily genau weiß, wie wichtig es ist, die Kontrolle zu behalten und damit dem Paar Sicherheit zu vermitteln, gelingt ihr das in den Sitzungen nur mit Mühe. Um die Sprunghaftigkeit der beiden zu halten und hochkochende Emotionen zu regulieren, spiegelt sie in einfachen, kurzen und empathischen Worten die jeweilige Wahrnehmung und macht sehr deutlich, wer wann sprechen darf. Unterbricht Ella Sophie, schaut Emily sie freundlich an, berührt sie mit der Hand und sagt in beruhigendem Tonfall: »Ella, ich weiß, das ist im Moment kaum auszuhalten für Sie. Aber können wir Sophie aussprechen lassen und dann höre ich Ihnen zu?«. Sie belässt ihre Hand weiter beruhigend bei Ella und wendet ihr von Zeit zu Zeit das Gesicht zu, während sie Sophie zuhört, die ihre Sicht erläutert – dass einzig und allein Ellas Familie schuld an ihren Beziehungsproblemen sei. In der Zwickmühle, Sophie zu validieren und zu beruhigen und gleichzeitig Ella vor dem Gift von Sophies Worten zu schützen, sagt sie: »Sophie, Sie scheinen völlig verzweifelt zu sein. Und die einzige Erklärung für all die Angst und das Chaos, das zwischen Ihnen und Ella herrscht, ist, dass Ellas Familie an allem schuld ist – verstehe ich das richtig?« Zu hören, dass die Therapeutin ihre Aufregung registriert, beruhigt Sophie ein wenig und mit einem Seufzen antwortet sie: »Ja, ich bin wirklich ziemlich verzweifelt.«

Emily fragt nach: »Verzweifelt, weil Sie eigentlich mehr von Ella möchten?« – »Ja, natürlich«, sagt Sophie. Jetzt wendet sich die Therapeutin Ella zu und bittet diese zu erklären, wie sie es empfunden hat, hinter der Enttäuschung von Sophie über sie und ihre Familie Sophies Wunsch nach *mehr* Beziehung zu hören. Emily verknüpft die Aussagen der beiden, indem sie sie fragt, wie das Gehörte auf sie gewirkt hat. Sie weiß, dass sie auf diese Weise Kontrolle über die Sitzung behalten und Sicherheit geben kann, während sie gleichzeitig dafür sorgt, dass die Aufmerksamkeit beider auf die Gegenwart gerichtet bleibt.

Angesichts des schnellen Schlagabtauschs der beiden fällt es Emily wirklich schwer zu entscheiden, wer eigentlich um Kontakt kämpft und wer sich in Selbstschutz zurückzieht. In der Einstimmung auf beide findet sie die Antwort. Jetzt hört sie bei Sophie die ängstliche, einsame Partnerin, die Liebe einfordert und damit bei Ella Erschöpfung und ein Gefühl des Versagens triggert. Ella wiederum hat den Part der vermeidenden Partnerin, die sich danach sehnt, zu gefallen, akzeptiert und geliebt zu werden. Emily beginnt, hinter Sophies Forderungen eine Art Kampf wahrzunehmen, »für Ella bedeutsam zu sein«. Und hinter Ellas Gegenangriff erahnt sie die Abwehr aus Angst, bedeutungslos zu sein oder so, wie sie eigentlich ist, zurückgewiesen zu werden sowie die Angst davor, zu der Person gemacht zu werden, die Sophie gerne hätte.

Gegen Ende der ersten Sitzung breitet sich im Raum ein leiser Hoffnungsschimmer aus. Beide können dem Gedanken zustimmen, dass das Muster »Suche den Bösewicht« – »Ums Überleben kämpfen«, in dem sie sich verfangen haben, die eigentliche Bedrohung ihrer Beziehung darstellt. In dem Moment, in dem Sophie sagt: »Immer, wenn ich mich einsam fühle und das Gefühl habe, dir nicht viel zu bedeuten, greife ich dich an und gebe dir und deiner Familie die ganze Schuld«, ist Ella bereit, die Therapie fortzuführen. Und Ellas Aussage: »Ja, es stimmt; ich bin frustriert und habe meistens die Nase gestrichen voll davon, dass du anscheinend so enttäuscht von mir bist. Ich möchte einfach, dass wir gut zueinander sind« lässt bei Sophie Hoffnung aufkeimen. Am Ende dieser ersten Sitzung stellt Emily fest, dass es ihr gelungen ist, einen Raum zu schaffen, der beiden trotz ihrer Unbeständigkeit genügend Sicherheit vermittelt und sie freut sich, dass beide begonnen haben, sich mit der Vorstellung des negativen Zyklus als der eigentlichen Bedrohung auseinander zu setzen.

Diese drei Paare werden uns im Verlauf des Buchs regelmäßig begegnen und das Modell mit seinen neun Schritten und drei Phasen hin zu einer sicheren Bindung mit Leben füllen.

## Die Schlüsselbestandteile der Veränderung im Überblick

- EFT-Therapeuten sind weder Coaches noch weise Ratgeber. Ihre Rolle entspricht am ehesten der eines Prozessbegleiters, dessen Aufgabe es ist, einen sicheren therapeutischen Rahmen zu schaffen. In diesem Rahmen können Paare die negativen Zyklen entdecken, in denen sie feststecken. Er bietet auch den sicheren Raum, in dem die dem Zyklus zugrunde liegenden und ihn immer wieder triggernden Emotionen offengelegt und vertieft werden können – Voraussetzung für die Umstrukturierung festgefahrener Interaktionsmuster und die Entwicklung einer sicheren Bindung.
- Bei der EFT handelt es sich um ein zugleich experientielles, systemisches und bindungsorientiertes Modell. Es richtet den Blick sowohl auf intrapsychisches als auch auf interpersonelles Erleben. Ziel ist es, emotionale Zyklen erkennbar, erfahrbar und gleichermaßen als Ziel wie als Motor der Veränderung von Bindungsmustern nutzbar zu machen.
- Die Landkarte der EFT beinhaltet drei Phasen – Deeskalation, Umstrukturierung der Bindung und Konsolidierung – und drei Veränderungsereignisse – Deeskalation, Wiedereinbindung des Rückzüglers und Erweichen der Anklägerin.
- In Phase 1 wird das Paar darin unterstützt, seinen negativen Zyklus zu identifizieren und diesen Zyklus zu deeskalieren. Die Deeskalation des negativen Zyklus wird auch als erstes Veränderungsereignis bezeichnet.

- In Phase 2 sind es zwei Veränderungsereignisse, in denen sich die Umstrukturierung der Bindung vollzieht. Das Veränderungsereignis, in welchem der Rückzügler wiedereingebunden wird, geht dem Erweichen der Anklägerin voraus. Gemeinsam führen diese Ereignisse zu einer umstrukturierten, sicheren und verlässlichen Bindung.
- Phase 3 dient der Konsolidierung dieser neu gestalteten Bindung. Die Partner schauen sich ihren Weg von fehlender Verbundenheit hin zu einem gegenseitigen Gefühl von Sicherheit und Verlässlichkeit gemeinsam an. Außerdem befassen sie sich mit der Frage, wie sie die neu gewonnene Bindung auch in Zukunft lebendig halten können.
- Wirksamkeit des Modells: Sechzehn Ergebnisstudien bestätigen die EFT als evidenzbasierten Behandlungsansatz und neun Prozessuntersuchungen zeigen auf, *wie* sich der Veränderungsprozess im Detail gestaltet. Bindungsmuster lassen sich verändern. Ist mittels EFT erst einmal eine sichere Bindung (wieder-)hergestellt, wirkt sich dies auch positiv auf die Reaktion des Gehirns auf Bedrohungen anderer Art aus.
- Klassische Negativzyklen:
  - Tanja und Kilian stehen beispielhaft für den klassischen Verfolger-Rückzügler-Zyklus;
  - Philipp und Julia stehen beispielhaft für einen Rückzügler-Rückzügler-Zyklus;
  - Sophie und Ella stehen beispielhaft für hoch eskalierte Angreifer-Angreifer-Sequenzen.

# Kapitel 2

## Schlüsselbestandteile der Veränderung auf der EFT-Landkarte

»Der ideale Therapeut ist in erster Linie empathisch«
(Rogers, 1980, S. 146).

»[Ein EFT-]Therapeut ist stets bestrebt, Partnern zu helfen, ihr emotionales Bewusstsein, besonders für die tieferen und weicheren Emotionen, zu erweitern und einander neue Signale zu senden, die wiederum neue und positivere Formen der Begegnung zur Folge haben«
(Johnson et al., 2015, S. 394).

### Vorbemerkung

Die EFT-Landkarte der Veränderung ist an bestimmte Voraussetzungen sowohl auf Therapeutenseite (geeignete Interventionen) als auch auf Klientenseite gebunden, die ich in diesem Kapitel genauer beschreibe.

Die erste Aufgabe von EFT-Therapeuten besteht darin, ein von Sicherheit und verständnisvoller Empathie geprägtes therapeutisches Setting zu gestalten. Nur in einem solchen Setting sind Partner in der Lage, sich eigenem und gemeinsamem emotionalen Erleben zu öffnen. Dem Aufbau eines vertrauensvollen Bündnisses, einer Allianz mit beiden Partnern, gebührt deshalb oberste Priorität – nicht nur zu Beginn, sondern durch den gesamten Therapieprozess mit all seinen Schritten und Phasen hindurch. Neben dieser den Prozess tragenden Haltung beschreibt die Landkarte der EFT zwei grundlegende Aufgaben: das Reprozessieren[11] emotionalen Erlebens (sodass die Partner Emotionen als zuverlässige Informationsquelle ihrer Bedürfnisse und als handlungsleitend erleben können) und die Umstrukturierung der Interaktionen zwischen den Partnern (klarere Signale, mit denen sich Partner ihre Bedürfnisse signalisieren, verändern die Qualität der Bindung). Empirisch validierte therapeutische Interventionen ermöglichen es, diese Aufgaben umzusetzen. Klug eingesetzt, empathisch und technisch gekonnt durchgeführt, bringen sie alle Beteiligten dieser Reise voran (Greenman u. Johnson, 2013; Johnson, 2004). Um sie maßgeschneidert und zielgenau anzuwenden, ist die Berücksichtigung der im Folgenden beschriebenen klientenbezogenen Faktoren (seitens des Therapeuten) von wesentlicher Bedeutung.

---

11 Reprozessieren: erneut bearbeiten, durcharbeiten.

## Klientenbezogene Faktoren

Mit Hilfe des Akronyms »TEA« hat Emily drei, für den Therapieerfolg entscheidende klientenbezogene Faktoren ständig im Blick und achtet auf geeignete Rahmenbedingungen, um diese Faktoren wirksam werden zu lassen. Bei diesen Faktoren handelt es sich um:

»T« = Aufbau und Aufrechterhaltung einer therapeutischen Allianz, gemeinsames Therapieverständnis

»E« = emotionales Engagement der Partner und

»A« = affiliatives[12] – Teilen von Erfahrungen, d. h. die Beziehung stärkendes, die Partner verbindendes Teilen emotionalen Erlebens in Form von Enactments.

## Gemeinsames Therapieverständnis in der therapeutischen Allianz

Gelingt es Therapeuten, eine gute Allianz mit den Klienten nicht nur aufzubauen, sondern auch durch den Therapieprozess hindurch zu halten, trägt das mit einem Anteil von 20 % zum Behandlungserfolg bei. Diese Zahl entstammt einer Studie zu den Erfolgsprädiktoren der EFT. Ein genauer Blick zeigt, dass insbesondere dem Vorliegen einer gemeinsamen Allianz hinsichtlich der Bindungsperspektive ein hoher prädiktiver Wert im Hinblick auf Beziehungszufriedenheit und positives Therapieergebnis zukommt. Entscheidend ist beispielsweise, ob »die dem Paar gestellten, die emotionale Verbundenheit fördernden Anforderungen von den Partnern als relevant im Hinblick auf ihr Problem und ihr Anliegen angesehen« werden (Johnson u. Talitman, 1997, S. 146). EFT-Therapeuten wissen, dass »die Reaktionen und das Vertrauen von Klienten in (therapeutische) Interventionen […] ergebnisrelevant sind« (Greenman u. Johnson, 2013, S. 46). Deshalb behalten sie die Reaktionen der Partner sehr genau im Blick und fragen im Zweifel aktiv nach, wie der Therapieprozess erlebt wird. Vielen Paaren hilft es, die Struktur des EFT-Prozesses genauer zu verstehen (s. hierzu Kap. 4 »Einen Therapievertrag schließen« und »Transparenz in Bezug auf den Therapieprozess herstellen«).

---

12 Affiliativ: Interaktionen ohne direkten Zweck, die einzig dazu dienen, das tiefe menschliche Bedürfnis nach Gemeinsamkeit und der Erfahrung, akzeptiert und geschätzt zu werden, zu erfüllen.

## Emotionale Tiefe

Der zweite klientenbezogene Faktor, der sich positiv auf den Therapieerfolg auswirkt, ist die Tiefe des emotionalen Erlebens, gemessen anhand der Experiencing-Skala (Klein, Mathieu, Kreisler u. Gendlin, 1969). Ausgeprägtes, in die Tiefe gehendes emotionales Engagement der Klienten korreliert nachweislich mit positiven EFT-bedingten Veränderungen (Greenman u. Johnson, 2013; Johnson u. Greenberg, 1988).

Die Experiencing-Skala – eine kontinuierlich ansteigende Stufenskala, die die jeweilige Tiefe des affektiven Erlebens, der Selbstwahrnehmung und des Ausdrucks beschreibt – dient Therapeuten auch als praktische Hilfe, den Begriff »Tiefe des emotionalen Erlebens« genauer zu erfassen. Wenn Emily darüber nachdenkt, welche Schwerpunkte in ihrer bisherigen therapeutischen Ausbildung gesetzt wurden, lag der Fokus bis jetzt in erster Linie auf den Gedanken, Verhaltensweisen und dem verbalen Gefühlsausdruck ihrer Klienten. Sich als Therapeutin auf die jeweilige Tiefe des inneren emotionalen Erlebens ihrer Klienten einzustellen, schien dagegen zweitrangig. Jetzt allerdings nutzt sie die Experiencing-Skala regelmäßig. Das hilft ihr, den Fokus immer wieder auf den gegenwärtigen Prozess zu lenken. Die Skalenindikatoren geben ihr einen Anhaltspunkt für das Maß, in dem jeder der Partner aktuell mit seinem Felt Sense[13] verbunden ist.

Auf Stufe 1 und 2 berichtet der Klient verallgemeinernd, distanziert und abstrakt über äußere Ereignisse; in Stufe 2 bringt er diese Ereignisse grundsätzlich mit sich als Person in Verbindung, stellt aber noch keinen Zusammenhang mit seinem persönlichen bzw. emotionalen Erleben her. Auf Stufe 3 wird die faktische Schilderung spezifischer Ereignisse durch eine abstrakte bzw. reaktive Beschreibung damit verbundener persönlicher Gefühle ergänzt. Erst auf Stufe 4 findet eine Verschiebung hin zum inneren Erlebensfluss statt; der Klient kommt in Kontakt mit seinem inneren Erleben. Um eine Therapie als »experientiell«, d. h. erfahrungsbasiert einzuordnen, muss sich der Klient mindestens auf Stufe 4 einlassen; aus diesem Grund streben EFT-Therapeuten mindestens dieses Level an. Die Stufen 5 bis 7 sind gekennzeichnet durch einen zunehmend höheren Grad der Exploration und Vertiefung, in dem neues Erleben auftaucht. Die Stufen 5 bis 7 werden im Allgemeinen erst in Phase 2 beobachtet.

---

13 Felt Sense: Bezeichnung für ein Körpergefühl, das eine Bedeutung hat. Unsere Emotionen drücken sich im Körpergespür, im Felt Sense aus und spiegeln damit ein sogenanntes inneres Wissen.

EFT-Therapeuten achten stets darauf, wie gut die Partner mit ihrem gegenwärtigen emotionalen Erleben verbunden sind und schenken den Momenten, in denen diese in einen distanzierten, abstrakten Modus einschwenken, große Aufmerksamkeit. Getreu dem Grundsatz »Prozess vor Inhalt« fokussieren sie in solchen Momenten auf den Prozess, indem sie das Verhalten wertfrei spiegeln: »Als Sie gerade von seiner Ex-Frau gesprochen haben, standen Ihnen Tränen in den Augen und dann haben Sie sich ein wenig anders hingesetzt und gesagt: *Es ist wirklich alles in Ordnung*« (am Abschweifen dranbleiben). »Sie berichten ganz sachlich, dass sie nie zufrieden ist, sich immer über *Sie* ärgert. Das klingt fast, als würden Sie selbst sich erst gar nicht erlauben, die Spannung zu fühlen, die Sie als Knoten in ihrem Magen beschreiben« (empathische Vermutung über die Distanzierung vom inneren Erleben anstellen).

**Affiliatives Teilen**

Die dritte entscheidende Klientenvariable ist die Art und Weise, in der Klienten, insbesondere in von der Therapeutin angeleiteten Enactments miteinander interagieren. Emotional gefärbte Selbstoffenbarungen und verständnisvolle, warme und fürsorgliche Reaktionen wirken affiliativ, d. h. sie schaffen Verbundenheit, gemeinsames Erleben der Partner. Besonders in Phase 2 gibt es einen direkten Zusammenhang zwischen zunehmend häufigeren und tiefergehenden Momenten affiliativen Teilens und dem Therapieerfolg (Greenman u. Johnson, 2013). Im Wissen um die verändernde Kraft dieser Momente versuchen EFT-Therapeuten in allen Stufen und Phasen, günstige Voraussetzungen für Enactments zu schaffen (Johnson, 2004; Tilley u. Palmer, 2013). Das Ziel eines jeden von der Therapeutin gestalteten Enactments ist es, Partnern neue, kongruente und klare Wege des Kontakts aufzuzeigen und damit einhergehend das emotionale Engagement und die Sicherheit in der Beziehung zu stärken.

Wenn wir also die Erfolgsaussichten einer EFT-Therapie verbessern möchten, sollten wir alles tun, damit Klienten die an sie herangetragenen Anforderungen als relevant im Hinblick auf ihr Anliegen und ihre Bedürfnisse erleben. Gelingt uns das und schaffen wir einen Raum, der es Klienten ermöglicht, sich auf ihr emotionales Erleben einzulassen und dieses Erleben in einer verbindenden Weise miteinander zu teilen und aufeinander zu reagieren, dann tragen wir in erheblichem Maß zur Verbesserung der Erfolgsaussichten unserer Therapie bei. Als Handwerkszeug stehen uns die EFT-Interventionen zur Verfügung, bei deren Anwendung wir die klientenbezogenen Faktoren immer im Blick haben sollten.

# Therapeutische Interventionen

Übergeordnetes Ziel aller therapeutischen Interventionen in der EFT ist die Entwicklung einer sicheren Bindung zwischen den Partnern. Dabei lassen sich zwei sogenannte Sets von Interventionen voneinander unterscheiden. Die erste Gruppe umfasst Interventionen mit dem Ziel, bindungsrelevantes emotionales Erleben erfahrbar zu machen und zu reprozessieren. Sie sind zentral für den Aufbau und die Wahrung einer therapeutischen Allianz und die Arbeit mit Emotionen. Zur zweiten Gruppe zählen Interventionen zur Nachverfolgung von zu Teufelskreisen mutierten Interaktionsmustern, verbunden mit der Einladung, neue Muster und damit neue Formen der Interaktion zu entwickeln.

Leitperspektive in der Durchführung sämtlicher Interventionen ist die Bindung. Daraus resultieren Fragen wie: Wie beeinflussen sich die Partner in ihrer ganz spezifischen Beziehung? Was begünstigt oder blockiert emotionale Erreichbarkeit, Responsivität[14] und die Bereitschaft, sich aufeinander einzulassen? In ihrer Umsetzung folgen Interventionen einem stetig wiederkehrenden Flow, auch EFT-Tango genannt, der sich durch den gesamten Prozess hindurchzieht (Brubacher u. Johnson, 2017; Johnson, 2014) und den ich am Ende des Kapitels zusammenfassend beschreibe.

## Interventionen mit dem Ziel, Emotionen zu erschließen, zu vertiefen und zu reprozessieren

### Empathisches Spiegeln

Empathische Einstimmung und Spiegeln – Begriffe, die auf Rogers und damit die experientielle Tradition zurückgehen – bilden das Herzstück der EFT (Johnson, 2004). Empathie bezeichnet einen aktiven, gegenwartsorientierten, kontinuierlichen Prozess mit unterschiedlichen Zielsetzungen. Diese Intervention ist so einfach wie wirksam und umfasst vier eng miteinander verbundene Zielsetzungen, die ich aus didaktischen Gründen im Folgenden getrennt beschreibe. Angesichts der überragenden Bedeutung empathischen Spiegelns stelle ich diese Intervention ausführlicher dar als die folgenden.

**1. Empathisches Spiegeln macht den äußersten Punkt des Erlebens erfahrbar**
EFT-Therapeuten achten sehr genau auf alles, was auf den äußersten Punkt des emotionalen Erlebens ihrer Klienten hindeutet (Johnson, 2015; Rice, 1974;

---

14 Responsivität: Bereitschaft von Menschen, angemessen aufeinander zu reagieren und eigene Bedürfnisse mit denen wichtiger anderer abzustimmen.

Martin, 2000); einen Punkt, an dem Emotionen ansatzweise erlebbar, aber oft noch nicht in Worte zu fassen sind. Sie spiegeln den Ausdruck und das Erleben ihrer Klienten im Bestreben, die Kernbotschaft, den emotional schmerzlichsten und für die Bindung bedeutsamsten Aspekt, in Worten auszudrücken (Johnson, 2004; Martin, 2000).

Empathisches Spiegeln erfordert das volle emotionale Engagement von Therapeuten. Oder – um es mit Rogers zu sagen – Therapeuten müssen bereit sein, in die Welt ihrer Klienten einzutauchen, sich in dieser zu bewegen und sie mit Geist, Herz und Körper in sich aufzunehmen. Nur so wird die Welt von Klienten erfahrbar. In der Arbeit mit Paaren bedeutet das für Therapeuten gleich dreifache Verantwortung. Dreifach, denn sie tragen Verantwortung, in die Haut beider Partner zu schlüpfen, um einen Felt Sense nicht nur der individuellen Welt jedes Einzelnen, sondern auch des Beziehungserlebens beider zu entwickeln. So unterschiedlich das individuelle Erleben der Partner auch sein mag, sind doch beide angewiesen auf die Offenheit von Therapeuten, auf ihre Fähigkeit, sich auf sie einzustimmen und ihr jeweiliges einzigartiges Erleben zu validieren. Und während Therapeuten dies tun, spiegeln sie in Übernahme des dritten Teils der Verantwortung empathisch die Auswirkungen des negativen Zyklus auf das Paar, wie folgendes Beispiel zeigt:

KILIAN: Sie ist immer wütend auf mich!
TANJA: Na ja, anfangs bin ich nicht wütend! Ich fühle mich einsam und versuche, von dir beachtet zu werden!

Wenn Therapeuten solche Sätze hören, geht es nicht darum, zu erklären, zu coachen oder zu verhandeln, sondern empathisch zu spiegeln, dem stets ersten Schritt in der EFT. Nur wenn beide Partner sich verstanden und wertgeschätzt fühlen, kann ein Prozess des Ordnens und Herausfilterns in Gang gesetzt werden, der als Ausgangsbasis für die Erkundung und Heilung einer verletzten Beziehung dient.

Therapeutin zu Kilian: »Als Sie gesagt haben, sie sei immer wütend auf Sie, haben Sie geseufzt – so als ob es kaum zu ertragen wäre, dass *die Frau, die Sie lieben, mit Ihnen* unglücklich ist!« (Bindungsinformation kursiv).

Therapeutin zu Tanja: »Sie fühlen sich *sehr einsam, vermissen Kilian so sehr,* dass Sie manchmal richtig aufdrehen, um *von ihm beachtet zu werden?«* (Obwohl es sich bei diesem Satz streng genommen nicht um eine Frage handelt, wurde das Fragezeichen verwendet, um einen das Zögern der Therapeutin signalisierenden ansteigenden Tonfall zu verdeutlichen. Dieser Tonfall impliziert die Frage: »Stimmt das?« und lädt Tanja dazu ein, das Gesagte mit ihrem eigenen Erleben abzugleichen und entweder zu bestätigen oder zu widersprechen). Empathisches

Spiegeln braucht eine zögernde Sprache. Das gibt Klienten die Möglichkeit, sich zur Richtigkeit des Gesagten zu äußern und das, was die Therapeutin glaubt, verstanden zu haben, wirken zu lassen. Den Partnern Zeit geben und Worte zu wiederholen trägt ganz entscheidend zur Wirksamkeit empathischen Spiegelns bei und lässt die Therapeutin das Gesagte besser verstehen. Sich wirklich verstanden zu fühlen, heißt: »Du bist bei mir. Du verstehst mich. Vielleicht kann ich dir wirklich trauen.« Manchen Klienten tut es auch gut, zu hören, dass die Therapeutin ihren Partner versteht im Sinne eines: »Ich selbst verstehe meinen Partner einfach nicht – bin nur frustriert über seine Wutausbrüche, die für mich keinen Sinn ergeben – aber Sie scheinen ihn zu verstehen und das gibt mir Hoffnung.«

**2. Empathisches Spiegeln ordnet emotionales Erleben und filtert es heraus**
Wiederholung und Würdigung des zentralen inneren Erlebens von Klienten ordnet Emotionen und gibt ihnen Bedeutung. Nicht ohne Grund betont Rogers den Unterschied zwischen Spiegeln und Wiederholen – im Spiegeln offenbart sich etwas Neues. Zwar greift empathisches Spiegeln oft Worte des Klienten auf. In diesen Wiederholungen steckt aber gleichzeitig etwas Neues: Aspekte des persönlichen Erlebens des Klienten, denen bisher wenig Aufmerksamkeit gewidmet wurde, werden ins Zentrum gerückt. Für viele Klienten ist es ganz neu, zu erleben, dass sich eine andere Person so genau und emotional nah mit den Facetten ihres persönlichen Erlebens befasst. Im empathischen Spiegeln eines bedeutsamen Moments wird dieser Moment wieder lebendig und der Weg zur Veränderung öffnet sich (»Sie haben Angst vor dem Blick, der auf Sie wirkt, als würde die Biene gleich zustechen.« »Erdrückt – Sie fühlen sich erdrückt, wenn Sie in das Gesicht Ihres Partners schauen!«)

In experientiellen Therapien hat Wiederholen eine stark evokative Wirkung. Der Fokus auf den gegenwärtigen Moment bleibt erhalten, das damit verbundene gegenwärtige Erleben wird vertieft. Antwortet ein Klient mit »Genau!«, dann fühlt er sich wirklich verstanden, Erleben wird aktiviert. Therapeuten, die gerade erst beginnen, mit dem EFT-Ansatz zu arbeiten, haben die Wirkmacht empathischen Spiegelns möglicherweise noch nicht kennengelernt und wissen den Wert dieser auf den ersten Blick so einfach wirkenden Intervention unter Umständen nicht zu schätzen. Für andere wiederum haben die Verlangsamung des Prozesses und Annäherung an das gegenwärtige Erleben von Klienten fast eine bedrohliche Komponente.

**3. Empathisches Spiegeln erschließt den Kern emotionalen Erlebens**
Wenn sich Klienten in inhaltlichen Details verlieren, ist das nicht selten verwirrend und überwältigend, aber jede Geschichte lässt sich auf eine emotio-

nale Kernerfahrung zurückführen. Empathisches Spiegeln öffnet den Zugang zu dieser Kernerfahrung. Wiederholen und Spiegeln des schmerzlichsten Teils der Geschichte verlangsamt den Prozess und lädt Klienten ein, tiefer mit ihrem emotionalen Erleben in Kontakt zu kommen. Schließt die Therapeutin emotional bei einem Paar an und begibt sich auf die Bindungsebene, dann kann sie den Schmerz ihrer Klienten spüren und verstehen, wie verletzend beispielsweise eine (ausbleibende) Antwort sein kann.

Der schmerzlichste Punkt in Kilians Aussage wird in dem Moment berührt, in dem er davon berichtet, wie schlimm es ist zu hören und zu spüren, dass seine Partnerin nicht glücklich mit ihm bzw. wütend auf ihn ist. Für Tanja dagegen ist es äußerst verletzend, sich nicht von Kilian wahrgenommen zu fühlen. Mit zunehmender Praxis setzen EFT-Therapeuten die Bindungsbrille immer selbstverständlicher auf und hören mit ihrem Herzen und ihren Ohren neue Botschaften – Bindungsbotschaften. Die besten Lehrmeister dafür sind übrigens die Paare selbst, denn jedes Paar hat eine eigene Bindungsgeschichte zu erzählen.

Sich von inhaltlichen Details verführen zu lassen, ist gefährlich. Es kann bedeuten, die Kernbotschaft des Klienten und die gegenwärtige Bindungsinformation zu verpassen. Wenn Tanja beispielsweise sagt: »Ich ärgere mich, dass mein Mann so viel Zeit mit Computerspielen verbringt!«, dann wäre eine nicht-spiegelnde, vom emotionalen Erleben wegführende mögliche Antwort: »Angenommen, Sie bitten ihn aufzuhören, was würde dann passieren?« oder »Weshalb gehen Sie nicht eigenen Hobbies nach?«. Eine andere Variante nicht-spiegelnder Reaktion, die ebenfalls vom Prozess ablenkt, wäre es, wertend zu fragen: »Ist es schwer für Sie, ihn sein eigenes Leben leben zu lassen?«. Und wieder eine andere Variante könnte es sein, zu fragen, was er am Computer spielt und wieviel Zeit er damit verbringt. All diese nicht-spiegelnden und unempathischen Antworten führen die Beteiligten vom gegenwärtigen Erleben weg und ignorieren die emotionale Kernbotschaft, die die Person in diesem Moment versuchte zu teilen.

Eine empathisch spiegelnde Antwort dagegen könnte sehr einfach sein und Tanja trotzdem Verständnis, Fürsorge und Sicherheit vermitteln, sodass sie weiter bei ihrem eigenen Erleben bleiben kann. Hier ein paar Beispiele: »Es ist schwer für Sie, auszuhalten, dass er so viel Zeit am Computer verbringt.« »Es macht Sie wütend, dass sich die wichtigste Person in Ihrem Leben von Ihnen abwendet.« »Ich versuche mir vorzustellen, wie schmerzhaft es für Sie sein muss, sich als ›unsichtbar‹ für ihn zu erleben.«

Eine andere Möglichkeit, am intra- und interpersonellen Erleben zu bleiben, wäre es, ganz eng an Tanjas Worten zu formulieren: »In dem Moment, in dem Sie sich einsam fühlen und Kilian vermissen, wollen Sie unbedingt seine Aufmerksamkeit gewinnen.«

## 4. Empathisches Spiegeln verlangsamt den Prozess

Empathisches Einstimmen, Wiederholen und Spiegeln wirken auch als Bremse, entschleunigen den Prozess und halten den Fokus im Hier und Jetzt. Damit das gelingen kann, muss empathisches Spiegeln konkret, anschaulich und präzise sein. Als ich in die USA zog, sah ich zu meiner Überraschung in einer Apotheke folgendes Akronym: CVS (concrete, vivid, specific, Anm. d. Übersetzerin). Dieses Akronym trifft ins Schwarze: in einer konkreten, anschaulichen und präzisen Art und Weise gespiegelt zu werden, ebnet Klienten den Weg aus nicht wirklich fassbarem Empfinden heraus zu einer tieferen Wahrnehmung emotionalen Erlebens. Um Spiegelungen wirksam werden zu lassen, braucht es von Seiten der Therapeutin eine ruhige, authentische Sprechweise als Ausdruck ernsthaften Bemühens, aus der Bindungsperspektive des Klienten heraus den Sinn des Gesagten wirklich zu verstehen. Hier ein Beispiel: »Ich verstehe, dass Sie das wütend macht und ich sehe bei diesen Worten den Schmerz in Ihren Augen.«

TANJA: Ich werde dann so gemein zu ihm und anschließend schäme ich mich, so ein hässliches Monster zu sein.

THERAPEUTIN: Das klingt so, als würde es Sie ungeheuer wütend machen, wenn er so *ganz vertieft an seinem Computer* sitzt. Und dann fühlen Sie sich so schlecht, weil Sie *dem Mann, den Sie lieben und dem Sie nahe sein möchten,* so heftig zusetzen.

(Diese anschauliche und präzise Spiegelung richtet den Fokus auf den Bindungskontext von Tanjas gegenwärtiger Emotion. Sie hat Kilian gegenüber ein schlechtes Gewissen. Auch der Trigger, der die Bindungsbedrohung auslöst – dass er ganz vertieft und damit aus ihrer Sicht unerreichbar ist – wird konkret benannt.)

Der Bindungskontext hilft, Tanjas bindungsgesteuertes Bedürfnis nach einer Antwort oder Reaktion zu normalisieren und das, was als »Bedürftigkeit«[15] wahrgenommen werden könnte, zu entpathologisieren. Damit wird es für sie leichter, sich den ihrem reaktiven Ärger zugrunde liegenden weicheren, verletzlicheren Emotionen zu nähern.

---

15 In der EFT wird der Begriff »Bedürftigkeit« nicht im juristischen, sondern im emotionalen Sinne benutzt: Wir Menschen brauchen in Zeiten von emotionaler Not unsere wichtigste Bindungsfigur – auch als Erwachsene. Bedürftigkeit drückt das besser aus, als »ein Bedürfnis haben«. Wenn wir »bedürftig« sind, haben wir Menschen keine andere Wahl, als auf Bindung angewiesen zu sein.

TANJA: Ich vermisse ihn, ja! Ich fühle mich so einsam, wenn er ständig mit irgendetwas anderem beschäftigt ist. Und ich kann es ihm noch nicht mal zum Vorwurf machen – wer will sich schon einem Monster nähern!«

THERAPEUTIN: Sie machen sich Vorwürfe wegen Ihrer Wut. Und unter den Vorwürfen ist so viel Schmerz und Einsamkeit (eine empathische Spiegelung ihrer Kernbotschaft – der Einsamkeit –, die gleichzeitig Tanjas Selbstvorwürfe bezüglich ihres Ärgers auf Kilian aufgreift).

TANJA: Ja, ich schäme mich. Aber es tut gut zu hören, dass ich nicht ganz so schlimm bin.

THERAPEUTIN: Es hilft Ihnen zu verstehen, dass der Zorn, den Sie fühlen, der Schmerz, der schon eine ganze Stunde lang hochkocht, dass all das ein Code ist für: »Ich habe Angst, dass in diesem Moment in deinem Herzen kein Platz für mich ist.« Es hilft Ihnen zu verstehen, dass unter Ihrer Wut diese Angst steckt.

(Konkrete, anschauliche und präzise Rückmeldungen, die das Gehörte in einen Bindungsrahmen stellen, ermöglichen es, emotionales Erleben zu ordnen und die zentralen Punkte herauszufiltern. Tanjas emotionales Erleben wird in der Gegenwart reaktiviert und vertieft sich.)

EFT-Therapeuten wissen, dass empathisches Spiegeln der Kernaussagen eines Klienten in der Lage ist, diesen aufmerksam im Hier und Jetzt zu halten, so dass er sich seinem inneren Erleben zuwenden, seinen Worten nachspüren und einen Felt Sense des Mitgeteilten entwickeln kann.

### Validieren[16]

Validierende, das Klientenerleben würdigende Aussagen beginnen klassischerweise mit Worten wie: »Es ist gut nachvollziehbar, dass Sie unter diesen Umständen ... [konkrete Beschreibung des Kontextes] so fühlen« oder »Es ist gut nachvollziehbar, dass Sie das auf diese Weise verstehen ...«. Validierende Kommentare bestätigen das Erleben des Klienten als legitim und nachvollziehbar im Bindungskontext. Sie verorten das emotionale Erleben des Klienten und seine Reaktivität im Interaktionszyklus des Paares und schlagen häufig eine Brücke vom Handlungsimpuls zum emotionalen Erleben. So kann beispielsweise der Rückzug eines Partners folgendermaßen validiert werden: »Es ist ganz verständlich, dass Sie zögern, Ihren Schmerz zu zeigen, wenn Sie befürchten, dass sich Ihre Partnerin dann möglicherweise noch weiter von Ihnen zurückzieht.«

---

16 Validieren: In der EFT bedeutet es – bezogen auf Bindung – das Bedürfnis, den Sinn, die gute Absicht hinter einem Verhalten zu erkennen und wertzuschätzen.

EFT-Therapeuten achten permanent selbst auf kleinste, am äußersten Punkt der Wahrnehmung angesiedelte Marker (Hinweise) für zugrunde liegende Emotionen. Wenn beispielsweise Sophie ihrer reaktiven Enttäuschung über Ella mit folgenden Worten Ausdruck gibt: »*Ich bin so sauer auf sie! Ich habe alles versucht, dass sie mich wahrnimmt, und sie hört mich einfach nicht!*«, dann validiert die EFT-Therapeutin zunächst die reaktive Emotion (Enttäuschung) und setzt sie in einen Bindungskontext: »Natürlich sind Sie enttäuscht von ihr, wenn Sie den Eindruck haben, dass sie sich keine Mühe gibt, Ihnen zuzuhören.« Bei diesen Worten fühlt sich Sophie gesehen, ihr Angst-/Reaktivitätsniveau sinkt und es entsteht Raum für die weitere Exploration und die Verknüpfung der einzelnen Bestandteile der Reaktion. Jetzt ist der Zeitpunkt gekommen, um mittels einer weiteren Intervention – evokativen Fragen – das emotionale Erleben stärker aufzufächern.

Der Bindungskontext lässt den in Wiederholungsschleifen feststeckenden negativen Zyklus als vergeblichen Versuch verstehen, eine sichere Bindung herzustellen. In diesem Kontext ergeben die eingefahrenen Strategien – die Muster von Kritik/Forderung bzw. Rückzug/Verteidigung, die negative Bedeutung, die auf beiden Seiten dem Verhalten des Partners zugeschrieben wird, die Ängste und unerfüllten Bedürfnisse – Sinn. Immer geht es um den – meist vergeblichen – Versuch, Bindung herzustellen bzw. zu erhalten. An die Tiefe des emotionalen Ausdrucks angepasste Validierungen verorten reaktives Verhalten neu in einem Bindungs- und damit Sinnkontext. Ein Beispiel: »Und am Ende fühlen Sie sich abgelehnt, so als würden Sie ihm überhaupt nichts bedeuten. Das tut weh. Kein Wunder, dass Sie dann aus der Haut fahren!«

Ein und dasselbe Ereignis wird in den meisten Fällen von den Partnern sehr unterschiedlich wahrgenommen. Beide Seiten sind auf Therapeuten angewiesen, die sich aufmerksam und ihr emotionales Erleben validierend auf sie einstimmen und danach streben, das Erleben beider im Interaktionszyklus zu verorten. Validierung beinhaltet immer auch empathisches Spiegeln, wie unter »Empathisches Spiegeln« bereits beschrieben.

**Evokative Reaktionen und Fragen**
Wenn empathisch eingestimmtes Spiegeln Bilder und Schlüsselworte aufgreift, hat es eine evokative Wirkung. Bilder und Schlüsselworte holen Teile der Emotion ans Licht, die zuvor nur am äußersten Punkt des Erlebens erfahrbar war. Sie »eröffnen Klienten Zugang zu ihrem inneren Erleben und setzen damit einen Prozess hilfreicher Konstruktion des eigenen Erlebens in Gang« (Rice, 1974, S. 290).

Neben – von Natur aus evokativen – empathisch spiegelnden Reaktionen benutzen EFT-Therapeuten auch spezielle evokative Fragen, die dem

Erschließen unterschiedlicher Anteile emotionalen Erlebens dienen. Emotionales Erleben (ausführliche Darstellung s. Kap. 5) ist neben dem subjektiven Gefühl gekennzeichnet durch ein spezifisches Signal (Trigger), eine Körperreaktion, subjektive Bedeutungszuschreibung und einen daraus resultierenden Handlungsimpuls. Dabei werden reaktive, oberflächliche, von dem Erleben zugrunde liegenden Kernemotionen unterschieden. Es ist nicht ungewöhnlich, dass Klienten zu Beginn des therapeutischen Prozesses nur eingeschränkten Zugang zu den einzelnen Elementen ihres emotionalen Erlebens haben. Unter therapeutischer Begleitung erweitert sich dieser Zugang; Schritt für Schritt wird ein Element nach dem anderen erkennbar und explizit wahrnehmbar. Anders ausgedrückt: diese Elemente sind höchstens am äußeren Rand ihres Erlebens zu finden. Behutsames Aufdecken lässt sie zu explizitem Erleben werden. Daraus ergibt sich die therapeutische Aufgabe, Schlüsselmomente zu reaktivieren und durch gezielte Fragen sämtliche Elemente der Emotion herauszuarbeiten.

Wenn Tanja beispielsweise feststellt, dass Kilian schon wieder nicht zum Abendessen nach Hause kommt (Trigger), dann *sagt ihr das* wie schon so oft, dass sie ganz unten auf seiner Prioritätenliste steht (Bedeutungszuschreibung). Wütend (oberflächliche, reaktive Emotion) schreit sie ihn am Telefon an (Handlungsimpuls). Den Zusammenhang mit ihrer Angst (Kernemotion), für Kilian nicht von Bedeutung zu sein, kann sie in diesem Moment noch nicht herstellen.

Eine evokative Frage wie: »Was geht in Ihnen vor, wenn Sie hören, dass Kilian zum Abendessen nicht zu Hause sein wird?« lenkt sie auf die durch das Verhalten des Partners getriggerte Körperreaktion bzw. Wahrnehmung.

Um das emotionale Erleben erfahrbar zu machen, spricht die Therapeutin in ihren evokativen Fragen unterschiedliche Facetten der Emotion an. Dabei verpackt sie ihre Fragen wie bei einem Sandwich zwischen spiegelnde Rückmeldungen und Validierungen.
- »Woran erkennen Sie, dass er nicht zuhört?« »*In welchem Moment genau* erleben Sie, dass er nicht zuhört?« (um den Trigger/die Signale zu evozieren, die die emotionale Reaktion auslösen.)
- »Was spüren Sie körperlich, wenn das passiert?« (um die Aufmerksamkeit auf die Körpersignale zu lenken.)
- »Was würden Sie am liebsten tun, wenn …« (um die Handlungsreaktion bzw. den Handlungsimpuls zu evozieren, auch wenn dieser nicht offensichtlich ist.)
- »Was bedeutet es für Sie, wenn er nicht zuhört?« (um die Bindungsbedeutung zu evozieren, die dem Verhalten des Partners zugesprochen wird und sowohl eine Aussage über das Selbst- als auch das Fremdbild darstellen kann).

Evokative Fragen schützen alle Beteiligten davor, sich in Geschichten zu verlieren. Bestehen beispielsweise beide Partner darauf, dass das eigentliche Problem in einem Dissens über die Verteilung der Hausarbeit besteht, öffnen evokative Fragen den Zugang zur zugrunde liegenden Bindungsbedeutung. »Was würde es für Sie bedeuten, wenn er staubsaugen würde?« oder »Was würde es Ihnen sagen, wenn sie sich mehr an der Gartenarbeit beteiligen würde?« Solche Fragen öffnen Partnern einen Raum, bindungsbezogene Aspekte wie das Gefühl, bedeutsam, wertgeschätzt zu sein und sich unterstützt zu fühlen, behutsam anzusprechen.

Evokative Fragen sind besonders hilfreich bei Klienten, die anderweitig keinen Zugang zu ihrem emotionalen Erleben gewinnen können, z. B. sich komplett verschließende rigide Rückzügler, aber auch hoch intellektualisierende Partner. Beide Gruppen finden nur schwer Zugang zu ihren Gefühlen. Empathisches Spiegeln bzw. Hypothesen, die Ausdrücke für »Gefühle« anbieten, eröffnen diesen Klienten nur selten Zugang zum eigenen emotionalen Erleben. Eine evokative Frage dagegen lenkt den Blick auf andere Elemente emotionalen Erlebens und kann durchaus effektiv sein. So zielt eine Frage wie »Was würden Sie am liebsten tun, wenn …?« auf den der Emotion innewohnenden Handlungsimpuls ab und kann sich gut als Eintrittskarte in das Erleben eines Rückzüglers eignen. Und die Frage: »Was sagt Ihnen das?« evoziert die Wahrnehmung bzw. Bindungsbedeutung, die der sich zurückziehende Partner mit einer Situation verbindet; ein weiterer Zugangsweg zum Auffächern emotionalen Erlebens. Ziel ist nicht, das emotionale Erleben eines der Partner zu korrigieren; vielmehr versteht sich die EFT als eine Einladung, emotionales Erleben aufzufächern, um sich auch als Therapeutin besser auf beide Partner einzustimmen und den negativen Zyklus zu verstehen.

Evokative Fragen eignen sich auch dazu, Verwirrung und Ambivalenz sichtbar werden zu lassen und Blockaden im Erleben von Klienten zu explorieren. Wenn EFT-Therapeuten ohne Umschweife den Kern des Problems ansteuern, dann deshalb, weil sie grundsätzlich schonungslos neugierig und mitfühlend beherzt auftreten. Sagt eine Klientin beispielsweise: »Jahrelang war ich unglücklich und habe nichts gesagt. Und jetzt bin ich überhaupt nicht mehr an Sex interessiert«, dann kann eine Therapeutin evokativ fragen »Worüber haben Sie nie etwas gesagt?« und »Wie fühlt es sich an, nichts mehr zu spüren? Haben Sie kein Recht, etwas zu sagen?«. Antwortet dann die Klientin: »Vielleicht fühle ich mich gar nicht mehr zu ihm hingezogen, aber ich würde unsere Ehe gerne wieder verbessern«, dann wäre eine mögliche evokative Reaktion: »*Wann*, in welchem Moment ist es Ihnen ein Anliegen, Ihre Beziehung zu verbessern?« (um den Trigger für ihre Sehnsucht zu evozieren), oder »*Wie* würde die Verbesserung Ihrer Ehe für Sie aussehen? Wie sieht das aus? *Welche Empfindung verbinden Sie damit?«* (um ein konkretes Bedürfnis oder Ziel zu evozieren).

EFT-Therapeuten bringen Emotionen ans Licht, damit diese sich zu einem »kohärenten und relationalen Ganzen« ordnen (Furrow u. Bradley, 2011, S. 21; Johnson, 2004). Die Fähigkeit von Therapeuten, Erleben verständlich und nachvollziehbar zu beschreiben, vermittelt Klienten Sicherheit und schafft Vorhersehbarkeit: notwendige Voraussetzungen, damit Bindungsarbeit gelingen und eine neue Qualität von Bindung entstehen kann.

**Hervorheben**
Mitgeteiltes hervorzuheben hat die Funktion, Klienten mit ihren Emotionen zu verbinden und ihr emotionales Erleben zu vertiefen. Die Wirksamkeit des Hervorhebens hängt wesentlich vom gewählten Tonfall, dem Tempo und dem Timing der Intervention ab (Greenman u. Johnson, 2013), in der EFT verdeutlicht im Akronym RISSSC.[17] Das Akronym verweist auf das emotionale *Risiko*, das Klienten eingehen, wenn sie sich mit ihrem emotionalen Erleben verbinden (Johnson, 2004). Es steht für die entscheidenden Kennzeichen gelungenen Hervorhebens: wiederholen, Bilder benutzen, einfache Sprache, langsam und weich sprechen, Worte des Klienten aufgreifen. Eine einfache, bildreiche Sprache und ein weicher, langsamer und leiser Tonfall richten sich direkt an das limbische System und vertiefen das emotionale Engagement von Klienten. Diese sind dann eher bereit, ein emotionales Risiko einzugehen und zeigen sich emotional verletzlicher. In diesem Zustand erhöhter Vulnerabilität ist genau dieser Tonfall und der damit gekoppelte Gesichtsausdruck in der Lage, ein außer Kontrolle geratenes Gehirn zu besänftigen und zu beruhigen. Klienten können klarer verarbeiten.

Für Therapeuten ist es nicht immer einfach, zu erkennen, wann Emotionen hervorgehoben und wann sie begrenzt werden müssen, um der Überflutung des Klienten entgegenzuwirken. Eine gute Einstimmung auf die Bindungsebene, die Bindungsemotionen und die wesentlichen Trigger beider Partner gibt EFT-Therapeuten an dieser Stelle zunehmend mehr Sicherheit.

*Hervorheben von Emotionen muss durch Containment*[18] *ausbalanciert werden.* Auch wenn Hervorheben als Schlüsselintervention der EFT gilt, sind EFT-Thera-

---

17 RISSSC beschreibt die Ausdrucksweise der Therapeutin, mit der sie das emotionale Erleben ihrer Klienten anspricht (wiederholen, Bilder benutzen, einfach, langsam, weich, Worte des Klienten nutzen).
18 Containment meint das Halten von Gefühlen, den sicheren Rahmen bieten, um schwieriges oder forderndes emotionales Erleben zuzulassen, ohne überwältigt zu werden.

peuten permanent bestrebt, die Intensität des emotionalen Erlebens ihrer Klienten zu erfassen und in einem optimalen Toleranzfenster zu halten. Übergroße Emotionen können zur Abschottung oder Überflutung des Partners bzw. der Partnerin führen. In dem Moment, in dem Emotionen unterdrückt werden bzw. nicht mehr reguliert werden können, verlieren Klienten den sicheren Boden der Exploration und können die hilfreichen, in Emotionen eingebetteten Informationen nicht mehr erreichen. Entsprechend streben EFT-Therapeuten immer eine optimale Balance zwischen Hervorheben und Containment an mit dem Ziel, Klienten in Kontakt zu ihren Emotionen zu bringen, ohne Gefahr, von diesen überwältigt zu werden.

Die optimale Balance zwischen Hervorheben und Halten der Gefühle ist in jedem paartherapeutischen Prozess relevant. Besondere Bedeutung gewinnt sie in der Arbeit mit Paaren, von denen einer oder beide Traumaüberlebende sind (Greenman u. Johnson, 2012). Diese Klienten benötigen eine ganz besonders fein austarierte Balance, um in optimaler Arbeitsdistanz zur Emotion eingebunden zu werden. Möglicherweise haben sie das Trauma nur überlebt, indem sie zwischen Unterdrückung der Gefühle und emotionaler Überaktivierung fluktuierten. Ist eine Emotion zu intensiv, wird der Prozess »schlanker gestaltet« (Johnson u. Faller, 2011, S. 175), d. h. das empathische Spiegeln heruntergefahren. Das geschieht beispielsweise, indem mächtige Worte wie »Terror« oder »Furcht« durch schwächere Begriffe wie »beunruhigt« oder »ein wenig besorgt« ersetzt werden, um die Intensität des Prozesses schrittweise wieder auf eine Ebene zu bringen, die es den Klienten ermöglicht, in Kontakt zu ihren Emotionen zu bleiben (Liu u. Wittenborn, 2011).

*Auch zum Hervorheben eignet sich RISSSC (wiederholen, Bilder benutzen, einfache Sprache, langsam, weich, Worte des Klienten nutzen).* Wiederholungen, bildhafte Sprache und die Nutzung der Worte des Klienten vertiefen deren emotionales Engagement. »Also, wenn das Telefon läutet und Sie hören ihn sagen: ›Ich pack's schon wieder nicht, Liebling, tut mir leid‹, dann *stellen Sie sich vor, wie er sich im Meeting mit seinen Kollegen amüsiert, während Sie allein zu Hause sitzen* und verunsichert sind – das schneidet Ihnen direkt ins Herz.« Die Therapeutin lässt den Moment nochmals gegenwärtig werden, wiederholt die bildliche Bindungsaussage, die die Befürchtung (kursiv) der Partnerin und ihr Bild »schneidet ins Herz« evoziert.

Bilder können Klienten in einen Erlebensmodus versetzen. Ein intellektualisierender, sich verteidigender Rückzügler berichtet normalerweise in schnellen Sätzen und distanziert über sein Erleben. Die Therapeutin ist kaum in der Lage, Kontakt herzustellen oder selbst etwas einzubringen. In einem solchen

Moment kann sie beispielsweise sagen: »Das hört sich an, als wären Sie ein Schnellzug – nichts kann Sie stoppen«. Ein solches Bild bringt beide Partner ohne Umschweife ins emotionale Erleben und der Partner fügt hinzu: »Ich traue mich kaum, die Hand zum Fenster herauszustrecken aus Angst, sie zu verlieren« (und stellt damit einen möglichen Bezug zum kritischen Verfolgen durch seine Frau her). Daraufhin ergänzt die Partnerin: »Und das Einzige, was er sieht, ist eine verrückte Frau, die dem Zug hinterherläuft. Er sieht nicht, dass ich eine wahnsinnige Angst habe, zurückgelassen zu werden.« Aus dem Wissen heraus, dass Bilder besser als abstrakte Worte »Gefühle erfassen« (Johnson, 2004, S. 109, dt. Ausgabe, S. 110), eröffnet das Mäandern um solche Bilder Zugang zu aktivierten zugrunde liegenden Emotionen. Wenn dann der Rückzügler ergänzt: »Und wenn Sie mich eingefangen hat, schlägt sie mir zur Strafe, dass ich sie verlassen habe, ihre Handtasche um die Ohren«, dann stärkt auch das mit dieser Bemerkung ausgelöste gemeinsame Lachen das Sicherheitsgefühl. In den Bildern tauchen zugrunde liegende Emotionen auf: Sie befürchtet, dass er sie verlässt; er hat Angst, verletzt zu werden, wenn sie ihn erreicht.

Einfache Sprache und ein weicher, langsamer Tonfall verstärken das gegenwärtige Bindungserleben. In ihrer Antwort auf Tanjas verzweifelten Wortschwall über das exzessive Computerspielen ihres Mannes wiederholt Emily deshalb in einfachen, weichen und langsamen Worten die anschaulichen Bindungsbilder, mit denen Tanja Kilians Verschwinden beschreibt. Sie greift das Bild der friedlichen Welt auf, die Kilian in Tanjas Wahrnehmung dann um sich herum aufbaut – ohne sie: »Das macht Ihnen große Angst! Sie sagten gerade: ›Ich habe Angst, dass du mir einfach *entgleitest. Dass du eine andere – eine friedliche – Welt aufbaust, die ich dir nicht bieten kann.*‹ Das gibt mir ein deutliches Bild von Ihrer Angst, ihn zu verlieren und Ihrem dringenden Wunsch, ein *sicherer Ort* für ihn zu sein!« (Bindungsbilder kursiv).

Diese Beispiele machen die Verknüpfung von Validieren und Hervorheben deutlich: Die Therapeutin hebt die Kernemotion und die Bedürfnisse hervor und validiert sie innerhalb des Bindungskontexts. Dasselbe geschieht, wenn Bindungsmomente von der Therapeutin hervorgehoben werden. Bindungsmomente, die sich in der Sitzung spontan ereignen oder von denen das Paar berichtet, sind kostbare Momente. Idealerweise verlangsamt die EFT-Therapeutin an diesen Stellen den Prozess, validiert und hebt den Moment hervor, um das Paar erneut in dieses positive Erleben eintauchen zu lassen. Das dient der Verankerung neuer Erfahrungen, Bindungssamen können Wurzeln schlagen. Abschließend wird das neu erschlossene emotionale Erleben in Form von Enactments (s. Absatz »Enactments«) miteinander geteilt.

**Empathische Vermutungen**
Empathische Vermutungen, manchmal auch empathische Interpretationen genannt, bezeichnet in der EFT sich behutsam herantastende Spiegelungen, die hauchdünn über das im Erzählen des Klienten gerade Wahrnehmbare hinausgehen. Man könnte sie auch als Ahnungen bezeichnen, die erst durch die Bindungsbrille sichtbar werden. Sie fassen den äußersten Punkt des Erlebens in Worte und sensibilisieren – eingebettet in einen Bindungsrahmen – Klienten für ihr inneres Erleben.

Es empfiehlt sich, Vermutungen behutsam, herantastend und mit genügend Pausen einzubringen. Das lässt Raum, um sich zu vergewissern, ob sich die geäußerte empathische Vermutung mit dem sich erweiternden Erleben des Klienten deckt. Prescht die Therapeutin zu weit vor, führt dies bei Klienten rasch zu einer Ablehnung der geäußerten Vermutung bzw. einer Zustimmung auf intellektueller Ebene ohne Kontakt zum emotionalen Erleben. Empathische Vermutungen sind nicht gleichzusetzen mit Spekulationen über das Handeln bzw. Fühlen einer Person; sie geben keine Antwort auf das »Warum«. Die EFT sucht nicht nach Gründen oder Erklärungen; ihr Ziel ist es, Erleben zu vertiefen.

Ein zögernder Tonfall lässt Klienten die Freiheit, die empathische Vermutung der Therapeutin anzunehmen oder abzulehnen. »Sie sagen, Sie ärgern sich über ihn. Als Sie erzählten, wie wütend es Sie macht, dass Sie nicht wissen, ob er Sie immer wieder angelogen hat, hatte ich allerdings den Eindruck, dass Sie nur mit Mühe Ihre Tränen zurückhalten konnten. Ich frage mich, ob sich unter dem Ärger Schmerz und Traurigkeit verbergen, für die Ihnen im Moment noch die Worte fehlen?« Empathische Vermutungen stellen einen Versuch dar, an den äußersten Punkt des Erlebens zu gehen. Das ist nicht immer einfach und gelingt nicht immer auf Anhieb. Manchmal braucht es viele Wiederholungsschleifen zwischen Klient und Therapeutin, bis ein genaues Verstehen gelingt. Für die Therapeutin heißt das, sich immer wieder auf ihre Klienten einzustimmen und in einem feinen Abstimmungsprozess eine immer bessere Passung zwischen ihren Worten und dem emotionalen Erleben ihrer Klienten anzustreben.

Die wirksamsten und emotional stärksten Vermutungen sind diejenigen, bei denen die Therapeutin gewissermaßen in die Haut ihrer Klienten schlüpft und ihnen ihre Stimme leiht. Hierzu ein Beispiel: »Tanja, ich habe den Eindruck, unter all Ihrem Ärger auch eine Menge Angst zu hören. (Und dann, in die erste Person wechselnd:) ›Ich habe schreckliche Angst davor, dass mich Kilian verlässt und feststellt, dass er lieber mit seinen Computerspielen als mit mir zusammen ist. Mir graut davor, dass er von der Person, zu der ich mich gerade entwickle – die vor Wut schäumt – nichts mehr wissen will.‹ Trifft es das?«

*»Die Kugel abfangen«:* Diese Intervention (Johnson, 2004, S. 152, dt. Ausgabe S. 147) kann als eine spezielle Form der empathischen Vermutung bezeichnet werden. Eingebettet in ein bindungsbasiertes Reframing, gewinnt sie besondere Bedeutung in Situationen, in denen die Aggression bzw. Abwertung durch einen Partner zu einer potenziell unsicheren Situation für den verletzlichen Partner führen könnte. Dank der Einbettung in das bindungsbasierte Reframing kann die Aggression in Schach gehalten und Sicherheit vermittelt werden. Diese Intervention eignet sich auch für Situationen, in denen die Therapeutin die konträren Sichtweisen zweier hochgekochter Partner validieren möchte.

So etwas erleben wir beispielsweise, wenn sich eine verfolgende Partnerin öffnet und erstmals formuliert, dass hinter ihren lautstarken Vorwürfen verzweifelte Versuche stecken, den Partner zu erreichen und der Rückzügler mit Bemerkungen wie: »Ich glaube es nicht! Das ist doch völliger Quatsch!« reagiert. Die Kugel abzufangen bedeutet in einer solchen Situation, sich dem ungläubigen Rückzügler zuzuwenden. »Das ist völlig neu für Sie und Sie können gar nicht glauben, dass sich hinter den Vorwürfen Ihrer Partnerin eigentlich der Ruf nach Nähe zu Ihnen versteckt. Als sie Ihnen das eben versuchte mitzuteilen, war das so schwer für Sie zu glauben, dass Sie am liebsten dazwischen gehen und sie stoppen würden, nicht wahr? Sie fühlen sich schon so lange nicht geliebt und können kaum glauben, dass sie sich eigentlich nach Ihnen sehnt?« (Beide Partner werden gleichzeitig validiert, indem einerseits die Schlüsselaussage, *wie sehr sie sich wirklich nach ihm sehnt,* wiederholt wird und er andererseits hört, wie schwer es für ihn sein muss, diesem Satz zu trauen, nachdem er sich so lange zurückgewiesen erlebte.)

*»Bindungssamen säen«* (Johnson, 2004, S. 86): Mit diesem Begriff bezeichnet Johnson eine besondere Form der empathischen Vermutung, bei der Bilder einer sicheren Bindung skizziert werden, auf die das Paar selber aktuell noch nicht zugreifen kann. Sie eignet sich gut im frühen Assessmentstadium von Phase 1, um die Anliegen der Partner miteinander in Einklang zu bringen. Die empathische Vermutung greift die Bereitschaft, sich auf einen gemeinsamen Prozess einzulassen, in verschiedenen Farben und Nuancen auf und skizziert eine Zukunftsvision des Paares. Auch wenn Innigkeit und Nähe aktuell noch nicht erlebt werden können, lässt sich doch der sehnliche Wunsch beider, füreinander bedeutsam zu sein und angenommen zu werden, schon in Worte fassen, z. B.: »Das hört sich für mich so an, als ob Sie beide eine tiefe Sehnsucht danach hätten, sich beieinander wohlzufühlen – ohne Angst, vom anderen abgewertet zu werden – einfach nur zu erleben, dass Sie sich gegenseitig halten und einander zuhören« (wie Sie als Therapeutin abschätzen können, ob sich die Erwartungen und Ziele der Partner in Deckung bringen lassen, erfahren Sie in Kapitel 4).

Empathische Vermutungen, die Bindungssamen säen, werden auch in Phase 2 genutzt, um Bindungsängste hervorzuheben und zu Veränderungen einzuladen. So lässt sich beispielsweise das Risiko einer Partnerin, auf ihren Partner zuzugehen und sich zu öffnen, mit folgender empathischer Vermutung beschreiben: »Sie konnten sich überhaupt nicht vorstellen, Ihrem Partner zu sagen, wie klein und schwach Sie sich fühlen und ihn darum zu bitten, Ihnen zu versichern, dass er Sie immer noch liebt? Sie können gar nicht glauben, dass er Ihnen in einem solchen Moment der Schwäche nahekommt, Sie in den Arm nehmen und halten möchte?« Mit diesem Bild, das das Risiko, auf den anderen zuzugehen und die Sicherheit vermittelnde Erfahrung, beruhigt zu werden, zusammenbringt, werden die Verletzlichkeit und die Angst hervorgehoben und gleichzeitig legt die Therapeutin einen Samen der Hoffnung in die Erde. Dieses Samenkorn gilt es in Phase 3 zu wässern und zu düngen; dann ist auch die Zeit gekommen, in der die Partner selber Samen der Hoffnung säen – der Hoffnung auf eine gemeinsame Liebesgeschichte auf dem Boden einer sicheren Bindung (Kapitel 8).

Es wurde bereits auf die unbedingte Notwendigkeit hingewiesen, experientielle Interventionen passgenau am gegenwärtigen Erleben der Partner auszurichten, denn nur dann können sie ihre volle Wirkung entfalten. Diese Feinabstimmung liegt in der Verantwortung der EFT-Therapeutin, der sie durch permanente Einstimmung auf das Erleben der Klienten und enge Abstimmung ihrer Äußerungen versucht, gerecht zu werden. Gelingt dies, gewinnen Klienten Zugang zu ihren Kernemotionen; ein Ziel, das nach Liu und Wittenborn (2011) nicht angestrebt wird, um Emotionen zu *etikettieren,* sondern um die Partner auf einer sicheren Basis in die Lage zu versetzen, sich »verletzlicheren Bereichen inneren Erlebens zu nähern, ohne sofort mit Abwehr oder Vermeidung zu reagieren« (S. 305). Dieser Satz der beiden Autoren stammt aus ihren äußerst durchdachten Empfehlungen zur Arbeit mit emotionalem Erleben in unterschiedlichen kulturellen Kontexten.

Im Fokus aller Interventionen stehen die steuernden Emotionen, die – angetrieben durch Bindungsängste und -bedürfnisse – das Muster des negativen Zyklus, die Verfolger/Ankläger- und Verteidiger/Rückzüglerposition, triggern und kontrollieren (Tronick, 1989). In Phase 2 werden diese Ängste und Bedürfnisse reprozessiert. Mit Hilfe der bereits beschriebenen Interventionen kann es Therapeuten gelingen, beide Partner erlebend und engagiert in den Prozess einzubinden und sie gleichzeitig auf *Arbeitsdistanz* zu halten (Gendlin, 1981; Lietaer, Rombauts u. van Balen, 1990), sodass die Arbeit an und mit dem zentralen emotionalen Erleben möglich ist. Dieser Punkt hat oberste Priorität, deshalb will ich ihn nochmals verdeutlichen:

»Zentrales Ziel der EFT ist es, orientiert am gegenwärtigen Erleben des Klienten und auf der Grundlage einer sicheren therapeutischen Beziehung Zugang zu Emotionen zu schaffen beziehungsweise sie nachzuverfolgen. Dazu übernehmen Therapeuten die Koregulation von Emotionen, bearbeiten sie gemeinsam mit dem Klienten, um sie dann in einem Bindungs- und Interaktionskontext zu ordnen und ihre Essenz herauszufiltern« (Johnson u. Faller, 2011, S. 174).

## Interventionen mit dem Ziel, Interaktionszyklen nachzuverfolgen und Raum für neue Interaktionen zu schaffen

### Nachverfolgen und Spiegeln von Interaktionen

Wenn Therapeuten das Verhalten bzw. die Bewegungen von Partnern in deren gemeinsamem Tanz spiegeln und nachverfolgen, wird die Interaktionsposition beider Partner – Verfolger bzw. Rückzügler – erkennbar.

TANJA: Wenn ich das Zimmer betrete und er ganz in seine Computerspiele vertieft ist, bemerkt er mich praktisch nicht. Ich stürme dann hinaus, in mir kocht alles und nach einer Stunde komme ich als wütendes Monster zurück!

EMILY (nachverfolgend): Es kocht in Ihnen bei dem Gefühl, dass Kilian völlig in etwas vertieft ist *und kein Auge für Sie hat.* Er bemerkt noch nicht einmal, wie *einsam und traurig Sie* in dieser ganzen Zeit *sind,* in der es in Ihnen kocht. Wenn Sie dann den Druck – *allein mit sich, ohne Kilian* – nicht mehr aushalten, gehen Sie zurück, Ihr Ärger bricht sich Bahn und Sie *verlangen seine Aufmerksamkeit* (kursiv: bindungsbezogene Bilder und Verhaltensweisen).

### Reframing

Wird das Erleben der Partner in einen Bindungsrahmen gestellt, d. h. reframt, öffnet sich eine neue Perspektive für das Paar. Hinter dem negativ erscheinenden Verhalten eines Partners kommt eine mögliche positive Absicht bzw. Bedeutung zum Vorschein; die Sicht auf den Partner kann sich zum Positiven verschieben. Hier ein Beispiel, wie sich das kritisch verfolgende Verhalten einer Partnerin dem Rückzügler-Partner gegenüber aufgreifen lässt: »Wenn Ihre Partnerin immer lauter wird, dann hören Sie daraus nicht die verzweifelten Rufe nach Ihnen. Im Gegenteil: Für Sie klingt das so, als wäre sie ungeheuer wütend auf Sie, während Ihre Partnerin mit aller Kraft versucht, Ihnen nahe zu kommen.« Das Verhalten eines abwehrenden Rückzüglers ließe sich folgendermaßen reframen: »Wenn Sie mit den Schultern zucken und zu ihr sagen ›Mach dich deswegen doch nicht so verrückt‹, dann bedeutet das nicht, dass sie Ihnen egal ist. Ganz im Gegenteil – Ihnen ist es so wichtig, sie glücklich zu sehen, dass Sie ganz unruhig werden, wenn sie sich so aufregt und Ihr ganzes Streben geht dahin, sie rasch wieder zu beruhigen.«

Ein Bindungs-Reframing beinhaltet immer eine empathische Vermutung über die Bindungsbedeutung des beschriebenen Verhaltens.

Hier ein Beispiel von Emily, an Kilian gewandt: »Sie sind gar nicht auf die Idee gekommen, dass sie nur deshalb so laut wird, weil es ihr wichtig ist, bei Ihnen zu sein! Stattdessen hatten Sie das Gefühl, mal wieder alles falsch gemacht zu haben, mal wieder der Typ gewesen zu sein, von dem sie sowieso die Nase voll hat und den sie sicher eines Tages endgültig verlassen würde. Und jetzt hören Sie hier, dass sie Sie nicht *verändern*, sondern mit *Ihnen* zusammen sein will, mit Ihnen verbunden sein möchte – und zwar so, wie Sie sind.«

Und an Tanja gewandt: »Wenn Sie ihn erreichen wollen, drehen Sie die Lautstärke hoch. Sie haben den Eindruck, er zieht sich in sein Arbeitszimmer zurück, weil Sie nicht wichtig für ihn sind. Das jagt Ihnen so viel Angst ein, dass Sie alles tun, um ihm nahe zu sein. Die Wut, die Sie fühlen, steht eigentlich für ›Ich habe Angst, dass in deinem Herzen kein Platz mehr für mich ist.‹«

Ein Bindungs-Reframing hat Wirkkraft und kann dazu verwendet werden, Tanjas Schreien den Wind aus den Segeln zu nehmen. »Ich will nicht, dass er mit einem neuen Hobby beginnt! Er denkt immer nur ans eigene Vergnügen!« Um die abgeschossenen Kugeln mit einem Bindungs-Reframing abzufangen, eignet sich eine in weichem Tonfall vorgebrachte empathische Vermutung: »Wollen Sie eigentlich sagen, ›Ich habe große Angst davor, dass er ein neues Hobby entdeckt, das ihn ganz in Beschlag nimmt und bei dem ich dann gar keine Rolle mehr spiele; dann habe ich ja gar keine Chance mehr, für ihn der Ort der Ruhe und Geborgenheit zu sein, der ich gern wäre‹? Ich frage mich, ob Sie ihm nur deshalb vorwerfen, egoistisch zu sein, weil Sie keinen anderen Weg sehen, ihm von Ihrer Angst zu erzählen?«

## Enactments

Wenn es darum geht, eine qualitativ neue Bindungsbeziehung zu entwickeln, stellen »Enactments« eine besonders mächtige Intervention dar. Hierbei lädt die Therapeutin einen der Partner ein, eine zuvor herausgearbeitete Botschaft dem anderen klar und direkt mitzuteilen. Enactments sind gewissermaßen das

Markenzeichen der EFT. In gelingenden Enactments wird nicht nur emotionales Erleben hervorgehoben, sondern das Teilen mit dem Partner gestaltet die Paarinteraktion neu. »Handwerklich gelungene Enactments« zu choreografieren, d. h. gezielt anzuleiten und wirksam einzusetzen, ist keine leichte Übung. In ihnen kommen sämtliche Interventionen der EFT zur Anwendung (Tilley u. Palmer, 2013, S. 312). Hier der grundlegende Ablauf: die Bühne bereiten – das Enactment choreografieren – das Erleben beider Partner bearbeiten – das Erlebte nochmals zusammenfassen und integrieren.

In der Frühphase der Therapie dienen Enactments primär dem Zweck, in den Partnern ein Bewusstsein für die eingespielten Zyklusmuster der Distanzierung bzw. des Verfolgens zu wecken und diese Muster miteinander zu teilen (»Ich schließe dich dann aus« oder »Wenn ich mich einsam fühle, greife ich dich an«). In späteren Phasen der Therapie ermöglichen Enactments, neu erschlossenes emotionales Erleben in ein neues Miteinander einzubringen (»Ich habe Angst, wenn du mich ausschließt – befürchte, du willst mich nicht mehr«). In Phase 2 der EFT erhalten Enactments eine entscheidende Funktion; sie dienen dazu, die zentralen Veränderungsereignisse dieser Phase zu choreografieren, sie ebnen Partnern neue Wege aufeinander zu und öffnen Türen, tiefste Bedürfnisse miteinander zu teilen (»Kannst du mir zusichern, dass du meiner nicht überdrüssig wirst? Dass ich wertvoll für dich bin?«).

Sich einander in Form von Enactments zu öffnen, ist immer mit einem Risiko verbunden. Es ist unerlässlich, sie sorgfältig zu strukturieren, d. h. das Wagnis, das die Partner eingehen, zu validieren und das Erleben beider in einem solchen Moment des Sich-Öffnens herauszuarbeiten. Der empfangende Partner, der in einem Enactment etwas wesentlich Neues von seinem Partner erfährt, wird im Anschluss darin begleitet, sich mit seinem gegenwärtigen inneren Erleben zu verbinden und aus dieser Verbindung heraus zu reagieren.

**Die Bühne bereiten**
Im Vorfeld eines Enactments folgt die Therapeutin dem gegenwärtigen inneren Erleben des im Fokus stehenden Partners und den Interaktionen zwischen den Partnern, spiegelt es und vertieft es dadurch. Dieser Schritt wird als »die Bühne bereiten« bezeichnet. Nach ausgiebiger Würdigung und Hervorhebung der sich neu erschließenden Emotionen durch die Therapeutin wird die erlebende Partnerin unterstützt, diese neuen Erfahrungen mit dem Partner zu teilen. Bei Tanja und Kilian bedeutet das für Emily, zunächst mit Tanja den Kern ihres emotionalen Erlebens – das, was ihren Ausbrüchen zu Grunde liegt – herauszuarbeiten. Durch diesen Prozess erschließt sich Tanja der Zusammenhang zwischen ihrer Einsamkeit, ihren Wutausbrüchen, Kilians Computerspielen und ihrer Angst, ihren Part-

ner völlig an diese andere Welt zu verlieren. An dieser Stelle fordert Emily Tanja auf, sich vorzustellen, die neu zugänglich gewordene Angst mit Kilian zu teilen. Dazu greift sie die von Tanja benutzten Schlüsselworte auf, um Tanja daran zu hindern, sich in Erzählungen über Kilians Verhalten zu verlieren. Tanja kann im Erleben bleiben. Anschließend fragt Emily: »Tanja, können Sie sich vorstellen, auf Kilian zuzugehen und ihm jetzt, in diesem Moment zu sagen, wie viel Angst Sie haben, ihn zu verlieren? Ihm zu sagen, wie sich diese Angst jedes Mal von neuem in einem – wie Sie es nennen – regelrechten *Wortschwall* ergießt?« Indem Emily Tanjas Worte an Kilian gewissermaßen vorwegnimmt, hebt sie das emotionale Erleben hervor und erkennt das mit einer solchen Öffnung verbundene Risiko an.

**Enactments choreografieren**
Gelingende Enactments setzen voraus, dass der sich mitteilende Partner in gutem Kontakt mit seinem inneren Erleben und der empfangende Partner offen für einen emotionalen Austausch ist. Ist das der Fall, bittet die Therapeutin den im Fokus stehenden Partner, sein neu entdecktes emotionales Erleben mit dem andern zu teilen.

In unserem Fallbeispiel stellt Emily zunächst sicher, dass Tanja in Kontakt mit der ihrem Verhalten zugrunde liegenden Emotion ist und sich vorstellen kann, dieses Erleben mit Kilian zu teilen. Dann gestaltet sie die Öffnung Kilian gegenüber, indem sie Tanja fragt: »Tanja, können Sie sich Kilian zuwenden? Können Sie ihn anschauen und ihm sagen, wie viel Angst Sie haben?« Spürt sie bei Tanja ein Zögern, bleibt Emily sachte, aber klar, bei ihrem Anliegen: »Ich möchte gern, dass Sie es probieren.« Zeigt Tanja weiterhin starke Vorbehalte, gestaltet Emily die Aufgabe schlanker und schlägt vor: »Können Sie ihm sagen: ›Es ist zu schwer für mich, mit dir über meine Angst zu sprechen‹?« So passt Emily die Aufgabe in vielen kleinen Schritten an, immer darauf bedacht, an den Emotionen zu bleiben und den Fokus nicht zu verlieren. Um das Risiko zu reduzieren, d. h. die »Aufgabe schlanker zu gestalten«, passt sie das Maß an Offenlegung, zu dem sie einlädt, an die aktuellen Möglichkeiten ihrer Klienten an. Das drückt sich in Sätzen wie: »Ich habe Angst, dir das zu sagen, es fällt mir noch zu schwer« aus. Aber unabhängig vom eingeschlagenen Weg wird das Ziel in jedem Fall erreicht: die Partner auf eine neue, tiefergehende und kongruente Weise »in Kontakt zu bringen«.

In unserem Fallbeispiel nimmt Tanja die Einladung an und teilt ihr Erleben mit Kilian. »Ich habe Angst, dass du mir entgleitest; dass du dir eine eigene Welt baust, in der ich nicht mehr dein Hafen der Ruhe und Geborgenheit bin. Meine Angst davor, von dir abgelehnt zu werden, ist so groß, dass ich sie nur noch als Wutausbruch zeigen kann.«

### Neues Erleben mit dem sich offenbarenden Partner bearbeiten
Emily fragt beide Partner, wie sie es erlebt haben, sich dem anderen zu offenbaren bzw. eine so neue Information zu hören.

Klassischerweise beginnt sie dabei mit dem sich offenbarenden Partner, bevor sie sich dem empfangenden Partner zuwendet. In unserem Beispiel fragt Emily zunächst Tanja (und bleibt mit Hilfe von Tanjas Schlüsselworten auch hier auf die Kernbotschaft fokussiert und hebt sie hervor): »Tanja, wie war das für Sie, Kilian von Ihrer großen Angst zu erzählen, die hinter Ihren Wutausbrüchen steckt – der Angst, dass Sie ihn verlieren könnten?«

### Neues Erleben mit dem Empfangenden bearbeiten
Anschließend wird der empfangende Partner auf dem Weg begleitet, mit seinem inneren Erleben in Kontakt zu kommen und aus diesem Erleben heraus auf den sich öffnenden Partner zu reagieren.

So fragt Emily: »Wie war es für Sie, Kilian, zu hören, dass hinter Tanjas Wutausbrüchen eine große Angst steckt, Sie zu verlieren und allein zu sein?« (erneut greift Emily die bereits gefallenen Schlüsselwörter auf, behält den Fokus bei und verdeutlicht den Bindungsrahmen).

Wenn Kilian mit Sätzen wie »Davor braucht sie keine Angst zu haben« ablenkt, validiert Emily dies und bringt ihn wieder zum Fokus zurück. »Ihrer Ansicht nach braucht sie keine Angst zu haben und doch hat sie. Lassen Sie uns einen Schritt zurückgehen – was haben Sie, Kilian, in dem Moment gespürt, in dem Tanja ihren Albtraum hinter der Wut mit Ihnen geteilt hat; den Albtraum, Sie zu verlieren? Wie ist das für Sie, ihr in die Augen zu schauen und ihre Angst zu sehen?«

Kilian nickt und sagt unter Tränen »Ich bin erschüttert – ich hatte keine Vorstellung davon, dass sie Angst hat, *mich* zu verlieren! Ich dachte, sie hätte die Schnauze voll von mir.«

### Neues Erleben zusammenfassen und integrieren
Am Ende des Prozesses der Bearbeitung neuen Erlebens fasst die Therapeutin das Geschehene nochmals zusammen und bringt damit diesen Moment des Aufeinander-Zugehens der Partner vollumfänglich zur Wirkung.

Enactments stellen einen grundlegenden Bestandteil jeder EFT-Sitzung dar. Das ist für Therapeuten, die in der EFT-Arbeit noch wenig erfahren sind, manchmal recht unbequem. Nicht immer sind Klienten auf Anhieb bereit, so direkt mit dem Partner zu sprechen. EFT-Therapeuten respektieren das und sehen es als Herausforderung an, *die Aufgabe schlanker zu gestalten*. Das mindert das einzugehende Risiko, ohne das wichtige Ziel, neuen Kontakt zu ermöglichen, aus dem Auge zu verlieren (»Können Sie Ihr einfach nur sagen, wie schwer es Ihnen fällt, das mit ihr zu teilen?«).

## Die Interventionen in der EFT im Überblick

Ich habe Ihnen jetzt einen kurzen Überblick über die Basisinterventionen der EFT gegeben. In der Praxis fügen sich diese Interventionen zu einer Folge von fünf Moves, auch »EFT-Tango« genannt, zusammen (Johnson, 2014). Der Begriff des EFT-Tangos spiegelt den sich in stetiger Wiederholung und Vertiefung der Moves entwickelnden EFT-Prozess. Konkret bedeutet dies, dass EFT-Therapeuten in jeder Sitzung kontinuierlich alle fünf Tango-Moves durchlaufen. Mit fortschreitendem Prozess verdichtet sich dieser Ablauf immer mehr. Beginnend mit einfachem Spiegeln des Interaktionsprozesses (»Sie bleiben vorsichtig auf Abstand, rechnen damit, kritisiert zu werden und reagieren auf seinen Abstand, fühlen sich immer einsamer, zurückgewiesen und zeigen Ihren Ärger. Je mehr Sie Ihren Ärger zeigen, desto vorsichtiger wird er«), ist der zweite Tango-Move dadurch charakterisiert, dass die Therapeutin einen der Partner einlädt, sich tiefer auf den Prozess einzulassen und ihn zu erkunden (»Es ist so schwer für Sie, immer diese Kritik zu hören; Sie fühlen sich dann überrollt und verlieren alle Hoffnung.«). Der dritte Tango-Move beinhaltet das Enactment, bei dem das neu erschlossene Erleben mit dem Partner geteilt wird (»Können Sie ihr sagen: ›Ich fühle mich wie gelähmt vor Angst; Angst zu versagen und dich zu enttäuschen; deshalb stehe ich wie versteinert da und reagiere nicht‹?«). Im vierten Tango-Move wird das Enactment als solches mit dem Paar bearbeitet. Enactments erweitern das interaktionale Repertoire eines Paares. Beide werden nun eingeladen, einander mitzuteilen, wie es war, etwas so grundlegend Neues zu hören und damit verbundene neue Gefühle mitzuteilen. Eventuelle negative Reaktionen werden in ihrer potenziell schädlichen Wirkung begrenzt und genauer erkundet. Im fünften Tango-Move fasst die Therapeutin das Geschehene zusammen, so dass das Paar es kohärent in seine Selbstwahrnehmung integrieren kann (»Sie sind beide voller Angst und verwirrt, aber schauen Sie, was gerade hier passiert ist. Trotz des Risikos sind Sie aufeinander zugegangen. Das ist wunderschön. Es erfordert Mut und Liebe, das zu tun« (Johnson, 2015, S. 107).

## Die Schlüsselbestandteile der Veränderung im Überblick

Die EFT ist durch drei grundlegende Aufgaben gekennzeichnet:
- Aufbau einer Allianz mit jedem der Partner,
- Neubearbeitung emotionalen Erlebens und
- Strukturierung neuer Interaktionen zwischen den Partnern.

### Klientenbezogene Faktoren

Drei auf die Klienten bezogene Faktoren tragen wesentlich zum Erfolg der Therapie bei. Sie werden mit dem Kürzel »TEA« zusammengefasst (engl. »Task alliance, Emotional depth, Affiliative sharing«):
- Aufgabenallianz, das gemeinsame Therapieverständnis,
- emotionale Tiefe und
- affiliatives, d. h. die Verbindung stärkendes Teilen von Erfahrungen.

#### Aufgabenallianz
Wichtigster Aspekt der Allianz ist es, dass die Klienten die Anforderungen im Therapieprozess, vor die sie gestellt werden, als sinnvoll und für ihre Anliegen relevant erleben.

#### Emotionale Tiefe
Der Therapieerfolg ist eng gekoppelt mit der Bereitschaft, sich emotional zu engagieren und emotionale Tiefe zuzulassen. Als ideal hat sich die Ebene erwiesen, auf der Klienten ihr gegenwärtiges Erleben als Flow wahrnehmen. EFT-Therapeuten streben daher an, ihre Klienten in genau dem hierfür erforderlichen Maß in emotionales Engagement zu bringen.

#### Affiliatives Teilen
Wird inneres Erleben in engagierter Weise offengelegt und miteinander geteilt und in warmherziger, fürsorglicher Weise beantwortet, trägt dies signifikant dazu bei, aus einer bisher unsicheren eine sichere Bindung werden zu lassen. EFT-Therapeuten gestalten diesen direkten Austausch (Enactments) zwischen den Partnern.

#### Therapeutische Interventionen
Alle in der EFT benutzten Interventionen dienen der Entwicklung einer sicheren Bindung und kommen im Lauf des Prozesses wiederholt zur Anwendung. Unter diesem übergeordneten Ziel können zwei Gruppen von Interventionen unterschieden werden:

1. Interventionen mit dem Ziel, Emotionen zu erschließen, zu vertiefen und neu zu bearbeiten (Zielsetzung: Aufbau und Sicherung der therapeutischen Allianz, Neubearbeitung von Emotionen).
   - Empathisches Spiegeln
   - Validieren
   - Evokative Reaktionen und Fragen
   - Hervorheben
   - Empathische Vermutungen (einschließlich »*Die Kugel abfangen*« und »*Bindung säen*«)
2. Interventionen mit dem Ziel, Interaktionszyklen nachzuverfolgen und die Entwicklung neuer Interaktionen anzuregen
   - Nachverfolgen und Spiegeln von Interaktionen
   - Reframing
   - Anstoßen neuer Interaktionen mit Hilfe von Enactments

Im Zusammenwirken aller Interventionen entsteht der sich in jeder Sitzung wiederholende fünfstufige Bewegungsablauf (EFT-Tango):
1. Spiegeln des inneren und des Beziehungserlebens;
2. Vertiefung der Emotion eines der beiden Partner;
3. Gestalten eines Enactments, sodass neu erschlossenes emotionales Erleben miteinander geteilt werden kann;
4. Bearbeitung des Moments der Selbstoffenbarung mit jedem der beiden Partner;
5. Zusammenfassung und Integration des neuen Kontakterlebens in das Selbstbild des Paares.

# Kapitel 3

## Liebe als Bindungsbeziehung – ein revolutionär neuer Ansatz

> »Dieses Konzept einer verlässlichen Basis, von der aus Kinder,
> Jugendliche und Erwachsene ihre Umgebung explorieren, scheint mir
> heute eine unerlässliche Prämisse dauerhafter psychischer Stabilität«
> (Bowlby, 1988, S. 46, dt. Ausgabe S. 34).

> »Selbst im Erwachsenenalter stabilisieren uns verlässliche Personen,
> sind wir doch, ›von der Wiege bis zur Bahre‹, immer dann am zufriedensten,
> wenn sich unser Leben in Form längerer oder kürzerer Explorationen gestaltet,
> die von der verlässlichen Basis bedeutsamer Bindungsfiguren aus erfolgen«
> (Bowlby, 1988, S. 62, dt. Ausgabe S. 48).

In diesem Kapitel lade ich Sie ein, ein Gespür, einen Felt Sense für die Analogie zwischen der Liebesbeziehung von Erwachsenen und der Eltern-Kind-Bindung zu entwickeln. Aus diesem Verständnis heraus ist jede Bindungsbedrohung gleichbedeutend mit einer Gefährdung der Liebesbeziehung. Außerdem gebe ich Antwort auf Fragen wie: »Was bedeutet es, die Liebe zwischen Erwachsenen als Bindungsprozess zu verstehen?« und »Inwieweit lässt sich die Bindungstheorie als Grundlage einer differenzierten Theorie und Wissenschaft der Liebe zwischen Erwachsenen nutzen?«

Für EFT-Therapeuten ist die Bindungstheorie die maßgebliche Richtschnur durch alle Veränderungsereignisse des Therapieprozesses hindurch. Tauchen Sie mit mir gemeinsam in diese Sicht auf die erwachsene Liebe ein und entscheiden Sie sich für die Bindungsorientierung als ständigem Begleiter! Um Ihnen das Eintauchen zu erleichtern, zeige ich zu Beginn dieses Kapitels die Auswirkungen dieser Sichtweise auf das Konzept der Paartherapie auf, verbinde sie mit den Bindungserfahrungen, die das Leben für uns bereithält und schlage eine Brücke zu den grundlegenden Gesetzmäßigkeiten unseres Lebens, der Liebe und der Bindung. Am Ende des Kapitels bereite ich Sie auf Hürden vor, denen Sie häufig begegnen werden, wenn Sie sich dazu entschließen, die Bindungstheorie zum Leitparadigma ihres therapeutischen Handelns zu machen. Diese Hürden haben es in sich; sie sind nicht einfach zu überwinden.

Paartherapie unter einer Bindungsperspektive zu konzeptualisieren und zu gestalten, gleicht einem Paradigmenwechsel (Johnson, 2007). Von einem Moment zum anderen erschließt sich die Analogie zwischen der erwachsenen

Liebe und der Bindung zwischen Kindern und ihren Eltern. Eine solche Sichtweise hat nichts mehr gemeinsam mit dem *quid pro quo* intimer Beziehungen, wonach sich gelingende Paarbeziehungen durch das Aushandeln gegenseitiger Kosten und Nutzen auszeichnen. Erwachsene Liebe als Bindungsbeziehung zu sehen gibt der Paartherapie ein radikal neues Ziel: die Entwicklung einer sicheren Bindung. Damit wird aus dem klassischen Therapeuten ein Prozessberater. Was tun Prozessberater? Sie unterstützen Partner darin, ihre sich wiederholenden – und die Bindung jedes Mal destabilisierenden – Muster zu erkennen. Ist dieser Schritt erfolgt, arbeiten Prozessberater auf Veränderungsereignisse hin, die sich als grundlegend für die Entstehung einer sicheren und dauerhaften Bindung erwiesen haben. Diese therapeutische Rolle hat nichts mehr gemeinsam mit dem bisher bekannten Coaching in Kompromissfähigkeit oder dem Training von Kommunikations- und Konfliktbewältigungskompetenzen, und sie unterscheidet sich auch von Ansätzen, nach denen Einsicht zur Lösung von Beziehungskrisen führt.

Die erste Überlegung, die sich aus diesem Paradigmenwechsel ergibt, ist die, dass die Art und Weise, wie wir auf die Bedrohung der Bindungsbeziehung zu nahestehende Menschen reagieren, nach festen Mustern abläuft. In der Konsequenz führt diese Überlegung zu einer neuen Sichtweise auf augenscheinlich destruktive Verhaltensweisen und -muster: Sie stellen nachvollziehbare und verstehbare Versuche dar, die bedrohte Bindungsbeziehung zu schützen. Damit verlieren sie ihren pathologischen Charakter. Anstatt Beziehungskrisen mit einem Mangel an Fertigkeiten, fehlendem gegenseitigen Verständnis, Trägheit, Dummheit, Sturheit oder Gemeinheit zu erklären, werden negative Muster als in bester Absicht unternommene Versuche gesehen, die primäre Bindung vor Schaden zu bewahren. Wie Bowlby (1980) feststellte, ist das Bedürfnis, die Bindung zu schützen, so ausgeprägt, dass diese Muster trotz ihrer erkennbaren Negativität eine hohe Tendenz haben, sich zu verfestigen, zu automatisieren und sehr veränderungsresistent zu sein.

In der Theorie ist Emily mittlerweile klar, dass die Bindungsperspektive sie »in der Spur« hält. Aber noch fragt sie sich, wie sie sich in ihrer therapeutischen Arbeit mit Paaren dauerhaft daran orientieren soll. »Wie kann eine auf der Bindungstheorie beruhende, ohne Schuldzuweisungen auskommende Definition von Beziehungskrisen und deren Bewältigung aussehen? Auf welche Weise kann ich die Bindungstheorie über den gesamten Therapieprozess der EFT hindurch, in allen Phasen, in allen Schritten als Richtschnur nutzen?« Gleichzeitig ahnt sie so langsam, wohin die Reise geht; ihr wird klar, dass sie an einen Punkt gelangen muss, an dem sie Wutausbrüche, Abwendung vom Partner u. ä. einfach als Reaktion auf eine wahrgenommene Bindungsbedrohung sehen kann.

## Menschliche Liebe und Bindung

Als Bowlby in den 1950er Jahren seine psychoanalytischen Kollegen mit dem Gedanken konfrontierte, emotionale Bindung als grundlegendes und angeborenes Bedürfnis des Menschen zu sehen, eröffnete er damit eine völlig neue Perspektive; lautete doch die bis dato verbreitete Überzeugung, dass ein Kind nur deshalb eine Bindung zur Mutter eingehe, weil sie eine zuverlässige Nahrungsquelle darstelle. Bowlbys Ideen wurden deshalb auch vielfach als Angriff auf die herrschende Meinung verstanden. Er postulierte ein jedem Menschen innewohnendes lebenslanges und überlebensnotwendiges Bedürfnis nach einem bedeutsamen Anderen, der schützt, unterstützt und für uns sorgt – eine Herausforderung für die individualistische Sicht der menschlichen Natur. Das menschliche Bedürfnis nach liebevoller Beziehung erhielt neue Bedeutung. Bowlby zufolge hängt unser Überleben davon ab, im Notfall getröstet und beschützt zu werden. Seiner Überzeugung nach sind wir genetisch darauf programmiert, permanent auf Gefahrensignale und Alarmzeichen drohender Gefährdung unserer wichtigsten Beziehungen zu achten. Seine Beobachtungen der Mutter-Kind-Bindung (Bowlby, 1958) eröffneten einen Weg, die immer wiederkehrenden, vorhersehbaren Reaktionen auf Trennungsstress zu normalisieren und zu de-pathologisieren; Momente, in denen die fehlende Erreichbarkeit bzw. Responsivität, d. h. Zugänglichkeit der Bindungsperson zu Verhaltensreaktionen wie verzweifeltem Anklammern und Suchen, wütendem Protest, Verzweiflung und gedrückter Stimmung bis zur völligen Loslösung führt. Sein Beitrag (Bowlby, 1973) macht deutlich, dass unser Überleben als Individuum darauf beruht, Bedrohungen unserer primären Bindungsbeziehungen zu vermeiden und, wenn nötig, Trost und Schutz bei ihnen zu suchen.

Es ist Sue Johnsons Verdienst, das Bindungsbedürfnis als wesentlichen Kern menschlichen Lebens verstanden und damit der Bindungstheorie auf grundlegende Weise die Tür zur Paartherapie geöffnet zu haben. Sie hat die Paartherapie revolutioniert und mit neuem Optimismus und neuen Möglichkeiten versehen. Eine so positive und klare Sicht auf Beziehungsprobleme von Paaren war bis dahin unbekannt. Noch mehr: Nie zuvor stand uns eine Paartherapie zur Verfügung, die sich wie die EFT auf eine gut erforschte Theorie erwachsener Liebe und naher Beziehungen stützen kann; ein Alleinstellungsmerkmal, das sie bis heute auszeichnet. Mit ihrer Erkenntnis, dass die Bedrohung der Bindung – das heißt, wenn Unsicherheit oder Angst in die Partnerschaft Einzug halten – das bis dahin gut funktionierende Wechselspiel in Gefahr bringt, läutete Johnson (2007) eine neue Ära ein. Ihr zufolge löst fehlende Erreichbarkeit des geliebten Partners – weil dieser nicht ansprechbar, zugänglich oder aus anderen Gründen emotional nicht präsent ist – Verlust- bzw. Bedrohungsgefühle aus (Johnson, 2008). Diese Gefühle aktivieren das Bindungssystem einzig und allein zu dem Zweck, die bedrohte Nähe zu diesem bedeutsamen Anderen wiederherzustellen. Gelingt es Partnern in solchen Momenten, die Trennung zu überwinden und wieder in Kontakt zu kommen, kann die Beziehung daran wachsen. Ist aber das Bindungssystem aktiviert und der »ausgestreckte Arm« wird ignoriert oder zurückgewiesen, dann wird die bekannte Dynamik in Gang gesetzt. Bowlby (1973) widmete den gesamten zweiten Band seiner Bindungs-Trilogie dieser Dynamik des Trennungsverhaltens bei drohendem Verlust. Johnson (2004, 2013) ist es gelungen, eine vergleichbare Dynamik in erwachsenen Liebesbeziehungen zu identifizieren.

Die emotionsgesteuerten Reaktionsmuster auf Trennungsschmerz sind vergleichbar dem, was Johnson und Greenberg (1988) als negative Interaktionszyklen von Paaren bezeichnen – eine Dynamik, bei der ein Partner Bindung einfordert und der andere in eine Verteidigungshaltung geht und sich zurückzieht. Auch Gottman (1991) beschreibt dieses typische negative Interaktionsmuster. Das ursprüngliche Veränderungsmodell der EFT von Johnson und Greenberg basierte darauf, die Gefühle, die dieses negative Muster anfeuern, zu reprozessieren. Durch die Integration der Bindungstheorie hat Johnson in ihrem Modell den Fokus schärfer gestellt. Sie setzt Trennungsschmerz in einen neuen Deutungsrahmen und benennt das Ziel deutlicher: die (Wieder-) Herstellung einer sicheren Bindung. Sie beschreibt den negativen Zyklus der Beziehung als Steilhang, auf den die Partner in dem Moment geraten, in dem ihre Versuche, Sicherheit beim anderen zu finden, ins Leere laufen und die Trennungsreaktion aktiviert wird.

## Bindungstheorie in der Praxis – ein Einstieg

In ihren Therapien merkt Emily rasch, wie leicht sie sich von den Geschichten, die die Paare in ihrer Praxis erzählen, ablenken lässt und in Gefahr ist, den Boden der EFT zu verlieren. Nur zu schnell spürt sie die Erwartung ihrer Klienten, Probleme mit einfachen Ratschlägen zu lösen. Gleichzeitig wächst in ihr eine Ahnung, wie es sein könnte, das grundlegende menschliche Bedürfnis nach emotionaler Verbundenheit anzuerkennen und ihre Arbeit darauf aufzubauen. Das lässt in ihr das Bild einer Prozessberaterin entstehen, die sich auf natürliche Weise effektiv mit ihren Paaren in einem gemeinsamen Flow[19] befindet. Sie denkt zurück an Sue

---

19  Flow bezeichnet einen Zustand des gänzlichen Aufgehens in einer glatt laufenden Tätigkeit, die als angenehm erlebt wird und zu Zufriedenheit und freudvollem Erleben führt (Stangl, 2020b).

Johnsons Aussage, der zufolge unglückliche Paare füreinander »die Hölle sind«. Aber noch liegt ein weiter Weg vor ihr, bis sie hinter den wüsten Beschimpfungen, mit denen ihre Klientin Tanja ihren Mann überzieht, deren Angst erkennen kann. Und ähnlich schwer fällt es ihr, sich vorzustellen, dass der so rational und logisch denkende Philipp überhaupt vor irgendetwas Angst haben könnte. Er hat ihr gegenüber ja sogar ganz stolz auf seinen perfekten Schutzpanzer gegen jegliche Angst verwiesen. Emilys Sehnsucht nach dem »Bindungskanal« wächst. Sie begibt sich auf die Spurensuche nach ihrem Felt Sense, der umfassenden Empfindung, die sie spüren lässt, dass hinter all den Verletzungen, die sich die Partner zufügen, im Grunde verzweifelte emotionale Reaktionen und bestmögliche Reaktionen auf Bindungsängste und unerfüllte Bedürfnisse stecken.

Vielleicht kennen auch Sie einige der Herausforderungen, denen Emily in ihrem Bemühen, sich auf den Bindungskanal einzustimmen, begegnet. Lassen Sie sich einladen, lebenslange Bindungsdynamiken hautnah zu erleben! Vergleichen Sie sie mit Ihren eigenen Erfahrungen von der Liebe zwischen Erwachsenen und überprüfen sie diese Erfahrungen vor dem Hintergrund von Johnsons Übertragung des Bindungsgedankens auf die EFT und der derzeit explosionsartig zunehmenden Flut sozialpsychologischer Studien zum Zusammenhang zwischen der Liebe zwischen Erwachsenen und der Bindungstheorie. Und seien Sie nicht zuletzt offen für Ihr eigenes inneres Erleben. Untersuchungen aus der affektiven Neurowissenschaft belegen nämlich, dass wachsende Bindungssicherheit die Reaktion unseres Gehirns auf Bedrohungen jedweder Art zum Positiven verändert.

## Die Eltern-Kind-Beziehung

Neben Bowlbys Studie mit jugendlichen Delinquenten (1944) bilden die Beobachtungen der Eltern-Kind-Interaktion seiner Kollegen (Ainsworth u. Bowlby, 1991; Ainsworth, Blehar, Waters u. Wall, 1978; Bowlby, 1973; Robertson, 1952) die Grundlage der Bindungstheorie. Aber nicht nur Wissenschaftler, auch Sie als Leserin bzw. Leser kennen sicherlich Momente, in denen Sie die Bindungstheorie hautnah erleben. Denken Sie nur zurück an Erlebnisse mit Ihrem eigenen Kind oder Beobachtungen der Interaktion zwischen Kleinkindern und ihren Eltern am Flughafen, im Supermarkt oder im Park. Erst kürzlich fiel mir an einem großen Flughafen ein kleines Mädchen auf, das im Kinderwagen saß. Ganz begeistert klatschte es immer wieder in die Hände, während der Vater völlig von seinem Handy in Beschlag genommen war. Nach einigen Minuten rief die Kleine: »Papa, Papa!«. Aber Papa reagierte nicht, er hatte nur Augen für seine E-Mails. Die Kleine protestierte weiter, wurde immer lauter und nach einiger Zeit flossen sogar Tränen. Als sich dann die Tränen zum Schluchzen steigerten, bäumte sie sich richtiggehend auf – aber Papa war immer noch ganz auf seine E-Mails konzentriert. Seine einzige Reaktion bestand darin, dass er den Kinderwagen mit einer Hand hin und her schob – ohne seine Tochter anzuschauen oder anderweitig auf ihr verzweifeltes, herzerweichendes Schreien zu reagieren. Erst nach einer Weile legte er das Handy zur Seite und wandte sich seiner Tochter zu.»Oh je, es tut mir leid – du hast nach mir gerufen und ich habe überhaupt nicht reagiert!« Während er den Kinderwagengurt löste und sie in den Arm nahm, spiegelte sich in seinem Gesicht ihre Angst.»Ja, du bist so traurig – hast mich immer wieder gerufen, nicht wahr?« Er trocknete ihre Tränen, bedeckte ihr Gesicht mit Küssen und mit einem tiefen Atemzug endete ihr Schluchzen. Fest an ihn angeschmiegt legte sie ihre Arme um ihn. Und während sie sich noch an ihn schmiegte, ging ihr Blick plötzlich in die Ferne, sie zeigte auf die dort stehende Rutsche und rief ganz aufgeregt:»Dort! Eine Rutsche!«»Ja! Willst du hin und spielen?« antwortete ihr Vater in einer Stimme, die ihre Begeisterung spiegelte. Strahlend nahm sie seine Hand und rannte zum »Spieleparadies«. In Windeseile hatte sie sich beruhigt und zeigte sich sicher gebunden. Dieser Ablauf – kurzzeitiger Bindungsabbruch, gefolgt von rascher Wiedereinstimmung und aktiver Zuwendung – erinnert Sie vermutlich an eigene Erlebnisse als Kind oder als Eltern, Großeltern, Tante oder Onkel eines Ihnen nahestehenden Kindes. In »Becoming Attached« (Karen, 1994) sagt Karen über die Liebe:»Es ist ganz egal, ob du reich, intelligent, begabt oder lustig bist; sei einfach da« (S. 416). Emotional aktive Präsenz ist es, die den Unterschied zwischen Trennung und Sicherheit ausmacht.

Ein Kind, das nicht zuverlässig darauf bauen kann, dass Trennungen nie von Dauer sind, wird sich nicht so schnell erholen wie das Kind in obigem Beispiel. Denken Sie an ein verunsichertes Kind, dessen unermüdlicher Protest unbeachtet bleibt. Früher oder später rettet es sich in hilfloses Schluchzen, schaltet alle Emotionen ab, wird ausdruckslos und dreht sich weg von dem Erwachsenen, nach dem es sich so verzweifelt gesehnt hatte. Sicher kennen Sie auch vermeidende Kinder, z. B. ein kleines Kind, das im Geschäft verloren geht und sich erstaunlich unbeeindruckt vom Verschwinden bzw. Wiederauftauchen der Mutter zeigt. Auf Mikulincer und Shaver (2016), führenden Sozialpsychologen im Bereich der Bindung Erwachsener, gehen die Begriffe sicheres vs. unsicheres Bindungsmodell zurück, mit denen sie solch unterschiedliche Muster im Bindungsverhalten bezeichnen. Diese Muster entsprechen impliziten Arbeitsmodellen. Bei Kindern deutlich erkennbar, finden wir sie auch in angepasster Form im Erwachsenenalter. Das innere Arbeitsmodell bei sicherer

Bindung lautet in etwa folgendermaßen: »Wenn ich einer Schwierigkeit oder anderen Hindernissen begegne, kann ich eine für mich bedeutsame Person um Hilfe bitten und davon ausgehen, dass diese Person verfügbar sein und mich unterstützen wird. Die Nähe zu ihm oder ihr wird mich beruhigen und ich kann mich entspannen. Danach kann ich mich wieder mit anderen Dingen beschäftigen« (Mikulincer u. Shaver, 2016, S. 189). Ist aber das Bindungssystem durch permanente Bedrohung dauerhaft aktiviert, resultieren daraus zwei unterschiedliche Arten unsicheren Bindungsverhaltens. Bei vermeidendem Bindungsverhalten »führt jede Form von Bedrohung augenblicklich zu Reaktionen zum Selbstschutz – unter Ausblendung auftauchender Emotionen und ohne andere Menschen um Rat oder Unterstützung zu bitten« (Mikulincer u. Shaver, 2016, S. 190). Dem liegt ein inneres Arbeitsmodell im Sinne von »Wenn ich in Not bin, mache ich weiter, als wäre nichts« zugrunde (ohne Notiz von der Umgebung zu nehmen und mit einem pseudo-positiven Selbstbild). Bei ängstlich organisierter Bindung hingegen zeigt sich ein von ständiger Wachsamkeit geprägtes Verhaltensmuster, das permanent mit Bedrohungen rechnet. Trost kann kaum angenommen werden. Das innere Arbeitsmodell lautet dann: »Wenn ich in Not bin, werde ich immer und immer wieder und letztlich vergeblich versuchen, dich zu erreichen« (Mikulincer u. Shaver, 2016, S. 190).

John Robertson (1952), ein Sozialarbeiter und Kollege von Bowlby, zeichnet in dem Film »Ein Zweijähriger im Krankenhaus«[20] ein fesselndes Bild kindlicher Reaktionen auf die Trennung von den Eltern. Wie damals üblich, waren elterliche Besuche im Krankenhaus durch feste Besuchszeiten streng reglementiert. Robertson lässt seine Zuschauer an den schrittweisen Verhaltensänderungen des Kindes teilhaben, mittels derer es versucht, sich selbst vor Kummer und Verzweiflung zu schützen. In ähnlicher Weise zeigt Tronick, Entwicklungspsychologe aus Harvard, in seinem als »Still Face Experiment«[21] (Tronick, 2007a, 2007b) bezeichneten Experiment die normalen Reaktionen eines zweijährigen Kindes auf die kurzzeitige Trennung von der Mutter auf. Innerhalb weniger Momente durchläuft dieses Kind genau den gleichen Prozess wie Robertsons Zweijährige: eine Kaskade, ausgehend von verzweifeltem Sich-Anklammern und Suchen über wütenden Protest, Hoffnungslosigkeit und gedrückte Stimmung bis hin zu scheinbarer Gleichgültigkeit. Bowlby (1973) beschreibt diese Kaskade als ganz normale Trennungsreaktion.

»Um ein Kind aufzuziehen, ist ein ganzes Dorf erforderlich« – vergleichbar diesem Sprichwort ist auch ein ganzes Team erforderlich, um eine Theorie

---

20 https://www.youtube.com/watch?v=s14Q-_Bxc_U.
21 https://www.youtube.com/watch?v=apzXGEbZht0.

zu entwickeln und in die Welt zu bringen. Bowlbys Gedanken wären ohne die kanadische Psychologin Mary Ainsworth, mit der er in den späten 1950er Jahren eng zusammenarbeitete, wahrscheinlich in englischen Bibliotheken verstaubt. Ainsworth war es, die die Bindungstheorie mit Leben füllte (Bretherton, 1992). Während Bowlby die grundlegenden Gedanken der Bindungstheorie formulierte, entwickelte Ainsworth Methoden zu deren empirischer Überprüfung. Sie erweiterte die Theorie auch konzeptuell, um sie im therapeutischen Kontext anwendbar zu machen. Ihr verdanken wir das Konzept der Bindungsfigur als sicherer Basis (Bowlby, 1988) sowie die Erweiterung, derzufolge das Vorhandensein einer sicheren Basis (und damit Erfüllung der Bindungsbedürfnisse) das Explorationssystem aktiviert.

Im berühmt gewordenen »Fremde Situation«-Experiment beobachtete Ainsworth Kinder und Mütter sowohl in ihrem häuslichen Umfeld als auch im Labor und stieß hierbei auf drei grundlegende Interaktionsmuster: sicher, unsicher-ambivalent und unsicher-vermeidend (Ainsworth et al., 1978). Im häuslichen Umfeld stellte sie fest, dass sich die große Gruppe der sicher gebundenen Kinder durch eine harmonische Beziehung zu ihrer Mutter auszeichnete. Im Labor waren dies die Kinder, die bei der Rückkehr der Mutter Trost und Beruhigung bei ihr suchten. Offensichtlich vertrauten sie ihr, denn sie waren leicht zu trösten und beruhigten sich schnell. Schon kurz danach verließen sie den Schoß der Mutter und begannen wieder, die Spielumgebung zu erkunden. Sichere Kinder zeigten eindeutig die größte Resilienz[22].

Als unsicher-ambivalent beschrieb sie Kinder, die höchst ängstlich auf die Anwesenheit der Mutter bedacht waren und extrem verzweifelt auf deren Hinausgehen reagierten. Kamen dann die Mütter zurück, reagierten sie sehr ambivalent und nahmen nur zögerlich Trost von ihr an. Unsicher-vermeidend gebundene Kinder hingegen zeigten kaum bis gar keine Trennungsangst. Bowlby beschrieb dieses Verhalten als Pseudo-Reife – eine Pseudoautonomie als Bollwerk gegen Traurigkeit, seelischen Schmerz und die Angst vor Zurückweisung (Bowlby, 1988; Bretherton, 1992). Diese Grundmuster der Interaktion finden wir auch in erwachsenen Liebesbeziehungen.

Das von Johnson und Tronick (2016) erstellte YouTube-Video »Liebe macht Sinn – von der Kindheit bis hin zum Erwachsenenalter« (»Love Sense: From

---

22 Ganz allgemein betrachtet ist Resilienz die Fähigkeit von Menschen, auf wechselnde Lebenssituationen und Anforderungen in sich ändernden Situationen flexibel und angemessen zu reagieren und stressreiche, frustrierende und belastende Situationen ohne psychische Folgeschäden zu meistern, d. h. solchen außergewöhnlichen Situationen ohne negative Folgen standzuhalten (Stangl, 2002c).

Infant to Adult«[23]) zeigt die beeindruckenden Parallelen zwischen der Eltern-Kind-Bindung und dem Bindungsprozess von Erwachsenen. Deutlicher als je zuvor beschreibt es in elf Minuten in eindrucksvoller Weise die gemeinsamen Grundschritte des emotionalen Tanzes von Eltern und Kindern ebenso wie die von erwachsenen Liebenden. Diese Schritte sind:
1. Die Bindungspartner gehen aufeinander zu, laden zur Verbindung ein.
2. Bleibt die Reaktion des anderen aus, protestieren sie und üben Druck aus.
3. Bei weiter ausbleibender Reaktion wenden sie sich ab und verschließen sich, um sich vor dem Schmerz der Zurückweisung zu schützen.
4. Es folgt der emotionale Zusammenbruch – wütende Vorwürfe, seelischer Schmerz und Verzweiflung.
5. In einer sicheren Partnerschaft finden Partner immer einen Weg zurück und kommen wieder in Verbindung.

## Was in erwachsenen Bindungsbeziehungen geschieht

Zeitgleich mit Johnsons Integration der Bindungstheorie in das klinische Feld der EFT-Paartherapie gab es in der Sozialpsychologie eine Forschungswelle, die sich dem Thema Bindung im Erwachsenenalter widmete. Als theoretische Grundlage diente die Bindungstheorie. Hazan und Shaver (1987) übertrugen die von Bowlby und Ainsworth entwickelte Bindungsklassifikation auch auf Liebesbeziehungen zwischen Erwachsenen. Teilnehmende ihrer ersten Studie waren Leser und Leserinnen der Rocky Mountain News, einer in Denver erscheinenden regionalen Tageszeitung. In dieser Zeitung platzierten sie ein »Liebesquiz«, einen zunächst auf Grundlage der drei von Ainsworth formulierten Bindungsstile entwickelten Fragebogen. Ainsworth hatte diese Bindungsstile aus ihren Beobachtungen der Eltern-Kind-Interaktion abgeleitet. Jetzt gingen die Wissenschaftler der Frage nach, ob sich diese Bindungsstile in vergleichbarer Form auch im Erwachsenenalter nachweisen ließen. 1990 erweiterte Bartholomew den Fragebogen um Fragen nach einem vierten, als ängstlich-vermeidenden bzw. desorganisierten bezeichneten Bindungsstil (gekennzeichnet durch einen fortlaufenden Wechsel zwischen ängstlichem Verfolgen und vermeidendem Rückzug). Sowohl die Untersuchungen von Hazan und Shaver (1987), denen wir die Beschreibung der erwachsenen Bindungsstile – sicher, vermeidend und ängstlich – zu verdanken haben, als auch die Relationship Style Questionnaires[24] (RSQ)

---
23 https://www.youtube.com/watch?v=OyCHT9AbD_Y.
24 Relationship Style Questionnaire: Fragebogen zur Erfassung von Bindung.

von Bartholomew, mit dem sich der vierte, »ängstlich-vermeidende« bzw. »desorganisierte« Bindungsstil für das Erwachsenenalter belegen ließ, finden sich in der Arbeit von Mikulincer und Shaver (2016).

Mit Blick auf die Originalarbeiten von Bowlby und Ainsworth lässt sich heute sagen, dass sich die Forschung zum Thema Bindung im Erwachsenenalter zu einer der »umfassendsten, profundesten und kreativsten Forschungsströmungen des 20. und 21. Jahrhunderts in der Psychologie entwickelt hat« (Cassidy u. Shaver, 2016, S. x). Ihre empirisch validierte Theorie der Liebe zwischen Erwachsenen geht einher mit einer zunehmenden Entpathologisierung emotionaler Abhängigkeit (Simpson u. Rholes, 2015). Sie lässt die Schlüsselemotionen und -dynamiken von Beziehungskrisen und Wiederannäherung in neuem Licht erscheinen. Bindung als »angeborenes Regulationssytem« zu sehen (Mikulincer u. Shaver, 2016, S. 26), erweist sich für Therapeuten zunehmend als klinisch relevant. Diese Perspektive erweitert das Verständnis grundlegender unsicherer Copingstrategien[25] im Umgang mit normativen Ängsten und dem tiefen Wunsch nach Beziehung. Therapeuten kann es helfen, sich besser in die Bindungsängste ihrer Klienten einzufühlen und Beziehungskonflikte in eine befriedigende und sichere Bindung zu überführen.

Ist es nicht beeindruckend, welche Auswirkungen die Bindungstheorie auf die emotionsfokussierte Therapie hat! Indem Johnson die Bindungstheorie sowohl theoretisch als auch praktisch in das empirisch validierte ursprüngliche Modell der EFT (Johnson u. Greenberg, 1985, 1988) integrierte und damit erweiterte, gelang ihr auf kreative Art eine noch tiefere Fundierung des Modells. Jetzt fügte sich alles zusammen – jeder einzelne Aspekt der EFT wurde in seiner Orientierung auf die Bindungstheorie als einer Theorie der Liebe zwischen Erwachsenen sichtbar und erhielt seinen Platz.

Und wie sieht nun die Übertragung in die Praxis aus? Um diese Frage zu beantworten, lade ich Sie ein, sich Johnson und Greenberg vorzustellen, als wären die beiden gerade dabei, die EFT-Paartherapie zu entwickeln. Was würden sie sehen, wenn sie anhand von Videos Emilys Therapieprozess mit Tanja und Kilian beobachten dürften? Nun, zunächst würden sie wohl – genau wie wir – eine wütende Tanja sehen, deren Überzeugung zufolge das Problem einzig und allein bei Kilian liegt; dem Partner, dem mehr an Sport und an seinen Computerspielen liegt als an ihr. Und vielleicht würden sie einen erschöpften Kilian sehen, der immer mal wieder mit einem Seufzer zur Uhr schaut in der

---

25 Copingstrategien sind meist psychische Vorgänge, die ungeplant oder geplant, unbewusst oder bewusst bei Stress in Gang gesetzt werden, um diesen Zustand entweder zu verringern oder zu beenden (Stangl, 2020a).

Hoffnung, die Sitzung möge bald zu Ende sein. Dann aber würden sie vermutlich den Prozess der Umwandlung einer unsicheren in eine sichere Beziehung miterleben und sehen, wie sie beide dank Emilys empathischem Verstehen in ihrem Erleben validiert werden, d. h. sich wertgeschätzt fühlen und in die Lage versetzt werden, eine sichere Basis zu entwickeln, einen Ausgangspunkt zur gefahrlosen Erkundung ihrer oft so unterschiedlichen Emotionen. Mit ihren geübten Augen würden die beiden vermutlich sehr genau wahrnehmen, wie sich Tanja in dem Moment beruhigt, in dem die Therapeutin ihre wütende Reaktion auf das Schweigen ihres Mannes validiert – mit der Folge, dass Tanja auch hören und annehmen kann, wie Emily Kilian validiert, den Tanjas Satz, dass sie langsam den Glauben an die Beziehung verliert, in Alarmstimmung versetzt hat.

Höchstwahrscheinlich würde Johnson und Greenberg auch die zyklische Dynamik der beiden nicht entgehen: Je mehr sich Tanja beschwert, Kilian immer heftiger kritisiert und ihre Verzweiflung zeigt, umso lauter seufzt Kilian, schlägt die Hände über dem Kopf zusammen und bittet Tanja eindringlich, nicht mehr »gegen ihn zu wettern«. Und je stärker sich Kilian gegen Tanja abschottet, umso lauter und drastischer verweist sie auf all die Momente, in denen er sie im Stich lässt. Und dann könnten die beiden verfolgen, wie sich in dem Moment etwas verändert, in dem es der Therapeutin gelingt, mit beiden emotional verbunden zu bleiben. Dieses Gedankenspiel ist keine reine Fantasie, denn es waren in der Tat Videoaufnahmen ihrer Paarsitzungen, anhand derer es Johnson und Greenberg gelang, den Transformationsprozess von Paaren aus der Krise in eine befriedigende und sichere Beziehung detailliert nachzuvollziehen.

Johnsons Bindungsperspektive lenkt den Fokus zwangsläufig auf die immer wiederkehrenden Themen der Paarbeziehung. Aus dieser Perspektive heraus würde sie bei Tanja und Kilian in erster Linie gegenseitige Zuschreibungen, Angst vor Zurückweisung, vor Trennung und Verlust heraushören und weniger das Paar sehen, dem es – orientiert am Idealbild einer Beziehung auf Gegenseitigkeit – an Problemlösestrategien mangelt. Mit offenem Ohr würde sie hören, dass Kilians Schweigen für Tanja belegt, dass sie ihm nicht wichtig ist. Und Kilians Frustration und dringender Wunsch, die Sitzung möge bald zu Ende sein, machen plötzlich Sinn, wenn man sich vorstellt, was er immer wieder heraushört: dass Tanja enttäuscht von ihm ist und langsam den Glauben an die Beziehung verliert. Mit der Bindungsbrille würde Johnson Tanjas höllische Angst erkennen, wenn Kilian nicht reagiert und sie befürchtet, er wolle sie verlassen. Und sie würde Kilians Schweigen und seine Bemühungen, Tanja zum Schweigen zu bringen, als bestmöglichen Versuch verstehen, die bedrohlichste aller Bindungsaussagen nicht hören zu müssen: dass sie ihn zurückweist, weil er sie im Stich lässt.

## Bindungssicherheit verändert das Gehirn

Aktuelle Befunde aus der affektiven Neurowissenschaft unterstützen den Ansatz der EFT für Paare und bestätigen die Bedeutung einer sicheren Bindung für die effektive Regulation von Emotionen und die Gesundheit. Wie Beziehungen auf ganz natürliche Weise Menschen darin unterstützen, mit Stress und Bedrohung umzugehen, lässt sich mit Hilfe der funktionellen Magnetresonanztomografie (fMRI; Coan, Schaefer u. Davidson, 2006) belegen. In Untersuchungen wurde die neokortikale Aktivität als Ausdruck des Stresserlebens bei Probanden gemessen, während ihnen intermittierend Elektroschocks an den Fußgelenken verabreicht wurden, die in Häufigkeit und Dauer nicht vorhersehbar waren. Hielten die Probanden während des Experiments die Hand eines geliebten Menschen, führte dies zu einem drastischen Rückgang der neokortikalen Aktivität. Der durch die Elektroschocks ausgelöste Schmerz wurde entsprechend lediglich als »unangenehm« bezeichnet und unterschied sich graduell deutlich von der beschriebenen Schmerzwahrnehmung ohne Handhalten.

Genauso beeindruckend sind die fMRI-Ergebnisse einer Untersuchung, die der Frage nachging, ob und inwieweit sich die neuronale Reaktion auf drohende Schmerzreize bei Frauen vor und nach einer EFT-Paartherapie unterscheidet. Das lässt sich offenbar bestätigen. Nach Beendigung der EFT-Paartherapie war die neuronale Stressreaktion der Teilnehmerinnen signifikant vermindert. Anders ausgedrückt: Durch den Aufbau einer sicheren Bindung mit Hilfe der EFT und damit den (Wieder-)Gewinn der Fähigkeit, Emotionen gemeinsam, d. h. zu koregulieren – wesentlich schneller als dies je allein möglich wäre –, kann die neuronale Antwort des Gehirns auf potenzielle Bedrohungen verändert werden. Dank der fMRI können wir also nachweisen, dass die EFT nicht nur dazu beiträgt, die jeweilige Paarbeziehung zufriedenstellender zu gestalten, sondern dass der Therapieprozess das Bindungsmuster über diese einzelne Beziehung hinaus sogar verändert und dauerhafte Veränderungsprozesse im Gehirn in Gang setzt (Burgess Moser et al., 2015; Johnson et al., 2013; Wiebe et al., 2017).

Der positive Effekt einer sicheren Bindung auf die mentale, emotionale und physische Gesundheit sowie auf Heilungsprozesse ist schon lange bekannt (Hawkey, Masi, Berry u. Cacioppo, 2006) und macht die enge Verbindung zwischen Bindungssicherheit und der Reaktion auf Bedrohungen sowohl innerhalb als auch außerhalb der Partnerschaft sichtbar (Coan et al., 2006; Johnson, 2013); spätestens diese Befunde könnten auch Ihnen als Praktiker Lust darauf machen, sich näher mit der EFT zu beschäftigen!

## Die grundlegenden Gesetzmäßigkeiten menschlicher Liebe und Bindung

In den Leitgedanken der Bindungstheorie spiegeln sich die grundlegenden Gesetzmäßigkeiten menschlicher Liebe und Bindung wider. Partner, die füreinander bedeutsam sind, schöpfen aus der Bindung als besonderer Form der Beziehung enormes Potenzial (Abbildung 1). In dem Moment, in dem wir uns aufmachen, den Beziehungskontext eines Menschen durch die Bindungsbrille zu betrachten, ergibt jedes Verhalten – selbst vermeintlich bizarres – Sinn.

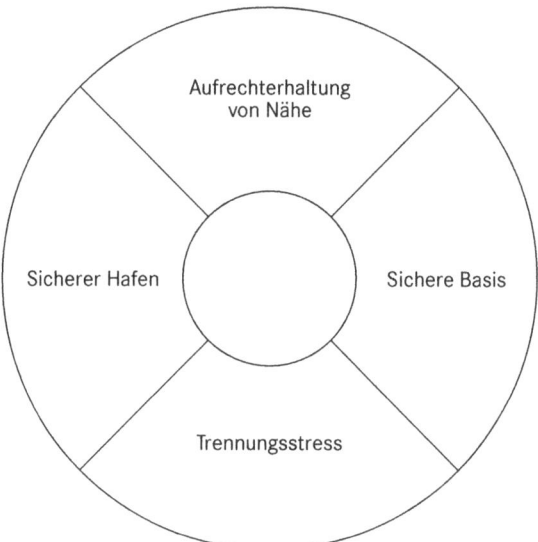

**Abbildung 1:** Die grundlegenden Gesetzmäßigkeiten menschlicher Liebe und Bindung. Der Innenkreis repräsentiert das Selbst, der Außenkreis den Beziehungskontext. Nach Bowlby beeinflussen sich Innen- und Außenkreis gegenseitig. Oben und unten stehen die beiden grundlegenden Verhaltensaspekte des Bindungssystems: die Suche nach Nähe zur Bindungsperson und der Protest bei Trennung und drohendem Bindungsverlust. In der Abbildung ist auf der einen Seite des Bindungssystems der sichere Hafen als Trost und auf der anderen Seite die sichere Basis als Ausgangspunkt der Exploration dargestellt.

Menschen wie Tanja, die endlos über die Fehler ihres Mannes klagt, und Kilian, der in starkem Kontrast dazu lediglich seufzt und die Hände frustriert über dem Kopf zusammenschlägt, begegnen uns oft in Paartherapien. Je lauter und verzweifelter einer der Partner versucht, eine Reaktion zu bekommen, umso stiller und frustrierter wird der andere. Das Maß, in welchem diese Reaktionen beim jeweils anderen Partner getriggert werden, ist ein Hinweis auf die Stärke der Bindungsbeziehung – wie unsicher diese auch sein mag. Menschen, die sich gegenseitig nicht wichtig sind, würden keine Energie darauf verwenden, sich zu beschweren und den anderen dazu zu drängen, sich zu ändern; sie wären auch längst nicht so verzweifelt, wenn sie hörten, dass sich der Partner von ihnen im Stich gelassen fühlt.

Die Grundidee der Bindungstheorie lässt sich in acht Leitgedanken beschreiben:

## 1) Menschen sind von Natur aus auf Verbindung und Abhängigkeit angelegt

Abhängig und aufeinander angewiesen zu sein stellt aus Sicht der Bindungstheorie einen grundlegenden Aspekt des Menschseins dar (Feeney et al., 2015). Bowlby beschreibt die Sehnsucht nach einem Felt Sense von Sicherheit und Verlässlichkeit in Bezug auf mindestens ein bis zwei bedeutsame Bindungspersonen als lebenslanges primäres Bedürfnis. Dieses unwiderstehliche angeborene Bedürfnis, mit einem vertrauten Anderen verbunden zu sein, findet sich bei allen Säugetieren. So wählte sich ein durch einen Tsunami elternlos gewordenes Nilpferdbaby an der kenianischen Küste eine einhundert Jahre alte männliche Schildkröte als »Mutter«. Das ungleiche Paar war eng verbunden, aß zusammen, schwamm zusammen, schlief zusammen und kuschelte sich ganz nah aneinander (Hatkoff, Hatkoff u. Kahumbu, 2007). Liebe, definiert als sichere Bindung, stellt einen uralten Überlebenscode dar. Es ist das Bedürfnis nach einem »emotionalen Band, das sich unter Umständen erst bei Bedrohung, Gefährdung oder Abbruch der Beziehung in vollem Umfang zeigt« (Shaver u. Mikulincer, 2014, S. 285).

## 2) Die sichere Bindung als sicherer Hafen und sichere Basis

Wie Kinder benötigen auch Erwachsene eine sichere Basis als Sprungbrett für die Entdeckung der Welt und einen sicheren Hafen, um Schutz vor der Unbill der Welt zu suchen. Eine sichere Basis der Unterstützung und einen sicheren Hafen der Geborgenheit zu haben, stärkt Vertrauen, Resilienz und Kreativität. Oder – um es mit den Worten einer Partnerin auszudrücken: »Ich fühle, wir sind miteinander verbunden, meine Rettungsleine ist immer da und stärkt mich! Ich spüre seine starken Arme, auch wenn wir Tausende von Kilometern voneinander entfernt sind.«

Sichere Abhängigkeit und Autonomie bedingen einander. Je stärker wir verbunden sind, desto eigenständiger und unabhängiger können wir sein. »Nach

Bowlby ist es weder möglich, zu abhängig oder komplett unabhängig zu sein; es gibt lediglich effektive oder ineffektive Abhängigkeit«[26] (Johnson, 2003, S. 105). Quintessenz der Bindungstheorie ist es, dass eine Bindungsbeziehung »zu einem geliebten Menschen, der als sicherer Hafen und sichere Basis erlebt wird, den Einfluss von Angst und Unsicherheit abpuffert« (Johnson, 2015, S. 100).

### 3) Ohne Emotionen keine Bindung

Emotionen sind kennzeichnend für alle Arten von Beziehungen – sichere und unsichere. Fühlen sich Partner beieinander sicher und geborgen, können Emotionen reguliert werden, beide erleben Freude, Sicherheit, Neugierde und Leidenschaft (Johnson, 2016b). Leben Partner allerdings in einem Gefühl der Distanziertheit und Verunsicherung, dann werden Emotionen in keiner Weise reguliert. Was daraus resultiert, ist eine chaotische Mischung aus Traurigkeit, Verlangen, Scham und Angst; Gefühle, die die Beziehung auf Dauer ruinieren. Vergleichbar der Systemtheorie sieht auch die EFT Emotionen als Verbindung zwischen dem Selbst und dem System; sie sind die maßgeblichen Antreiber negativer Interaktionszyklen. Gelingt es, sie neu zu bearbeiten, d. h. zu reprozessieren, können neue, positive Bindungszyklen entstehen.

### 4) Emotionale Isolation ist traumatisierend

Der Verlust einer Bindungsperson stellt eine von Natur aus traumatische Erfahrung dar. Angst und Unsicherheit machen sich breit und schüren neue Angst bei allem, was wir tun und wahrnehmen. Diese Panik kennt keine Atempause und keinen Ausweg. Im bekannten Muster der Trennungsangst zeigen sich die klassischen Traumareaktionen Kampf, Flucht oder Erstarrung in Form vorhersehbarer Reaktionsmuster: die Hand nach dem anderen ausstrecken – suchen – anklammern; wütender Protest; Depression – Verzweiflung; Loslösung (Bowlby, 1973; Johnson, 2003).

Ein verzweifelter, sich nach einem sicheren Hafen und einer sicheren Basis sehnender Partner drückte es einmal folgendermaßen aus: »Es geht nicht um die Kämpfe; mit Meinungsverschiedenheiten könnte ich umgehen – wenn ich dich denn in diesen Momenten finden würde. Ich fühle mich in dieser Beziehung so alleingelassen.« Emotionen stellen das zentrale und gestaltende Element

---

26 Die Ergebnisse der Bindungswissenschaft zeigen uns, dass wir Menschen Bindungen brauchen. Im Deutschen hat der Begriff »Abhängigkeit« eine negative Konnotation, meint aber hier den positiven, konstruktiven Fakt, dass wir losgelöst von Alter oder Lebensphase unsere Bindungsfigur emotional brauchen.

sowohl sicherer Bindung als auch von Beziehungskrisen dar. Ein Felt Sense von Nähe und Verbindung signalisiert dem Gehirn Sicherheit. Partner berichten, wie sich ihr ganzer Körper entspannt, wenn sie nur an die Stimme des anderen denken oder sein Gesicht vor Augen sehen. Andererseits signalisieren Zeichen der emotionalen Distanz und Trennung von Bindungspersonen Gefahr. Ein Blick, eine abschätzige Bemerkung, eine gewisse Gleichgültigkeit auf dem Gesicht des Partners sind in der Lage, Erstarrung, Panik oder Wut beim anderen zu triggern. Vorwurfsvolles Verfolgen und vermeidender Rückzug/Abwehr sind typische Reaktionen in Gefahrensituationen.

Die Bindungstheorie als Theorie der Emotionsregulation und traumatischer Reaktionen stellt einen Rahmen für das Verstehen emotionaler Regulationsstörungen als Traumafolgestörung bereit. Auch Depression und Angst als natürliche Begleiter in Beziehungskrisen erhalten in diesem Kontext einen Sinn (Johnson, 2002, 2003). Fehlende emotionale Resonanz einer Bindungsperson führt zu Isolation. Und Isolation ist in der Tat traumatisierend.

### 5) Das Maß des emotionalen Engagements bestimmt die Bindungssicherheit

Johnson (2008) schlägt ein einfaches Akronym vor, um die Schlüsselelemente sicherer Bindung kurz zusammenzufassen: ARE. In der einfachen Frage »ARE you there for me?« (»Bist du für mich da?«) spiegelt sich das Bedürfnis nach einer emotionalen Reaktion in Zeiten, in denen wir auf Trost und Unterstützung angewiesen sind. Dahinter stehen die in die Zukunft gerichteten Fragen »Wirst du für mich da sein, wenn ich dich brauche?« und »Kann ich mich auf dich verlassen?«.

»A« steht für »Bist *(Are)* du erreichbar, verfügbar, zugänglich?« Ein junger Mann gibt unumwunden zu, von Onlinespielen geradezu besessen zu sein. Er verbringt endlose Stunden vor dem Computer. Seine Frau beklagt sich über ihre Einsamkeit und sagt: »Ich kann dich nie erreichen«. Das wiederum kann er nicht verstehen: »Ich weiß nicht, was du meinst. Ich sitze doch den ganzen Abend neben dir, während du deinen Unterricht für den nächsten Tag vorbereitest.« Obwohl im Raum anwesend, war er für seine Partnerin nicht erreichbar. *Er war nicht da.*

»R« steht für »Wirst du auf mich eingehen *(Respond)*, wenn ich dich anspreche?« Ein erfolgreicher Strafverteidiger hatte immer wieder lautstarke Auseinandersetzungen mit seinem Partner, einem ebenfalls erfolgreichen Anwalt. Als er verstand, wie es ihm gelang, unerreichbar und nicht responsiv zu sein, wenn sie in einer »heißen Auseinandersetzung« waren, beschrieb er es folgendermaßen:

»Ich verweigere mich in solchen Momenten nicht dem Gespräch, nicht dass Sie das denken. Höchstwahrscheinlich rege ich mich aber auf und die Auseinandersetzung eskaliert. Wenn ich dann aber auf hundertachtzig bin, *höre ich nicht mehr zu,* auch wenn ich weiterspreche. Ich bin nicht mehr involviert, sondern mache dicht und bin wütend.« So kann »nicht-responsiv« aussehen: Obwohl er seinen Partner weiter anschreit, gibt er zu, dass er in keiner Weise auf das eingeht, was sein Partner ausdrückt.

»E« steht für emotionales Engagement. »Wirst du *emotional* beteiligt sein, wenn du mir antwortest?« An dieser Stelle wird bereits die enge Verwobenheit dieser drei Elemente deutlich. Erreichbarkeit und Responsivität sind ganz offensichtlich Teile des emotionalen Engagements. Ein Partner beschreibt es folgendermaßen: »Wenn ich dir sage, wie sehr ich mich um meine im Sterben liegende Mutter sorge, dann sehe ich in deinen Augen Mitgefühl und dein Gesicht ist ganz weich. Du kommst ein bisschen näher und ich habe das Gefühl, du bist wirklich bei mir, fühlst meinen Schmerz. Dann weiß ich, ich werde diese Zerreißprobe überstehen.« Das ist emotionales Engagement. Und es ist genau die Art von emotionaler Erreichbarkeit, Responsivität und Engagement aus der eine Bindung entsteht, die einen sicheren Hafen der Geborgenheit und eine sichere Basis der Unterstützung darstellt. Eine solche Bindung ist erforderlich, um mit Resilienz auch den schwierigsten Herausforderungen im Leben zu begegnen.

Erreichbarkeit, Responsivität und emotionales Engagement sind die entscheidenden Zutaten resilienter und dauerhafter Bindungen. Wer immer wieder erlebt, dass sein Partner für ihn da ist, entwickelt Vertrauen und ist immer weniger in Gefahr, in Panik zu geraten oder sich zum Zweck der Emotionsregulation zu distanzieren.

## 6) Innere Arbeitsmodelle bestimmen unser Verhalten

Von Bowlby (1973) stammt der Begriff der inneren Arbeitsmodelle, die die Wahrnehmung von uns und anderen und unser Verhalten prägen. Ihm zufolge führt eine sichere Bindung eher zu positiven inneren Arbeitsmodellen mit einem Bild von anderen als verlässlich und vertrauenswürdig und von uns selbst als liebenswert. Unsichere Bindung dagegen begünstigt eher ein negatives Arbeitsmodell; andere Menschen werden als unzuverlässig und verletzend, man selbst als nicht liebenswert und wertvoll gesehen. Negative Modelle setzen dem inneren Wachstum Grenzen; unsichere Partner zeigen häufig einen festgefahrenen Umgang mit Emotionen und der Art und Weise, wie sie mit für sie wichtigen Personen umgehen.

Innere Arbeitsmodelle von sich und anderen sind nicht zwangsläufig von Dauer, sie können sich im Lauf des Lebens verändern (Bowlby, 1973, 1988). In der Fachliteratur finden wir immer mehr Belege dafür, dass Psychotherapie, aber auch heilsame neue Beziehungserfahrungen, in der Lage sind, Bindungs- und innere Arbeitsmodelle zu verändern (Gillath, Selchuck u. Shaver, 2008; Johnson et al., 2015). Neue Interaktionen im Hier und Jetzt können alte Arbeitsmodelle überschreiben (Feeney et al., 2015). Der Veränderungsprozess der EFT wirkt bindungsstärkend und öffnet damit die Tür zur Transformation von Bindungsmustern (Burgess Moser et al., 2015; Johnson, 2003).

## 7) Bindungsstrategien organisieren unser emotionales Engagement

Um Unterstützung und Trost von einem für uns bedeutsamen Menschen zu erhalten, verfügen wir nur über ein begrenztes Repertoire an Strategien – sicheren und unsicheren. Eine sichere, auch primäre Bindungsstrategie genannt, zeichnet sich dadurch aus, dass wir bei Gefahr und Not ganz einfach um Unterstützung bitten. Dahinter steckt die Überzeugung und aus Erfahrung gewonnene Erwartung, dass unserer Bitte entsprochen werden wird. Was aber, wenn ein Mensch die Erfahrung gemacht hat, dass mit Unterstützung eher nicht zu rechnen ist? Dann kommen letztlich nur zwei mögliche Reaktionsweisen, sogenannte sekundäre Bindungsstrategien, infrage, gekennzeichnet durch Angst bzw. Vermeidung.
- *Ängstliche Strategie:* Eine ängstliche Bindungsstrategie ist gekennzeichnet durch verzweifelte, vorwurfsvolle und nicht enden wollende Versuche, den anderen zu erreichen. Je weniger das gelingt, desto stärker wird das Engagement. Die Grundfrage lautet: »Wo bist du, wo bist du?«. Ein hohes Angstlevel kennzeichnet diese Bindungsstrategie; Ainsworth nannte sie ursprünglich ängstlich/besorgt. Menschen mit einer ängstlichen Strategie reagieren auf drohenden Verlust und die Erfahrung, den (möglicherweise körperlich anwesenden, aber emotional abwesenden) Partner nicht zu erreichen, indem sie alles tun, um diesen nicht nur körperlich, sondern auch emotional zu erreichen; sie klammern sich an ihn und fordern eine Reaktion ein. Irgendwann geht es nur noch darum, überhaupt eine Antwort zu erhalten. Bleibt diese aus, folgt die nächste Eskalationsstufe mit Tränen und Resignation, die letztendlich in Abkehr und Aufgeben endet.
- *Ablehnend-vermeidende Strategie:* Bei dieser Strategie werden Bindungsbedürfnisse und -emotionen komplett ignoriert und deaktiviert. Äußerlich zeigt sich das durch Distanzierung, sich taub stellen, abschalten; Pseudo-Unabhängigkeit wird zum Ausdruck gebracht. Es besteht ein hohes Maß an

Vermeidung und Unterdrückung von Emotionen. Anstatt Verbindung und Nähe zu suchen, wird diese Sehnsucht gewissermaßen abgeschaltet. Versuche, wieder Kontakt herzustellen, werden nicht unternommen. Kraftvolles Auftreten, Unabhängigkeit und rationales Verhalten sind Kennzeichen dieser selbstwertschützenden Strategie. Charakteristische Aussagen sind: »Mir geht's gut, danke. Ich brauche niemanden.« Das damit verbundene Selbstverständnis ist pseudopositiv, sich einander zu stützen wird verächtlich betrachtet. Tatsächlich fühlen sich Menschen, die bei Stress regelhaft auf diese Strategie zurückgreifen, sicherer, wenn sie Nähe vermeiden. Für sie ist Nähe gleichbedeutend mit emotionalem Schmerz. Aus diesem Erleben heraus werden Nähe und Bindung verständlicherweise als Bedrohung, auch des Selbstwerts, erlebt. In solchen Momenten hat unter Umständen bereits die Bitte des Partners nach mehr Offenheit, Nähe und emotionalem Ausdruck Bedrohungsqualität – gleichbedeutend mit der Forderung, die eigene Persönlichkeit zu verändern.

– *Ängstlich-vermeidende Strategie:* Diese dritte unsichere Bindungsstrategie verbindet die beiden zuvor beschriebenen in einem oft chaotisch anmutenden Wechsel. »Komm her, komm her, geh weg!« »Ich habe Angst, wenn du nicht da bist und wünsche mir deine Unterstützung, und gleichzeitig habe ich Angst *vor dir!*« In solchen Sätzen spiegelt sich der Widerspruch, der sich aus großer Angst und hohem Vermeidungswunsch ergibt. Es ist eine häufige Bindungsstrategie bei Traumaüberlebenden, die Bindungspersonen als nicht zuverlässig präsent und unkalkulierbar vernachlässigend bzw. verletzend erlebt haben (Johnson, 2003; Mikulincer u. Shaver, 2016). Anscheinend erlaubt es nur diese Strategie, vergleichbare Erfahrungen emotional zu überstehen. Als Bindungsstil von Erwachsenen wird diese Strategie als ängstlich-vermeidend, bei Kindern als desorganisiert bezeichnet.

Die Beschreibung des Bindungsverhaltens (Mikulincer u. Shaver, 2016) und deren metaphorische Darstellung (s. Kasten »Metaphern für Bindungsstrategien«) verdeutlichen die Unterschiede in den jeweiligen Handlungs- und Verhaltensstrategien bei unsicherer Bindung. Dieses Wissen macht es EFT-Therapeuten leichter, einen Felt Sense für die verschiedenen Strategien zu entwickeln und aus diesem Verständnis heraus die Strategie zu identifizieren, die die Partner in Stresssituationen an den Tag legen. Ziel der Arbeit in Phase 2 des EFT-Prozesses ist es, einen Prozess der Umwandlung unsicherer in neue, sichere Strategien des Aufeinander-Zugehens, Sich-Findens und Aufeinander-Reagierens in Gang zu setzen. An die Stelle alter, schädlicher Muster tritt der Aufbau und die Weiterentwicklung neuer, sicherer Bindungsmuster (Mikulincer u. Shaver, 2016).

## Metaphern für Bindungsstrategien

*Ängstlicher Verfolger: Bindungsängste und -bedürfnisse werden aktiviert*
Stellen Sie sich folgende Situation vor: Sie schwimmen in einem tiefen See, der Himmel verdunkelt sich, das Ufer ist noch weit entfernt und Ihnen ist klar, dass die Kraft nicht mehr reichen wird, das rettende Ufer zu erreichen. In diesem Moment nähert sich ein Motorboot. Sie rufen laut und hoffen natürlich, gerettet zu werden. Aber das Boot fährt an Ihnen vorbei. Dann wendet es und nähert sich Ihnen erneut. Sie sind sich nicht sicher, ob der Bootsführer Sie gehört hat. Deshalb rufen Sie erneut so laut Sie können. Das Ganze wiederholt sich mehrere Male; jedes Mal rufen Sie so laut Sie können, aber der Bootsführer ignoriert Sie und fährt jedes Mal an Ihnen vorbei. Sie geraten in Panik, sind ganz verzweifelt und sehen sich schon im kalten Wasser ertrinken, wo doch die Rettung so nah ist – und doch nicht erreichbar. Nach einiger Zeit werden Sie wütend und langsam kommt Ihnen der Verdacht, dass der Bootsführer Sie sieht, aber Ihren Tod billigend in Kauf nimmt (V. Kallos-Lilly, Metapher, mündliche Mitteilung, ca. 2012).

*Vermeidender Rückzügler: Bindungsängste und -bedürfnisse*
*werden deaktiviert*
Stellen Sie sich vor, Sie gehen über einen etwa doppelt fußballfeldgroßen Acker voller Landminen. Weit hinten erkennen Sie den Menschen, den Sie lieben. Zwischen Ihnen liegt der lebensgefährliche Acker. Ganz vorsichtig gehen Sie los in der Hoffnung, die Landminen anhand kleinster Hinweise frühzeitig zu entdecken. BÄNG! Da explodiert eine Mine haarscharf neben Ihnen. Ihr Herz schlägt bis zum Hals. Sie wissen, um zu überleben, müssen Sie sich absolut auf Ihren Weg konzentrieren. Das geht nur, wenn Sie die unbeschreibliche Angst in sich unterdrücken, weitergehen und sich äußerlich unerschütterlich und unbeeindruckt geben. Noch mehrere Male explodiert eine Mine, die Sie jedes Mal nur knapp verfehlt. Der Weg über das Feld ist ungeheuer gefährlich und Sie fragen sich, ob es das Risiko wert ist – oder ob Sie dabei zugrunde gehen. Ein Teil von Ihnen weiß, dass Sie sich sicherer fühlen würden, wenn Sie auf Ihrer Seite geblieben wären – allein (G. Faller, Metapher, mündliche Mitteilung, ca. 2012).

*Ängstlich-Vermeidender: Suche nach und Angst vor Nähe treffen aufeinander*
Stellen Sie sich vor, Sie sind in einer fremden Stadt und haben sich verlaufen. Plötzlich finden Sie sich in einer dunklen Straße wieder. Ihr Reisepartner, mit dem Sie eigentlich unterwegs sind, ist unerklärlicherweise verschwunden. Die Landessprache beherrschen Sie nicht und der Akku Ihres Handys ist leer. Zunächst suchen Sie die Straßen nach Ihrem Freund ab; dabei wird Ihnen immer banger ums Herz. Dann plötzlich sehen Sie nicht weit entfernt eine Gestalt in einer vertrauten Jacke. Das muss Ihr Reisegefährte sein! Ganz erleichtert atmen Sie aus und rufen der Person hinterher, die sich auch direkt zu Ihnen umdreht. Aber anstatt des vertrauten Gesichts sehen Sie den drohenden Blick dieser Person, die auch noch eine Waffe bei sich hat. Sie machen auf dem Absatz kehrt und rennen mit klopfendem Herzen und schweißnassen Händen in eine Seitengasse. Dort sehen Sie erneut etwas Vertrautes: den Hut, den Ihr Reisepartner getragen hat. Mit dem Mut der Verzweiflung rufen Sie nun auch dieser Person zu. Und wieder haben Sie sich getäuscht. Dieses Mal schauen Sie in das Gesicht des Sensemannes! Sie machen auf dem Absatz kehrt und laufen noch viel weiter, bevor Sie sich trauen anzuhalten. Das Ganze wiederholt sich immer und immer wieder – jedes Mal mit demselben Ergebnis: Im Gesicht eines Menschen, dem Sie vertrauen möchten, zeigt sich Bedrohung und Tod!

Johnson vergleicht dieses ängstlich-vermeidende Bindungsmuster von »Komm her – geh weg« gern mit zwei Menschen, die versuchen, auf zwei völlig unterschiedliche Melodien gemeinsam zu tanzen: Wutausbruch und angstvolles Erstarren in einer unheilvollen Verbindung. Die alles umfassende Sehnsucht nach der Nähe eines Menschen trifft auf alles umfassendes Misstrauen.

### 8) Fürsorge und Sexualität als Ausdruckformen von Bindung

Die Bindungstheorie des Erwachsenenalters verbindet Fürsorge, Bindungsbedürfnisse und Sexualität (Shaver u. Mikulincer, 2006). Dabei stehen Fürsorge und Sexualität zu jeweils unterschiedlichen Zeiten im Vordergrund; ungeachtet dessen sind beide Formen der Zuwendung signifikant geprägt vom Bindungsmuster der Beteiligten (Johnson u. Zuccarini, 2010). Johnson

(2008, 2016a) schildert eindrücklich, wie Vermeidung und Ängstlichkeit Sexualität einengen, sodass sie lediglich in Form von Trost-Sex (in der ängstlichen Suche nach Bestätigung) oder unverbundenem Sex (ohne emotionale Öffnung) lebbar ist. Damit widerspricht Johnson der gängigen Meinung, dass dauerhafte Leidenschaft und ein befriedigendes Sexualleben immer wieder neue Reize und Nervenkitzel brauchen. Ganz im Gegenteil sieht sie Bindungssicherheit als stärkstes Aphrodisiakum. Es hat die Macht, unverbundenen bzw. Trost-Sex durch Synchronie-Sex, d. h. aufeinander bezogenen Sex, zu ersetzen. Ihr zufolge bedingen sexuelle Responsivität und Beziehungsqualität einander. Beziehungssicherheit öffnet der Sexualität Türen und stärkt die Leidenschaft so wie umgekehrt eine befriedigende Sexualität die Beziehungsqualität stärkt. Aus diesen Überlegungen heraus wird Sexualität in der EFT in einem Kontext von Liebe als Bindungsbeziehung gesehen (Johnson u. Zuccarini, 2010, 2011) und Sexualtherapie zu einem integralen Bestandteil des Paarprozesses – mit den gleichen Schritten und Phasen – fokussiert auf die sexuellen Reaktionsmuster des Paares.

\* \* \*

Zusammengefasst bilden die oben erläuterten acht Leitgedanken über menschliche Liebe und Bindung einen gleichermaßen warmherzigen wie wissenschaftlich fundierten Rahmen, innerhalb dessen sich der Prozess der EFT abspielt. In diesem Rahmen haben alle Formen des Bindungsverhaltens Platz – sei es die offene, kongruente und sichere Suche nach Trost und Verbindung, seien es unsichere Verhaltensmuster wie das ängstliche Verfolgen, vermeidende Distanzieren oder die chaotische Mischung aus Verfolgen und Wegstoßen. Alle werden als jeweils bestmöglicher Versuch der Klienten gesehen, sicher mit dem Partner in Kontakt zu kommen und zu bleiben. Wenn Therapeuten mit der emotionsfokussierten Arbeit beginnen, mag es ihnen zunächst nicht leicht fallen, im wütenden Fordern, sich verteidigenden Rückzug und Zurückfeuern eines Partners Zeichen des Engagements für die Beziehung zu sehen und noch schwerer kann es sein, dies als Strategie emotionalen Engagements zu konzeptualisieren. Nur wenn wir mit der Bindungsbrille genau hinsehen und -hören und uns einlassen auf ein Paar, das sein jeweils ganz eigenes Bindungsdrama vor uns ausbreitet, können wir ein tiefes Verständnis dafür entwickeln, dass Sich-Verschließen und harsche Kritik sehr wohl Strategien sind, einander zu erreichen, es sind ineffektive Versuche, ein sicheres Band zu knüpfen.

## Die Bindungstheorie als Lotse – ein steiniger Weg

Wenn Sie sich dazu entschließen, die Bindungstheorie zum Leitparadigma ihrer Paartherapien werden zu lassen, müssen Sie mit manchen Hürden rechnen. EFT-Einsteiger finden es oft sehr herausfordernd, angesichts der sich vor ihren Augen abspielenden Dramen von Eskalation und Rückzug die Bindungsperspektive nicht aus den Augen zu verlieren. Werden dann noch eigene Emotionen der Therapeutin aktiviert, macht das die Sache nicht gerade leichter. Allzu schnell versperren persönliche Erfahrungen und nie hinterfragte (und überprüfte) Theorien den Weg. Im Folgenden nehme ich zunächst einige theoretische Überzeugungen, die einer konsequenten Bindungsperspektive im Weg stehen können, unter die Lupe, bevor ich näher auf persönliche Erfahrungen der Therapeutin eingehe, die behindern können, einen Felt Sense im Sinne der Bindungstheorie zu verinnerlichen (Gendlin, 1981). Vorab schon einmal ein Ratschlag: Sowohl die Beschäftigung mit impliziten, das eigene Handeln prägenden theoretischen Überzeugungen als auch der Blick auf persönliche emotionale Erfahrungen fördern die eigene Veränderungsbereitschaft und tragen dazu bei, die Bindungsperspektive dauerhaft in sich zu verankern.

### Implizite theoretische Einflussfaktoren

#### Ein individualistisches Menschenbild

Viele Therapeuten sind durch ihre Ausbildung von einer Ethik des Überlebens geprägt, in deren Zentrum Wettbewerb, Unabhängigkeit, Selbständigkeit und persönliches Wachstum als Ideal stehen. Eine Weltanschauung der Interdependenz, des wechselseitig Aufeinander-Angewiesenseins, ist davon meilenweit entfernt. Von Therapeuten, die – bewusst oder unbewusst – davon überzeugt sind, dass Erwachsene unabhängig sein und die Fähigkeit entwickeln sollten, sich selbst zu trösten und zu lieben, bevor sie Trost und Liebe von anderen annehmen, kann es ein gehöriges Maß an Bereitschaft erfordern, sich ihrer Verletzlichkeit zu stellen und den Mut aufzubringen, sich auf die therapeutische Macht der Abhängigkeit einzulassen. Fragen wie:»Bin ich gar nicht so unabhängig, wie ich immer denke? *Brauche* ich andere? Kann ich das nicht auch allein?« können an der eigenen Verletzlichkeit rühren. Und angesichts von Gedanken wie »Jetzt bringe ich Menschen schon so lange bei, dass sie zuallererst sich selbst lieben und Verantwortung für sich übernehmen sollten anstatt sich von anderen abhängig zu machen. Depressionen und Angsterkrankungen sollten gefälligst in Einzeltherapie und nicht in Paartherapie behandelt werden!« ist Mut erforderlich, diese Überzeugungen über Bord zu werfen.

Vielen Therapeuten macht es Angst, Klienten zu »effektiver Abhängigkeit« zu ermutigen und sie zu ermuntern, sich in Krisenzeiten auf andere zu verlassen. Sie fürchten, dass dies zu exzessiver Abhängigkeit führen und die Fähigkeit, sich selbst zu beruhigen, verloren gehen könnte. Mit dieser Angst im Nacken kann es durchaus eine Herausforderung darstellen, sich neuen, bindungsorientierten Therapie- und Forschungsansätzen gegenüber zu öffnen, denen zufolge Beziehungszufriedenheit und Gesundheit ganz wesentlich mit der Fähigkeit zusammenhängen, die zwischenmenschliche *vor* die Selbstregulation zu platzieren (Gillath, 2015; Johnson et al., 2013; Shaver u. Mikulincer, 2014).

Eine individualistische Theorie persönlichen Wachstums und der Selbstregulierung verträgt sich schlecht mit der bindungsorientierten Normalisierung von Beziehungskrisen. Machen Sie sich Ihre theoretischen Überzeugungen bewusst, indem Sie sich fragen, ob Sie sich mit einem therapeutischen Paradigma und einer Theorie, denen zufolge wir alle auf Abhängigkeit angelegt sind, anfreunden können. Überprüfen Sie, ob Ihre Grundüberzeugungen von Therapie und der menschlichen Natur zu einer Sicht passen, der zufolge sowohl das individuelle als auch das Überleben als Spezies auf gegenseitiger Abhängigkeit beruht. Prüfen Sie, ob Ihre Art zu helfen auf Selbstvertrauen und Selbstregulation fußt oder auf Autonomie, Resilienz und Mut, von einer Basis »effektiver Abhängigkeit« aus die Welt zu erkunden.

**Orientierung nach innen**
Viele Therapeuten halten es für hilfreich, wenn ihre Klienten die Beweggründe ihrer Emotionen und ihres Verhaltens verstehen. Sie sind davon überzeugt, dass Einsicht zwangsläufig zu Veränderung führt. Das kann für EFT-Neulinge zu einem Hindernis werden. EFT ist keine »Therapie durch Einsicht«. Erfahrungen und interpersonale Prozesse im Hier und Jetzt werden nicht durch Erklärungen vertieft. Im Gegenteil – die Überzeugung, dass Erklärungen und Einsicht zu Veränderung führen, ist eher hinderlich für eine Bindungsorientierung, die den Blick auf das Hier und Jetzt richtet. Kochen Emotionen hoch, ist man schnell – ohne es zu wollen – in der Kindheitsgeschichte eines der Partner. Ab diesem Moment wird das »wahre Problem« in der Biografie des Klienten gesehen und keine Energie mehr darauf verwandt, den negativen Zyklus dieses Paares mit seinen zugrunde liegenden Bindungsängsten und -bedürfnissen herauszuarbeiten.

In der EFT verbindet sich ein experientieller mit einem systemischen Ansatz unter Integration der Bindungstheorie. Das unterscheidet sich radikal von einem psychoanalytischen Vorgehen, bei dem die Bindungstheorie dazu dient, Einsicht zu vermitteln. Für Therapeuten, die sich an der Leitidee der Einsicht orientieren, kann es schwierig sein, sich vorzustellen, auf welche Weise mit Hilfe der Bindungstheorie erfahrbare und erlebbare Veränderungsprozesse in Gang gebracht werden können. Aus einem Paradigma der Einsicht heraus ist es naheliegender, die Bindungstheorie dazu zu nutzen, aktuelle Probleme als Folge der Vergangenheit zu sehen anstatt sie als Medium zu nutzen, um eine systemische Dynamik ineffektiver Muster *zwischen* Partnern zu verstehen. Lassen Sie mich das an einem Beispiel näher erläutern. Ein an Einsicht orientierter Therapeut könnte beispielsweise das Misstrauen eines Partners auf die Erfahrung fehlender Zuverlässigkeit der Mutter beziehen. Daraus ergibt sich wenig Spielraum für Veränderung. Diese Position lädt auch nicht dazu ein, Vertrauen in den Interaktionsprozess des Paares zu haben. EFT-Therapeuten dagegen setzen darauf, einen bindungsbasierten Veränderungsprozess anzustoßen. In der ersten Phase des Therapieprozesses beispielsweise bedeutet dies, durch Nachverfolgen der Positionen und Muster des negativen Zyklus gegenwärtiges emotionales Erleben zu ermöglichen und zu verändern. »Sie haben kein Vertrauen – stattdessen ziehen Sie sich zurück, und je mehr Sie sich zurückziehen, desto mehr Vorwürfe erhebt Ihre Partnerin. Damit sind Sie beide in einer Schleife der Angst und der Einsamkeit gefangen.« An diesem Punkt werden die ersten Schritte des negativen Bindungstanzes sichtbar und die Partner beginnen, Verantwortung zu übernehmen. Die bindungsorientierte EFT stellt die Landkarte für die weitere Reise bereit.

**Pathologisierende klinische Betrachtungsweise**
Die de-pathologisierende Betrachtungsweise der Bindungstheorie in ihre Arbeit zu integrieren, kann für Therapeuten eine wirkliche Herausforderung darstellen. Gerade wenn es einem Partner leichter fällt, sich verbal auszudrücken und sich »therapeutenkonformer« zu verhalten, gerät der andere Partner schnell in die Rolle des Indexklienten. Therapeuten, deren Verstehenszugang zu Paarproblemen implizit darauf beruht, dass einer der beiden Partner dysfunktional, psychisch krank, eingeschränkt oder in anderer Weise wesentlich für das Problem verantwortlich sein muss, sind in Gefahr, die Bindungsperspektive einer Beziehungsproblematik aus dem Auge zu verlieren. Anderen Therapeuten wiederum könnte es schwerfallen, »Störungen« in einem bindungsorientierten Reframing als Ausdruck erschwerter Emotionsregulation zu sehen. Das würde nämlich beispielsweise bedeuten, eine Borderline-Persönlichkeitsstörung als ängstlich-vermeidendes (Johnson, 2009, S. 420) und offenkundigen Narzissmus als vermeidendes Bindungsmuster zu verstehen (Mikulincer u. Shaver, 2016). Auch wenn es so sein kann, dass Partner je nach Situation in unterschiedlichem Maß zu der Beziehungsstörung beitragen, ist die Bindungsperspektive der EFT

nicht damit vereinbar, einen der beiden als »allein für das Problem verantwortlich« zu sehen. Als wirkliches Problem wird stattdessen der sich immer mehr verstärkende negative Zyklus zweier um Regulation ihrer Emotionen kämpfender Partner ausgemacht.

**Berücksichtigung kultureller Besonderheiten**
Manche Therapeuten scheuen vor der Übernahme des Bindungsparadigmas zurück, weil sie befürchten, dass dieses Paradigma kulturelle Besonderheiten ihrer Klienten nicht ausreichend würdigt. Sie sehen die Gefahr, ihren Klienten – möglicherweise im Widerspruch zu deren Kultur stehende – Werte von Intimität und dem Ausdruck von Emotionen überzustülpen. Diesem nicht zu vernachlässigenden Argument ist folgendes entgegenzuhalten: Erstens können wir nur dann behaupten, die Kultur eines Paares zu verstehen, wenn wir das Paar kennengelernt haben. Die EFT begegnet allen Paaren mit einer offenen und interessierten Haltung. Aus einer solchen Haltung heraus sind Therapeuten in der Lage, sich auf die ganz eigene Beziehungskultur eines jeden Paares einzustimmen. »Wenn wir Paaren mit dieser Offenheit begegnen, sprechen wir jedem Paar seine ganz eigene Kultur zu. Diese gilt es kennenzulernen und Interventionen darauf abzustimmen« (Johnson, 2015, S. 101).

Zweitens gibt es einen Grundkonsens über die Universalität von durch Emotionen gesteuerten Bindungsbedürfnissen und -mustern (Mesman et al., 2016). Die EFT baut auf der Grundlage auf, dass »zentrale emotionale Erfahrungen und Bindungsbedürfnisse und -muster universell sind« (Johnson, 2015, S. 101) und zwar über alle spirituellen, religiösen, sexuellen, genderspezifischen Orientierungen sowie sozioökonomischen, kulturellen Variablen und Familienformen hinweg. Der mimische Ausdruck der Kernemotionen ist zwar universell (s. Kap. 5), was sich jedoch sozial geprägt unterscheidet, ist der Grad von Akzeptanz des emotionalen Ausdrucks und die Art und Weise, in der Emotionen reguliert werden (Ekman, 2007). Mit der Bindungstheorie zu arbeiten bedeutet, sowohl die notwendige kulturelle Sensitivität für jedes Paar aufzubringen (s. Josephson, 2003; Zuccarini u. Karos, 2011 zur Sensitivität für sexuelle Identitätsprobleme) als auch offen zu sein für die individuelle Art und Weise des emotionalen Ausdrucks jedes Einzelnen (Liu u. Wittenborn, 2011).

Auf dieser Grundlage kann nicht zuletzt auch die buddhistische Lehre der Nichtverhaftung mit der Bindungsperspektive der Liebe zwischen Erwachsenen in Einklang gebracht werden, denn: Nichtverhaftung ist nicht gleichzusetzen mit ängstlicher bzw. vermeidender Bindung und sie steht auch nicht für mangelnde Verbundenheit bzw. eine grundsätzliche Ablehnung wechselseitiger Abhängigkeit (Sahdra u. Shaver, 2013).

## Das persönliche Erleben von Therapeuten

> »Ein Therapeut, der Paare auf dem Weg zu und während neuer, korrigierender Erfahrungen des Füreinander-da-Seins begleiten möchte, darf keine Angst vor starken Emotionen haben, ja mehr noch: Er muss seinem eigenen emotionalen Erleben trauen. Dies ist nur möglich in einem vertrauensvollen Annehmen und Wertschätzen eigener Bindungsbedürfnisse und -ängste«
> (Johnson, 2011, S. 248).

### Fehlende Vertrautheit mit der sicheren Bindung

Die eigene Biografie kann es Therapeuten schwer machen, das Bindungsparadigma zu verinnerlichen. Möglicherweise haben sie selbst nie eine sichere Bindung in einer intimen Beziehung erlebt und stoßen jetzt auf die EFT. Das Therapieziel einer sicheren Bindung existiert für sie bisher unter Umständen kaum mehr als in der Theorie. Vielleicht kennen sie den Prozess, sich zunehmend verletzlich zu zeigen und Emotionen zu teilen, wie er sich idealerweise in der EFT entwickelt, nicht aus eigener Erfahrung. Sie wissen möglicherweise nicht, wie es sich anfühlt, zu trösten und getröstet zu werden, und dass es dieses wechselseitige Aufeinander-angewiesen-Sein ist, welches Resilienz und Autonomie wachsen lässt. Ihr Ziel war bisher größtmögliche Selbständigkeit und Anerkennung durch Erfolg im Wettbewerb mit anderen. Der Weg zur sicheren Bindung besteht dagegen darin, sich der eigenen Verletzlichkeit in einer vertrauensvollen Beziehung zu stellen, sie mit dem Partner zu teilen, um Unterstützung zu bitten und Unterstützung anzunehmen. Dies einzuüben stellt auch für Therapeuten eine kreative Möglichkeit dar, sichere Bindung von einem Theoriekonstrukt ins persönliche Erleben zu heben.

### Ein ungewohnter Bindungsstil

Manche Therapeuten tun sich mit bestimmten unsicheren Bindungsstilen (ängstlich-verfolgend bzw. vermeidend-sich zurückziehend) schwer – sei es, weil sich diese nicht mit ihrer Vorstellung von Bindung vereinen lassen, sei es, weil ihnen der jeweilige Bindungsstil so fremd ist. In solchen Fällen ist es erfahrungsgemäß nicht einfach, das Bindungsparadigma in die therapeutische Arbeit zu integrieren. Möglicherweise ist die eigene Reaktion auf Bindungsstress dem bewussten Erleben gar nicht zugänglich bzw. die Auseinandersetzung mit anderen Reaktionsweisen auf Bindungsbedrohung steht noch aus. Ein Therapeut beschreibt es folgendermaßen: »Als Verfolger tue ich mich unendlich schwer, in die Welt von Rückzüglern einzutauchen. Ich verstehe einfach nicht, wie sie ticken.« Ein anderer: »In meiner eigenen Beziehung bin ich der Rückzügler und ich ärgere mich richtig über diese unerbittlichen

Verfolger. Am liebsten würde ich sie auffordern, eine ruhigere Tonart anzuschlagen. Die Verfolger ärgern mich, mit den Rückzüglern kann ich mitfühlen. Das hat Einfluss auf die Art und Weise, wie ich beide Partner validiere und die negative Dynamik nachverfolge.« Beide Varianten sind nicht selten und stellen eine Einladung zur Entfaltung des eigenen Erlebens dar. Man kann sie auch als Hürden im Lernprozess der EFT beschreiben. Aber diese Hürden sind nicht unüberwindlich: Selbstreflexion, Supervision und der Mut, sich mit zunehmender Empathie und Neugierde mit anderen zu verbinden, machen sie überwindbar.

**Persönliche emotionale Regulation**
Wie jeder Mensch haben auch Therapeuten ihre je eigene Art, Emotionen zu regulieren und Beziehungen zu anderen zu gestalten. Nicht jeder fühlt sich gleichermaßen wohl mit intensiven Gefühlen. Therapeuten brauchen deshalb ein wachsames Auge für die eigenen Körperreaktionen. Sie sollten wissen, wie sie Emotionen regulieren, ganz besonders, wenn diese vor ihnen – und möglicherweise in ihnen selbst – hochkochen. Ein ängstlicher Verfolger, dem dieses Wissen und diese Fähigkeiten abgehen, könnte sonst nur allzu leicht aus dem Fahrwasser der Bindungsorientierung geraten, wütend werden und sich veranlasst fühlen, den Partner mit der gegenteiligen Perspektive von seiner Sicht zu überzeugen. Und jemand mit einem vermeidenden Bindungsstil könnte sich unter Stress unabsichtlich vom Inhalt des Gesagten oder anderen interessanten Details auf eine falsche Fährte und damit weg von intensiven Emotionen wie Traurigkeit, Schmerz und Angst führen lassen. Je besser Therapeuten intensive Emotionen aushalten können, desto eher wird es ihnen gelingen, beim Erleben der Partner und deren typischem Stresszyklus zu bleiben.

**Mut**
Mitunter ist ziemlich viel Mut erforderlich, um als Therapeut konsequent bindungsorientiert zu arbeiten. Das kann heißen, vorab unausgesprochene Überzeugungen über die menschliche Natur wie »Es geht in der Paartherapie in erster Linie darum, dass sich die Partner mit sich selbst verbinden und lernen, für sich zu sorgen« zu identifizieren und sich von ihnen zu verabschieden zu müssen. Das kann bedeuten, vertraute Wege in der Paartherapie zu verlassen und bereit sein zu müssen, die eigene therapeutische Rolle zu hinterfragen und zu verändern. Aus dem Lehrenden für Konfliktmanagement, demjenigen, der Zusammenhänge mit der Ursprungsfamilie erklärt, wird der Prozessberater. Bindung als Verstehenszugang zu den Bedürfnissen und der Liebe

zwischen Erwachsenen zu internalisieren ist nicht möglich ohne eine radikale Erweiterung bzw. Veränderung des Verstehenszugangs therapeutischer Veränderung. Wer sich aufmacht, diesen neuen und ungewohnten Weg zu gehen, findet sich in guter Gesellschaft wieder: Menschen wie Bowlby, Ainsworth, Shazer, Hazan und Johnson, die sich durch Mut und Offenheit an Herz und Geist auszeichnen.

\* \* \*

In seiner Biografie über Charles Darwin beschreibt Bowlby (1990) diesen Mut, den Mut, eine neue Idee in ein mächtiges, konkurrierendes Umfeld einzubringen und den Gegenwind auszuhalten. Genau diesen Mut, den Darwin aufgebracht hat, brauchen EFT-Therapeuten, wenn sie die Bindungstheorie als Grundlage der Liebe zwischen Erwachsenen verinnerlichen wollen. Bretherton (1992) zufolge könnte Bowlby auch gut von sich selbst geschrieben haben. »Bowlby und Ainsworth fehlte es auch nicht an Mut. Und um das ganze Potenzial der Bindungstheorie auszuschöpfen, sind noch viele solche mutigen Menschen erforderlich, die sich der Aufgabe widmen, die Bindungstheorie zu verfeinern, zu erweitern und das Ergebnis in der Praxis zu überprüfen« (S. 771).

## Fazit

Die Bindungstheorie ist der rote Faden, der Theorie, Forschung und Praxis der EFT verbindet. Als empirisch validierte Theorie der Liebe zwischen Erwachsenen ist sie naturgemäß experientiell und systemisch; experientiell insofern, als sie den Tanz der Dyade im emotionsgetriebenen Spiel im Hier und Jetzt des Sich-Suchens, Sich-Erreichens und Aufeinander-Antwortens in den Mittelpunkt stellt, systemisch aufgrund des Fokus, den sie auf die Dynamik der interaktiven Feedbackschleifen der Partner legt.

Die Bindungstheorie gibt ganz klar das anzusteuernde Ziel in der Paartherapie vor: eine sichere, stabile Bindung auf dem Boden responsiver emotionaler Präsenz. Diese Theorie der erwachsenen Liebe versieht Therapeuten mit einer Art emotionaler Logik oder »Love sense« (Johnson, 2013), d. h. einem Gespür dafür, was sicher gebundene Paare dazu bringt, liebevoll, beschützend, einander umsorgend und freudvoll miteinander umzugehen und immer wieder Erregung und Leidenschaft in Gegenwart des anderen zu erleben. Am anderen Ende des Beziehungsspektrums wiederum – bei unsicher gebundenen Paaren – normalisiert diese Sichtweise Dynamiken, die stark von unerfüllten Bedürfnissen bzw. widersprüchlichen Signalen angetrieben werden und durch immer wieder auflodernde Wut bzw. Mauern des Schweigens gekennzeichnet sind. Der Love sense gibt den negativen Interaktionen, in denen sich verzweifelte Paare immer wieder verheddern, Sinn (Bowlby, 1973).

»Sich ohne Lotsen auf den Weg zu machen«, bedeutet nach Rumi »zweihundert Jahre für eine Reise von zwei Jahren« zu brauchen (Frager, 2012). Mit der Bindungsorientierung als Lotse dagegen wird Liebe zwischen Erwachsenen zu einer sinnvollen und logischen Überlebensstrategie. Gleichzeitig weist uns dieser Lotse in ebenso sinnvollen, logischen und umsetzbaren Schritten den Weg von der Beziehungskrise zu einer unterstützenden und nährenden Bindung des Füreinander-da-Seins.

## Die Schlüsselbestandteile der Veränderung im Überblick

Vertrautheit mit den Gesetzmäßigkeiten menschlicher Liebe und Bindung gibt EFT-Therapeuten eine zuverlässige und handlungsleitende Richtschnur an die Hand, um dauerhaft am aktuellen Veränderungsprozess »dranzubleiben«.
- Menschen sind von Natur aus auf Bindung und Abhängigkeit angelegt. Es ist ein Ausdruck unseres Überlebensinstinkts, in Krisensituationen den Beistand eines emotional bedeutsamen Menschen, einer sicheren Bindungsfigur, zu suchen.
- Sichere Bindung stellt einen sicheren Hafen des Trostes und der Unterstützung dar und dient zugleich als sichere Basis des Entdeckens.
- Emotionen sind von zentraler Bedeutung für sichere Bindungen und steuern Beziehungskrisen. Bindung ist die Theorie der Regulation von Emotionen und Traumata.
- Emotionale Isolation ist traumatisierend. Ausbleibende emotionale Reaktionen eines bedeutsamen Anderen triggern Trennungsangst. Es gibt ein vorhersehbares Verhaltensmuster, wie Menschen sich gegen Bindungsverlust wehren.
- Die Elemente einer sicheren Bindung lassen sich in dem Akronym ARE zusammenfassen: »Are you there for me?« (Bist du für mich da?); dieses Akronym steht für: »Are you *accessible?*« (erreichbar, zugänglich), *responsive* (ansprechbar) und *emotionally engaged* (emotional beteiligt, engagiert).
- Sichere Bindung führt zu positiven Überzeugungen von sich und anderen im Sinne von: »Ich bin liebenswert und liebenswürdig; du bist verlässlich und vertrauenswürdig«. Für diese Überzeugungen prägte Bowlby den Begriff der inneren Arbeitsmodelle.

- Es gibt grundlegende Bindungsstrategien: Die primäre und beste ist die sichere Bindung, die es Menschen erlaubt, aktiv um Trost und Unterstützung zu bitten. Daneben existieren folgende unsichere (reaktive) Bindungstypen:
  - Ängstlicher Bindungstyp: fordernd/drängend – ängstliches Verfolgen mit verzweifeltem Einfordern einer Reaktion
  - Ablehnend-vermeidender Bindungstyp: wegdrehen/abschalten – sämtliche Bindungsbedürfnisse und Emotionen werden deaktiviert; sichtbar in vermeidendem Rückzug, Sich-taub-Stellen, Abschalten und nach außen ein Bild von Pseudounabhängigkeit vermitteln
  - Ängstlich-vermeidender Bindungstyp: beide unsichere Bindungsstrategien wechseln einander ab; häufig bei Traumaüberlebenden; sichtbar in einem Muster von »Komm her, komm her; geh weg!«
- In der erwachsenen Liebe verbinden sich Fürsorge und Sexualität.

# Teil II

## Wenn die Bindungsemotionen Alarm schlagen: Deeskalation negativer Zyklen in Phase 1 der EFT

# Kapitel 4

## Assessment und Aufbau einer Allianz: Bindungserleben in Schritt 1 und 2

»[E]mpathisch reagierende Therapeuten eröffnen einen Raum,
der es ermöglicht, [...] viszerale Erfahrungen tiefer zu
explorieren und sie zu guten Bekannten werden zu lassen«
(Rogers, 1980, S. 158).

»Der Therapeut lässt sich auf das Erleben des Klienten so ein, dass er es
kosten und weiterverarbeiten kann, wobei er sich von seinen eigenen
emotionalen Reaktionen und seiner Empathie in dieses Erleben geleitet
lässt. Die zweite wichtige ›Landkarte‹ ist das Drama, das in den Interaktionspositionen der Partner zum Ausdruck kommt. [...] emotionale
Realitäten gehen häufig mit bestimmten Beziehungspositionen
einher [...], demnach lassen bestimmte Emotionen häufig auf eine
spezifische Einstellung zur Beziehung schließen und umgekehrt das
Vorliegen spezifischer Beziehungspositionen auf bestimmte Emotionen«
(Johnson, 2004, S. 218, dt. Ausgabe S. 204).

Wenn Johnson (2013) der Frage: »Liebe – was ist das eigentlich?« nachgeht, dann gibt sie in ihrer Antwort Fachleuten die erforderliche Klarheit und Genauigkeit, die diese zum Wegbereiter dauerhafter Beziehungsveränderung werden lässt. Erst ein eigener, umfassender Felt Sense des Bindungstanzes der Beziehung und der choreografierenden Macht der Emotionen versetzt Therapeuten in die Lage, die Zusammenarbeit mit Paaren in Phase 1 (Assessment, Aufbau einer Allianz und Deeskalation des negativen Zyklus) effektiv zu gestalten und Emotionen sowohl als Ziel als auch als Motor der Veränderung zu begreifen.

In diesem Kapitel lade ich Sie ein, die Bindungsbrille aufzusetzen und zu erkennen, wie Bindung nicht nur die Allianz, sondern auch den diagnostischen Prozess des Assessments in Schritt 1 und 2 formt und gestaltet.

Das geradezu revolutionär anmutende Wissen von der Liebe zwischen Erwachsenen, über das wir heute verfügen, bestimmt das Vorgehen in den ersten beiden Schritten des EFT-Prozesses – Aufbau einer Allianz und Assessment – und über den gesamten Veränderungsprozess hinweg. Die Überschrift des vorliegenden Kapitels weist bereits auf die hohe Bedeutung hin, die der empathischen Exploration des Erlebens beider Partner im therapeutischen Prozess zukommt und die Therapeuten erst in die Lage versetzt, sich einfühlsam und mit Interesse auf das Bindungsdrama eines jeden Paares einzulassen. Aus diesem einfühlsamen Engagement wächst die sichere Allianz, aus der heraus beurteilt werden kann, inwiefern beide Partner das angestrebte Ziel – die Veränderung ihrer Bindungsbeziehung – verfolgen, und ob es machbar erscheint, in den Sitzungen ausreichend Sicherheit zwischen den krisenhaft verbundenen Partnern herzustellen.

Zum Assessment gehört neben der Identifizierung des negativen Zyklus unsicherer Bindungsmuster die Erfassung der jeweiligen Bindungsposition der Partner – ängstlicher Verfolger bzw. vermeidender Rückzügler – in kritischen und unsicheren Momenten. Für Therapeuten bedeutet das, von Anfang an alle Hinweise auf den die Beziehung dominierenden und bedrohenden negativen Zyklus wahrzunehmen, um das sich wiederholende Interaktionsmuster des Paares als individuelle Variante eines Beziehungstanzes zwischen ängstlicher Verfolgung und vermeidendem (ablehnendem) Rückzug zu verstehen.

Der diagnostische Prozess des Assessments und der Aufbau einer Allianz sind Grundvoraussetzungen für den ersten Veränderungsschritt der EFT, die erfolgreiche Deeskalation, und können als aktive, den gesamten Therapieverlauf durchziehende Prozesse bezeichnet werden. Sie greifen ineinander und formen ein Gerüst der Sicherheit; ein Gerüst, welches das Paar in unterschiedlichen Funktionen über den gesamten Prozess hinweg begleitet.

## Was die EFT-Therapeutin in Schritt 1 und 2 sieht und hört

Mit der Bindungsbrille erschließt sich der Therapeutin der dynamische, von unsicherer Bindung getriebene Tanz eines Paares. Aus dem Paar in der Krise kristallisieren sich zwei Menschen heraus, die trotz bester Absichten zu Gefangenen negativer Interaktionszyklen geworden sind. Aus diesem Blickwinkel werden reaktives Verhalten und hochgradig ausgeprägte emotionale Reaktionen plötzlich verstehbar und legitim.

### Auch Menschen sind bindungsbedürftige Säugetiere

Die Bindungsbrille öffnet den Blick auf zwei unsicher miteinander verbundene Individuen, die alles tun, um sich miteinander sicher zu fühlen. Sie lässt auch erkennen, wie Partner einander trotz bester Absichten ungewollt in ihren unsicheren Bindungserfahrungen antriggern und damit die von Bindungsangst[27] und Angst vor Zurückweisung getriebene negative Feedbackschleife

---

27 Mit »Bindungsangst« beziehen wir uns auf alle auf Bindung bezogenen Ängste inklusive der Angst vor Verlust der Bindung.

missverständlicher Signale in Gang setzen. Diese Sichtweise normalisiert und respektiert sowohl die Suche nach Nähe, erkennbar im wütenden, verzweifelten Einfordern einer Reaktion, als auch die ablehnende und zurückweisende Distanzierung in Momenten der Bindungsbedrohung, wenn Partner keinen anderen Ausweg sehen. Aus der Defizitorientierung, die sich in Begriffen wie »Bedürftigkeit« oder »Probleme mit der Intimität« niederschlägt, wird eine wertschätzende und normalisierende Haltung, in deren Fokus das emotionale Erleben der Partner und deren Bindungsbedürfnisse stehen.

Mit zunehmender Erfahrung registriert Emily, wie sich der Bindungsrahmen auch in ihrem inneren Dialog niederschlägt. Die implizite Frage: »Welche Einschränkungen und diagnostisch relevanten Faktoren nehme ich bei beiden Partnern wahr?« wird durch die Wahrnehmung des Beziehungskontextes ersetzt. Jetzt kann die Suche nach Bindungsinformationen beginnen; eine Suche, die zu ganz anderen Fragen führt. »Wie lassen sich der Konflikt, den ich vor mir sehe, die Depression und die Distanzierung als eine Geschichte von Verlust bzw. Angst vor Verlust beschreiben? Und wie kann ich das sich vor meinen Augen abspielende Drama als Protest gegen den Verlust des wichtigsten Menschen verstehen?«

## Unterschiedliche Bindungsmuster

Aufmerksame Therapeuten nehmen früh erste Anzeichen, sogenannte Marker wahr, die auf die Bindungsmuster ängstlichen Verfolgens bzw. vermeidenden Rückzugs bei wahrgenommener Bindungsbedrohung hindeuten. Genaue Beobachtung lässt die Trigger erkennen, die diese Muster in Gang setzen. Wird beispielsweise der Partner als nicht erreichbar bzw. emotional nicht zugänglich erlebt, triggert dieses Verhalten bei der Partnerin mit hoher Wahrscheinlichkeit harsche Kritik. Bei einem anderen Paar ist damit zu rechnen, dass das Schulterzucken eines Partners getriggert wird durch ein Signal des Gegenübers, unglücklich oder unzufrieden zu sein. Mit dem Erkennen der Bindungsangst, die beiden Mustern zugrunde liegt, öffnet sich Therapeuten eine Tür zu authentischer und bedingungsloser Empathie – Grundvoraussetzungen für das Gelingen von Schritt 1 und 2.

Je nach Bindungsmuster treffen wir auf ganz unterschiedliche Marker. Ein ablehnender, gleichgültiger Tonfall und distanzierende Bemerkungen wie »Ich sehe nicht, wo das Problem ist« oder »Es hat keinen Sinn, weiter mit dir zu reden – ich höre die ganze Zeit nur eine Litanei von Vorwürfen!« weisen auf ein vermeidendes Muster hin. Marker für ein ängstliches Bindungsmuster sind dagegen vorwurfsvolle Beschwerden wie »Warum können wir uns nicht zusammensetzen und uns so unterhalten wie früher?« oder – vorwurfsvoller: »Du zeigst überhaupt keine Gefühle! Du bist kalt wie ein Eisberg!«

**Das Kernproblem: der negative Zyklus**

In Schritt 1 und 2 kristallisiert sich für die Therapeutin das Kernproblem des Paares heraus. Das Kernproblem ist nicht einer der Partner, sondern es ist der sich stetig wiederholende Interaktionszyklus des Paares (eine Endlosschleife). Dabei zeigt sich die grundlegende Dynamik von Paaren in unterschiedlichen Ausdrucksformen: je mehr ein Partner ablehnend, gleichgültig oder sich verteidigend wirkt, desto ängstlicher und verzweifelter kämpft der andere um eine Reaktion, eine Antwort und *umgekehrt* – wie in einer Endlosschleife. Je tiefer Emily in das Verstehen dieser Dynamik eindringt, desto leichter fällt es ihr, das Verhalten der Partner als nachvollziehbare und legitime Reaktion auf die erlebte Bindungsbedrohung in der Beziehung zu verstehen.

> »Die EFT sieht das Paar als System: Was ein Partner tut bzw. sagt, beeinflusst direkt das, was die Partnerin fühlt, tut oder sagt und umgekehrt. Das entspricht dem Gedanken der Zirkularität (Bertalanffy, 1968), dem Herzstück des EFT-Konzepts, das Schwierigkeiten in der Partnerschaft in erster Linie als Ergebnis sich selbst verstärkender Interaktionsmuster versteht« (Greenman u. Johnson, 2013, S. 48 f.).

Jedes Paar, mit dem Emily arbeitet, hat seinen ganz eigenen Zyklus. Bei Kilian und Tanja, gefangen in einem typischen Verfolger-Rückzügler-Zyklus, lässt sich das Muster als Versteckspiel beschreiben: Wenn Tanja Kilian als vermeintlich emotional nicht erreichbar erlebt, versucht sie voller Angst und Wut, ihn zu einer Reaktion zu bewegen. Das wiederum führt bei Kilian zu einer Wand des Schweigens, hinter der er sich verstecken und schützen kann vor dem, was er als Kritik und Forderungen erlebt (s. Emilys Visualisierung des Zyklus in Abbildung 2).

Sophie und Ella dagegen sind in Verfolger-Verfolger-Sequenzen gefangen, die sie selbst als wütenden Sturm bezeichnen. In diesen Sequenzen wird Sophie immer lauter, je größer die Angst vor Verlust und je verzweifelter ihr Wunsch nach Beziehung wird. Das wiederum bringt Ella in eine explosive Verteidigungshaltung – bereit, bei der leisesten Kritik zurückzufeuern, bevor sie gleich danach aus dem Raum stürmt. Jede kritische Bemerkung ihrer Partnerin ist für sie verbunden mit der Annahme, Sophie tief enttäuscht zu haben. Auch wenn der Zyklus von Sophie und Ella zunächst wie ein Angreifer-Angreifer-Zyklus aussieht, erkennt Emily mit der Zeit die Angreiferposition von Sophie und die Rückzüglerposition, die Ella in diesem Zyklus einnimmt.

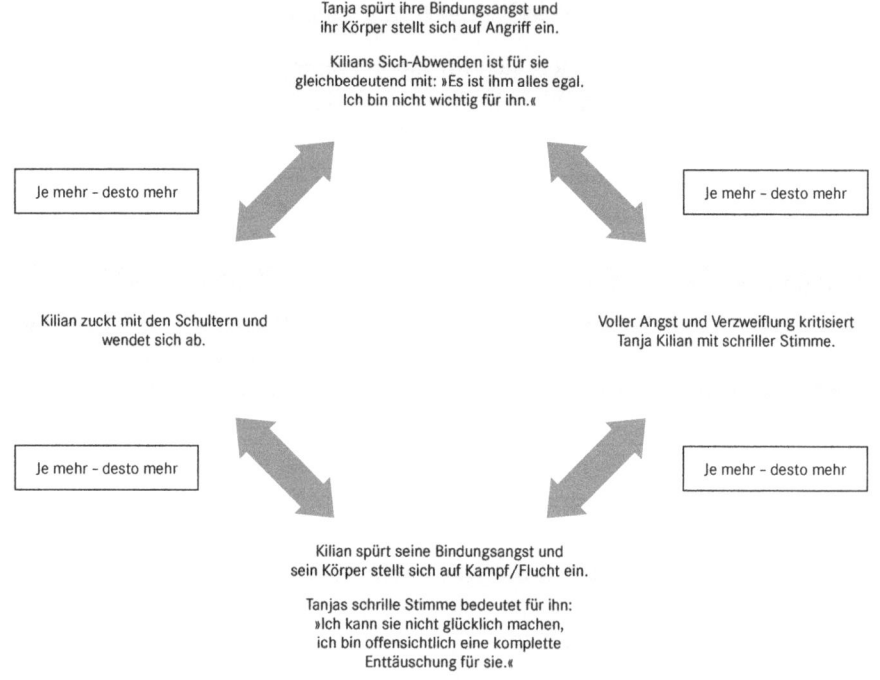

**Abbildung 2:** Visualisierung des Zyklus von Tanja und Kilian (Aufzeichnung der Therapeutin)

Julia und Philipp dagegen sind unglücklich gefangen in einem Zyklus des »gefrorenen Sees«, den Emily beim Blick durch die Bindungsbrille ebenfalls verstehen und nachvollziehen kann. Bei diesem Paar wird für Emily ein Rückzügler-Rückzügler-Zyklus zweier Missbrauchsüberlebender erkennbar. Julia verfügt über feinste Antennen, die sofort einen Alarm auslösen, wenn sich bei Philipp auch nur ansatzweise Ärger oder emotionale Distanzierung zeigt. Dann erstarrt sie aus Angst, mit jeder Bewegung die Distanz zwischen ihnen nur noch weiter zu vergrößern. Philipp spürt Julias Rückzug, findet aber keine Worte für seine Enttäuschung. Stattdessen schlägt er jedes Mal die Hände über dem Kopf zusammen und stürzt sich in seine einsamen Aktivitäten. Beide erleben Nähe als höchst bedrohlich und leben gleichzeitig in der ständigen Angst, den anderen zu verlieren. In ihrem Interaktionszyklus nehmen beide die Rückzüglerposition ein (s. Emilys Visualisierung des Zyklus in Abbildung 3)

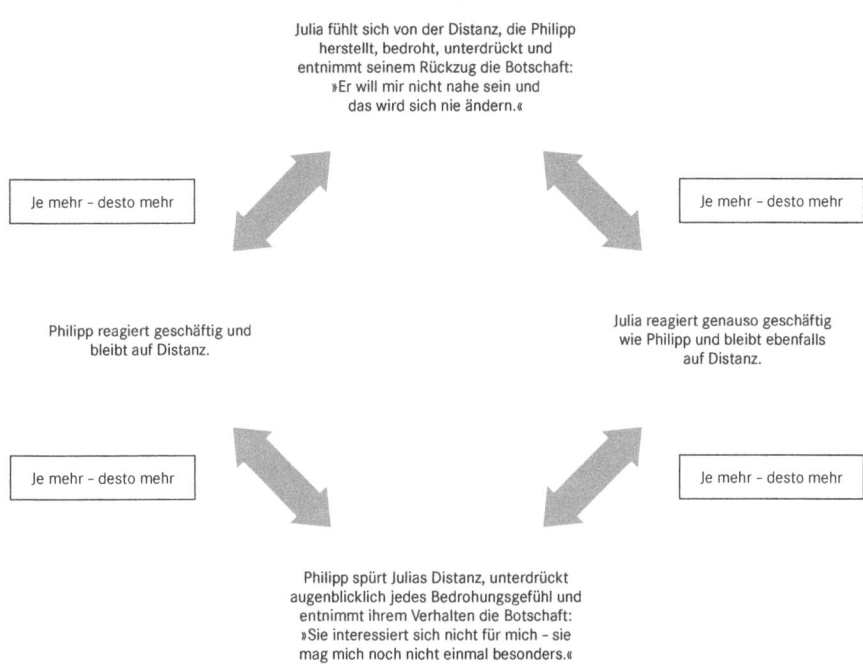

**Abbildung 3:** Visualisierung des Zyklus von Philipp und Julia (Aufzeichnung der Therapeutin)

Zusammenfassend handelt es sich bei dem, was Emily in Schritt 1 und 2 mit Hilfe der Bindungsbrille sieht, um eine unsichere Bindung zweier Partner. In unsicheren Bindungen senden Partner einander unklare Signale, mit denen sie auf ihre Wünsche nach Verbindung und gegenseitiger Unterstützung hinweisen. Diese Signale werden missverstanden als: »Du wirst mich verlassen«, oder »Du wirst mich zurückweisen«. Beide Partner reagieren in selbstschützender Weise – in Form von Verfolgen bzw. Rückzug. Für Emily zeigt sich in diesem Verhalten die Bindungsbedrohung, die beide erleben, ohne sich ihrer eigenen Bindungsbedürfnisse und -ängste und der des Partners wirklich bewusst zu sein. Aus diesem Blickwinkel heraus steht kritisches Verfolgen für das verzweifelte Einfordern einer Reaktion, hinter emotionalem Sich-Verschließen und scheinbarer Gleichgültigkeit verbirgt sich wiederum ein von der Situation überforderter Mensch, dem jede Handlungsstrategie abhandengekommen ist. Schritt 1 und 2 legen den Kern des Paarkonflikts offen: zwei auf Bindung angelegte Wesen, gefangen in einem sich wiederholenden Zyklus, in dem sich negatives Verhalten und die Angst, einander zu verlieren, immer weiter hochschaukeln.

## Was EFT-Therapeutin und Klienten in Schritt 1 und 2 tun

Kennzeichen des therapeutischen Vorgehens in Schritt 1 – Aufbau einer Allianz und Assessment – und Schritt 2 – Identifizierung des negativen Zyklus – ist ein permanenter Wechsel von Führen und Folgen unter Anwendung der Basisinterventionen empathisches Spiegeln, Nachverfolgen (Tracking), Validieren, evokatives Reagieren und gelegentlich dem, was in der EFT als »die Kugel abfangen« bezeichnet wird (nähere Informationen zum Thema Interventionen s. Kap. 2).

Als EFT-Therapeutin sorgen Sie von Anfang an für eine Atmosphäre der Sicherheit, schaffen Sie die Grundlagen für eine konstruktive Zusammenarbeit und leiten Sie den diagnostischen Prozess, das Assessment ein. Charakteristisch für Ihre Tätigkeit ist die enge Einstimmung auf das Paar, denn nur dann kann es gelingen, mit Hilfe der Bindungsbrille das sich vor Ihnen abspielende, von Feindseligkeit und Sich-Verschließen geprägte Drama zu normalisieren und die dahinterstehende Beziehungsaussage zu verstehen. Diese Haltung, die auch die Liebe zwischen Erwachsenen als Bindungsprozess sieht, prägt nicht nur den Aufbau einer Arbeitsallianz, sondern schlägt sich in der gesamten Therapieplanung in einer Weise nieder, die sich mit Rogers Prinzipien der bedingungslosen Akzeptanz und positiven Sicht auf die menschliche Natur deckt. Sie entpathologisiert den diagnostischen Prozess und dient Ihnen durch den gesamten Prozess hindurch als stabiles Fundament, das es Ihnen ermöglicht, einen sicheren Hafen der Unterstützung und eine sichere Basis der Exploration zu errichten – Ausgangsbasis der Exploration und Umstrukturierung der Beziehung. Die Exploration lässt Interaktionsmuster sichtbar werden und legt Bindungsängste und -sehnsüchte offen, die den Worten eines vermeidenden Partners zufolge »bisher unter Verschluss gehalten wurden, um die Beziehung immer auf der Sonnenseite zu halten«. Sich mit zugrunde liegenden Gefühlen zu beschäftigen, sie näher zu erkunden, wird von vielen Partnern als gefährlich erlebt. »Ich habe Angst, ihn abzuschrecken, wenn ich anfange, von meinem Schmerz und meinem Verlust zu erzählen«, sagte eine ängstliche Partnerin – stoisch entschlossen, ihre Verletzlichkeit nicht zu zeigen.

EFT-Therapeuten haben immer ein offenes Ohr für die Bindungsbedeutung, die Partner ihren Vorwürfen und Enttäuschungen zusprechen. Im Prozessablauf sind Schritt 1 und 2 miteinander verwoben. Keiner dieser Schritte ist je ganz abgeschlossen; sie durchziehen den gesamten Therapieprozess, in dem jeder neue Schritt in den sich zunehmend erweiternden Tanz des Paares eingebunden wird. Trotz dieser engen Verbindung zwischen Schritt 1 und 2 hat jeder eine eigene Funktion, weshalb ich sie aus didaktischen Gründen im Folgenden getrennt darstelle.

# Schritt 1: Assessment und Aufbau einer Allianz

## Sicherheit schaffen

In der EFT dient der diagnostische Prozess, das Assessment, dem übergeordneten Ziel, einen sicheren Raum für das Paar zu schaffen und damit die Erfolgsaussichten der Therapie zu verbessern. Johnson und Talitman (1997) zufolge ist es nämlich nicht der Grad der Belastung zu Beginn der Therapie, der etwas über die Erfolgsaussichten sagt; die EFT ist in der Lage, selbst hoch belasteten Paaren zu helfen, ihre Beziehung entscheidend zu verbessern. Es ist von großer Bedeutung, Faktoren und damit Kontraindikationen im Auge zu behalten, die der Schaffung eines sicheren Raums entgegenstehen. Zu diesen Faktoren gehören körperliche Gewalt, Aggression und Einschüchterung, eine noch laufende Affäre und nicht eingestandenes Suchtverhalten.

Aufgabe der EFT-Therapeutin ist es, in jedem Fall konkret zu prüfen, ob ein vorliegender Faktor, beispielsweise körperliche Gewalt, dem therapeutischen Prozess tatsächlich entgegensteht (Simpson, Doss, Wheeler u. Christensen, 2007). Festzuhalten bleibt, dass verleugnete körperliche Gewalt und Einschüchterung, die auch nach Offenlegung nur unzureichend anerkannt werden, als klare Kontraindikationen gelten, da sie nicht mit der für eine Therapie erforderlichen Sicherheit vereinbar sind. Jacobson und Gottman (2007) plädieren allerdings dafür, zwei Gruppen von Gewalttätern zu unterscheiden: die »Pitbulls« und die »Kobras«. Pitbulls erleben die vermeintliche Distanzierung seitens des Partners/der Partnerin als Ängste triggernden Kontrollverlust, dem sie mit verzweifelten und aggressiven Versuchen begegnen, um auf missbräuchliche Weise Kontrolle zu gewinnen. Kobras dagegen zeichnen sich vornehmlich durch kühl kalkulierende Aggression aus. Ihre Form der Kontrolle ist Einschüchterung. Paartherapie mit Kobras ist definitiv unsicher. Zeigt der schädigende Partner dagegen Bedauern und ist die Angst beim gefährdeten Partner kontrollierbar, kann im Einzelfall auch mit Pitbulls ein für die Durchführung einer EFT-Therapie ausreichend sicherer Rahmen geschaffen werden. »Aus Bindungssicht lässt sich (Pitbull-)Gewalt in einer Partnerschaft als übersteigerter Protest gegen fehlende Erreichbarkeit und Responsivität des Partners verstehen« (Mikulincer u. Shaver, 2016, S. 338; Fallbeispiel siehe Brubacher u. Johnson, 2017; Bograd u. Meredos, 1999; Jacobson u. Gottman, 2007).

Ist die Partnerschaft durch eine aktuelle Außenbeziehung bedroht, kann erst nach Beendigung dieser Außenbeziehung ausreichend Sicherheit im Therapieprozess garantiert und die Wiederherstellung einer sicheren Bindung zwischen den Partnern angestrebt werden. Sieht ein Partner den anderen hartnäckig als alleinverantwortlich für die Beziehungskrise an (z. B. indem ihm eine psychische Erkrankung zugeschrieben wird), sollte ebenfalls kritisch geprüft werden, ob ein belastbares Sicherheitsniveau herstellbar ist. Manchmal lässt eine zunehmend belastbarer werdende Allianz mit der Therapeutin Partner allerdings auch ihre anfangs verhärtete Position aufgeben und weicher werden. Aber wie auch immer die Situation beschaffen sein mag – verweigert sich ein Partner hartnäckig der Aufgabe, dem gemeinsamen Zyklus nachzuspüren, ist dies mit der erforderlichen Sicherheit im Prozess nicht vereinbar.

Auch Suchtprozesse wie Alkohol, Drogen, Pornografie oder Glücksspiel können dem Aufbau eines sicheren Rahmens und der Entwicklung gemeinsamer Therapieziele im Weg stehen. Es lohnt sich allerdings, zunächst ergebnisoffen die Auswirkungen des jeweiligen Suchtprozesses auf die Partnerschaft zu explorieren und herauszuarbeiten, ob der Beziehung eine so hohe Priorität zugesprochen wird, dass eine Therapie doch aussichtsreich erscheint. Das gelingt am ehesten in der Frühphase der EFT unter der Voraussetzung, dass der konsumierende Partner seine Sucht offenlegt und seine Bereitschaft bekundet, gezielte Unterstützung anzunehmen. Leugnet hingegen ein Partner den Zusammenhang zwischen Suchterkrankung und Beziehungsstörung, besteht noch die Möglichkeit, in der Nachverfolgung des negativen Zyklus die Rolle und Funktion des Suchtverhaltens innerhalb der Beziehung herauszuarbeiten und sichtbar zu machen, inwiefern Unterstützung und Beruhigung nicht beim Partner gesucht, sondern emotionale Regulation über das Suchtverhalten angestrebt wird. Diese Exploration kann unter Umständen die Motivation wecken, sich auf eine Suchtbehandlung einzulassen oder zu versuchen, das Suchtmuster durch Stärkung der Beziehung in den Hintergrund zu drängen. Es besteht die Möglichkeit, dass in dem Moment, in dem das Paar beginnt, seinen negativen Zyklus zu stoppen und Sicherheit und Vertrauen zu entwickeln, die Bedeutung der Sucht abnimmt und die Partner sich wieder als primäre Quelle der Geborgenheit und Unterstützung erleben (s. Kap. 10).

Neben diesen Störfaktoren gibt es auch in der Therapeutin liegende Faktoren, die die Schaffung einer sicheren Atmosphäre erschweren können, z. B. eine therapeutische »Experten«-Haltung, die der EFT-Haltung des Prozessberaters in einem gemeinsam gestalteten, emotional engagierten Prozess entgegensteht.

## Überprüfen, ob die Anliegen der Partner miteinander kompatibel und zielführend sind

Wohin soll die Reise gehen? Längst nicht immer sind sich Partner in der Beantwortung dieser Frage einig. Umso wichtiger ist eine gemeinsame Ziel- und Anliegenklärung zu Beginn des Prozesses. Sind beide an einer Verbesserung der Beziehung interessiert? Diese Fragen zu beantworten ist manchmal gar nicht so einfach; manche Partner sind sich nicht sicher, wo es hingehen soll, beschreiben gemischte Gefühle. EFT-Therapeuten tun gut daran, sich im Umgang mit Ambiguität (Palmer u. Johnson, 2002) und gemischten Gefühlen zu üben. Seien Sie offen und explorieren Sie genau, ob sich einer der Partner vielleicht schon emotional aus der Beziehung verabschiedet hat oder ob der Ausdruck von Distanz oder Feindseligkeit Teil des negativen Interaktionszyklus ist und beide trotz allem ihre Paarbeziehung verbessern möchten. Ist dem nicht so bzw. steuert einer der Partner offensichtlich auf das Ende der Beziehung hin, verändert sich die Aufgabe der Therapeutin dahingehend, dass sie dem Paar bei der Klärung hilft und es im Trennungsprozess unterstützt.

Besonders schwierig ist die Abwägung der Kompatibilität der Anliegen und die Schaffung eines sicheren Rahmens, wenn Partner in entscheidenden Fragen der Beziehung sehr unterschiedliche Einstellungen haben, die die Aufmerksamkeit der Therapeutin auf die Inhalte lenken. Tristan und Dennis beispielsweise sind beim Thema Polyamorie absolut nicht einer Meinung. Bleibt der Blick der Therapeutin an dieser Unterschiedlichkeit hängen, ist die Gefahr groß, die gemeinsame Ebene mit dem Paar zu verlieren und eine EFT-Therapie aufgrund nicht kompatibler Ziele für nicht durchführbar zu halten. Auch Therapeuten, die in solchen Momenten in alte Muster verfallen und belehren bzw. versuchen, die Probleme des Paares zu lösen, verpassen eine wichtige Chance. Wer dagegen in der Lage ist, mit widersprüchlichen Einstellungen umzugehen, hat die Möglichkeit, zu explorieren, wie sich diese unvereinbar erscheinenden Haltungen auf die Beziehung auswirken. »Können Sie diese Unterschiede miteinander diskutieren? Was schätzen Sie besonders/überhaupt nicht an Polyamorie? Wie sehen Ihre Diskussionen zu diesem Thema aus?« Mit der letzten Frage öffnet sich die Tür zu Schritt 2, dem Assessment des negativen Zyklus. In den Antworten der Partner wird deutlich, ob und gegebenenfalls wie die Diskussion das Gefühl der Sicherheit in der Partnerschaft bedroht. Verschließen sich beide oder nehmen sie unterschiedliche Positionen – fordernd und sich zurückziehend – ein? Sind beide in der Lage, ihre Meinung zu vertreten, ohne sich gegenseitig abzuwerten? Können sie sagen: »Ich will das nicht – aber ich will dich« oder »Mir ist es wichtig und ich weiß, dass ich dich damit verletze – und trotzdem spüre ich, dass ich das brauche«? Solange die Therapeutin den Prozess im Bindungsrahmen hält, trägt eine aufrichtige und offene Exploration zur Sicherheit bei. Der negative Zyklus lässt sich leichter identifizieren und schon die Beschreibung des aufrichtigen Bedürfnisses beider, einander auf neue Weise wahrzunehmen und wahrgenommen zu werden, sät ein Körnchen Hoffnung.

In vielen Fällen wirkt es auf den ersten Blick so, als kreisten die Vorwürfe der Partner um Themen, die nichts miteinander zu tun haben. Das kann es sehr schwer machen, ein für beide passendes Ziel herauszuarbeiten. Eingestimmt in den Bindungskanal hört die Therapeutin aus all den Vorwürfen die gegenwärtige Beziehungsinformation heraus, aus der sie ein gemeinsames, für beide stimmiges Ziel entwickelt (Johnson, 2015). Tanja und Kilian stehen stellvertretend für ein Paar, bei dem die Vorwürfe und Ziele zunächst unvereinbar erscheinen. Tanja ist wütend über Kilians Rückzug, wenn es droht, hitzig zu werden, und Kilian fühlt sich in Diskussionen mit Tanja absolut unwohl. Alles was er tun oder sagen könnte, erscheint ihm zwecklos und nur dazu geeignet, Tanja noch mehr auf die Palme zu bringen, und er erträgt ihre Vorwürfe einfach nicht mehr. Er hasst Diskussionen. Emily hört darunter die Bindungsthemen »Verlass mich nicht« von Tanja und von Kilian »Weis' mich nicht zurück«. An diesem Punkt setzt sie an. »Ich habe den Eindruck, dass Sie sich beide wünschen, Konflikte und Differenzen auf eine Art auszutragen, die Ihnen das Gefühl gibt, angenommen zu werden und füreinander wichtig zu sein. Sie möchten eigentlich auf gute Weise miteinander in Kontakt bleiben« (das beinhaltet den von Tanja vorgetragenen Wunsch, mehr mit Kilian zu reden, und ihre tiefe Sehnsucht danach, ihm wichtig zu sein und nicht verlassen zu werden. Gleichzeitig greift es den von Kilian vorgetragenen Wunsch, »einfach nicht so viel reden zu müssen«, auf und damit sein Bindungsbedürfnis, akzeptiert und gewollt zu sein. In diesem Moment entwickelt sich aus der hinter den Vorwürfen liegenden Beziehungsinformation ein für beide relevantes, die Bindung ins Zentrum rückende Ziel. Dieses für beide stimmige Ziel – sich akzeptiert und füreinander wichtig zu fühlen – wird von der Therapeutin in Worte gefasst. Damit legt sie einen ersten zarten Keim der Bindung in die Erde, sie »sät Bindungssamen«, wie wir in der EFT sagen.

**Einen Therapievertrag schließen**

Kontrakte werden in der EFT informell und mündlich geschlossen. Nichtsdestotrotz haben sie eine hohe Bedeutung, wenn es darum geht, Sicherheit herzustellen und für Klarheit und Transparenz hinsichtlich des Therapieprozesses und der Bereitschaft beider Partner, sich aktiv in den Prozess einzubringen, zu sorgen.

Das möchte ich an zwei Beispielen verdeutlichen:

> »Zu Beginn interessiert mich von Ihnen beiden, zu erfahren, was Sie ursprünglich aneinander anziehend fanden und was dazu geführt hat, dass Sie das Gefühl haben, festzustecken, und sich gerade jetzt um Hilfe bemühen. Alles, was für Ihre Beziehung bedeutsam war und ist, wird hier auf den Tisch kommen. Gemeinsam

### Schritt 1: Assessment und Aufbau einer Allianz

werden wir den negativen Kreislauf herausarbeiten, der einer sicheren Beziehung, nach der Sie sich so sehr sehnen, entgegensteht. Wir werden auch genauer darauf schauen, wie Sie sich gegenseitig triggern und damit immer wieder denselben Automatismus anstoßen – und wir schauen nach den weicheren Gefühlen und verborgenen Wünschen und Bedürfnissen, die sich derzeit noch nicht in Worte fassen lassen. Gemeinsam werden wir daran arbeiten, die Macht des negativen Zyklus zu brechen und einen sicheren Boden zu bereiten, der es Ihnen ermöglicht, Ihre kaum in Worte fassbaren weicheren Gefühle und Bedürfnisse einander mitzuteilen. Wenn Sie diese unausgesprochenen Ängste und Bedürfnisse miteinander teilen, kann die verloren gegangene Liebe zwischen Ihnen wieder spürbarer werden. Es hilft Ihnen, sich gegenseitig zu akzeptieren und Ihren unkontrolliert ablaufenden negativen Zyklus in einen positiven, von Sicherheit, Zufriedenheit und dem Gefühl der Unterstützung geprägten Zyklus zu verwandeln.«

Um den EFT-Prozess plastisch zu beschreiben, nutzt Johnson gern eine Metapher aus dem Tanz:

»Beziehung ist wie ein Tanz – Rhythmus und Grundschritte haben ihre Eigendynamik, die manchmal nicht mehr kontrollierbar ist. In der EFT schauen wir uns den Tanz an, der Sie gefangen hält und immer wieder verletzt und enttäuscht zurücklässt. Wir unterstützen Sie darin, sich aus diesem Negativtanz zu befreien und einen neuen Tanz zu entwickeln; einen Tanz der Sicherheit, Nähe und Zufriedenheit. Wir werden viel über Emotionen sprechen, denn sie sind die Melodie des Tanzes – wir helfen Ihnen, die Signale zu verstehen, mit denen Sie sich möglicherweise gegenseitig auf Abstand halten, und neue emotionale Signale auszusenden; Signale der Nähe, die sich zu einem harmonischen Tanz fügen« (Johnson, mündliche Mitteilung, o. J.).

Ein gelingender therapeutischer Prozess ist darauf angewiesen, dass beide Partner aktiv mit im Boot sind. Entsprechend macht die EFT-Therapeutin unmissverständlich klar, dass Therapie nur möglich und aussichtsreich ist, wenn beide engagiert am Prozess der Umstrukturierung ihrer Beziehung mitarbeiten; d. h. beide müssen bereit sein, den negativen Zyklus zu verabschieden und in einen neuen Zyklus gemeinsamer Sicherheit und Unterstützung zu verwandeln. Das ist ein weiter Weg, und es kann hilfreich sein, Zwischenziele für diesen Prozess zu formulieren (Johnson, 2015). (So kann es beispielsweise sein, dass die Partner in ihrem Wunsch nach Nähe und Verbindung nicht übereinstimmen, dieser Wunsch bei einem der Partner sogar den negativen Zyklus triggert. Sie könnten sich aber vermutlich darauf einigen, sich gegenseitig mehr zu respektieren und füreinander sorgen zu wollen und sich bereit erklären, zu explorieren, wie sie diesen Respekt und die Fürsorge füreinander verloren haben und wiedergewinnen können.)

Aus der Formulierung des Kontrakts muss die gemeinschaftliche Anstrengung und der gemeinschaftliche Prozess erkennbar sein. Denkbar wären z. B. deutliche Worte wie: »Meine Rolle ist die eines Prozessberaters. Das bedeutet, dass ich nicht immer richtigliegen werde. Wenn ich etwas offensichtlich nicht richtig verstanden habe, bitte ich Sie, mich zu korrigieren. Denn Sie sind die Experten Ihrer Beziehung.« Ist der Therapieprozess klar und orientiert sich das als für beide Partner relevante, vereinbarte Ziel an grundlegenden und universellen Bindungsbedürfnissen, bittet die Therapeutin um die Zustimmung beider zur gemeinsamen Arbeit im Therapiesetting.

**Prozess vor Inhalt**

In Schritt 1 und 2 geht es vorrangig darum, Informationen über den Interaktionsprozess des Paares zu gewinnen, Inhalte sind hierbei nachrangig. Anders ausgedrückt, handelt es sich beim Assessment weniger um ein Frage-Antwort-Spiel, sondern um einen Dialog mit dem Ziel, das Erleben beider Partner und ihr Beziehungsverständnis zu erschließen (Schritt 1). Aus diesem Verständnis heraus folgt die Therapeutin sowohl den Interaktionssequenzen, die die Not des Paares immer wieder neu entfachen, als auch allen Ansätzen positiver Interaktionszyklen, in denen es den Partnern gelingt, aufeinander zuzugehen und auf die Wünsche nach Unterstützung und Geborgenheit des anderen einzugehen (Schritt 2). Spiegeln und das Nachverfolgen von Interaktionen haben Vorrang vor Fragen.

Das bedeutet freilich nicht, dass Fragen völlig tabu wären. Insbesondere Fragen nach dem aktuellen Stand der Beziehung, der Beziehungsgeschichte und der über die aktuelle Beziehung hinausgehenden Bindungserfahrungen (frühere Partnerbeziehungen und Bindungsbeziehungen aus der Kindheit) können sich als sehr hilfreich erweisen und ein umfassenderes Verständnis der Beziehungsdynamik ermöglichen. Manche Fragen können Stärken in der Beziehung deutlich werden lassen, z. B.: »Gibt es Zeiten, in denen Sie sich in Auseinandersetzungen vom anderen wahrgenommen fühlen oder in der Lage sind, nach einem Streit wieder zueinander zu kommen?«. Um die Partner den negativen Stresszyklus, der für ihre Beziehung typisch ist, besser erkennen zu lassen, eignen sich Fragen wie: »Was passiert, wenn Sie Meinungsverschiedenheiten haben? Wenn Sie in Streit geraten, wer beginnt dann üblicherweise? Und wer verlässt normalerweise als erster den Raum? Wer geht nach einem Streit am ehesten wieder auf den anderen zu?«

Ein bewährter Einstieg in den therapeutischen Prozess ist die Frage nach den Anfängen der Beziehung. Was fanden beide am jeweils anderen attraktiv?

Was ist passiert, dass sich beide gerade jetzt zu einer Paartherapie entschlossen haben? Was könnten entscheidende Auslöser für die Richtungsänderung der Partnerschaft gewesen sein? Ein kurzer Rückblick auf die Bindungsgeschichte kann den Bindungsrahmen, in dem beide groß geworden sind, deutlich und lebendig werden lassen. Hier ein paar Beispielfragen: »Wer hat Sie getröstet, als Sie ein Kind waren? Zu wem gingen Sie? Wer hat Sie in den Arm genommen, wenn Sie weinten? Welche Modelle des Aufeinander-Zugehens haben Ihnen die Erwachsenen vermittelt, die Ihnen als Kind nahestanden? Konnten Sie in früheren Beziehungen Ihren Partner um Trost bitten? Wenn ja, in welchen? Was bzw. wer spendet Ihnen heute Trost?« Evokative Fragen fordern engagierte und konkrete Antworten heraus. Die Antworten zu validieren und durch Verlangsamung des Prozesses genauer in den Blick zu nehmen, bringt Partner aktiv in den Prozess.

Bei den Antworten der Klienten ist die *Art und Weise,* in der sie antworten, mindestens genauso bedeutsam wie die Antworten selbst. Fühlt sich ein Partner dabei sichtlich unwohl oder erscheint er gleichgültig? Spielt sie die Bedeutung ihrer Antwort herunter? Löst die Frage »Wer hat Sie als Kind getröstet, wenn Sie Angst hatten?« bei ihm eine ängstliche oder verunsicherte Reaktion aus? Die Therapeutin beobachtet und hört genau zu, um auch leiseste Hinweise auf Verbundenheit bzw. Verbindungsabbruch nicht zu verpassen.

Partner sind oft überrascht, zu hören, dass auch Erwachsene legitime und überlebensnotwendige Bedürfnisse nach Trost und Unterstützung haben. Manche empfinden diesen Gedanken als entlastend, für andere ist das Gespräch über das Geben und Annehmen von Trost und Unterstützung eher verunsichernd. Eine gute Vorbereitung zu diesen Gesprächsthemen und Einstimmung auf die Bindungsperspektive stellen Fragebögen zur Bindungsgeschichte jedes Einzelnen dar, die die Partner zuhause ausfüllen und mitbringen. Sie öffnen den Blick auf Bindung als lebenslanges und universelles Bedürfnis (geeignete Fragebögen finden Sie unter: www.SteppingintoEFT.com).

### Einzelsitzungen

In der EFT hat es sich bewährt, nach der ersten oder zweiten Paarsitzung Einzelsitzungen mit den Beteiligten durchzuführen. Diese dienen vorrangig der Stärkung der Allianz mit jedem der Partner und bieten einen geschützten Raum, in dem Wahrnehmungen von sich, dem Partner und der Beziehung im Allgemeinen frei erkundet und formuliert werden können. Die Abwesenheit des Partners bietet zudem die Möglichkeit, Ambivalenzen zu hinterfragen oder Unsicherheiten hinsichtlich der Bereitschaft, in die Beziehung zu investieren, auszudrücken. Hier haben auch Fragen der Sicherheit, Angst vor Einschüchterung, gewalttätigem und misshandelndem Verhalten, die in der Paarsitzung möglicherweise nur versteckt angesprochen oder ganz verschwiegen wurden, ihren Platz. Und schlussendlich bieten diese Sitzungen die Möglichkeit, heimliche Affären oder Suchtverhalten offenzulegen.

Zu Beginn der Einzelsitzungen stellt die EFT-Therapeutin klar, dass es um die Arbeit mit dem Paar als Team geht und sie sich deshalb nicht zur Geheimnisträgerin machen lassen wird. »Wenn Sie mir etwas mitteilen, von dem Sie oder ich denken, es könnte Ihre Partnerschaft bedrohen, dann werde ich Sie ermutigen, dies auch direkt mit Ihrem Partner zu besprechen bzw. ich werde Ihnen anbieten, Sie bei unserer nächsten Sitzung darin zu unterstützen.« Zögernden Partner kann sie verdeutlichen, wie Geheimnisse das Therapieziel untergraben und nochmals den Blick auf die Frage lenken, welche Form von Beziehung dieser Partner sich eigentlich wünscht (s. Leitfaden für Einzelsitzungen unter www.SteppingintoEFT.com).

## Schritt 2: Dem negativen Interaktionszyklus auf der Spur

> »*Um in einen negativen Interaktionszyklus zu geraten, genügt eigentlich eine einzige Sache – man muss einander wichtig sein*«
> (A. Lee, persönliche Mitteilung, 2014).

Eine Reise kann nur dann gelingen, wenn Ausgangs- und Endpunkt der Reise bekannt sind. In der EFT begeben sich Paare auf den Weg zu einer sicheren und zuverlässigen Verbindung, einem harmonischen Tanz des Aufeinander-Zugehens und Aufeinander-Reagierens. Ausgangspunkt ist eine unsichere Bindung, die sie daran hindert, in schwierigen Situationen in klarer und eindeutiger Weise um Unterstützung zu bitten. Stattdessen finden sie sich in einer der typischen Endlosschleifen (Zyklen) wieder, aus der sie keinen Ausweg finden (s. Abbildung 3). Schritt 2 geht der Frage nach, was diesen Zyklus triggert und damit den Weg zueinander verbaut.

### Klassische Negativzyklen

*Verfolger-Rückzügler (Tanja und Kilian):* Bei dieser Zyklusvariante triggert vorwurfsvolles und forderndes Verfolgen einer eher ängstlichen Verfolgerin beim Gegenüber Rückzug und Vermeidung. Rückzug und Vermeidung wiederum triggern noch angespannteres und vorwurfsvolleres Verfolgen. In einem klassischen Verfolger-Rückzügler-Zyklus äußert sich eine solche Verfolgerin (mit ängstlichem Bindungsmuster) beispielsweise mit folgenden Worten: »Auch wenn er zuhause ist, ist er nicht für mich da. Ich kann ihn nie erreichen … er hört mir nie richtig zu.« Der typische Rückzügler (mit vermeidendem Bindungsmuster) antwortet möglicherweise: »Ich wünsche mir nur Ruhe und Frieden, aber sie regt sich immer über irgendetwas auf und ist nie zufrieden.«

*Angriff-Angriffs-Sequenzen (Sophie und Ella):* Was wie ein Angriff-Angriffs-Zyklus aussieht, erweist sich bei näherer Betrachtung meist bei der einen Partnerin als verzweifelte Suche nach Nähe und bei der anderen als defensiver Angriff zum Schutz vor zu viel Nähe, vor Kritik und Forderungen. Auch wenn beide lautstark protestieren, ist vermutlich eine Partnerin von einem eher ängstlichen Bindungsmuster getrieben; Bindungsbedürfnisse äußern sich hochaktiviert und übertrieben in unablässigem Verfolgen. Das kann die eher vermeidende Partnerin aus dem Bedürfnis heraus, sich selbst zu schützen, in ihrer Gegenwehr triggern und dazu bringen, eigene Bindungsbedürfnisse und die des Partners herunterzuspielen bzw. zu ignorieren.

*Rückzug-Rückzug (Philipp und Julia):* Klassischerweise ist einer der vermeidenden Partner etwas weniger vermeidend als der andere. Beide begeben sich in eine Position des Misstrauens und sind davon überzeugt, sich nicht auf den anderen verlassen zu können. Solche Paare streiten selten und sind sich selten nahe. Wird ein wunder Punkt berührt, kann es kurzzeitig zu einer Explosion kommen – als Selbstschutz vor Kritik bzw. Unzufriedenheit des Partners.

*Reaktiver Zyklus:* Verfolger- und Rückzügler-Positionen können sich im Verlauf der Beziehungsgeschichte verändern. Manche Verfolgerin ermüdet nach einer langen Phase des Verfolgens und wechselt ihre Position: Aus der ursprünglichen Verfolgerin wird eine Rückzüglerin, dies wiederum lässt den ehemaligen Rückzügler zum Verfolger werden. Im Nachverfolgen des Zyklus lässt sich bei zunehmender Sicherheit herausarbeiten, ob ein solcher Positionswechsel stattgefunden hat. Dann zeigt sich möglicherweise hinter der aktuellen Rückzüglerin eine ausgebrannte Verfolgerin und hinter dem aktuellen Verfolger ein ehemaliger Rückzügler, der plötzlich Angst hat, die Partnerin zu verlieren (in Johnson et al., 2005, findet sich ein eindrucksvolles Beispiel der Begleitung eines in einem reaktiven Zyklus gefangenen Paares durch sämtliche neun Schritte der EFT hindurch).

*Komplexe Zyklen* sind nicht selten bei Traumaüberlebenden mit hohem Angst- und Vermeidungspegel. Verfolger- und Rückzüglerposition wechseln bei ihnen in rascher Folge. Die Überlebensstrategie des ängstlichen Vermeidens ist gekennzeichnet von der Furcht vor genau der Person, von der am ehesten Trost und Unterstützung erwartet wird. In diesen komplexen Zyklen scheinen die Positionen unvorhersagbar zu wechseln. Bindungsangebote beantworten Verfolger dann mangels einer ausreichenden Vertrauensbasis möglicherweise mit Rückzug. Rückzügler können ängstlich und fordernd werden, wenn die Partnerin nicht reagiert. Mehrschichtige Zyklen und komplexe Sequenzen sind häufig.

In Schritt 2 geht die Therapeutin dem von unsicherer Bindung gesteuerten negativen Tanz (Zyklus) des Paares nach. Sie identifiziert die Positionen der Partner – die der ängstlich um Bindung kämpfenden und Reaktion einfordernden Verfolgerin (z. B. Tanja) und die des sich gegen Kritik verteidigenden und die als bedrohlich oder erstickend empfundene Nähe meidenden Rückzüglers (z. B. Kilian).

Rasch werden dabei die Schritte und Positionen der beiden innerhalb dieses Zyklus deutlich, mit denen sie sich gegenseitig in ihrer Dynamik triggern. Mit ihrem hoch aktivierten Bindungssystem versucht Tanja mit allen Mitteln, Kilian zu einer Reaktion zu bewegen. Explosionsartig überschwemmt sie ihn mit harschen Vorwürfen, dann wieder brechen sich Sturzbäche verzweifelter Tränen Bahn. Kilian reagiert darauf mit seiner deaktivierenden Strategie, verstummt zusehends, was Tanjas Protest noch mehr triggert. Bezugnehmend auf eine Geschichte aus Kilians Kindheit geben die beiden ihrem negativen Zyklus einen Namen: Tango der verschütteten Milch. Je mehr Tanja Kilian auffordert, im Haushalt zu helfen, desto mehr verteidigt er sich ihr gegenüber. Innerlich allerdings verbrennt er fast an dem wieder aufflammenden Schamgefühl des Fünfjährigen, der wegen verschütteter Milch ausgeschimpft wurde. Übel gelaunt zieht er sich dann an den Computer zurück und lässt entgegen vorheriger Versprechungen alles unerledigt stehen und liegen. Daraufhin verschanzt sich Tanja hinter einer Wand von Wut, die sich gegen ihre Einsamkeit und gegen Kilian richtet und zu tagelangem Schweigen führt.

## Den Zyklus nachverfolgen

Aufgabe der EFT-Therapeutin ist es, gemeinsam mit dem Paar die Wiederholungsschleife des Negativzyklus herauszuarbeiten, die den jeweils anderen emotional aus dem Gleichgewicht bringt und direkt in den Zyklus hineinzieht. Hier kann es für die Therapeutin hilfreich sein, sich zu fragen: »Welches Verhalten von Partner A triggert die Reaktion von Partner B und *umgekehrt*?« »Was triggert den Tanz, der beide auseinanderbringt?« Gerade bei Rückzüglern wie Philipp und Julia sind die Trigger unter Umständen kaum wahrnehmbar. Für Philipp ist es möglicherweise Julias besonderer Gesichtsausdruck, wenn sie mit dem Cellospiel beginnt und für Julia reicht vielleicht schon eine Andeutung von Anspannung in Philipps Gesicht, kurz bevor er seinen Kopf in seinen aktuellen Roman steckt.

Das sind Momente, in denen sich die EFT-Therapeutin fragt: »Wie kann ich den Zyklus dieses Paars nachverfolgen und so spiegeln, dass die wiederkehrenden Interaktionsschleifen klar erkennbar werden?« Bevor sie dem Paar seine Dynamik spiegelt, spürt sie in solch verunsichernden Momenten zunächst ihrem Felt Sense nach, um sich in die Bindungssehnsüchte und -bedürfnisse des Paares einzufühlen; Sehnsüchte und Bedürfnisse, von denen sich die Partner unweigerlich in ihre drastischen Verhaltensmuster ziehen lassen. Dazu gehört wesentlich auch die Einstimmung in die subjektive Wahrnehmung und Bedeutung, die dem Verhalten des jeweils anderen zugesprochen wird.

Aus dieser Resonanz heraus könnte Emily beispielsweise folgende Gedanken entwickeln: »Philipp, je mehr Sie erleben, dass Julia beschäftigt ist und ganz in ihrer Musik aufgeht, desto mehr denken Sie ›Sie hat ja sowieso keine Zeit für mich‹ (seine Wahrnehmung bzw. die Bindungsbedeutung) und Sie verkriechen sich noch mehr in Ihr Buch. Und Sie, Julia, lässt bereits die leiseste Anspannung in Philipps Gesicht innerlich erstarren und Sie sagen sich: ›Schon wieder mache ich ihn unglücklich; eines Tages wird er die Nase voll haben und gehen‹ (ihre bindungsrelevante Wahrnehmung) und ziehen sich noch weiter in Ihre Musik zurück. Sie fühlen sich beide in Ihrer Beziehung oft allein und haben große Angst, sich ganz zu verlieren bzw. nicht mehr wichtig füreinander zu sein. Das wiederum halten Sie nur aus, indem Sie Ihre Ängste zur Seite schieben und sich um sich selbst kümmern. Sie sind in einem Muster der Einsamkeit gefangen; immer, wenn es gefährlich oder schwierig wird, entfernen Sie sich voneinander – habe ich das richtig verstanden?« Nach einer solchen Beschreibung ihres negativen Tanzes ist es wichtig, den Partnern Zeit zu geben, um den detaillierten Erklärungsversuch der Therapeutin zu bestätigen oder richtig zu stellen.

## Positionen identifizieren

Der Prozess der Zyklusnachverfolgung ist für Therapeuten damit gekoppelt, dass sie versuchen, die Positionen der Partner – Verfolger oder Rückzügler – zu identifizieren (s. Kasten »Rückzügler- bzw. Verfolgerpositionen identifizieren«). Aus Angst, den anderen zu verlieren bzw. verlassen zu werden, neigen Verfolger in Momenten der Bindungsbedrohung zu Kritik am Partner. Dann fallen Sätze wie »Er ist nie für mich da, wenn ich ihn brauche« oder »Ich bin mir nie sicher, ob sie mir wirklich nahe sein will«. Rückzügler dagegen neigen dazu, sich zu verschließen und sich in Flucht- oder Erstarrungsreaktionen zu retten. Ihre größte Angst ist es, zurückgewiesen bzw. für nicht existent erklärt zu werden, verbunden mit dem Gefühl, den Partner zu enttäuschen. »Egal was ich tue, nie ist es schnell genug oder gut genug.« »Ich wünsche mir einfach ein Leben ohne diese schwierigen Gespräche, bei denen ich jedes Mal den Eindruck habe, er will mich ändern.«

### Rückzügler- bzw. Verfolgerpositionen identifizieren

Um Bindungspositionen des Rückzugs bzw. des Verfolgens zu identifizieren, geht die EFT-Therapeutin folgenden Fragen nach:
1. Wessen Tanzschritte verfolgen von einer ängstlichen Position aus das Ziel, größere emotionale Nähe herzustellen; und wessen Tanzschritte gehen in die Rückzugsposition, um Konflikte, Unzufriedenheit oder Veränderungsdruck zu vermeiden?
2. Was sagt der negative Tanz über die Bindung dieses Paares aus? Manche Äußerungen bestechen durch ihren Inhalt; erst die Bedeutung, die für die Partner mit den präsentierten Problemen verbunden ist, lässt erkennen, dass es letztlich immer um Bindung geht. Eine häufig vorkommende Zuschreibung ist beispielsweise das Gefühl, nicht wichtig oder nicht bedeutsam zu sein, das Gefühl, den anderen zu verlieren, verlassen zu werden oder sich abgelehnt zu fühlen.
3. Liegt ein klarer Verfolger-Rückzügler-Zyklus vor? Wenn sich der Verfolger-Rückzügler-Zyklus um Sex dreht, habe ich dann genau gehört und verstanden, wofür der sehnliche Wunsch nach Sex steht? Hinter dem Drängen auf mehr Sex versteckt sich bei Männern häufig eine Rückzüglerposition, in der körperliche/sexuelle Befriedigung die einzig aushaltbare Form von Intimität darstellt (Johnson et al., 2005).

Sind die Positionen beim Thema Sex die gleichen wie in anderen Bereichen der Beziehung oder nicht?
4. Welche Positionen verstecken sich hinter einer Angreifer-Angreifer-Sequenz? Wenn das Paar anstelle eines klaren Verfolger-Rückzügler-Zyklus Angreifer-Angreifer-Sequenzen zeigt, lohnt es sich, genauer hinzusehen: Zeigen sich dahinter verborgene Marker einer eher ängstlichen Verfolgerin und eines eher vermeidenden Rückzüglers? Wer von beiden kritisiert möglicherweise ganz subtil, um mehr Präsenz des Partners einzufordern (Marker für ängstliche Verfolger)? Und wer holt zum Gegenangriff aus, um sich vor nicht erfüllbaren Forderungen zu schützen (Marker für vermeidende Rückzügler)?
5. Wie lauten die emotionalen Schlüsselbegriffe? Sich in die emotionalen Realitäten der Partner einzufühlen, macht es leichter, Positionen und Zyklen zu identifizieren. Verfolger zeigen üblicherweise Ärger und Erschöpfung. Dahinter steckt ihre Angst, verlassen zu werden, nicht wichtig zu sein oder dass es niemanden geben könnte, der für sie da ist. Rückzügler dagegen bringen aus einer defensiven Haltung heraus Frustration oder ein Gefühl der Aussichtslosigkeit der Situation zum Ausdruck, indem sie beispielsweise die Hände über dem Kopf zusammenschlagen. Ihre Emotionen werden nur in Spuren sichtbar, da sie gelernt haben, Emotionen zu unterdrücken und sich unempfindlich zu machen. Wenn sie ihr Leben beschreiben, dann taucht oft das Bild des Gehens über Landminen auf. Nie scheint etwas gut genug zu sein. Was beide Positionen eint, ist reaktiver Ärger und Frustration.

Die Identifizierung der Positionen stellt Therapeuten bei der Arbeit mit Traumaüberlebenden regelmäßig vor besondere Herausforderungen. So zeigen beispielsweise Philipp und Julia meist eine Kombination ängstlicher und vermeidender Muster, auch ängstliche Vermeidung genannt (ausführliche Beschreibung s. Kap. 3). Bei diesen beiden ist Emily zunächst ratlos, wer eigentlich eher ängstlicher Verfolger und wer eher vermeidender Rückzügler ist. Die Dynamik scheint am ehesten zu einem Rückzug-Rückzugs-Muster zu passen. Im Gespräch geben sich beide nach außen hin optimistisch und beschreiben lebhaft, wie gut es in ihrer Beziehung läuft. Auf Emily wirkt das wie eine schöngefärbte Variante eines Zyklus von Erstarren und Fliehen, wie Johnson (2008) ihn in »Hold Me Tight« beschreibt.
  Gleichzeitig gibt es Momente, die bei Philipp innerhalb von Sekundenbruchteilen ungeduldige Reaktionen triggern. Deutet Julia auch nur den lei-

sesten Schmerz an, unterbricht er sie sofort und verweist darauf, wie gut bisher alles gelaufen und dass es doch gar nicht mehr so schlimm sei. Und kaum zögert Julia beim Sprechen, unterbricht er sie ebenfalls und verweist vehement darauf, dass er nicht vorhat, sie zu verlassen und ihre Zaghaftigkeit und ihren Rückzug als frustrierend erlebt. Für Emily macht dieses chaotische Fluktuieren zwischen Verfolgen und Rückzug Sinn, wenn sie die erheblichen Kindheitstraumata beider – körperlicher und sexueller Missbrauch, in beiden Fällen Vernachlässigung durch alkoholkranke Eltern – in Betracht zieht. Das hilft ihr, sich ihre Offenheit und ihr Interesse zu bewahren und sich auf die Nuance eines jeden Moments einzustimmen.

### Schritt für Schritt: Nachverfolgen (Tracking) des negativen Zyklus

Nach diesem Überblick zu Schritt 2 – dem Nachverfolgen des Zyklus und der Identifizierung der Positionen – breche ich den Prozess jetzt auf seine Einzelschritte herunter, um ihn leichter nachvollziehbar und für Neulinge in der EFT besser umsetzbar zu machen (Johnson u. Brubacher, 2016a).
- Unterstützen Sie beide Partner darin, den Trigger (Schlüsselreiz) zu entdecken, der ihren Einstieg in den Zyklus triggert (z. B. ihr Tonfall; der Moment, in dem er sich abwendet).
- Unterstützen Sie beide Partner darin, ihr typisches Reaktionsmuster zu erkennen und in einem Enactment Verantwortung dafür zu übernehmen. Das kann sich ausdrücken in Sätzen wie »Ich schlage wild um mich« oder »Ich schließe dich aus«.
- Nutzen Sie den Bindungsrahmen, um das Gehörte zu normalisieren, indem Sie die Verknüpfung zwischen Trigger (Schlüsselreiz) und automatischer Reaktion validieren: »Es ergibt Sinn, dass Sie wild um sich schlagen, wenn *sich der Mensch, der Ihnen am wichtigsten ist,* von Ihnen *zurückzieht* oder dass Sie auf Abstand gehen, wenn Sie sich *vom wichtigsten Menschen in Ihrem Leben angegriffen* fühlen« (Bindungselemente kursiv).
- Verdeutlichen Sie die dem Verhalten des Partners zugeschriebene Bindungsbedeutung. Helfen Sie, den Partnern zu beschreiben, wie sie das Verhalten des anderen erleben bzw. interpretieren. Damit tragen Sie zur Klärung der automatisch zugeschriebenen Bindungsbedeutung und des Selbst- und Fremdbildes bei.

**Beispiel 1**

THERAPEUTIN ZU TANJA: Was bedeutet es für Sie, Tanja, wenn Kilian seine Versprechen nicht einhält? (Evozieren der Bindungsbedeutung von Kilians Verhalten)
TANJA: Dass ich ihm egal bin.

**Beispiel 2**
THERAPEUTIN ZU KILIAN: Wie erklären Sie sich Tanjas heftige Ausbrüche und ihr anschließendes Schweigen?
KILIAN: Ich werde es ihr nie recht machen. Es ist nur eine Frage der Zeit, bis sie mich verlassen wird.

- Validieren Sie die Verknüpfung zwischen dem Trigger, der Bedeutung, die dem Trigger zugeschrieben wird und den damit verbunden reaktiven Gefühlen und Verhaltensweisen.
  *Therapeutin:* Wenn Kilian seine Versprechen nicht einhält [Trigger], dann sagen Sie sich, dass er damit ausdrücken will, dass Sie ihm egal sind [zugesprochene Bedeutung – aus Bindungssicht]. Und wenn er mit den Schultern zuckt und sich wegdreht [ein weiterer Trigger], dann frustriert Sie das unendlich [reaktive Emotion] und Sie zahlen es ihm heim [reaktives Verhalten].
- Wenn nötig, fangen Sie die Kugel ab (indem Sie Aggression als unausgesprochenes Problem, Schmerz etc. reframen).

**Beispiel 1**
Wenn Tanja schreit »Du könntest auch tot sein, so wenig kümmerst du dich um mich!«, dann fängt die Therapeutin die Kugel ab. »Wenn Sie überhaupt keinen Weg mehr finden, ihn zu erreichen, dann geschieht es leicht, dass Sie laut werden, um vielleicht doch noch zu ihm durchzudringen. Ist das so?«

**Beispiel 2**
Wenn Kilian in seinem Sessel zusammensinkt und vor sich hin murmelt: »Es hat überhaupt keinen Wert, ihr zuzuhören«, dann fängt die Therapeutin ebenfalls die Kugel ab. »Ich frage mich, ob es einfach zu schmerzhaft ist, zu hören, dass Sie Tanja schon wieder im Stich gelassen haben. Und dann schalten Sie einfach ab, oder?«

## Einstieg in die Bindungssprache in Schritt 2

Um die Grundschritte des negativen Beziehungstanzes des Verfolger-Rückzügler-Paars Kilian und Tanja in den Bindungsrahmen zu stellen, könnte Emily sagen: »Je mehr Tanja aufdreht, desto weiter zieht sich Kilian zurück. Beide sind in ihrem Schmerz und ihrer Isolation gefangen.« Bei Philipp und Julia, dem Rückzügler-Rückzügler-Paar, könnte eine erste Beschreibung ihrer Endlosschleife lauten: »Je weiter sich Julia entfernt und zeigt, dass sie unglücklich ist [*wegen mir*, denkt Philipp], desto mehr zieht sich Philipp zurück und beschäftigt sich anderweitig [um den Schmerz der Ablehnung zu betäuben]; beide sind gefangen in ihrem Schmerz und ihrer Isolation.«

Sophie und Ella, dem im Vergleich zu Philipp und Julia sprunghafteren, in einem hitzigen Angriffs-Angriffs-Drama gefangenen Paar, könnte Emily folgende Reflexion anbieten: »Sophie, je mehr Sie sich über Ellas Distanz beklagen und versuchen, Sie zu sich zu ziehen, desto mehr hören Sie, Ella, Sophies Enttäuschung heraus, schreien sie an und stoßen sie wütend zurück. Wenn sich Ella dann verschließt, reagieren Sie, Sophie, verzweifelt und aggressiv. Darunter aber fühlen Sie sich einsam und haben Angst, sie jeden Moment zu verlieren und Sie, Ella, haben Angst, nicht wirklich geliebt und akzeptiert zu werden. Wenn dieser Zyklus die Macht übernimmt, hält er Sie beide in Schmerz und Einsamkeit gefangen.«

## Wie die EFT-Therapeutin Schritt 1 und 2 umsetzt

Ob es gelingt, Schritt 1 und 2 zu einer für Klienten emotional aktivierenden gemeinsamen Erfahrung in der Gegenwart werden zu lassen, oder es bei einem rein theoretischen Verständnis ohne dauerhafte Auswirkungen bleibt, liegt ganz entscheidend an Ihrem Vorgehen als Therapeutin. Die Art und Weise, wie Assessmentfragen gestellt und beantwortet werden, entscheidet zudem wesentlich darüber, ob beziehungsweise in welchem Maße es gelingt, die Sicherheit in der gemeinsamen Allianz wachsen zu lassen. Rogers gibt uns mit seiner Haltung empathischen Verständnisses, bedingungsloser Akzeptanz und echtem Kontakt (Bowlby, 1988; Rogers, 1980) einen zuverlässigen und praktischen Leitfaden für die Arbeit im Hier und Jetzt an die Hand. An diesem Leitfaden sollten sich alle Interventionen von Schritt 1 und 2 ausrichten, sei es empathisches Spiegeln und Nachverfolgen, Validieren, evokative Fragen, Bindungsreframing, die Kugel abfangen oder die Gestaltung von Enactments. Diese Haltung zeigt große Parallelen zu einfühlsamen und emotional engagierten Interaktionen in sicheren Eltern-Kind-Beziehungen. EFT-Therapeuten leben diese Haltung, sind in empathischer Resonanz mit sich und ihren Klienten, bewegen sich im Hier und Jetzt und stellen sich der den gesamten Prozess durchziehenden Herausforderung, eine therapeutische Allianz zu gestalten.

### Einfühlsame, engagierte Präsenz

Therapeuten, denen es gelingt, eine Allianz aufzubauen, die Paaren zum sicheren Hafen und zur sicheren Basis wird, zeichnen sich durch drei entscheidende Faktoren aus: hohe Präsenz, gute Einstimmung auf das Paar und hohe Respon-

sivität. Hohe Präsenz lässt sich entwickeln; eine gute Hilfestellung bietet das Akronym NACC (Johnson, 2014):
Now and immediate = jetzt und sofort
Alive, vivid, fully felt = lebendig, anschaulich, mit allen Sinnen
Concrete, tangible, specific = konkret, fassbar, präzise
in the attachment Channel = im Bindungskanal

Gelingt es Ihnen als Therapeutin, auch flüchtige Momente emotionalen Erlebens ihrer Klienten festzuhalten, dort zu verweilen und das Erleben mit allen Sinnen lebendig werden zu lassen – durch Berühren, Schmecken, Spüren und Fühlen von beziehungsweise Interaktion mit diesem Erleben – dann erleichtern Sie es Ihren Klienten, Erleben nicht nur in Worte zu fassen, sondern sich vollumfänglich darauf einzulassen.

Die Fähigkeit zu empathischer Reaktion erwächst aus der Resonanz mit dem Erleben anderer. Die Fähigkeit von Therapeuten, sich in Momenten, in denen ein Thema an die Oberfläche gelangt, präsent und engagiert mit ihrem Felt Sense des Klientenerlebens zu verbinden, steht in direkter Korrelation zu ihrer Fähigkeit, ihren Klienten ein Gefühl von Sicherheit zu vermitteln (Geller u. Porges, 2014). Mein Freund und Kollege, der EFT-Trainer Kenny Sanderfer, ist nicht nur Therapeut, sondern darüber hinaus auch als »Pferdeflüsterer« tätig. Er arbeitet mit scheuen, verängstigten und traumatisierten Pferden, die jedes Vertrauen in Menschen verloren haben. Er hilft ihnen, wieder Vertrauen zu entwickeln, indem er geduldig und empathisch mit ihnen spricht und seine eigene limbische, d. h. emotionale Resonanz[28] aktiviert – und damit genau die Schlüsselelemente anwendet, die er auch als Lehrender angehenden EFT-Therapeuten vermittelt.

Anatomische Grundlage engagierter Resonanz zum Erleben der Partner sind die Spiegelneuronen, mit denen uns die Natur ausgestattet hat. Sie ermöglichen es uns, automatisch (unbewusst) Haltung, Bewegungsabläufe und die emotionale Verfassung unserer Mitmenschen zu verinnerlichen (Gallese, 2001).

»Wir verfügen über die Fähigkeit, die Absichten anderer zu erkennen und ihr Empfinden körperlich in uns zu erleben. Das ist keine Hexerei, sondern geschieht, indem wir ihren Gesichtsausdruck, ihre Bewegung und ihre Körperhaltung registrieren, ihren Tonfall hören und den unmittelbaren

---

28 Limbische Resonanz bezeichnet die im limbischen System, dem emotionalen Gehirn, angesiedelte Fähigkeit zur Empathie, sich in das emotionale Erleben eines anderen Menschen einzufühlen.

Kontext ihres Verhaltens wahrnehmen. Wir sind ziemlich gut in diesem ›Gedankenlesen‹, auch wenn es nicht schadet, unsere Intuition gelegentlich zu überprüfen und nachzujustieren« (Stern, 2004, S. 76).

Wenn wir in der spiegelnden Rückmeldung unsere Wahrnehmung überprüfen, gelangen wir zur Essenz dessen, was Rogers als empathisches Spiegeln bezeichnet. Er erklärte, dass er *nicht* versuche, »Gefühle zu spiegeln«, sondern sein Verständnis der inneren Welt seiner Klienten mit deren gegenwärtigem Erleben abzugleichen (1986). So tief in das individuelle Erleben von Partnern einzutauchen und ihre innere Welt kennenzulernen (Rogers, 1961), birgt für Therapeuten allerdings das Risiko, die eigene emotionale Balance zu verlieren. Um das zu verhindern, sollten Sie darauf achten, immer mit einem Bein auf festem Boden zu stehen; einem festen Boden, wie ihn die EFT mit ihrem bindungsbasierten Ansatz bereithält. Vertrauen in das Modell und das Verstehen der Bindungsbedeutung extremer Gefühle wie heftigem Schmerz, Wut oder Scham geben Sicherheit und ermöglichen es Ihnen, das Erleben Ihrer Klienten zu teilen, ohne von der Intensität dieses Erlebens überwältigt zu werden.

Erleben Sie beispielsweise nicht enden wollende Vorwürfe einem Partner gegenüber, dann kann Sie das leicht aus der Fassung bringen und verunsichern. Mit festem Boden unter den Füßen können Sie Ihre Verunsicherung dagegen jederzeit wahrnehmen und als Einladung verstehen, die Bindungsbrille wieder aufzusetzen. Therapeuten mit einem tiefen Verständnis der Prozesse erwachsener Liebe sind in der Lage, sich empathisch in die Welt ihrer Klienten zu begeben und ein »Gespür« für den bedrohlichen Ort zu entwickeln, dem Wut und Vorwürfe entspringen. Dann wird deutlich, dass sich in der Intensität der Wut die Tiefe der Trennungsangst spiegelt. Intellektuell zu verstehen, dass hinter Rationalisierungen, feindseligen Forderungen, Kritik und eiskalter Ablehnung in erster Linie letztlich die ungeheure Trennungsangst der Partner steht, hilft Ihnen als Therapeutin, sich im Zweifelsfall wieder zu beruhigen und weiter an der Allianz zu arbeiten. EFT-Therapeuten verstehen eine Bedrohung der Allianz als Aufforderung, sich ganz besonders auf ihre Präsenz zu fokussieren, gut mit sich in Kontakt zu sein, und bereiten sich darauf vor, auftretende Brüche in der Allianz schnellstmöglich wieder zu kitten (zum Verständnis des Felt Sense als Ressource s. Kap. 9). Als Therapeutin in gutem Kontakt mit sich zu sein, kann helfen, Brüche in der Allianz gar nicht erst entstehen zu lassen. Wenn Ella beispielsweise sagt: »Ich will überhaupt keine Therapie. Das kostet doch ein Vermögen! Ich mache es nur ihr zuliebe und hoffe, dass wir mit ein paar Sitzungen auskommen,« dann sträuben sich bei Emily die Nackenhaare. Ein Teil von ihr würde Ella am liebsten das Etikett »kein Interesse an der Beziehung« aufdrücken, ein anderer Teil aber erkennt ihre eigene Reaktivität auf unwillige Klienten. Deshalb beschließt sie, das Ganze in einem Bindungsrahmen zu reframen. Dieser Rahmen ermöglicht es ihr, Akzeptanz und Wärme zu vermitteln und das Samenkorn der Sicherheit und Hoffnung wertzuschätzen, das in Ellas schnoddriger Bemerkung aufblitzt. »Hmm, ich habe den Eindruck, dass Ihnen Sophie sehr wichtig ist, wenn Sie sogar bereit sind, die Therapie nur ›ihretwegen‹ mitzumachen; und das obwohl Sie das Ganze so mühsam und auch noch teuer finden!«

Ella wird weicher. »Ja, sie ist mir wichtig. Ich weiß, ich habe ihr ganz schön weh getan, als ich diesen neuen Job annahm, ich weiß.« Sophie wirkt erleichtert. »Das ist das erste Mal, dass sie zugegeben hat, dass sie mir wehgetan hat!«

Das Bindungsreframing beruhigt auch Emily; nach einem vorübergehenden Bedrohungsgefühl hat sie wieder auf den festen Boden der Empathie Ella und Sophie gegenüber zurückgefunden. Das Gefühl der Voreingenommenheit Ella gegenüber lässt nach und ihre Hoffnung für die gemeinsame Arbeit wächst. Vor sich sieht sie jetzt zwei Menschen, die sich Emilys Gefühl zufolge in einer Art Überlebenskampf verfangen haben. Für einen kurzen Moment war die Allianz bedroht, jetzt ist sie wieder sicher.

## Ganz im Hier und Jetzt

Eine therapeutische Haltung engagierter Empathie, die es ermöglicht, das Fühlen eines anderen Menschen zu *erleben,* seine emotionale Realität zu erspüren, kann auch als Ausdruck der Nähe bzw. Distanz zum aktuellen Geschehen bezeichnet werden. Man kann eine distanzierte Position durch Verweis auf Vergangenes oder durch intellektuelle Analysen einnehmen, aber man kann sich auch »dem Hier und Jetzt und der aktuellen Realität nähern« (Stern, 2004, S. 211). Die EFT als experientielle Therapie stellt das emotionale Erleben in den Mittelpunkt, d. h. von EFT-Therapeuten wird erwartet, sich voll und ganz auf das eigene und das gegenwärtige Erleben ihrer Klienten einzulassen. Diese Form und Haltung der Zusammenarbeit erleichtert es den Klienten, sich ihres *inneren* Erlebens, aber auch ihres *Beziehungserlebens* bewusst zu werden. Therapeuten wiederum hilft sie, einzuschätzen, ob sich ihre Klienten noch auf einer niedrigen Stufe des Selbsterlebens befinden, wo sie aus einer distanzierten Haltung heraus über Ereignisse, Gedanken etc. sprechen, oder sich auf der Skala des Selbsterlebens bereits auf den für die therapeutische Arbeit erforderlichen zunehmend höheren Stufen der Exploration des inneren Erlebens befinden; Stufen, auf denen bisher unausgesprochene Gefühle und Bedeutungszuschreibungen an die Oberfläche kommen, gefiltert und in die Exploration einbezogen werden können (Klein et al., 1969).

Seit geraumer Zeit achtet Emily verstärkt auf nonverbale Marker inneren Erlebens ihrer Klienten – minimale Veränderungen der Mimik, Seufzer, Veränderungen in Körperhaltung und Tonfall – und stimmt sich mit deren Hilfe ins emotionale Erleben ihrer Klienten ein. Sie ist ganz begeistert, als es ihr erstmalig gelingt, innerlich in Resonanz mit einem Teil von Tanjas Bindungsangst zu sein; einer Angst, die sich bei Tanja jedes Mal breitmacht, wenn Kilian mit den Achseln zuckt und mit gesenktem Kopf zur Seite schaut. Und wenn Sophie in ihrer rationalen Art mit lauter Stimme verkündet: »Ich bin mir nicht sicher, ob sie jemals der Mensch sein kann, den ich brauche«, kann Emily mit einem Teil von Ellas Bindungspanik in Resonanz gehen. EFT-Therapeuten sind erst dann zufrieden, wenn es ihnen gelingt, einen Felt Sense sowohl des ängstlich verfolgenden als auch des vermeidenden/sich zurückziehenden Partners zu entwickeln. Hierfür reicht kognitives Wissen über die Bindungstheorie nicht aus; es wird erst möglich, wenn sich Wissen mit der Bereitschaft verbindet, voll und ganz in die innere Welt von Klienten einzutauchen und in Resonanz mit ihrem Erleben mitzuschwingen.

## Transparenz in Bezug auf den Therapieprozess herstellen

EFT-Therapeuten ist es ein Anliegen, ihre Arbeit transparent zu gestalten. Das hilft Klienten, den therapeutischen Prozess nachzuvollziehen und sich auf der gemeinsamen Reise zu ihren Zielen zu verorten. Eine Möglichkeit, Klienten eine Vorstellung von der EFT-Landkarte der Veränderung zu geben, ist das Buch »Halt mich fest« von Johnson (2019).

### Das Arbeitsbündnis stärken

In Kapitel 2 habe ich bereits darauf hingewiesen, dass der Erfolg einer EFT-Therapie wesentlich davon abhängt, ob die Partner Vertrauen in den Therapieprozess setzen und ihnen die Anforderungen, vor die sie gestellt werden, als sinnvoll und zielführend erscheinen. Diese Aspekte der Allianz dürfen nicht aus den Augen verloren werden. Um das Vertrauen der Partner in den Prozess zu stärken, holt Emily deshalb ganz bewusst regelmäßig das Feedback der Partner ein und gestaltet die Enactments auch unter diesem Aspekt.

Das beginnt bereits bei der ersten Sitzung, an deren Ende sie das Paar explizit um eine Rückmeldung zu der gewählten Art der Zusammenarbeit bittet. Auch im weiteren Verlauf der Therapie holt sie sich regelmäßig das Feedback des Paares ein und achtet sehr genau darauf, *wie* beide auf ihre Interventionen reagieren.

Innerhalb der Sitzungen überprüft sie regelmäßig, ob die Partner weiterhin Vertrauen in den Prozess setzen, sie als Therapeutin zu beiden in Resonanz ist und fragt aktiv nach, wie beide die jeweilige Sitzung erlebt haben. Meist beendet sie die Sitzung mit einer Zusammenfassung, in der sie hervorhebt, was die Partner getan und welche Risiken sie auf sich genommen haben. Sie ist daran interessiert, zu hören, was die beiden möglicherweise Neues und Kostbares über sich bzw. den Partner erfahren haben.

In jeder Sitzung gestaltet Emily ganz bewusst mindestens ein Enactment (siehe Erläuterungen hierzu in Kapitel 2). Anfangs, in Schritt 1 und 2, sind die Enactments recht einfach und ebnen den Weg für den EFT-Prozess. So bittet Emily beispielsweise einen der Partner, sich dem anderen zuzuwenden und diesem direkt zu sagen: »Ja, es stimmt, ich schalte ab, wenn du dich so aufregst.« Oder: »Ich weiß, ich mache dir nur Vorwürfe, wenn ich das Gefühl habe, dich nicht zu erreichen.« In jedem Enactment steckt die Chance, Kontakt in neuer Form zu erleben. Schon eine kleine korrigierende emotionale Erfahrung pro Sitzung stärkt das Vertrauen in den therapeutischen Prozess.

**Die Sprache der Klienten sprechen**
Wenn Therapeuten den Therapieprozess transparent gestalten wollen, dann bedeutet das auch, die Sprache der Klienten zu sprechen. Das wird Emily deutlich, wenn sie Paaren sagt, sie wolle ihnen helfen, »sich verbunden und sicher zu fühlen«. Gerade für besonders vermeidende Rückzügler, die Nähe als bedrohlich erleben, hat das Wort »Verbindung« unter Umständen bereits Triggercharakter. Das ist beileibe nicht das, was sie zu Beginn der Therapie hören wollen. Für viele Rückzügler ist Nähe gekoppelt mit Forderungen und Erwartungen, denen sie zu diesem Zeitpunkt weder nachkommen können noch wollen. Deshalb hört Emily erst einmal zu, wenn die Partner über ihr Beziehungserleben sprechen und wägt ihre Worte sehr gut ab. Aus »Nähe« werden dann schlanker gestaltete Worte wie »respektiert, wertgeschätzt und begehrt werden« – Begriffe, die eher geeignet sind, den Beteiligten Sicherheit zu vermitteln.

**Hätten Sie nicht vielleicht ein paar gute Techniken für uns?**
Diese häufig von Paaren gestellte Frage berührt bei vielen angehenden EFT-Therapeuten einen wunden Punkt. In der Tat gibt die EFT Paaren keine spezifischen Techniken und Strategien zur Verhaltensänderung an die Hand. Das muss Sie als Therapeutin aber nicht verunsichern, denn die EFT lässt Sie aus zwei Gründen dieser Frage gelassen begegnen. Der erste Grund ist das Spiegeln und Validieren. Damit können Sie das Anliegen Ihrer Klienten aufgreifen: »Ich verstehe, dass Sie möglichst schnell etwas verändern möchten und sich konkrete

Tipps wünschen, um dieser schmerzlichen Situation zu entkommen« (Halten Sie inne, nehmen Sie sich Zeit, um sich in die von Ungeduld, Verzweiflung oder Hoffnungslosigkeit geprägte Welt Ihrer Klienten einzufühlen. Validieren Sie das Recht eines jeden, skeptisch und ungeduldig zu sein. Validieren Sie die Frage als legitim und wichtig).

Das zweite beruhigende Element ist die Bindungsbrille, die die EFT-Landkarte der Veränderung sichtbar macht und helfen kann, Beruhigung zu vermitteln: »Natürlich werden ich Ihnen Handwerkszeug an die Hand geben – Handwerkszeug, das Ihnen hilft, Ihre Wünsche und Bedürfnisse einander klarer mitzuteilen, damit Sie sich bei dem Versuch, die Partnerschaft zu stärken, nicht gegenseitig zurückstoßen oder Ihre Wut noch mehr befeuern. Zuvor lade ich Sie allerdings zu einer Entdeckungsreise ein, auf der wir gemeinsam verstehen lernen, *wie* Sie immer wieder in dieselben Schleifen kommen und darin feststecken. Gemeinsam werden wir Ihre versteckten Gefühle – die leise Hintergrundmusik Ihres Beziehungstanzes – herausarbeiten und genauer kennenlernen und aus ihnen das Handwerkszeug entstehen lassen, das Sie sich so dringend wünschen: Handwerkszeug, um sich einander in einer Weise mitzuteilen und wahrzunehmen, die Sie erleben lässt, einander wichtig zu sein und füreinander zu sorgen.«

## Fazit

Schritt 1 und 2 legen die Grundlage für den ersten Veränderungsschritt. Ein Sicherheit gebender Bindungsrahmen, der Pathologisierung und Vorwürfen keinen Platz mehr einräumt, schafft Raum für Deeskalation. Er eröffnet den Partnern einen neuen Blick auf ihre Kampf- und Fluchtbewegungen und lässt sie diese Bewegungen als Schritte eines negativen, die Beziehung beherrschenden Zyklus erkennen. Mit diesem Erkennen öffnet sich die Tür zu Schritt 3 – dem Herausfiltern von Bindungsemotionen als Motor dieses Zyklus.

## Die Schlüsselbestandteile der Veränderung in Schritt 1 und 2

Die ersten Schritte des Veränderungsprozesses – Schaffung eines sicheren Rahmens, Durchführung eines Assessments, Abschluss eines Therapiekontrakts und Identifizierung des negativen Zyklus – leiten sich aus dem Bindungsrahmen der EFT ab.

## Was die EFT-Therapeutin in Schritt 1 und 2 sieht und hört

In Schritt 1 und 2 nehmen Sie als Therapeutin zwei in einem negativen Zyklus gefangene Menschen wahr, die sich des Antriebes ihres Zyklus – ihrer Bindungsängste und -bedürfnisse – kaum bewusst sind.

## Was EFT-Therapeutin und Klienten in Schritt 1 tun

In Schritt 1 sorgen Sie für den Aufbau einer auf Sicherheit und Zusammenarbeit fußenden und am Bindungskonzept orientierten Allianz.

Sie nehmen die gegenwärtige Interaktion des Paares wahr und achten besonders auf Hinweise auf das innere emotionale Erleben beider Partner sowie interpersonelle, interaktive Muster in der Paardynamik. Die Klienten beschreiben, wie sie die Beziehung erleben und formulieren ihre Hoffnungen und Erwartungen bezüglich der Therapie. Sie als Therapeutin achten bei diesen Erzählungen auf die gegenseitige Reaktivität der Partner sowie auf Signale, die Auskunft über die Bindungsstärke des Paares und ihre Bereitschaft, sich zu öffnen und engagiert im Therapieprozess mitzuarbeiten, geben. Die Klienten wiederum beginnen, selbst zu hinterfragen, inwieweit sie sich öffnen und aktiv im Prozess der Heilung ihrer Beziehung mitarbeiten wollen. Assessment und Aufbau einer Allianz gehen hier Hand in Hand und sind nicht voneinander zu trennen.

Für Sie als Therapeutin ergeben sich daraus in Schritt 1 folgende Aufgaben:
1. Sie sorgen für ausreichend Sicherheit in den Sitzungen.
2. Sie schätzen ab, ob die Ziele beider Partner kompatibel sind.
3. Sie schließen einen therapeutischen Kontrakt.
4. Sie geben dem Prozess Vorrang vor dem Inhalt.
5. Sie führen Einzelsitzungen durch.

## Was EFT-Therapeutin und Klienten in Schritt 2 tun

Gemeinsam erforschen und beschreiben Sie den negativen Zyklus (die Feedbackschleife), der die Beziehung des Paares dominiert.
1. Als Therapeutin benennen Sie den vorherrschenden Bindungstanz und identifizieren Sie die Schritte beider Partner in dem Tanz, der sie immer weiter voneinander entfernt; Sie identifizieren die Trigger und Bedeutungen, die den Schritten des jeweils anderen zugesprochen werden. Schrittabfolgen, Trigger und Bedeutungszuschreibung geben wertvolle Hinweise auf die zugrunde liegenden Ängste, verlassen bzw. zurückgewiesen zu werden; diese Ängste werden in Schritt 3 genauer erfasst.

2. In einem gemeinsamen Prozess mit den Partnern identifizieren Sie die Bindungspositionen – die ängstliche Verfolgerin (hyperaktivierte Bindungsgefühle und -bedürfnisse) bzw. den vermeidenden Rückzügler (Bindungsgefühle und -bedürfnisse werden verleugnet).
3. Sie laden Ihre Klienten zu ersten, einfachen Enactments ein, in denen sie ihre Bewegungsschritte und Trigger miteinander teilen.

## Wie die EFT-Therapeutin Schritt 1 und 2 umsetzt

Die therapeutische Präsenz lässt sich in diesen beiden Schritten als enge Einstimmung und Responsivität auf beide Partner und deren zyklische Dynamik beschreiben. Die Bindungsorientierung ermöglicht eine geschärfte Einstimmung und öffnet Fenster zu bisher verborgenen Kernemotionen, die den Positionen der Verfolgerin und des Rückzüglers zugrunde liegen. Als Therapeutin bleiben Sie fokussiert im Hier und Jetzt und machen den Therapieprozess transparent.

# Kapitel 5

## Die Tyrannei unbeachteter Emotionen: das Auffächern der Emotionen im Veränderungsereignis Deeskalation (Schritt 3 und 4)

> »In der EFT sprechen wir davon, dass bei Paaren in Beziehungskrisen ›Daueralarm‹ herrscht, dessen ›Lautstärke‹ alle anderen Signale übertönt«
> (Johnson, 2015, S. 104).

In diesem Kapitel befasse ich mich mit dem Thema Emotionen als einem sich in Windeseile entfaltenden Prozess, dessen Bearbeitung Umsicht und Sorgfalt erfordert. Ziel emotionsfokussierter Arbeit ist es, Klienten den Zugang zu ihren tieferen, weicheren und bisher nicht in Worten fassbaren Emotionen und Bindungsängsten zu erschließen, den Antreibern negativer und beziehungsschädigender Interaktionszyklen von Paaren.

Das Veränderungsereignis der Deeskalation ist für die EFT-Therapeutin mit zwei Aufgaben verbunden:

> »An diesem Punkt der Therapie muss der Therapeut zunächst die Musik, zu der das Paar tanzt, erschließen: die Kernemotionen, die das individuelle Gewahrsein gewöhnlich nicht erreichen und die nicht explizit in der Interaktion des Paares zum Ausdruck gelangen. Die zweite Aufgabe des Therapeuten ist es, diese emotionalen Reaktionen und die durch sie gespiegelten Bindungsbedürfnisse zu nutzen, um den Kontext zu erweitern, in dem sich die Probleme des Paares manifestiert haben. Diese Probleme werden gerahmt im Sinne der Interaktion des Paares und der emotionalen Reaktionen, die die Interaktion prägen« (Johnson, 2004, S. 131 f., dt. Ausgabe, S. 130).

Dieses Zitat verdeutlicht den erweiterten Deutungsrahmen der EFT, in dem das eigentliche Problem des Paares in seinem negativen, durch bisher nicht wahrgenommene Emotionen angetriebenen Interaktionsmuster steht. Der Moment, in dem das Paar bereit und in der Lage ist, diese erweiterte Sicht zu übernehmen und zum Ausgangspunkt der gemeinsamen Arbeit zu machen, markiert den Abschluss des ersten Veränderungsereignisses, der Deeskalation (Schritt 4). Der rigide und unkontrolliert ablaufende Teufelskreis des Paares wird zunehmend abgelöst von einem ruhigeren, langsameren und achtsameren Miteinander, das auch bewirkt, dass die Partner weniger negativ aufeinander reagieren. In diesem Prozess unterstützt die Therapeutin das Paar zunächst darin, die einzelnen Schritte seines Tanzes (Schritt 2, voriges Kapitel) in Worte zu fassen, bevor sie die Partner einlädt, sich der emotionalen Hintergrundmusik ihres Tanzes zu öffnen und auch dafür Worte zu finden (Schritt 3). Damit ist der Weg frei zu Schritt 4 der Deeskalation – der Entwicklung eines erweiterten Verständnisses des Beziehungskonflikts. Die Partner verstehen zunehmend besser, dass es unter der Oberfläche ihres typischen Musters noch eine Menge zu entdecken gibt und entwickeln einen Felt Sense der bisher nicht in Worte fassbaren Bindungsängste und -bedürfnisse, die ihrem negativen Zyklus zugrunde liegen. Das zunehmende Bewusstsein für die tiefere Geschichte und den Automatismus ihrer Schritte innerhalb dieses Zyklus verleiht dem Paar Kraft, das Muster zu unterbrechen. An die Stelle der Beherrschung durch das Muster tritt die Beherrschbarkeit des Musters.

In diesem Kapitel gebe ich Ihnen zunächst eine kurze Übersicht über Schritt 3 und 4, bevor ich mich umfassend mit der Konzeptualisierung von Emotionen in der EFT auseinandersetze. Wie bereits zuvor endet auch dieses Kapitel mit einer kurzen und prägnanten Beschreibung dessen, was die Therapeutin in Schritt 3 und 4 der Deeskalation sieht und hört, welche Aufgaben ihr und den Klienten daraus erwachsen und wie sich die Umsetzung in der Praxis gestaltet. Im therapeutischen Alltag lassen sich Schritt 2, 3 und 4 nicht streng voneinander abgrenzen, sondern gehen wie in einem Flow in beide Richtungen ineinander über. Um ihre jeweilige Funktion klarer hervorzuheben und verständlich zu machen, werde ich sie dennoch getrennt beschreiben.

## Schritt 3 und 4

Wenn sich Paare für eine Paartherapie entscheiden, befindet sich ihre Beziehung meist in einem Negativkreislauf, der sie gefangen hält. Unausgesprochene Ängste triggern negative Reaktionen, die wiederum Bindungsängste und Verzweiflung ins Unermessliche wachsen lassen. Die in Schritt 2 stattfindende Identifizierung des Paarzyklus (eine der möglichen Verfolger-Rückzügler-Versionen) stellt einen ersten Schritt aus diesem Strudel heraus dar.

So sind beispielsweise Kilian und Tanja nach Schritt 1 und 2 in der Lage, ihre Bewegungen und das sich wiederholende Muster, in dem sie gefangen sind, zu erkennen. Was dieses Muster allerdings antreibt und sie beide immer wieder in Sekundenschnelle aus dem Gleichgewicht bringt, liegt für beide noch im Dunkeln. Welche emotionale Musik spielt im Hintergrund, gibt Takt und Rhythmus vor und zieht sie unwiderstehlich immer wieder in einen Kreislauf der Kritik und des Selbstschutzes, der ihre Bindung kontinuierlich schwächt und letztlich zerstört? Welche Bindungsängste lösen beide bei dem jeweils anderen aus? In der EFT benutzen wir gern die Metapher, der Musik zu lauschen, der die Partner in ihrem Tanz folgen (Johnson, 2004, 1998), um diesen facettenreichen emotionalen Prozess in einfachen Worten zu beschreiben.

Ohne therapeutische Unterstützung (Schritt 3) ist es Paaren meist nicht möglich, ihre emotionale Hintergrundmusik zu entdecken und sich die Emotionen zu erschließen, die den Interaktionspositionen ängstlichen Verfolgens bzw. vermeidender Abwehr zugrunde liegen. Um sich auf das Bedrohungsszenario des Paares einzustimmen, bleibt die EFT-Therapeutin ganz nah am Interaktionsmuster des Paares. So eingestimmt, hört sie die laute Hintergrundmusik bisher namenloser, größtenteils nicht wahrgenommener Alarmsignale der Bindungsbedrohung und unerfüllter Bedürfnisse. Diese Musik ist so laut, dass sie alle Bemühungen des Paares, wieder in Kontakt zu kommen und die Scherben der Beziehung zu kitten, übertönt. In machtvollen Bildern spiegelt sich die Dramatik der Bindungsängste und -bedürfnisse. Wenn Sophie als verzweifelte, ängstlich verfolgende Partnerin sagt: »Ich glaube, wenn ich in Gefahr wäre, unterzugehen, würde sie nicht ins Wasser springen und mich retten«, dann gibt sie damit ihrer Angst Ausdruck, im Notfall nicht auf ihre Partnerin zählen zu können. Kaum hört Ella, die eher vermeidende Partnerin, diesen Satz, katapultiert er sie unverzüglich in den Verteidigungsmodus: »Wenn ich auf einem Teppich liegen und verbluten würde, würdest du dir mehr Sorgen um den Teppich als um mich machen.« Die EFT-Therapeutin hilft dem Paar, seine Wahrnehmung des Bindungsalarms (dem Trigger ihres emotionalen Prozesses) zu schärfen und sich dann der emotionalen Musik seines Tanzes und seiner Schrittfolge zu nähern, unter der sich die den Tanz antreibenden, primären Ängste herauskristallisieren, die die Partnerinnen immer wieder voneinander entfernen. Gemeinsam öffnen Therapeutin und Partnerinnen die Türen des emotionalen Prozesses und legen die zentralen, den Teufelskreis antreibenden Bindungsemotionen frei, so dass sie wahrnehmbar und in Worte fassbar werden.

Dieser emotionale Entfaltungsprozess schärft die Aufmerksamkeit des Paares und gibt ihm Werkzeuge an die Hand, um den negativen Zyklus zu stoppen, der die Beziehung bedroht. Der Zyklus, der sich wie eine Schlange an das Paar herangeschlängelt, es aus dem Gleichgewicht gebracht und immer wieder in einen emotionalen Strudel hinuntergezogen hat, erscheint in neuem Licht und hat plötzlich einen Sinn. Der vierte Schritt markiert das Ende des Veränderungsereignisses der Deeskalation. Lange verborgene Bindungsängste (z. B. nicht wichtig, ungeliebt, unerwünscht zu sein) werden nun wahrgenommen, miteinander geteilt und verändern unweigerlich die Sicht der Partner aufeinander. Jetzt können auch kritische Momente aus der Vergangenheit neu in den Blick genommen werden (Johnson, 2008). Das Paar versteht nun, wie es sich in diesen Momenten unreflektiert in den längst zur Gewohnheit gewordenen, selbstwertschützenden Tanz hineinziehen ließ. Und beide finden erste Worte für die Bindungsängste, die zwar den Prozess steuern, sich aber bisher weitgehend ihrer Wahrnehmung entzogen. Von Zeit zu Zeit sind sie sogar in der Lage, in kritischen Momenten ihre Bindungsängste nicht mehr zu verstecken, sondern zu teilen und wieder zueinander zu finden. Gemeinsam entdecken sie, dass es die Dauerschleife ihres negativen Zyklus von Verfolgung/Anklage bzw. Verteidigung/Rückzug war, die ihnen als einzig mögliche Reaktion auf ihre Bindungsängste und -bedürfnisse zur Verfügung stand und in ihrem Ablauf genau diese Ängste und Bedürfnisse immer wieder aufs Neue triggerte. In diesem Entdecken übernehmen die Partner Verantwortung für ihren Zyklus und ihre Bereitschaft wächst, ihn nun auch zu verändern (Johnson, 2004).

In Gedanken geht Emily den Deeskalationsprozess nochmals durch: »Schritt 2: Hilf ihnen, die Schritte ihres Tanzes zu benennen. Schritt 3: Unterstütze beide Partner darin, ihre emotionalen Reaktionen zu entwirren. Dann können die die Hintergrundmusik choreografierenden Ängste sichtbar, hörbar und in Worte gefasst werden. Schritt 4: Ermögliche ihnen, den Zusammenhang zwischen ihren Schrittfolgen und den dadurch ausgelösten Ängsten beim Partner zu erkennen und bewusst Kontrolle über den Zyklus zu übernehmen.« Bei diesen Gedanken spürt Emily, wie viel Energie in der Deeskalation steckt. Es freut sie, zu sehen, wie die Partner den Zyklus immer mehr als »gemeinsamen Feind«, als die eigentliche Ursache ihrer Beziehungskonflikte und ihrer Einsamkeit begreifen, anstatt sich gegenseitig dafür verantwortlich zu machen – verantwortlich sind die Ängste, die sie unweigerlich in den Teufelskreis ziehen.

## Emotionen in der EFT

Der Name der EFT verweist auf den für sie wesentlichen Fokus: Emotionen als Motor und Ziel von Veränderung. Dieser Gedanke lässt sich besser verstehen, wenn wir uns die Konzeptualisierung von Emotionen in der EFT als ein Ineinandergreifen von Gefühlen, Gedanken und Handlungen vor Augen führen.

»Die Vorstellung, dass Emotionen auch Denken und Vernunft umfassen, ist für viele Menschen überraschend. Lange wurden Emotionen ausschließlich in der rechten Gehirnhälfte (der ›fühlenden‹ Seite) verortet, während die linke Gehirnhälfte dem Denken (der ›rationalen‹ Seite) zugeordnet war. […] Mittlerweile verfügen wir über ein viel differenzierteres, ganzheitlicheres Bild und wissen, […] [dass] sowohl positive als auch negative Emotionen beide Gehirnhälften aktivieren und das Frontalhirn, lange als Ort der Vernunft angesehen, emotionale Signale verarbeitet.« (Johnson, 2013, S. 71 f.)

### Emotionen als dynamischer, zwischenmenschlicher Prozess

Emotionen sind mehr als Gefühle oder affektives Erleben. Sie bezeichnen einen sich entfaltenden und handlungssteuernden zwischenmenschlichen Prozess, der sich seinerseits wieder auf die Interaktion auswirkt. Sprachlich entstammt der Begriff »Emotion« dem lateinischen *emovere*, d. h. »ausziehen, ausrücken, in Bewegung kommen« und dem französischen *emouvoir*, d. h. »aufrühren, aufwühlen« (Harper, 2001–2016). Siegel (2009, S. 148) plädiert dafür, »Emotionen *nicht als Substantiv, sondern eher als Verb*« zu bezeichnen – als eine Verknüpfung mehrerer miteinander zusammenhängender Elemente, die sich mit großer Geschwindigkeit entfalten. Startschuss dieses Prozesses ist eine dem Bewusstsein nicht zugängliche Bewertung eines Außenreizes als gut bzw. schlecht. Diese Bewertung ist eng gekoppelt mit einem spezifischen körperlichen Erregungszustand, einer spezifischen Bedeutungszuschreibung und einem spezifischen Handlungsimpuls (Arnold, 1960; Ekman, 2007).

Erstes zentrales Element von Emotionen ist der Trigger, d. h. die Frage, *wann* sie auftreten (Gross, 2014). (*Wann* wird ein emotionaler Schlüsselreiz handlungsgenerierend?) In einer unsicheren Beziehung werden Emotionen immer dann in Gang gesetzt, wenn ein Schüsselreiz den drohenden Verlust bzw. die fehlende Erreichbarkeit der Bindungsfigur, z. B. in einer bedrohlichen Situation, signalisiert. Bowlby (1973) zufolge sind wir als Menschen genetisch prädestiniert, auf spezielle Triggersituationen in nahen Beziehungen mit Angst bzw. Vermeidung zu reagieren. Solche Situationen wirken wie ein Fliegeralarm oder eine Alarmleuchte. Beispiele sind »Lärm, Fremdheitsgefühl, rasche Annäherung, Isolation und für viele Spezies auch Dunkelheit« (S. 110). Es gehört zum Menschsein, bei Gefahr Schutz und Trost bei einer vertrauten Bindungsfigur zu suchen. Gelingt das, fühlt es sich an wie »Zuflucht auf geweihtem Boden finden« (S. 168). Bowlby war fest davon überzeugt, dass selbst kleinste Hinweise auf die drohende und ungewollte Trennung von einer Bindungsfigur lebenslang als Gefahrensignal erlebt werden.

Das zweite zentrale Element von Emotionen besteht darin, dass es sich bei ihnen um einen mehrstufigen, sich rasch entfaltenden, dynamischen Prozess handelt (Arnold, 1960; Gross, 2014; s. Abbildung 4). In diesem Prozess wird ein wahrgenommener Schlüsselreiz unmittelbar und ohne den Umweg über die Sprache als gut oder schlecht bzw. sicher oder gefährlich eingestuft, gefolgt von einer damit zwingend verbundenen Handlungstendenz bzw. Verhaltensreaktion sowie schließlich einer neokortikalen, nun vernunftgesteuerten Neubewertung. Diese Neubewertung spricht der Situation Bedeutung in Bezug auf das Selbst zu: Bin ich weiterhin liebenswert und kann mich auf den anderen verlassen oder nicht? Als vielschichtiger Prozess lösen Emotionen in uns Gefühle aus, sie machen den Körper bereit für Kampf oder Flucht, zwingen uns zum Handeln und aktivieren Überzeugungen von uns, von anderen und vom Kontext und beeinflussen unsere Wahrnehmung (Johnson, 2004).

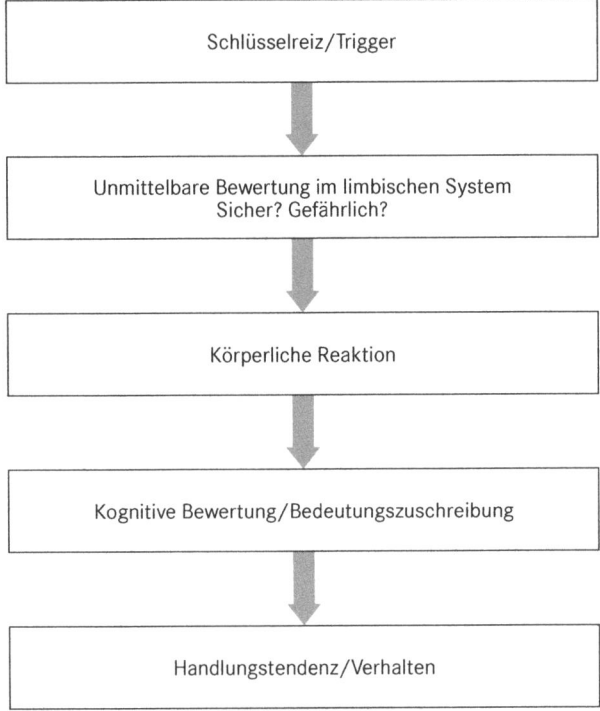

Abbildung 4: Der mehrstufige dynamische Prozess der Emotion

Ledoux (1996) veranschaulicht diesen sich in Windeseile entfaltenden emotionalen Prozesses anhand eines einfachen Beispiels: Stellen Sie sich vor, Sie gehen im Wald spazieren und sehen in der Ferne ein Wesen, das sich schlängelnd am Boden fortbewegt. Ohne weiteres Nachdenken nimmt unser emotionales Gehirn sofort eine nonverbale Felt-Sense-Bewertung dieser Situation vor – gut/schlecht? Bzw.

sicher/gefährlich? Das Ergebnis hat unmittelbar Auswirkung auf unsere Körperspannung; gefühlte Sicherheit führt zu Entspannung, gefühlte Bedrohung versetzt unseren Körper in Kampf- bzw. Fluchtbereitschaft und wir rennen weg. Erst im Nachhinein sagt uns unser Gehirn: »Ah, das war eine Schlange!«. Erschrocken schütteln wir uns und denken mit Abscheu an die Begegnung.

Emotionen als bewertungs- und informationsgenerierenden Prozess zu sehen (Arnold, 1960), deckt sich mit Bowlbys (1982) Einordnung von Emotionen im Zusammenhang mit Bindungsbeziehungen. Stellen wir uns für einen Moment anstelle des sich schlängelnden Wesens auf dem Waldboden einen abschätzigen Blick oder eine abschätzige Bemerkung unseres Partners vor, dann ahnen wir schon, wie es weitergehen könnte (Brubacher u. Lee, 2014). Bowlby zufolge wird das Bindungssystem bei Bedrohungen jeglicher Art, d. h. dem gesamten Spektrum körperlicher und seelischer Bedrohungen von der Angst vor Zurückweisung oder Verlassenwerden bis zu lebensbedrohlichen Katastrophen, aktiviert. Nach Panksepp (2010), einem Neurowissenschaftler, stellen Isolation und Hilflosigkeit die stärksten affektiven Bedrohungen für Säugetiere dar. Diese Einschätzung deckt sich mit der Bindungsperspektive, derzufolge fehlende Erreichbarkeit einer Bindungsperson zur Regulation von Angst, Stress und Unsicherheit in Momenten der Bedürftigkeit die größtmögliche Bedrohung darstellt.

## Die Kernemotionen

Die EFT greift die – je nach Zählweise – sechs bis acht von Ekman (2007) und anderen Emotionstheoretikern beschriebenen universellen Kernemotionen auf: Wut, in der Paartherapie klassischerweise sekundärer Ärger als Reaktion auf mangelnde Erreichbarkeit des Partners; Überraschung und Freude, beispielsweise wenn ein Partner auf ein Bindungs-/Beziehungsangebot eingeht; Traurigkeit und Kummer über die eigene Einsamkeit bzw. den Schmerz des Partners; Schuld oder Scham, wenn negative Selbstbilder oder das Gefühl, wertlos und nicht liebenswert zu sein, getriggert werden, sowie Angst/Panik vor Verlassenwerden bzw. Zurückweisung. Letztere wird auch als »Ur-Angst« (*primal panic*, Anm. d. Ü.; Panksepp, 2003) bezeichnet. Diese Urangst ist untrennbar mit dem (drohenden) Verlust einer Bindungsfigur verbunden und in unserem Gehirn als Alarmsignal hinterlegt. In Bindungsbeziehungen stellt Angst die zentrale Emotion dar.

Angst vor Verlust bzw. sozialer Zurückweisung ist ein überlebenswichtiges, instinktives Gefühl, denn es veranlasst Menschen zuverlässig, die Nähe anderer zu suchen (Bowlby, 1973) und damit auf eine sichere Basis des Trostes und der Sicherheit in Form einer Bindungsfigur zurückzugreifen. Ist diese Sicherheit nicht gegeben und damit keine soziale Zusammengehörigkeit erfahrbar, wird Angst zum dominierenden Gefühl (Johnson, 2013, 2015) und Schmerz und Isolation machen sich breit (Eisenberger, 2016).

Leid oder emotionaler Schmerz und Seelenqual sind komplexe Mischungen aus Wut, Traurigkeit (Trauer) und Angst vor Beziehungsverlust, die mit der Befürchtung einhergehen, dass die Wichtigkeit der Beziehung abgewertet wird (Vangelisti, 2009). Wissenschaftliche Befunde belegen, dass beim durch soziale Zurückweisung ausgelösten Schmerz dieselben Gehirnareale aktiviert werden wie bei körperlichem Schmerz (Eisenberger, 2016). In beiden Fällen sendet das Gehirn die überlebenswichtige Botschaft: »Entferne dich nicht zu weit von den Menschen, die du liebst.« Trennung tut weh. Ein gebrochenes Herz ist Realität.

**Emotionen: Botschafter von Bedürfnissen und Motor des Handelns**

Emotionen stellen gewissermaßen ein internes GPS dar, das uns Orientierung gibt und aufzeigt, was wir brauchen, um als Individuum in dieser Welt nicht nur zu überleben, sondern zu wachsen und zu gedeihen. Implizit tragen die Kernemotionen in sich das Wissen über menschliche Bedürfnisse und wecken adaptive Handlungsimpulse zur Befriedigung dieser Bedürfnisse. Hier ein paar Beispiele: Angst ist nicht denkbar ohne das darin enthaltene Bedürfnis nach Schutz und einen adaptiven Handlungsimpuls, der zur Suche nach Sicherheit und Unterstützung, Kampf oder Flucht führt; Wut trägt in sich das Bedürfnis nach Sicherheit und Grenzen und einen adaptiven Handlungsimpuls der Selbstbehauptung; in der Traurigkeit finden wir das Bedürfnis nach Geborgenheit und den Handlungsimpuls, Trost zu finden oder sich zurückzuziehen; Freude und Neugierde sind aufs Engste mit Entdeckerfreude verbunden und bringen uns dazu, auf andere zuzugehen; in Scham eingebettet ist das Bedürfnis zu verschwinden, verbunden mit dem Impuls, uns zu verstecken oder unsichtbar zu machen.

Sicher gebundene Menschen sind in der Lage, die in ihre Emotionen eingebetteten Bedürfnisse wahrzunehmen und bei Bedarf um angemessene Unterstützung zu bitten. Erleben wir Bindungsfiguren wiederholt als zuverlässig, wird unser inneres Beruhigungssystem gestärkt und damit der Gefahr vorgebeugt, von Gefühlen überwältigt zu werden. »Das Wissen, sich im Bedarfsfall auf Unterstützung verlassen zu können, verleiht sicher gebundenen Menschen die Energie, sich kreativ einer Herausforderung zu stellen und die damit einhergehende Ambiguität und Unsicherheit aushalten« (Mikulincer u. Shaver, 2016, S. 189). Sicher gebundene Menschen sind in der Lage, die in primären Kernemotionen (abzugrenzen von den im folgenden Abschnitt beschriebenen reaktiven Emotionen) enthaltenen adaptiven Informationen über Bedürfnisse wahrzunehmen und ihre Bedürfnisse nach Unterstützung klar zu kommunizieren.

Ohne sichere Bindung und damit die Erfahrung, zuverlässig auf die Unterstützung eines Partners zurückgreifen zu können, geraten Paare in Sekundenbruchteilen und ohne sich dessen bewusst zu sein in eine ausweglose emotionale Kaskade bzw. den Würgegriff einer Emotion (Ekman, 2007). In solchen Fällen vermag bereits der angespannte Blick eines Partners Veränderungen im Hinblick auf Körperreaktionen, Handlungsimpulse, Mimik, Sprache und Verhalten in Gang zu setzen und die Wahrnehmung von sich und dem anderen zu beeinflussen. Menschen, die sich bedroht und emotional überflutet fühlen, nehmen Situationen in Form eines zunehmend negativ werdenden Felt Sense wahr, der ihre Reaktionsmöglichkeiten dramatisch einschränkt. Reaktive sekundäre Gefühle und erbittertes selbstschützendes Verhalten legen sich dann wie ein Schleier über die Kernemotionen und -bedürfnisse; die Kommunikation wird unklar, Doppelbotschaften sind an der Tagesordnung.

In Bindungsbeziehungen, wie wir sie bei Tanja und Kilian kennengelernt haben, alarmiert Kilians Abwenden Tanjas limbisches System und signalisiert ihr Gefahr; ihr Körper bereitet sich auf Kampf vor, die zugrunde liegende Trennungsangst zeigt sich als wütender Protest und sie ist überzeugt, dass sie ihm egal ist.

Gefangen im emotionalen Kampf eines Stresszyklus lässt sich die Regie führende Trennungsangst im Allgemeinen nicht in Worte fassen, wie Abbildung 3, die Visualisierung des Rückzügler-Rückzügler-Zyklus von Julia und Philipp, verdeutlicht. Beide gekennzeichnet durch traumatische Erfahrungen, besteht ihre Überlebensstrategie darin, Gefühle zu unterdrücken und in emotionale Taubheit zu verfallen. Das lässt kaum Raum für die Wahrnehmung zugrunde liegender Ängste und Bindungsbedürfnisse.

## Unterschiede zwischen Kern- und reaktiven Emotionen

Die Unterscheidung zwischen Kern- und reaktiven Emotionen ist in der EFT von großer Bedeutung (Safran u. Greenberg, 1991[29]). Kernemotionen sind Auslöser und Antreiber der zyklischen Emotionskaskade von Paaren. Sie sind implizit und – im Moment des Gefangenseins in einer solchen Kaskade – nicht bewusst wahrnehmbar. Stern (2004) beschreibt sie als unmittelbar auf einen äußeren Trigger folgende, körperlich erfahrbare und meist unbewusste Reaktionen. Solche Schlüsselreize sind beispielsweise ein abschätziger Blick oder eine distanzierende Bewegung des Partners. Dem stehen die expliziten, reaktiven Emotionen gegenüber, die üblicherweise zwischen Partnern als Reaktion auf ein nicht ein-

---

29 Safran und Greenberg (1991) sprechen hauptsächlich von primären und sekundären Emotionen.

gestandenes primäres Bedrohungsgefühl auftreten. Dieses Bedrohungsgefühl ist untrennbar verbunden mit einer entsprechenden Körperwahrnehmung (z. B. Enge in der Brust) und kognitiven Bewertung (von sich oder dem anderen, z. B. »Du magst mich eh nicht« oder »Du kümmerst dich nicht um mich«).

Reaktive Emotionen überdecken häufig die initiale primäre emotionale Reaktion und weisen im Gegensatz zu Kernemotionen nicht auf unbefriedigte Bedürfnisse hin, d. h. im Umkehrschluss, dass nur Kernemotionen verlässlich Hinweise auf Bedürfnisse geben. So weist mich primäre Angst auf mein Schutzbedürfnis hin und primäre Traurigkeit auf den Wunsch nach Geborgenheit; bin ich aber in reaktivem (sekundärem) Ärger gefangen oder abgetrennt von meinen Gefühlen, weiß ich nicht, was ich brauche. Dann drehe ich mich kopflos im Kreis. Sekundäre Emotionen wiederum verstärken die negativen Bewertungen und Überzeugungen, die sich aus unerkannten Kernemotionen ergeben. Wenn wir im Chaos der Emotionen gefangen sind, ist kein noch so vernünftiger Gedanke in der Lage, diesen emotionsgetriebenen Überzeugungen Einhalt zu gebieten.

## Was die EFT-Therapeutin in Schritt 3 und 4 sieht und hört

### Gefahrensignale und Alarmglocken in Schritt 3

EFT-Therapeuten achten sehr genau auf mögliche Gefahrensignale und Hinweise auf die Alarmierung eines oder beider Partner, denn sie zeigen an, dass zumindest einer der Beteiligten die Situation als noch nicht sicher genug erlebt bzw. sich von der anderen Person nicht ausreichend akzeptiert fühlt. Äußerlich ist das beispielsweise erkennbar an einem veränderten Gesichtsausdruck, Tonfall oder anderen nonverbalen Zeichen. Auslöser eines solchen Alarms sind oft kleinste Bewegungen wie das Hochziehen der Augenbrauen oder eine minimale Drehung, die als bedrohliche Geste interpretiert wird. In Schritt 3 nehmen Sie als Therapeutin mit allen Sinnen den Moment des Zykluseinstiegs wahr und achten auf Hinweise auf die tieferen, dem Zyklus zugrunde liegenden Bindungsängste, die das Interaktionsmuster des Paares triggern.

### Hinweise auf den Start des emotionalen Prozesses

Die Bindungsbrille lässt Sie in Schritt 3 körperliche Signale – veränderte Mimik, plötzliche Bewegungen, veränderten Tonfall – als Hinweise auf eine Aktivierung der Amygdala (Angstzentrum im limbischen System) verstehen; der emotionale Prozess wurde angestoßen. Kaum ist der Aktivierungsprozess gestartet, schätzt das Gehirn innerhalb von Sekundenbruchteilen auf einer vorbewussten, nichtsprachlichen Ebene die Situation hinsichtlich der Kategorien »gut/schlecht« bzw. »gefährlich/sicher« ein. Selbst wenn Sie möglicherweise nicht genau wissen, wie sich dieser Moment für Ihre Klienten anfühlt, erkennen Sie anhand der körperlichen Signale, dass der emotionale Prozess begonnen hat und sind in der Lage, sich auf den beginnenden Teufelskreis des Paares einzustimmen (s. Abbildung 2). So lässt sich beispielsweise Kilian *in dem Moment* in den Sessel fallen und dreht sich weg, in dem Tanjas Stimme schriller wird. Tanja wiederum gibt *in dem Moment*, in dem Kilian sich fallen lässt bzw. kurz bevor er sich wegdreht, einen tiefen Seufzer von sich. Sie kennen die enorme Bedeutung dieser Trigger und gewinnen eine Ahnung von der aktivierten Bindungsangst.

Das Fallbeispiel von Sophie und Ella illustriert sehr gut die unmittelbare Verbindung zwischen dem Beginn einer Emotion (dem Schlüsselreiz oder Trigger) und dem daraus resultierenden Handlungsimpuls. Für Sophie als Verfolgerin stellt der Anblick der telefonierenden Ella einen der stärksten Trigger ihrer Emotionskaskade dar. In solchen Momenten kocht sie sofort vor Wut und sagt sich: »Schon wieder telefoniert sie mit ihrer Familie, die mich so schlecht behandelt hat. Das zeigt doch ganz klar, wer ihr am wichtigsten ist!« (bewusste Bedeutungszuschreibung). Sophie wird wütend, kritisiert Ella und fordert sie auf, sich von ihrer Familie abzuwenden (Handlungsimpuls).

Für die Rückzüglerin Ella besteht dagegen einer der stärksten Trigger in Sophies Gesichtsausdruck »kurz bevor die Biene zustich«. Diesem Gesichtsausdruck (Trigger), den Sophie jedes Mal zeigt, kurz bevor sie aufseufzt und aus dem Zimmer stürmt, entnimmt sie die Botschaft: »Schon wieder ist sie genervt von mir. Egal was ich mache, nie ist es gut genug und es wird auch nie besser werden!« (bewusste Bedeutungszuschreibung). Ellas Handlungsimpuls beinhaltet zwei für Rückzügler typische Reaktionen: zunächst wirkt sie wie betäubt, schweigt und tut so, als wäre alles wie immer, aber innerlich sehnt sie sich danach, es Sophie rechtzumachen. Nach einer Weile kann sie Ellas Vorwürfe nicht mehr hören und schlägt zurück, um sich selbst zu schützen, indem sie Sophie für alles verantwortlich macht. Und dann folgt eine lange, feindselige Funkstille.

### Unerkannte Emotionen als Türöffner in Schritt 3

Die Bindungslandkarte der EFT hilft EFT-Therapeuten, »zu hören und zu sehen«, was sich unter der Oberfläche verbirgt und öffnet Ihre Ohren für die Alarmglocken der Bindungsgefährdung. Diese Glocken läuten für beide – den eher vermeidenden und den eher ängstlichen Partner, denn beide sind in solchen Momenten im Notfallmodus ihres Teufelskreises gefangen. Sie kämpfen um ihr Leben (ihre Beziehung) und sind sich kaum der tiefen zugrunde liegenden Angst, die Liebe des anderen zu verlieren, bewusst. Die Landkarte der EFT lässt auch den Motor sowohl des reaktiven kritischen Verfolgens als auch des defensiven Rückzugs erkennen: In beiden Fällen ist es die Angst, den anderen zu verlieren, zurückgewiesen zu werden und sich in schmerzhafter Einsamkeit wiederzufinden. Aus diesem Blickwinkel können sekundäre reaktive Emotionen wie emotionale Taubheit, Frustration und offene Wut als Code für bisher unausgesprochene primäre Bindungsemotionen – verletzlich machende Ängste, zurückgewiesen und verlassen zu werden – verstanden werden.

Von außen ist zunächst lediglich das Wechselspiel der Partner sichtbar – bestimmte Schlüsselreize werden in immer gleicher Weise beantwortet. Erst im genauen Hinhören wird das Bedrohungspotenzial erkennbar, welches für beide Partner in ihrer hoch aktivierten Bindungsangst untrennbar mit den Verhaltensweisen des Partners verknüpft ist. Nach und nach wächst das Bewusstsein der Partner für die einzelnen Schritte ihres Teufelskreises, auch wenn Sie sehen, dass das Paar ohne Ihre Unterstützung noch sehr in seinem negativen, selbstschützenden Tanz gefangen ist. Es wird noch eine ganze Weile dauern, bis die Signale klarer und eindeutiger werden und die beiden ihre zugrunde liegenden Ängste und Bedürfnisse miteinander teilen können. Ihnen ist klar, dass Sie bis dahin als Prozessberaterin gefragt sein werden. Sie begleiten das Paar auf seinem Weg, dem eigenen Tanz zu folgen und die den Tanz steuernde Musik, choreografiert von unbeachteten Bindungsemotionen (Ängsten), zu erkennen und in Worte zu fassen.

Im Notfallmodus, in dem sich die meisten unserer Paare befinden, werden beängstigende primäre Bindungsemotionen aus gutem Grund ausgeblendet, denn sie machen verletzlich und damit unsicher. Jetzt allerdings – im therapeutischen Prozess – kann jedes Element des emotionalen Prozesses zum Türöffner nach innen werden und dazu dienen, den verletzlichen inneren Kern, die den Zyklus steuernden, bisher unerkannte Kernemotionen offenzulegen.

Zur Veranschaulichung lade ich Sie ein, sich einen Viertürer vorzustellen (Abbildung 5). Das Innere des Autos steht für Ellas unerkanntes zentrales emotionales Erleben. Von außen ist nur erkennbar, wie sie, die Rückzüglerin, wütend aus dem Zimmer stürmt, wenn sich auch nur eine Spur von Enttäuschung in Sophies Gesicht zeigt (Verfolgerin). Die Fahrertür steht sinnbildlich für den wahrgenommenen Schlüsselreiz (Sophies Gesichtsausdruck) und das sich in solchen Momenten unmittelbar und ungesteuert bei ihr einstellende Bedrohungsgefühl. Nicht ohne Grund nehmen wir hierfür die Fahrertür, denn die Gefahrenbewertung ist der Teil der Emotion, der den gesamten Prozess steuert. Die hintere Tür auf der Fahrerseite entspricht Ellas Körperanspannung, die sie in Kampf- bzw. Fluchtmodus versetzt.

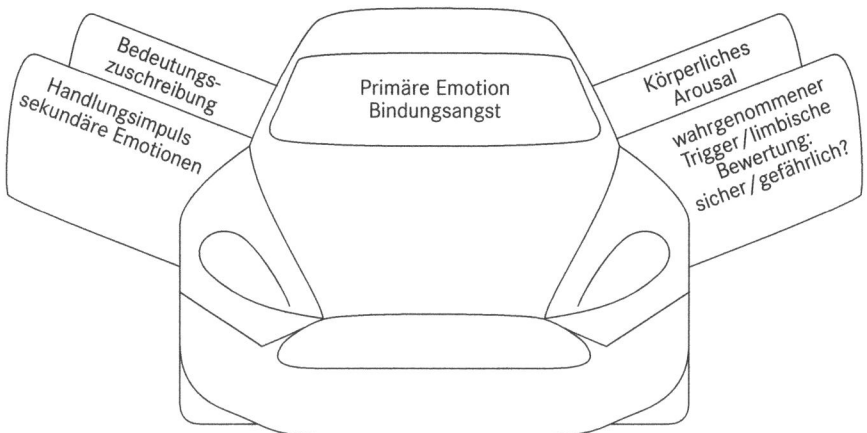

**Abbildung 5:** Ein Viertürer als Symbol für den emotionalen Prozess

Die dritte Tür repräsentiert die Bedeutung, d. h. die Botschaft, die Ella Sophies Verhalten zuspricht (»Ich schaff's schon wieder nicht, es ihr recht zu machen!«) und die vierte Tür steht für den daraus resultierenden Handlungsimpuls, der sie dazu bringt, ihrem reaktiven Ärger Ausdruck zu geben, die Hände über dem Kopf zusammenzuschlagen und aus dem Raum zu stürmen. Emily nutzt die Türen der Emotion, um Ellas Prozess anhand jeder Tür genau zu spiegeln, zu evozieren und dort zu verweilen. Dabei wird deutlich, dass Ella gefangen ist in der Angst, Sophie ganz zu verlieren. Sie hat jedes Vertrauen eingebüßt, es ihr je recht zu machen. Durch das Auffächern der Emotion wird es ihr nach und nach gelingen, diese so gut versteckte und so verletzlich machende Angst zu erkennen und mit Sophie zu teilen.

Um in einem so facettenreichen Prozess fokussiert zu bleiben, nutzen manche Therapeuten auch das Bild eines Hausflurs. Gelingt es, einige oder gar alle Türen dieses Flurs zu öffnen, gelangt man in das Herzstück des Hauses – die hochempfindliche, extrem störanfällige und entsprechend gut gesicherte Quelle von Wärme und Energie der Kernemotion. Die Türen, die darauf warten, geöffnet zu werden, sind:
1. der wahrgenommene Trigger,
2. die kognitive Bedeutungszuschreibung,
3. die mit dem Trigger verknüpfte körperliche Empfindung in der Magengegend, Herzschlag, Atmung, Muskeln – wo auch immer sich körperliche Anspannung zeigt –,
4. der untrennbar mit dem Trigger verbundene Handlungsimpuls sowie die dazugehörigen reaktiven sekundären Emotionen.

Jede dieser Türen schafft Zugang zu der so lange hinter verschlossenen Türen versteckten primären Bindungsangst (die Metapher des Öffnens von Türen für den Emotionsprozess verdanke ich Katz und Lee, persönliche Mitteilung, 2016).

**Schritt 4: Eine neue Ebene der Sicherheit und Hoffnung**

Gegen Ende der Deeskalation in Schritt 4 zeichnet sich bei Paaren eine neue Ebene der Sicherheit und Hoffnung ab, selbst wenn sich der Zyklus noch von Zeit zu Zeit zeigt. Sophie und Ella finden beispielsweise nun immer öfter Worte für die Ängste, die lange unter ihrem explosiven Angriffs-Angriffs-Zyklus verborgen waren: Sophie beschreibt sie als Angst, nie wertvoll genug für Ella zu sein; für Ella ist es die Angst, von Sophie verlassen zu werden. Sie geben ihrem Zyklus einen Namen: »wütender Sturm«. Philipp und Julia bezeichnen ihren Zyklus jetzt als »zugefrorenen See« und nähern sich vorsichtig ihren sie so verletzlich machenden Ängsten vor Zurückweisung (Julia) und Auslöschung (Philipp), die sich so lange unter ihrer emotionalen Erstarrung verborgen hatten.

Ein warmes Lächeln überzieht Tanjas und Kilians Gesicht, wenn sie jetzt die Schritte ihres »Tangos der verschütteten Milch« erkennen und sich in kurzen Momenten der Öffnung einander verletzlich zeigen. Jedes Mal kommen sie sich dabei ein bisschen näher.

KILIAN: »Es bedeutet mir viel, dass sie versteht, dass ich nur noch wegwill, wenn sie so verrückt *wirkt*. Das fühlt sich wirklich verrückt für mich an.«

TANJA ERGÄNZT: »Ich werde auch verrückt, wenn ich den Eindruck habe, er hat sich so weit von mir entfernt. Bei meinem ersten Mann war das immer so, aber Kilian kann auch ganz anders sein. Ich flippe aus, wenn er sich von mir entfernt, und dann werde ich verrückt.«

KILIAN: »Jetzt verstehe ich auch, wieso sie aufdreht, wenn ich im Keller verschwinde, um Abstand von ihr zu gewinnen.«

TANJA: »Und ich verstehe, dass es ihm auf den Magen schlägt, wenn ich laut und aufdringlich werde. [Die Worte brechen aus ihr hervor]. Ich hasse es, ihn so zu verletzen, wenn ich in Wirklichkeit einfach nur will, dass er *bei mir* ist. Und ich hasse es, dass meine Wut ihn an die schrecklichen Schimpftiraden seiner Mutter erinnert. Was mich aber begeistert ist, endlich zu sehen, dass ich wichtig für ihn bin, dass er Pläne mit mir machen möchte. Letzte Woche haben wir es doch tatsächlich geschafft, aus unserem Zyklus auszusteigen. Ich feuere nicht mehr so schnell zurück, ich gerate nicht mehr gleich in Panik, wenn er im Begriff ist abzutauchen. Und er taucht nicht mehr so oft ab.«

KILIAN: »Genau! Es ist so viel einfacher geworden, in ihrer Nähe zu bleiben!« räumt er mit einem funkelnden Lächeln in ihre Richtung ein.

## Was EFT-Therapeutin und Klienten in Schritt 3 und 4 tun

### Schritt 3: Unerkannte Emotionen auffächern

Schritt 3 beinhaltet für die Partner, ihre bisher untrennbar miteinander verbundenen Reaktionen aus »Gefühl – Bedeutung – Handlung« zu entwirren, damit sich der Blick auf die zugrunde liegenden Kernemotionen, die Antriebskräfte ihres Teufelskreises, richten kann. Allzu lange entzogen sich diese Emotionen der bewussten Wahrnehmung, ihre Erschließung stellt das zentrale Ziel von Schritt 3 dar. Dazu werden Türen zum emotionalen Prozess geöffnet – der furchteinflößende Trigger, der Handlungsimpuls, die Körperwahrnehmung und die Bedeutungszuschreibung. Mit jeder geöffneten Tür gewinnt das Paar größeren Zugang zum bisher impliziten Erleben bedrohter Bindung und lernt, es in Worte zu fassen.

Unter Ihrer therapeutischen Begleitung beginnt das Paar, die schmerzlichen und verletzenden Schritte seines Beziehungstanzes (d. h. die Handlungsimpulse) und die Schlussfolgerungen, die sie aus dem Verhalten des anderen ziehen, mit der Hintergrundmusik ihrer Bindungsängste zu verknüpfen und Worte für bisher Unaussprechliches zu finden. Dieser Prozess benötigt Zeit, denn es genügt nicht, den primären Bindungsalarm lediglich zu benennen. Erst wenn das Paar bereit ist, diesen so lange gefürchteten Ort ausgiebig zu erkunden und in das Schmerz- und Angsterleben hineinzugehen, das beide unweigerlich in ihr selbstschützendes Verhalten treibt, kann sich ein Felt Sense der gemeinsamen Bindungsmelodie entwickeln.

### Interventionen in Schritt 3

Um den Zyklus des Paares in seinen Einzelschritten genau zu erfassen, sind viele Momente nachverfolgenden Spiegelns erforderlich. Das gilt zuallererst für den Trigger, dem Ausgangspunkt der emotionalen Kaskade, gilt aber im weiteren Verlauf für alle Zyklusschritte wie beispielsweise die Bedeutung, die dem Verhalten des jeweils anderen zugeschrieben wird. Mit der (empathisch) spiegelnden Verknüpfung von Trigger *(Er wendet sich ab)* und Bindungsbedeutung *(Ich bin ihm völlig egal)* eröffnet sich Klienten häufig ein Felt Sense des zugrunde liegenden primären Schmerzes und der primären Angst. Eine weitere bedeutsame Intervention in Schritt 3 ist die Validierung, die beispielsweise sekundäre reaktive Emotionen und Verhaltensweisen im Zykluskontext verortet und »Bindungssinn« herstellt (»*Natürlich werden Sie ärgerlich, wenn er mit den Schultern zuckt. Sie ahnen dann schon, dass er sich gleich abwenden und Sie allein lassen wird. Dann denken Sie: Wusste ich es doch, ich bin ihm egal!*«). Evokative Fragen (was, wann, wo und wie, aber nicht warum) öffnen Türen zu den einzelnen Elementen der Emotion und lassen die flüchtigen Emotionen, die der Angreifer- bzw. Rückzüglerposition zugrunde liegen, erkennbar werden (»Was haben Sie gefühlt, *kurz bevor* Sie sich wegdrehten? Oder *in dem Moment, bevor* Sie explodierten?«). Ein weiterer Weg, Zugang zu zugrunde liegenden Emotionen zu eröffnen, sind empathische Vermutungen, d. h. einfühlsame Vermutungen bezüglich des äußersten Punkts des Bindungserlebens (»Ich frage mich, ob unter der emotionalen Taubheit, in die Sie nach ihrem wütenden Abgang verfallen, vielleicht die Angst liegt, ihr nicht zu genügen?«). Im Nachverfolgen, Spiegeln und Validieren der einzelnen Schritte des negativen Zyklus wird die Verknüpfung von Trigger, körperlicher Reaktion, zugesprochener Bindungsbedeutung, Handlungsimpulsen und neu auftauchenden Emotionen erfahrbar. Wann immer Kernemotionen zum Vorschein kommen, halten Sie inne, erkunden das emotionale Terrain und heben die Emotionen hervor.

Aus hervorgehobenen Emotionen, die als Felt Sense erfahrbar werden, gestalten Sie anschließend Enactments, die den Partnern dazu dienen, sich noch tiefer mit ihrem inneren Erleben zu verbinden, und es darüber hinaus miteinander zu teilen – eine völlig neue Erfahrung (Tilley u. Palmer, 2013). Für jeden der Beteiligten sorgfältig choreografierte Enactments lassen die Verbindung zwischen ihren individuellen Tanzschritten (fordernd/verfolgender bzw. sich verteidigend/zurückziehender Handlungsimpuls) und der zugrunde liegenden Bindungsangst nicht nur verstehbar, sondern erlebbar werden.

THERAPEUTIN: Sophie, können Sie sich Ella zuwenden und ihr von der Angst erzählen, die sich unter Ihren Ausbrüchen versteckt und die – wie Sie sagen – »nie ihr Gesicht zeigt«?
SOPHIE: Ich weiß, dass ich jedes Mal direkt wütend werde und anfange, dich fertigzumachen. Wenn du nicht auf mich reagierst, gerate ich in Panik und habe Angst, dass ich dir überhaupt nichts bedeute. Dann drehe ich durch!

## Emotionen auffächern

Dem Auffächern von Emotionen geht immer die Identifizierung des Triggers voraus, den Sie als Therapeutin empathisch spiegelnd aufgreifen und wiederholen. Damit schaffen Sie Zugang zu den verschiedenen Elementen des emotionalen Prozesses. Da es bei Emotionen in erster Linie um Handlungsfähigkeit und -bereitschaft geht (Frijda, 2007), besteht der erste Schritt darin, eine Verbindung herzustellen zwischen »*wann* geht es los?« (Trigger) und dem daraus resultierenden Handlungsimpuls (z. B. »*In dem Moment,* in dem Tanjas Stimme laut und wütend wird, wendet sich Kilian ab; *in dem Moment,* in dem sich Kilian abwendet, wird Tanja laut und wütend«). Erst wenn die Partner in der Lage und bereit sind, die Verknüpfung (Schritt 2) zwischen Trigger und typischer Reaktion zu erkennen und Verantwortung dafür zu übernehmen, können weitere Türen der primären Emotion geöffnet werden. Schritt 3, das Auffächern der Emotion, ist erst abgeschlossen, wenn beide Partner zu ihren unerkannten Kernemotionen vorgedrungen sind. Es geht also darum, vom äußersten Punkt emotionalen Erlebens aus Zugang zur primären Bindungsbedrohung zu gewinnen, für die es bisher keine Worte gab. Hierzu kann jede Tür genutzt werden, die sich gerade öffnet.

Kehren wir nun zurück zu Emily, die jetzt, in Schritt 3, den emotionalen Prozess ihrer Paare ganz eng begleitet und nachverfolgt, um die Deeskalation des negativen Zyklus voranzubringen. In dem, was sie sagt, vermeidet sie jegliche Wertung und zeigt, dass sie beispielsweise den Zusammenhang zwischen Tanjas aufdrehender Lautstärke auf der einen Seite und Kilians Schulterzucken und Abwenden auf der anderen Seite verstehen möchte. Sie ist auch daran interessiert, zu erfahren, welche Bedeutung Tanja dem Trigger (Kilians Schulterzucken und Abwenden) zuschreibt und fragt: »Was bedeutet es für Sie, wenn Kilian mit den Schultern zuckt und zum Fenster hinausschaut?« Diese Frage beantwortet Tanja ohne Umschweife: Für sie war jedes Schulterzucken von Kilian bisher ein Hinweis darauf, dass er kein Interesse mehr an ihr hat, dass sie ihm egal ist. Emily validiert: »Klar, in so einem Moment ist es nur logisch, dass Sie unruhig werden und den Impuls haben, ihm hinterherzugehen, um ihn zurückzuholen, nicht wahr?« (Wenn Emily Tanjas kritische Verfolgerinnen-Intention – den geliebten Menschen in Momenten, in denen sie befürchtet, dass er sich ihretwegen abwendet, zurückzuholen – als positive Bindungsabsicht reframt, dann erweitert sie in diesem Moment das Gehörte um den Bindungsaspekt). Die Bindungsbrille hilft, selbst das feindseligste und kälteste Verhalten in einem warmen und akzeptierenden Licht zu sehen. Mit diesem Licht beleuchtet Emily nun den Trigger – Kilians Schulterzucken und Sich-Abwenden – und öffnet damit weitere Türen des emotionalen Prozesses. Schritt für Schritt fächert sie die Emotion auf, lenkt den Blick des Paares auf die negative Bindungsbedeutung, die Tanja Kilians Verhalten zuschreibt (nicht wichtig bzw. wertvoll zu sein), auf Tanjas Handlungsimpuls, lauter zu werden und Kilian niederzumachen, und auf Tanjas Körperwahrnehmung (»ein Stich ins Herz!«). Der emotionale Prozess wird so lange erweitert und vertieft, bis Tanja ein leises Gespür ihrer zugrunde liegenden Angst vor dem Alleinsein – ohne Kilian – entwickeln kann.

Nachdem sie Tanjas Angst vor einem Leben ohne Kilian in alle Richtungen erkundet haben, gestaltet Emily daraus ein Enactment, in dem sie Tanjas inneres Erleben – den Stich ins Herz – mit dem interpersonellen Erleben des Paares – Kilians Schulterzucken und der Angst, ihn zu verlieren – verknüpft. Anschließend fordert sie Tanja auf, die Verknüpfung des Triggers der primären Angst mit ihren Reaktionen im Zyklusgeschehen Kilian gegenüber offenzulegen. »Tanja, können Sie sich Kilian zuwenden und ihm sagen: ›Wenn ich sehe, dass du dich abwendest oder auch nur das kleinste Schulterzucken zeigst, dann zerreißt es mir das Herz aus Angst, dich bereits verloren zu haben; ich werde laut und gehe auf dich los in der Hoffnung, dass du mit mir sprichst‹?«

Das Auffächern von Emotionen – Türen zum emotionalen Prozess öffnen – dient Therapeuten dazu, ihren Klienten Zugang zu bisher nicht eingestandenen Emotionen zu ermöglichen. Mit diesem Ziel kehrt Emily in Sophies und Ellas Fall zu Sophies triggerndem Gesichtsausdruck zurück [wahrgenommener Trigger], um von ihm ausgehend langsam Tür für Tür zu öffnen und ihn mit den weiteren Elementen der Emotion zu verbinden. Das lässt Ellas Wahrnehmung ihres Erlebens wachsen, nach und nach wird die zugrunde liegende Gefahr spürbar und die primäre Bindungsangst erfahrbar. »Ella, Sie sehen diesen Ausdruck auf Sophies Gesicht und denken, ›Oh, oh!‹ [das limbische System signalisiert Gefahr], und sofort wird Ihnen ganz bange ums Herz [Körperwahrnehmung] und Sie sagen sich [Bedeutungszuschreibung] ›Schon wieder habe ich es ihr nicht recht machen können; ich werde sie nie glücklich machen‹. Verzweifelt werfen Sie die Hände hoch und stürmen wütend aus dem Zimmer [Handlungsimpuls und reaktive Emotion].« Und dann wird die Fahrertür nochmals geöffnet: »Ihre Enttäuschung, wenn Sie Sophies unglücklichen Gesichtsausdruck sehen, ist nachvollziehbar, wenn es Ihnen so wichtig ist, für sie da zu sein [die offensichtlichen reaktiven Emotionen validieren]. Können wir zu dem Moment [Fahrertür, Trigger für Gefahr im limbischen System] zurückgehen, in dem Sie diesen unglücklichen Ausdruck auf Sophies Gesicht sehen?« Im langsamen Auffächern dieses Moments aktiviert Emily Ellas inneres Erleben drohender Gefahr. Ella beginnt, ihr Muster zu verstehen und erkennt, wie sie ihrer primären Angst, Sophie zu enttäuschen, jedes Mal ganz schnell mit Hilfe sekundärer Reaktionen – Enttäuschung und Rückzug – ausweicht.

Das Öffnen der Türen zum emotionalen Prozess schafft Zugang zu den zugrunde liegenden primären Ängsten von Paaren. Dabei erlebt Emily immer wieder die wichtige Bedeutung der Fahrertür (Trigger = emotionale Alarmglocke der Gefahr, die den emotionalen Prozess in Gang setzt), den sie deshalb umso häufiger wiederholt. Auf diese Weise öffnet sie nicht nur alle vier Türen zum emotionalen Prozess, sondern lässt die Partner auch wieder den ursprünglichen Felt Sense der damit verbundenen Bewertung als gut/schlecht, sicher/gefährlich erleben. Jetzt ist der Weg zur primären Bindungsemotion frei, das Erleben kann in Worte gefasst werden – Worte für die Angst, nicht wertvoll zu sein oder nicht geliebt, begehrt oder akzeptiert zu werden.

**Sekundäre, reaktive Emotionen**
Wut und Erstarrung sind typische, der Verteidigung dienende reaktive Emotionen in Reaktion auf eine nicht erreichbare Bindungsperson. Wenn Partner von Wut sprechen oder angeben, »nichts zu fühlen«, veranlasst das Sie als Therapeutin, diese reaktiven Emotionen zu validieren und darüber Türen zu Kernemotionen zu öffnen. In unsicheren Beziehungen ist es kein seltenes Phänomen, dass die durch den Trigger ausgelöste, verletzlich machende Kernemotion »vorbeirutscht« und gewissermaßen im Hintergrund verschwindet, mit dem Ergebnis, dass die Klienten »geradewegs in Ärger oder Erstarrung übergehen«. Die Validierung sekundärer reaktiver Emotionen gibt Sicherheit. Klienten erleben, dass ein anderer (die Therapeutin) versteht, was sie so wütend macht und was im Verhalten des Partners so unaushaltbar ist, dass sie sich nur noch alleingelassen fühlen bzw. in emotionale Taubheit gehen können.

Jedes Mal, wenn sich Tanja enttäuscht fühlt und dies Kilian gegenüber äußert, erstarrt Kilian. Validiert Emily diese reaktive emotionale Taubheit, öffnet sie eine kleine Tür zu Kilians Kernemotionen. »Natürlich fühlen Sie sich wie taub und tauchen ab, wenn Sie hören, dass Tanja Sie fast schon abgeschrieben hat!«

Emily validiert auch Tanjas Ausbrüche in beider »Tango der verschütteten Milch«: »Natürlich werden Sie wütend, wenn Kilian kaum reagiert.« Mit diesem Satz verbindet sie Tanjas reaktive Wut mit dem Trigger, Kilians Verschwinden im Keller. Nach und nach fächern sie gemeinsam Tanjas emotionalen Prozess immer weiter auf und nähern sich dem Herzstück, Tanjas unausgesprochenen, weicheren, Kernemotionen. Auf diesem Weg gewinnt Tanja zunächst Zugang zu ihrer Traurigkeit darüber, dass der Mann, in den sie sich ursprünglich verliebt hat, kaum noch bei ihr ist. Und dann taucht hinter der Traurigkeit ihre Angst auf, Kilians Liebe verloren zu haben.

**Ungefilterte Emotionen**
Primäre Emotionen werden, nachdem sie zugänglich gemacht und herausgefiltert wurden, ausgiebig gekostet, gewürdigt und hervorgehoben, denn als verletzlich machende Kernemotionen haben sie die Macht, Beziehungen grundlegend zu verändern.

Es gibt eine Kernemotion, die EFT-Therapeuten nicht hervorheben – die Scham. Taucht sie im Prozess auf, lenken Sie als Therapeutin den Blick weg von der Emotion und hin zum Handlungsimpuls, der mit ihr verbunden ist – dem Bedürfnis, sich zu verstecken. Über diesen Weg öffnet sich der Zugang zu möglicherweise in die Scham eingebetteten, anderen primären Kernemotionen. So validiert Emily Philipps und Julias Impulse, sich zu verstecken, mit den Worten: »Wenn Sie in Ihrem Leben erfahren haben, dass es sicherer ist, auf Abstand zu bleiben, dann fühlt es sich natürlich auch jetzt sicherer an, sich zu verstecken, als das Risiko einzugehen, sich einander zu nähern. Sie haben oft genug erlebt, dass auf andere kein Verlass ist, nicht wahr?« Philipp und Julia brauchen viel Zeit, bis sie in der Lage sind, sich den Schmerz – Wut, Angst und Trauer – einzugestehen, der sich in ihrer Scham versteckt.

Verletzung oder Schmerz, die ich bereits als Mischung aus Traurigkeit, Wut und Verlustangst dargestellt habe, stellen ein komplexes emotionales Erleben dar, dessen Bestandteile es herauszufiltern gilt. Bei verletzenden Partnern nehmen sich EFT-Therapeuten besonders viel Zeit, um sich voll und ganz auf diese einzustimmen und mit ihnen an den äußersten Punkt des Erlebbaren zu kommen. Dort wird deutlich, ob dem Wunsch, den anderen zu verletzen, eher Wut (»Warum reagierst du nicht?«) oder Traurigkeit (»Ich fühle mich so allein, ich könnte nur noch weinen«) zugrunde liegt. Manchmal ist es auch die Angst, jemanden bereits verloren zu haben, die verletzendes Verhalten antreibt (»Es ist dieser scharfe Schmerz, der sich in mein Herz bohrt, der mir sagt: ›Er [oder sie] ist nicht mehr da – ich glaube, ich habe ihn [sie] verloren. Es ist vorbei.‹«). Komplexe Emotionen wie Schmerz bzw. Verletzung in dieser Form neu zu rahmen, macht es auch Therapeuten leichter, in das innere Erleben ihrer Klienten einzutauchen. Es hilft uns als Therapeuten, die Angst und den Schmerz zu verstehen, die sich unter reaktiver Wut, beschämtem Rückzug und endlosen Tränen verstecken (Johnson, 2012).

**Handlungsimpulse**
Handlungsimpulse stellen insbesondere für Rückzügler oft zunächst die einzig zugängliche Komponente ihrer Emotionen dar (»Was ich tue« oder »Was ich am liebsten tun würde« – ihre Schritte im gemeinsamen Tanz). Dann sollte diese Tür auch als erste geöffnet werden. Kilian beispielsweise sagt: »Ich fühle eigentlich gar nichts. Ich will nur meine Ruhe.« An dieser Stelle kann die Therapeutin genauer herausarbeiten, was den Wunsch nach Ruhe triggert. Vielleicht ist es Tanjas enttäuschter Gesichtsausdruck, der in ihm den Wunsch nach Ruhe und Empfindungslosigkeit weckt. Die Verknüpfung des Triggers (Tanjas enttäuschter Blick) mit dem unmittelbaren Handlungsimpuls (Rückzug und Ver-

schwinden) ermöglicht es der Therapeutin, Kilian die Tür zur Bedeutung zu öffnen, die er Tanjas Blick zuspricht (»Genau! Das war meine letzte Chance! Sie wird mich nie akzeptieren.«).

Auf diese Weise kann Emily Kilians Kernemotion – die tiefsitzende Angst, Tanja zu enttäuschen und sie ganz zu verlieren – herausfiltern und wieder zum Leben erwecken. Ruhig und voller Empathie bleibt sie am Prozess und spricht mit langsamer und leiser Stimme: »Sie sehen den Blick in ihrem Gesicht und sagen sich ›Oh je! Das war's jetzt – das war meine letzte Chance ... So ist es, jetzt wird sie mich wirklich verlassen.‹ Nicht wahr?« (überprüfen und um Bestätigung bitten). Damit schafft Emily Raum für das flüchtige, zugrunde liegende Gefühl. Bestätigt Kilian, dass es wirklich so schlimm ist, validiert sie auch das und macht es nochmal größer: »Hmm ... Sie sehen diesen Gesichtsausdruck, hören ihr Seufzen und sofort sind Sie in diesem gefährlichen Strudel, der grauenhaften Vorstellung, sie verloren zu haben, und fühlen sich wie gelähmt. Nach außen sieht man Ihnen vielleicht nichts davon an [reaktive Erstarrung], aber innerlich fühlen Sie sich kalt und einsam [Kernemotion]. Sie sind voller Angst, dass Sie ihre Wärme und Anerkennung nie mehr spüren werden. Nicht wahr?«

Nach dieser Arbeit kennen Kilian und Tanja die Alarmglocken ihres Tangos der verschütteten Milch; Alarmglocken der Angst vor Verlassenwerden und Zurückweisung. In Schritt 4 geht es nun darum, die einzelnen Elemente des den Zyklus steuernden emotionalen Prozesses zusammenzufügen und den negativen Zyklus als das eigentliche Problem des Paares herauszuarbeiten und zu benennen.

## Schritt 4: Den negativen Zyklus als das eigentliche Problem beschreiben

In Schritt 4 wird der negative Zyklus als das eigentliche Problem des Paares reframt. Schritt für Schritt fügen Sie als Therapeutin die zuvor herausgearbeiteten Einzelkomponenten des Prozesses zu einem großen Ganzen zusammen, so dass sich ein Gesamtbild des Zyklus herauskristallisiert. Dieser Zyklus wird angetrieben von Bindungsängsten und -bedürfnissen und ist geprägt von sich stets wiederholenden Schritten und Bedeutungszuschreibungen. Das entstehende Bild unterscheidet nicht zwischen Täter und Opfer, sondern lässt zwei Menschen sichtbar werden, die trotz bester Absichten doch immer wieder »vor die Wand laufen«. Um den Weg zum ersten Veränderungsereignis, der Deeskalation, zu ebnen, begeben Sie sich als EFT-Therapeutin »auf die Meta-Ebene – zum Spiel und nicht zum Ball« (Johnson, 2014) und verbinden das Spiel, d. h. den Zyklus, mit den zugrunde liegenden Kernemotionen, die ihn am Laufen halten.

Das tut Emily nun in Schritt 4. Sie verknüpft alle Bestandteile des Zyklus miteinander und stellt die Beziehungskrise damit in einen positiven Rahmen. Rückblickend wird deutlich, was das Paar schon geleistet hat. Standen bei Kilian und Tanja anfangs Themen wie Kinder, Haushalt und Schwiegerfamilie im Mittelpunkt, sprechen sie jetzt – nach sechs Sitzungen – über die Ängste und Sorgen, die sie verunsichern. Nur allzu gut erinnert sich Emily noch an das rigide Muster, mit dem die beiden in den Prozess einstiegen. Je drängender Tanja Kilian damals in ihrer verzweifelten Suche nach Nähe und Reaktion verfolgte, desto mehr zog sich Kilian zurück. Und irgendwann gab Tanja – zermürbt und erschöpft – auf und zog sich ebenfalls zurück. Jetzt sieht sie, dass die Momente, in denen Kilian unerreichbar wirkt, seltener werden und er nicht mehr so schnell aufgibt. Sein unruhiger Fuß hat sich enorm beruhigt. Und bis auf wenige Ausnahmen gehört Tanjas atemberaubender Wechsel zwischen Wut und Tränen der Vergangenheit an.

Stattdessen nimmt Emily Marker wahr, die darauf hindeuten, dass Schritt 4 kurz vor dem Abschluss steht. Konnte sie anfangs darauf zählen, dass Tanjas Schilderung ihrer Ängste zuverlässig Kilians Abwehrreaktion und Gegenangriff triggerte, beugt Kilian sich jetzt nach vorne, wenn Tanja spricht, hört aufmerksam zu und bringt den Mut auf, sehr ehrlich Dinge zu sagen, die für Tanja möglicherweise nicht einfach zu hören sind, beispielsweise:»Ich kämpfe – es fällt mir gerade unendlich schwer, dir zuzuhören; am liebsten würde ich wegrennen. Es wäre so viel sicherer, dir aus dem Weg zu gehen, anstatt mir anzuhören, wie ich dich im Stich gelassen habe.« Mit dieser Offenheit und Ehrlichkeit beeindruckt er Tanja.»Ich will nicht, dass es ihm so schlecht geht, aber es tut *so gut*, zu erleben, dass er mich teilhaben lässt an dem, was in ihm vorgeht! Ich fange an, Kilian wirklich zu sehen!«

Beide erkennen, was sie aus der Bahn wirft und in den Strudel ihres Teufelskreises hineinzieht. In diesen Momenten fallen Sätze wie:»Jetzt hab' ich's verstanden! Meine Einsamkeit bringt mich auf hundertachtzig und das wiederum löst bei dir die Angst aus, mich zu verlieren und schon sind wir mittendrin. Je mehr du dich zurückziehst, desto größer werden meine Einsamkeit und meine Angst, dich nie mehr zu erreichen. Und je mehr ich das spüre, desto wütender und vorwurfsvoller werde ich und so weiter und so weiter«. Jeder dieser Sätze trägt ein Stück zur Deeskalation bei.

Kilian reagiert mit den Worten:»Ja klar, je wilder du um dich schlägst, desto mehr Abstand suche ich. Ich flippe aus, wenn ich sehe, wie sehr ich dich verunsichere. In solchen Momenten schwindet bei mir alle Hoffnung und ich kann nur noch weglaufen. Ich sehe durchaus, wie schrecklich mein Verschwinden für dich ist und warum du dann immer lauter wirst, um mich zurückzuholen.

Trotzdem funktioniert es nie.« Leise schmunzelnd ergänzt er: »Ich mache nur noch mehr vom Gegenteil dessen, was du dir eigentlich von mir wünscht.«

In Sätzen wie diesen haben beide ihre Ängste miteinander geteilt und Verantwortung für ihr Verhalten übernommen. Immer seltener geraten sie nun in ihren Zyklus; und wenn doch, können sie ihn manchmal stoppen und – nach einer Pause – wieder in Kontakt kommen. »Eigentlich hat sich nichts verändert und doch ist alles anders.« So sieht Deeskalation aus. Emily denkt gern daran zurück, wie sehr sie sich über diese Aussagen der beiden gefreut hat.

## Wie die EFT-Therapeutin Schritt 3 und 4 umsetzt

1. Sorgen Sie zuallererst für Ihr eigenes sicheres Fundamt. Um Paare in einem emotionalen Ausnahmezustand gut begleiten zu können, ist es für die EFT-Therapeutin wichtig, emotional ausgeglichen und gut mit sich in Kontakt zu sein. Die Grundhaltung der EFT ist die bedingungslose Akzeptanz. Auf diese Haltung können Sie sich verlassen; sie wird Ihnen helfen, eine ruhige, sichere Basis in Ihrem Inneren zu finden.
2. Aktivieren Sie in sich beruhigende Sätze von Kollegen oder eines Supervisors, die Ihnen sagen: »Es ist okay – du bist präsent – das ist das Allerwichtigste«. Achten Sie auf Ihre eigenen Körpersignale, z. B. »Ich fühle meinen Herzschlag, das bedeutet Gefahr« und aktivieren Sie in sich eine beruhigende Stimme, die Ihnen sagt: »Es ist alles in Ordnung – du merkst, dass du ein bisschen nervös wirst – bleib' präsent – das ist deine größte Stärke. Möglicherweise spiegelt deine Unruhe die Unruhe der Partner.« Das Wissen über Spiegelneuronen lässt EFT-Therapeuten darauf bauen, dass ein Teil des eigenen Angsterlebens in der Resonanz des Erlebens eines oder beider Partner begründet ist.
3. Gehen Sie in Kontakt zum Felt Sense des emotionalen Erlebens und nutzen Sie dabei alle Sinneskanäle: erkunden Sie, schmecken Sie, spüren Sie und fühlen Sie ihn. Wenn Sie das tun, gewinnen sie eine Ahnung von der existenziellen Bedeutung und dem Ausmaß des Erlebens ihrer Klienten (wenn beispielsweise ein Partner Angst hat, für den anderen nicht bedeutsam zu sein oder umgekehrt oder ein anderer fürchtet, der Partnerin nicht zu genügen und sich deshalb ihrer Liebe nie absolut sicher sein zu können).
4. Spiegeln Sie »aus dem Bauch heraus« und scheuen Sie nicht die Konfrontation mit Ihren eigenen existenziellen Ängsten und Ihrer Hilflosigkeit. Nutzen Sie empathische Imaginationen, um ein Gespür dafür zu entwickeln, wie sich die Partner in ihrem negativen Zyklus fühlen mögen und welcher Sinn

hinter ihrem jeweiligen Verhalten stehen könnte. Es reicht nicht, Emotionen in Worte zu fassen; lassen Sie sich körperlich auf sie ein und spiegeln Sie langsam, mit weicher Stimme. Das bringt Sie in emotionalen Kontakt mit der sich herauskristallisierenden Erfahrung Ihrer Klienten. Ein angepasster Tonfall und gutes Pacing[30] können sowohl evokative als auch beruhigende Wirkung haben. Gehen Sie mit Ihren Klienten in Resonanz – so wie eine Mutter mit ihrem aufgeregten Kind. Spiegeln, kosten, erkunden, validieren und heben Sie emotionales Erleben hervor, um es im Hier und Jetzt erfahrbar zu machen.
5. Tauchen Sie ein in den sich auffächernden Prozess emotionalen Erlebens beider Partner und behalten Sie den Trigger im Auge, der die ganze Kaskade in Bewegung setzt. Wann, in welchem Moment geht dieser emotionale Prozess los? Was triggert ihn bei jedem der Partner? Machen Sie immer wieder den mit der Emotion verbundenen Handlungsimpuls und seinen direkten Zusammenhang mit dem Trigger und der zugesprochenen Bedeutung innerhalb des negativen Zyklus deutlich.
6. Bleiben Sie neugierig-interessiert und aufmerksam, um alle Elemente der Emotion wahrzunehmen. Nutzen Sie im Nachverfolgen der Emotionen die Tür, die sich gerade öffnet. Benennen Sie die einzelnen Elemente in ruhigen Worten, greifen Sie den Trigger immer wieder auf und verknüpfen Sie ihn mit dem in Schritt 2 bereits herausgearbeiteten Handlungsimpuls. Wiederholen Sie diesen Prozess so oft und so lange, bis es Ihnen gelingt, die zugrunde liegende Emotion immer stärker zu evozieren. Beharrliche Neugierde und beharrliche Empathie sind wesentliche Kennzeichen von EFT-Therapeuten.

## Fazit

In diesem Kapitel habe ich Ihnen die Schritte auf dem Weg zum ersten Veränderungsereignis der EFT, der Deeskalation, aufgezeigt. Dieser Prozess ist dadurch gekennzeichnet, dass das Paar eine klare Vorstellung, ein Gespür dafür entwickelt, dass das wirkliche Beziehungsproblem nicht einer der Beteiligten ist, sondern der immer wieder unkontrolliert ablaufende Tanz ums Überleben. Schon der kleinste Hinweis auf eine mögliche Bindungsbedrohung setzt diesen Tanz automatisch in Bewegung und reißt beide unweigerlich mit. Am Ende der ersten vier Prozessschritte wird das Paar nicht mehr von seinem negativen Zyklus be-

---

30  Pacing bezeichnet, sich in Tempo, Tonfall und emotionalem Ausdruck auf das Gegenüber einzustellen.

herrscht, sondern übernimmt Verantwortung und Gestaltungshoheit und schiebt damit einer weiteren Zerstörung seiner Bindung und Verbindung einen Riegel vor.

Bildlich kann das erste Veränderungsereignis auch als Glätten der Wogen beschrieben werden. In der Tat werden die Paare mit der Zeit ruhiger. Ihre Kämpfe sind weniger von Feindseligkeit geprägt; vorwurfsvolles Schweigen verliert seine Härte und wird rascher beendet, Humor und Ruhe halten Einzug. Der vorwurfsvollere Partner zeigt sich weniger vorwurfsvoll und zum Teil weicher, der Rückzügler scheint sich weniger verteidigen zu müssen und ist häufiger präsent.

Diese Beruhigung ist allerdings noch nicht mit einer Umstrukturierung der Bindung in eine sichere und belastbare Beziehung gegenseitiger Erreichbarkeit und Responsivität gleichzusetzen. Das grundlegende System hat sich noch nicht geändert; ohne tiefergehende systemische und emotionale Veränderungen wird sich der vertraute Zyklus über kurz oder lang wieder Bahn brechen. Dauerhafte Veränderungen mit neuen Tanzschritten zu einer neuen, emotional sicheren Hintergrundmusik stehen dem Paar noch bevor. Zusammengefasst dient Phase 1 der Beendigung des negativen Zyklus und der Bereitung eines sicheren Untergrunds als Startrampe für die Veränderungsereignisse in Phase 2. In Phase 2 werden die zu diesem Zeitpunkt bereits freigelegten Emotionen, die Antriebskräfte des Zyklus von Verfolgung und Rückzug, erweitert, reprozessiert und als Antriebskräfte des Aufeinander-Zugehens nutzbar gemacht. Wenn die Partner bereit sind, das Risiko einzugehen, auf den anderen zuzugehen und aufeinander zu reagieren, kann eine neue Form der Bindung entstehen – eine sichere Bindung, geprägt von Fürsorge und Geborgenheit.

Wir treffen Emily noch einmal am Ende eines langen Arbeitstages. Sie steht an ihrem Auto und befreit die Windschutzscheibe vom Schnee. Während sie das tut, geht ihr durch den Kopf, wie weit sie in ihrer EFT-Arbeit bereits gekommen ist. So wie der Blick durch die Windschutzscheibe frei wird, so hat sich für sie ein Fenster in die Welt der Emotionen geöffnet. »Es ist viel passiert, seit der Zeit, als ich Emotionen und *Gefühle* als ein und dasselbe angesehen habe. Aus dieser Überzeugung heraus dachte ich, EFT bedeute in erster Linie, *Menschen dazu zu bringen, über ihre Gefühle zu sprechen*«. Seit sie Emotionen aber als facettenreichen Prozess (Einschätzung als sicher bzw. gefährlich, damit verknüpfte Körperreaktion, kognitive Bewertung, Handlungsimpuls) begreift und dieses Begreifen in ihre Arbeit integriert, vertraut sie immer mehr der Macht der Emotionen als Ziel und Motor von Veränderung. Sie fühlt sich gestärkt und weiß, dass sie gute Arbeit leistet, wenn sie ihre Paare darin unterstützt, diesen Prozess Schritt für Schritt zu erfassen, und wenn sie die Trigger, die die Alarmglocken in Gang setzen, validiert und respektiert, bis beide Partner Worte für ihre Bindungsangst gefunden haben. In ihrer Arbeit mit der Bindungslandkarte des Paares öffnet sie den Partnern Fenster zum primären emotionalen Erleben; Fenster, die die Verfolger- bzw. Rückzüglerposition in völlig neuem Licht erscheinen lassen.

## Die Schüsselbestandteile der Veränderung in Schritt 3 und 4

### Was die EFT-Therapeutin in Schritt 3 sieht und hört

- Schlüsselreize emotionaler Bedrohung, die zirkuläre Feedbackschleifen zwischen dem Paar in Gang setzen;
- Hinweise auf den sich in Sekundenbruchteilen entfaltenden emotionalen Prozess, der die negative Interaktion des Paares charakterisiert: wahrgenommener Trigger, sofortige Bewertung im Sinne von sicher/gefährlich, körperliche Reaktion; bewusste Bedeutungszuschreibung, Handlungsimpulse.

### Welche Veränderungen die EFT-Therapeutin in Schritt 3 bei den Partnern sieht und hört

- Die Partner übernehmen Schritt für Schritt Verantwortung für ihren Anteil am negativen Zyklus und erkennen, wie sie sich in diesen hineinziehen lassen bzw. wechselseitig hineinziehen.
- Die Partner entdecken, benennen und drücken die Emotionen aus, die ihrer Verfolger- bzw. Rückzüglerposition zugrunde liegen und die sie so verletzlich machen. Sie entwickeln ein Gespür für ihren einzigartigen Paartanz, können ihn benennen, beschreiben und als Ausdruck ihrer Beziehungsstörung annehmen.
- Eine deeskalierte, weniger von Feindseligkeit und mehr von gegenseitigem Engagement und Hoffnung geprägte Beziehung bildet sich heraus. Der negative Zyklus hat an Macht verloren; wenn er von Zeit zu Zeit noch auftritt, erweist er sich als weniger starr und weniger verletzend.

### Was EFT-Therapeutin und Klienten in Schritt 3 tun

- Gemeinsam schauen Sie sich den in Schritt 2 identifizierten Tanz bzw. negativen Zyklus genauer an. Sie als Therapeutin heben den Trigger hervor, der die dem Selbstschutz dienenden Tanzschritte auslöst und evozieren die einzelnen Elemente des emotionalen Prozesses, der den negativen Zyklus des Paares steuert.

- Die Partner verstehen und akzeptieren, wie sie sich gegenseitig in ihren Reaktionen triggern.
- Gemeinsam mit den Klienten fächern Sie den im negativen Zyklus getriggerten emotionalen Prozess auf.
- Sie öffnen Türen zu bisher unerkannten primären Kernemotionen. Hierzu nutzen Sie evokative Fragen, empathisches Spiegeln, Sie verfolgen nach, wie schwierige Situationen mit bestimmten Reaktionen verknüpft sind und äußern empathische Vermutungen. Sie validieren reaktive Reaktionen, so dass der Sinn hinter reaktivem Verhalten und reaktiven Emotionen im Bindungskontext deutlich werden kann.
- Die Partner vertiefen ihr emotionales Erleben, nähern sich verletzlich machenden Kernemotionen; Emotionen, die der Verfolger/Kritiker- bzw. Verteidiger/Rückzügler-Position zugrunde liegen. In therapeutisch angeleiteten Enactments werden diese Kernemotionen miteinander geteilt.

### Was EFT-Therapeutin und Klienten in Schritt 4 tun

Das Beziehungsproblem wird in einen neuen Rahmen gestellt. In diesem Rahmen ist das Problem ein wenig abwechslungsreicher Tanz zu einer mächtigen emotionalen Hintergrundmusik, für die es bisher keine Worte gab.
- Gemeinsam mit den Partnern arbeiten Sie die einzelnen Bestandteile des negativen Zyklus heraus.
- Die Partner vertiefen ihr emotionales Erleben und erkennen, was sie triggert und wie sie sich gegenseitig in ihren negativen Interaktionsmustern triggern.
- Sie als Therapeutin benennen das negative Interaktionsmuster des Paares als Quelle des emotionalen Hungers und Schmerzes, unter denen beide leiden. Damit stellen Sie die Not des Paares in einen neuen Rahmen.
- Die Deeskalation ist abgeschlossen, wenn das Paar den Zyklus vollumfänglich als Ursache seines Beziehungskonflikts akzeptieren kann. In dieser Akzeptanz erkennen beide das – ramponierte – Band, das sie miteinander verbindet und verstehen, wie sie sich von tiefen, verletzlich machenden Emotionen zu bedrohlich und verletzend wirkenden Botschaften einladen lassen.

### Wie die EFT-Therapeutin Schritt 3 und 4 umsetzt

Sie bewahren sich die bereits beschriebene Haltung empathischen Interesses, einfühlsamer und engagierter Präsenz, der weiterhin zentrale Bedeutung zukommt. Inhaltlich liegt der Schwerpunkt von Schritt 3 und 4 vorrangig auf der gegenwärtigen zyklischen Dynamik des Paares, die genau nachverfolgt wird.

Unter bewusster Wahrung des eigenen emotionalen Gleichgewichts fächern Sie den emotionalen Prozess des Paares auf und machen zugrunde liegende Emotionen erfahrbar, wobei Sie kontinuierlich darauf achten, in guter Resonanz mit dem emotionalen Erleben beider Partner zu bleiben und in die Tiefe des Klientenerlebens einzutauchen. Das Zurückgreifen auf eigene Bindungserfahrungen macht es Ihnen leichter, sich in die hinter den Positionen der Verfolgerin bzw. des Rückzüglers stehenden Emotionen einzustimmen. Im Wissen um die Universalität von Bindungserfahrungen nehmen Sie als EFT-Therapeutin das ganz individuelle Erleben eines jeden Partners sehr genau wahr.

# Teil III

## Emotionen als Motor der Veränderung: die Neugestaltung der Bindung in Phase 2 der EFT

# Vorbemerkung zu Teil III

In Phase 2 der EFT
*»werden wir Zeuge einer grundlegenden Veränderung. Die Partner öffnen sich emotional, stimmen sich aufeinander ein und gehen sorgsam mit ihren Verletzlichkeiten und Bedürfnissen um. Mit anderen Worten: sie sind emotional präsent – und um nichts anderes geht es doch in der Liebe«*
(Johnson, 2016c).

## Eine grundlegende Veränderung

In Phase 2 stehen die Emotionen in ihrer Funktion als Motor der Veränderung und der Entwicklung eines neuen Bindungsstils zwischen den Partnern im Mittelpunkt. Sie sind die Triebkraft, die sich die EFT-Therapeutin zunutze macht, um Paare auf ihrem Weg von Verzweiflung und Distanz hin zu einer stabilen, liebevollen, von Fürsorge und Geborgenheit geprägten Beziehung zu begleiten. Standen Emotionen in Phase 1 als Regisseure der Interaktionsmuster des Paares im Mittelpunkt, dient ihre Kraft nun der Bahnung der beiden Phase-2-Veränderungsereignisse – der »Wiedereinbindung des Rückzüglers« und dem »Erweichen des Anklägers«; unabdingbare Ereignisse auf der Reise zu einem sicheren Hafen und einer sicheren Basis.

»Um einen dominierenden Interaktionszyklus nachhaltig zu verändern, brauchen Therapeuten ›Dynamit‹ (Nichols, 1987). Das effektivste Dynamit zur Veränderung emotionaler Reaktionen könnten die Emotionen selbst sein« (Johnson, 1998, S. 2). In Phase 2 vertiefen die Partner die Wahrnehmung ihrer zugrunde liegenden Ängste und Bedürfnisse, teilen ihr Erleben miteinander und übernehmen Verantwortung für ihre Emotionen. Die Therapeutin begleitet die Partner in dieser neuen Form der Auseinandersetzung mit den zugrunde liegenden Emotionen, die dazu führt, dass sich die Partner auf neue Weise begegnen und in dieser Begegnung zu emotional korrigierenden Erfahrungen gelangen. Sich einander auf neue Weise einander zu nähern und aufeinander zu reagieren, verändert die emotionale Musik des Paares und eröffnet dauerhaft neue Sichtweisen von sich und anderen. Die Therapeutin fasst diese neue Form des Aufeinander-Zugehens und Aufeinander-Reagierens zusammen und validiert sie; sie hebt die Leistung des Paares hervor, dem es gelungen ist, einen neuen Tanz sicherer Interaktionen zu gestalten.

Es ist nicht übertrieben, in diesem Zusammenhang von einer grundlegenden Veränderung zu sprechen. In Phase 2 steuert der Therapieprozess der EFT nämlich unaufhaltsam seinem Ziel zu, eine von unsicherer Bindung geprägte krisenhafte Beziehung in eine sichere Bindung umzugestalten. Befunde aus der neurowissenschaftlichen Bindungsforschung belegen die hohe Relevanz dieses Ziels und die Bedeutung einer sicheren Bindung nicht nur für die emotionale Regulation (Coan u. Maresh, 2014), sondern auch für die grundsätzliche Reaktion des Gehirns auf Bedrohungen (Johnson et al., 2013). Im Transformationsprozess von Phase 2 steuern die Partner aus einer von unerkannten und unausgesprochenen Ängsten vor Ablehnung und Verlassenwerden geprägten Beziehung in einen neuen Hafen der Sicherheit und Geborgenheit. Menschen, die sich als nicht liebenswert oder gar bedrohlich füreinander erlebt haben, erleben sich am Ende dieses Prozesses als liebenswert und kostbar, sicher und zuverlässig.

In diesem Teil des Buches stelle ich Ihnen die beiden Veränderungsereignisse von Phase 2 in zwei getrennten Kapiteln vor. Beide Ereignisse bestehen aus jeweils drei identischen Schritten (Schritt 5, 6 und 7), die entsprechend zweimal durchlaufen werden – einmal vom Rückzügler, einmal von der Anklägerin. Ich beschreibe sie in zwei getrennten Kapiteln, betitelt als »Wiedereinbindung des Rückzüglers/der Rückzüglerin« und »Erweichen des Anklägers/der Anklägerin«. Im ersten Durchgang öffnet sich in Schritt 5 einer der Partner – der sich Öffnende oder Erlebende –, um sein inneres Erleben zu vertiefen, herauszuarbeiten und seine Kernemotion der anderen Seite gegenüber offenzulegen. In Schritt 6 wird die Partnerin – die Angesprochene bzw. Beobachterin – darin unterstützt, diesen »neuen« Partner anzunehmen und sich von alten Bildern zu verabschieden. Sich einander in der Verletzlichkeit erstmalig erweiterter tiefer Emotionen zu zeigen, stellt für beide eine völlig neue Erfahrung dar. In der Transformation von Schritt 7 verweilt die Therapeutin mit dem sich öffnenden Partner in seinem Felt Sense der Angst, sodass sich die in die Emotion eingebetteten Bindungsbedürfnisse herauskristallisieren können. In diesen Momenten wechselseitiger Öffnung und wechselseitigen Reagierens konstituiert sich der transformative Anteil der Veränderungsereignisse. Der Prozess erreicht seinen Höhepunkt in Momenten therapeutisch begleiteter Öffnung, in denen die Partner in verbundener Weise ihre Bindungsbedürfnisse offenlegen und um deren Erfüllung bitten.

## Entscheidende Unterschiede

Trotz des universellen Charakters von Bindungsängsten und -bedürfnissen unterscheiden sich Rückzügler und Verfolger in wesentlichen Punkten. Rückzügler fürchten am meisten die Zurückweisung. Sie sehnen sich nach Akzeptanz, Schutz und der Zusicherung, geliebt und gebraucht zu werden. Verfolger dagegen fürchten sich in erster Linie davor, verlassen zu werden. Sie sehnen sich nach der Erfahrung, bedeutsam und geliebt zu sein, und sind auf die zuverlässige Präsenz ihres Partners angewiesen. Dementsprechend bringen sich Rückzügler und Verfolger unterschiedlich in den emotionalen Veränderungsprozess ein. Während das Engagement sich zunächst eher zurückziehender Partner im Verlauf des Therapieprozesses nach und nach wächst, macht sich die Veränderung bei primär verfolgenden Partnern erst zu einem späteren Zeitpunkt bemerkbar, dann allerdings in großen Schritten (Burgess Moser et al., 2015). Während also die Tendenz zum Rückzug und zur Vermeidung über den Therapieverlauf hinweg kontinuierlich abnimmt, löst sich die beziehungsbezogene Bindungsangst von Verfolgern erst im Veränderungsereignis »Erweichen des Anklägers«. Den Rückzügler in Phase 1 als zunehmend engagiert zu erleben, bringt die Verfolgerin nicht zwangsläufig dazu, ihre ängstliche, vorwurfsvolle und misstrauische Haltung aufzugeben. Die entscheidende Wende vollzieht sich erst im Veränderungsereignis »Erweichen des Anklägers«. Der EFT-Therapeutin kann das Wissen um die feinen, von Bindungsangst bzw. -vermeidung geprägten Unterschiede im Veränderungsprozess helfen, sich ihre Geduld in den Prozess und ihr Vertrauen in das Modell zu bewahren.

Weitere Unterschiede zwischen Rückzüglern und Verfolgern zeigen sich in Schritt 7, wenn Partner mutig aufeinander zugehen und um Erfüllung ihrer Bedürfnisse bitten. Meist kreisen die Bedürfnisse von Rückzüglern darum, bedingungslos angenommen, gehört und geschätzt zu werden – »ohne Wenn und Aber«. Sprechen eher verfolgende Partner dagegen aus einer neuen Position heraus, dann ist dies eine für sie ungewohnte Position, in der sie sich verletzlich und weich zeigen und den Partner um Beruhigung und Bestätigung bitten.

Das folgende Kapitel ist wieder nach bewährtem Muster aufgebaut: Ich beschreibe zunächst, was die EFT-Therapeutin sieht und hört und wende mich dann der Frage zu, was Therapeutin und Klienten tun und wie sie es tun.

# Kapitel 6

## Das Veränderungsereignis »Wiedereinbindung des Rückzüglers«: Emotionen als Motor der Veränderung (Schritte 5–7)

> »Die Emotionen sind demnach die Musik im Tanz naher Beziehungen zwischen Erwachsenen. Verändern wir die Musik, ändern wir den Tanz«
> (Johnson, 2004, S. 67, dt. Ausgabe S. 73).

Im ersten Veränderungsereignis von Phase 2, der »Wiedereinbindung des Rückzüglers« (engl. »Withdrawer Re-Engagement«)[31], teilt der sich bis dato zurückziehende Partner seine Bindungsängste und -bedürfnisse mit der Partnerin[32] und bittet sie aus einer engagierten und entschlossenen Haltung heraus um Erfüllung seiner Bedürfnisse. Er formuliert klar, was er braucht, um ein dauerhaft engagierter Teil der Beziehung zu sein und sich mit der Partnerin sicher verbunden zu fühlen. Es ist von großer Wichtigkeit, den sich stärker zurückziehenden Partner als ersten mit ins Boot des Engagements für die Beziehung zu holen und ihn aufzufordern, seine Emotionen und Bindungsängste mit der Partnerin zu teilen (Schritt 5). Aus dieser neuen Position heraus, mit einem neuen Bewusstsein von Engagement für die Beziehung, ist er nun in der Lage, auf seine Partnerin zuzugehen und um Erfüllung seiner Bedürfnisse zu bitten, so dass er die Beziehung dauerhaft als sicher erleben und in dieser Sicherheit engagierter und präsenter Teil der Beziehung sein und bleiben kann (Schritt 7; Johnson, 2004; Johnson u. Brubacher, 2016c).

### Phase 2: Der Rückzügler geht voran

Phase 2 beginnt immer mit der Vertiefung und Erweiterung der Emotionen des Rückzüglers. Erst nach Abschluss dieses Prozessschrittes steht das Veränderungsereignis »Erweichen des Anklägers« an. Diese Abfolge ist das Ergebnis

---

31 Wiedereinbindung des Rückzüglers = Withdrawer Re-Engagement (WRE) ist ein feststehender Begriff in der EFT.
32 Der vereinfachten Lesbarkeit halber wird im Folgenden von **dem** Rückzügler bzw. Partner und **der** Anklägerin/Verfolgerin bzw. Partnerin gesprochen, was etwas mehr als die Hälfte der Interaktionspositionen spiegelt. Betonen möchten wir hier, dass selbstverständlich beide Positionen bei allen Geschlechtern möglich sind und ebenso in gleichgeschlechtlichen Partnerschaften eingenommen werden können.

umfangreicher Beobachtungen von Paaren und deren Veränderungsprozessen, die die Bottom-Up-Orientierung der EFT charakterisieren (Johnson, 2004). Für keinen der Partner wäre es sicher genug, wenn die kritische Verfolgerin als erste ihre sie so verletzlich machenden Gefühle und Bedürfnisse einem sich zurückziehenden Partner gegenüber offenlegen würde. Genau dieser Schritt würde den Rückzügler möglicherweise noch mehr in den Rückzug triggern, denn neben Wut und Vorwürfen sind es Schmerz und Tränen des verfolgenden Partners, die beim Rückzügler erneut das Gefühl auslösen, kritisiert zu werden und sich überwältigt zu fühlen, was ihn sich noch weiter zurückziehen lässt.

Bildlich gesprochen bittet die EFT-Therapeutin den sich stärker zurückziehenden Partner als ersten auf die Tanzfläche (Johnson, 2004), und ermuntert ihn, die ersten Schritte eines neuen Beziehungstanzes auszuprobieren. »Das Selbst wird auf eine andere, neuartige Weise erlebt, und die Selbstpräsentation verändert sich. Dies hat zur Folge, dass ein Mann, der früher einmal vor jeder Schwierigkeit zurückwich und zum Beschwichtigen tendierte, nun wütender und selbstsicherer auftreten kann.« (Johnson, 2004, S. 147, dt. Ausgabe S. 143). Ab dem Zeitpunkt der Wiedereinbindung des Rückzüglers sind zwei Tanzpartner auf der Tanzfläche und bereit für einen neuen, sicheren und aufeinander bezogenen Beziehungstanz.

Bei Rückzügler-Rückzügler-Zyklen, geprägt von Vermeidung und Unabhängigkeit beider Partner wie beispielsweise bei Philipp und Julia, ergeht die Einladung zunächst an den Partner, der am ehesten erreichbar (am wenigsten im Rückzug begriffen) erscheint. Keiner von beiden wird darauf drängen, als erster aus diesem reaktiven Muster der Vermeidung und Verteidigung auszusteigen, das bisher dazu diente, mit Bindungsbedrohung und -ängsten umzugehen. Mit intensiver therapeutischer Unterstützung, viel Empathie und Validierung kann es aber gelingen, den besser Erreichbaren als ersten auf dieses gefährliche Terrain zu führen und damit dem anderen die nötige Sicherheit zu geben, ihm zu folgen.

## Was die EFT-Therapeutin im Veränderungsereignis »Wiedereinbindung des Rückzüglers« sieht und hört

Wann ist der richtige Moment, um in Phase 2 und somit den Prozess der Wiedereinbindung des Rückzüglers einzusteigen? Wie so oft ist auch zur Beantwortung dieser Frage eine gute Einstimmung auf die Partner erforderlich, um den richtigen Zeitpunkt zu erkennen. Der Übergang zu Phase 2 gestaltet sich fließend und kann als organische Weiterentwicklung der Deeskalation in Phase 1 beschrieben werden. Folgende Marker, die Sie als Therapeutin sehen und hören können, zeigen, dass ein Paar bereit für Phase 2 ist:

## Zeichen der Sicherheit

Wenn Sie bei dem Paar Zeichen einer fortschreitenden Deeskalation wahrnehmen (s. Kap. 5 und 9) und dem Umgangston zwischen den Partnern entnehmen, dass die Sicherheit gewachsen ist, dann deutet das darauf hin, dass das Paar bereit ist, in Phase 2 einzusteigen. Genau das erlebt Emily gerade. Bei mehreren ihrer Paare fällt ihr ein veränderter Tonfall und ein verändertes Gesprächsverhalten auf: Rückzügler beteiligen sich länger am Prozess, bevor sie auf ihre vertrauten Positionen zurückkehren und die klassischen Rückzüglerbewegungen der Distanzierung und des Sich-Verteidigens werden seltener und treten weniger unvermittelt auf. An die Stelle des bekannten, gleichgültig wirkenden Schulterzuckens, intellektueller Analysen oder der Selbstverteidigung dienender unerwarteter Gegenangriffe bleiben sie nun länger mit ihrer Partnerin im Gespräch. Die eher verfolgende Partnerin wiederum ist besser in der Lage, Unsicherheit auszuhalten, bevor sie in den vertrauten Reaktionsmodus schaltet.

## Emotionale Anker primärer Ängste des Rückzüglers

»Hinter der Maske der Gleichgültigkeit verbirgt sich unendliches Leid und hinter der Kaltschnäuzigkeit Verzweiflung« (Bowlby, 1944, S. 39). Als EFT-Therapeutin achten Sie auf emotionale Anker, die es Ihnen erlauben, mit dem Rückzügler in Phase 2 einzutreten und sein verstecktes Leid oder seine versteckte Verzweiflung kennenzulernen. Gemeinsam nähern Sie sich seiner tiefen Angst und seinen Bedürfnissen. Kleinste Hinweise – Bilder, Körperbewegungen, Aussagen zum Körperempfinden, aber auch abrupte Ausstiege aus dem Gespräch – signalisieren die Nähe des Rückzüglers zu seiner primären Emotion, die in Phase 1 (Schritt 3) herausgearbeitet wurde. Sie nehmen diese Hinweise aufmerksam wahr und erkennen in ihnen die Bindungsangst.

### Bilder

Im Lauf des Prozesses wird Kilian klar, welche Anstrengungen er unternimmt, um Tanjas Erwartungen zu erfüllen. Aber so sehr er sich auch bemüht, spürt er doch jedes Mal auf halber Strecke ein mulmiges Gefühl, das ihm signalisiert, dass er es sowieso nicht schaffen wird. Dann fällt er in sich zusammen und zieht sich zurück. »Mulmiges Gefühl« und »in sich zusammenfallen« stellen für Emily emotionale Anker dar, die sie ergreift, um gemeinsam mit Kilian dessen Kernemotion aufzufächern.

Bei Sophie und Ella hört Emily einen anderen Anker heraus, vom dem aus sich Ellas primäre Angst, fertiggemacht zu werden, erkunden lässt. »Sophies Erwartungen fühlen sich an, als würde sie sich so lange an meinem Hosenbein festhalten, bis sie mich fertiggemacht hat und ich am Boden zerstört bin!« »Fertiggemacht und am Boden zerstört« – dieses Bild greift Emily auf und öffnet damit den Weg zum Entflechten von Ellas Angst und Leid.

**Körperbewegungen und Körperempfindungen**
Bei Rückzügler-Rückzügler-Paaren sind emotionale Anker meist kaum wahrnehmbar, z. B. Julias leises Seufzen und Philipps Pokerface. Aber Emily kennt diese subtilen Hinweise mittlerweile und kann sie als typische Zeichen von primärer Kernemotionen in Rückzügler-Rückzügler-Zyklen einordnen. Diese Anker dienen ihr dazu, Zugang zu den Emotionen zu schaffen und die am äußersten Punkt des Erlebens spürbare Angst zu vertiefen. »Julia, in dem Moment, in dem Philipps Gesicht erstarrte, hörte ich Ihr vertrautes Seufzen, das für Sie mit Momenten verknüpft ist, in denen Sie verstummen, weil Sie den Eindruck haben, dass Philipp nicht mehr da ist. Stimmt das?« Wenn Partner Körperempfindungen wie »mulmiges Gefühl im Bauch« oder »ein Gefühl, als wäre der Nacken in einen Schraubstock eingespannt« äußern, sind das emotionale Anker, die EFT-Therapeuten aufgreifen können.

**Abrupter Ausstieg**
Abrupter Ausstieg während der emotionalen Exploration kann ein weiterer Hinweis darauf sein, dass sich die Kernemotion eines Rückzüglers gerade am Horizont abzeichnet. Sowohl abrupter Ausstieg als auch Unterbrechen des Partners weisen auf kaum aushaltbare Verletzlichkeit hin; der Rückzügler tut alles, um sie abzublocken. Rückzügler ziehen sich meist auf subtile Art aus der emotionalen Exploration zurück, indem sie beispielsweise die Bedeutung des gerade Gesagten herunterspielen, intellektualisieren oder plötzlich das Thema wechseln (mehr zu Ausstiegen und Unterbrechungen in Kapitel 9).

Emotionale Anker weisen darauf hin, dass ein hohes Level emotionalen Erlebens kurz vor dem Durchbruch, d. h. der bewussten Wahrnehmung steht. Für EFT-Therapeuten sind diese Anker goldene Geschenke, mit deren Hilfe sie die Aufmerksamkeit ihrer Klienten für deren gegenwärtiges emotionales Erleben vertiefen können.

## Neue Dynamik

In Phase 2 entwickelt sich im Prozess der Wiedereinbindung des Rückzüglers eine neue Dynamik des Paares. Am augenfälligsten ist die neu entdeckte Sehnsucht des ehemaligen Rückzüglers nach Nähe und Verbindung; vor diesem Veränderungsereignis suchen Rückzügler üblicherweise Abstand, nicht Nähe. Ab dem Moment der Veränderung registrieren sie zunehmend mehr die eigenen Bindungsbedürfnisse, die sie letztendlich in Schritt 7 auch mutig und entschieden an die Partnerin herantragen. »Ich will mich sicher fühlen, wenn ich mich dir anvertraue, und mich darauf verlassen können, dass du mich nicht im Stich lässt! Ich brauche deine Zusicherung, dass du mich auch dann liebst, wenn ich Fehler mache und dich gelegentlich enttäusche.« »Wenn ich das Risiko eingehe, mich auf dich zu verlassen, kannst du mir dann versprechen, dass du nicht aufgibst und mich im Stich lässt?«

## Was EFT-Therapeutin und Partner im Veränderungsereignis »Wiedereinbindung des Rückzüglers« tun

Der Eintritt in Phase 2 ist mit gewissen Risiken verbunden. Sowohl Sie als Therapeutin als auch die Partner tauchen tiefer in emotionale Prozesse ein. Veränderung liegt in der Luft. Bei den ersten Hinweisen auf die Bereitschaft der Partner für Phase 2 wird Emily unsicher und fragt sich: »Kann ich es wagen? Weiß ich, wie ich den Rückzügler Kilian darin unterstützen kann, sein emotionales Erleben zu erweitern und zu vertiefen? Werde ich parallel dazu Tanja halten können, wenn sie erkennt, wie sich ihr Verhalten auf Kilian auswirkt oder wird sie sich in Tränen auflösen und in Verzweiflung versinken? Laufe ich Gefahr, mich zu verlieren, wenn ich mich um Tanja kümmere, statt Kilian in seinem für ihn so beängstigenden Prozess der Annäherung an seine Bindungsängste, die ihn immer noch im Griff haben, zu unterstützen?«

Emily entspannt sich. Sie weiß, dass sie mit allen Interventionen der EFT vertraut ist und welche Schritte nötig sind, um Rückzügler wieder einzubinden; das gibt ihr Sicherheit. Sie weiß auch um die Wirkkraft evokativer Fragen und Antworten; darauf wird sie sich am stärksten verlassen, denn sie bringen Rückzügler am ehesten in Kontakt mit ihrem eigenen Erleben. Sie wird neues emotionales Erleben empathisch spiegeln, hervorheben und empathische Vermutungen formulieren, die sich aus ihrer Einfühlung in den äußersten Punkt des Bindungserlebens des Rückzüglers entwickeln. Kleine, gut umsetzbare Enactments bringen ihn mit sich und der Partnerin in Kontakt (Rheem, 2012).

### Was die Partner tun

Im Veränderungsereignis »Wiedereinbindung des Rückzüglers« lässt sich der Rückzügler als erlebender Partner auf die Vertiefung seines emotionalen Erlebens ein und trägt das Risiko, sich mit der Partnerin in einen Prozess verletzlich machender und selbstbewusster Offenlegung seines Erlebens und des Reagierens zu begeben. In Schritt 5 setzt er sich stärker mit seinen zentralen Ängsten und Bedürfnissen auseinander und legt sie der Partnerin gegenüber offen. In Schritt 6 begrüßt die Partnerin diese Offenlegung oder tut sich schwer damit, sie anzunehmen. In Schritt 7 macht der Rückzügler erneut einen Schritt nach vorn, indem er nun entschlossen formuliert, was er benötigt, um auch zukünftig ein aktiver Teil der Partnerschaft zu sein. Nicht selten begegnet die eher verfolgende Partnerin diesem Schritt zunächst noch mit großem Misstrauen und reagiert eher vorsichtig und verunsichert (Burgess Moser et al., 2015).

### Was die EFT-Therapeutin tut

In Phase 1 (Deeskalation) entstand ein neues Fundament der Sicherheit, auf dem Sie als Therapeutin aufbauen und die Partner in Phase 2 dafür gewinnen können, größere Risiken einzugehen: verletzlich machendem emotionalen Erleben mehr Raum zu geben, in neuer, ungeschützterer Weise aufeinander zuzugehen und zu reagieren. Phase 2 ist in der Regel von vielen Enactments geprägt; dreien davon kommt eine Schüsselstellung zu. Ihrer Gestaltung widmen Sie besonders viel Sorgfalt und Aufmerksamkeit. Hierzu unterstützen Sie zunächst den Rückzügler in der Erweiterung seines emotionalen Erlebens, bringen ihn in engen Kontakt mit seinen Sehnsüchten und Aspekten seines Selbst, die bisher nur ansatzweise wahrnehmbar waren. Jetzt wird emotionales Erleben in der Tiefe möglich und wird der Partnerin gegenüber offengelegt – das erste Schlüsselenactment. Die Choreografie dieses Enactments ist ausführlich unter Schritt 5, der »Wiedereinbindung des Rückzüglers«, beschrieben.

Zweitens reagiert die angesprochene Partnerin zwangsläufig auf die Öffnung des Rückzüglers – in welcher Form auch immer. Sie als Therapeutin begleiten diese Reaktion, nehmen sich Zeit und unterstützen die Partnerin, zu erkunden, welche Wirkung die Öffnung des Rückzüglers auf sie hat. Sie begleiten die Partnerin durch die Verunsicherung, die das neue Bild ihres Partners bei ihr auslöst und stärken ihre Fähigkeit, den veränderten Partner zu akzeptieren bzw. begleiten empathisch deren Zögern und Misstrauen, woraus sich das zweite Schlüsselenactment entwickelt – die Antwort bzw. Reaktion der angesprochenen Partnerin auf die Öffnung ihres Partners in Schritt 6.

Drittens tauchen aus dem nun erweiterten emotionalen Erleben der Bindungsangst des Rückzüglers bisher unbekannte Wünsche und Bedürfnisse nach Nähe auf. Der Rückzügler erkennt, was er von der Partnerin benötigt, um sich sicher genug zu fühlen, auch weiterhin in einer sich verletzlich zeigenden Weise engagiert auf sie zuzugehen. Diesen Schritt – die Wiedereinbindung des Rückzüglers und die Choreografie des Enactments, in dem der Rückzügler der Partnerin entschieden entgegenkommt und seine Bindungsbedürfnisse formuliert – beschreibe ich in Schritt 7 der Wiedereinbindung des Rückzüglers.

Daneben halten die Schritte 5 bis 7 noch viele weitere Gelegenheiten für Enactments bereit. Als EFT-Therapeutin wissen Sie, dass es den Prozess der Wiedereinbindung des Rückzüglers stärkt, wenn die Therapeutin die »Emotionen in den Blick nimmt, deren Erleben fördert, sie groß macht und immer wieder Enactments gestaltet. Jedes Enactment stellt für den vermeidenden Partner eine Gelegenheit dar, neue Beziehungserfahrungen zu machen« (Dalgleish, Johnson, Burgess Moser, Wiebe u. Tasca, 2015, S. 272).

Während Ihr Fokus in Phase 1 häufig zwischen den Partnern wechselt, verweilen Sie in Phase 2, den Schritten 5, 6 und 7, länger beim jeweiligen Partner. Im Mittelpunkt steht nun vermehrt das Ziel, neue Interaktionen zwischen den Partnern zu gestalten. Dabei behalten Sie auch in der Arbeit mit dem Rückzügler (dem erlebenden bzw. sich öffnenden Partner), dem Auffächern seiner Emotionen und der Vertiefung seines emotionalen Erlebens, die Reaktionen der angesprochenen Partnerin im Auge und bleiben mit ihr durch gelegentlichen Blickkontakt verbunden, um das gegenwärtige emotionale Erleben beider permanent im Blick zu behalten. Eine weitere Form der Einbeziehung der beobachtenden und angesprochenen Partnerin sind Aussagen, die das Erleben des Rückzüglers in einen Bindungsrahmen stellen und darin die Bedeutung der Partnerin hervorheben (»Sie haben eine wahnsinnige Angst, es *ihr* nie recht machen zu können«). Die stärkste Form der Einbeziehung besteht in der Einladung an die Angesprochene, auf das Gehörte zu reagieren. Eine Vielzahl von Beispielen für die Einbindung der angesprochenen Partnerin in Momenten, in denen der Fokus ganz beim neuen Erleben des Rückzüglers liegt, finden Sie im letzten Kapitel von Johnsons Buch (2004); dort ist auch ein interessantes Transkript abgedruckt. Es gibt auch hilfreiche Trainingsvideos: das Video »*Engaging Withdrawers*« (www.iceeft.com)[33] und Videos auf www.SteppingintoEFT.com.

---

33 Dieses Video ist auch in einer mit deutschen Untertiteln versehenen Fassung verfügbar unter https://www.raspberryhill.eu/shop/DVD/reengagement-des-rueckzueglers-2DVD.

## Schritt 5: Vertiefen, Herausfiltern und Offenlegen

In Schritt 5 besteht Ihr Ziel zuallererst darin, den Rückzügler in der Wahrnehmung und Begegnung mit seiner emotionalen Welt zu stärken und sich damit als Teil der Beziehung zu erleben. Hierzu unterstützen Sie ihn darin, neu auftauchendes emotionales Erleben zur Entfaltung zu bringen und ihm adäquat Ausdruck zu verleihen. Gemeinsam erarbeiten Sie einen körperlich erfahrbaren stimmigen emotionalen Ausdruck und mit Ihrer Unterstützung legt der Rückzügler sein neues Selbstbild der Partnerin gegenüber offen. Welch eine Veränderung: Gefangen im negativen Zyklus hatte der Rückzügler bis vor Kurzem keinen bzw. kaum Zugang zu seinem inneren Erleben; in seinem reaktiven, dem Selbstschutz dienenden Verhalten war sämtliche Energie darauf gerichtet, auf jedes noch so kleine Anzeichen der Missbilligung oder eines drohenden Angriffs von Seiten der Partnerin zu achten.

Es gibt Charakteristika, die die Beziehung von Rückzüglern zu sich und ihren verleugneten inneren Anteilen kennzeichnen. Während sie praktisch keinen Zugang zu ihrem inneren Erleben haben, zeigen sie sich nach außen hin als Menschen, die sich »doppelt anstrengen und alles tun, um Frieden zu wahren« und »in sicherem Abstand zu allem, was Ärger machen könnte« zu bleiben. Dadurch halten Rückzügler ihre Emotionen in Schach. »Schon beim geringsten Hinweis auf Missbilligung ziehe ich mich sofort zurück – ich halte es nicht aus, mir vorzustellen, ihn schon wieder enttäuscht zu haben« beschreibt es eine weibliche Rückzüglerin. Ein männlicher Rückzügler formuliert es mit den Worten: »Ich bleibe schon stehen, bevor ich überhaupt einen Schritt mache. Ich bin so davon überzeugt, nie gut genug zu sein, dass ich es erst gar nicht versuche.«

Für Rückzügler lautet die Überlebensstrategie, Bedürfnisse nach Nähe und Verbindung bei sich und anderen zu vermeiden und zu leugnen. Missbilligende Äußerungen anderer werden äußerlich und innerlich auf Abstand gehalten. Rückzügler nehmen zwar einerseits jedes kleinste Zeichen der Enttäuschung beim Partner wahr, tun aber andererseits alles, um das mulmige Gefühl im Bauch, das Brodeln unter der Oberfläche nicht zu spüren. Und während der Rückzügler seine emotionalen Reaktionen mit aller Kraft unterdrückt, um sich auf diese Weise emotional zu regulieren, aktiviert genau dieses Verhalten die neurophysiologische Stressreaktion, z. B. Blutdrucksteigerung, bei der Partnerin und setzt deren Verhaltensmuster des ängstlichen Verfolgens in Gang. Partner sind wahre Meister darin, ihre wechselseitigen – und ganz besonders die unterdrückten – Emotionen wahrzunehmen. Unterdrückte Emotionen wiederum blockieren die Fähigkeit, Nähe herzustellen (Gross, 2014).

Die Kernemotionen von Rückzüglern sind seelischer Schmerz (insbesondere das Gefühl, wertlos und unzureichend zu sein), Hilflosigkeit (nie gut genug zu sein), Verzweiflung, Scham und Erschöpfung (im ständigen und erfolglosen Bemühen, dem Partner zu gefallen oder ihn glücklich zu machen). Die Exploration von Triggern, Handlungsimpulsen, des damit verbundenen körperlichen Erregungszustandes und der zugesprochenen Bedeutung ermöglicht dem Rückzügler Schritt für Schritt Zugang zur zugrunde liegenden Angst. Häufig ist diese Angst eine Mischung aus der Angst, Partnerin zu enttäuschen und deshalb zurückgewiesen zu werden, und einer tiefen Erschöpfung als Folge des endlosen Kampfs um Ruhe und Frieden und der verzweifelten Bitte um Anerkennung. Eine andere Variante sieht so aus, dass der Rückzügler befürchtet, erstickt, zum Schweigen gebracht, ausgelöscht oder nach den Wünschen der Partnerin geformt zu werden. In dieser Furcht versteckt sich die tiefe Überzeugung: »So wie ich bin, kann mich meine Partnerin nicht akzeptieren, und wenn ich so wäre, wie sie mich gern hätte, wäre ich nicht mehr ich selbst.«

Emily unterstützt Ella darin, sich ihrem Erleben unter der Gleichgültigkeit, die sie aus Selbstschutz an den Tag legt, zu nähern. Daraufhin gesteht Ella ein: »Ich quäle mich jeden Tag damit. Ich habe Angst, sie zu verlieren. Ihre permanenten Forderungen bringen mich langsam um. Ich fühle mich wie der Frosch im Kochtopf, der verbrüht, weil er nicht merkt, dass das Wasser immer heißer wird.«

Für den Rückzügler ist das entscheidend Neue in Schritt 5, in Kontakt mit seinen Gefühlen zu kommen, Ausdruck für diese Gefühle zu finden und die eigenen Bindungsemotionen und -ängste zu entdecken. Dieser Prozess findet im Hier und Jetzt statt. Primären Emotionen Worte zu geben, damit verbundene Bilder, Körperwahrnehmungen und Bedeutungszuschreibungen zu erfahren – all das schafft Raum für Emotionen, macht sie immer deutlicher wahrnehmbar. In Schritt 5 finden Angst und Schmerz in einer bisher ungeahnten und unerreichten Größe und Tiefe Ausdruck. Sich diesen Tiefen auszusetzen und sie in einem Enactment mit dem Partner zu teilen, kann für den Rückzügler ein erhebliches Risiko darstellen.

Umso wichtiger ist es für Sie als Therapeutin, sich vor einem Enactment in Phase 2 zu vergewissern, dass sich Ihr Klient mit seinem emotionalen Erleben ganz im Hier und Jetzt befindet. So unterstützt Emily Kilian in Schritt 5, die in Phase 1 aufgetauchten Ängste weiter zu erforschen. Dabei wird ihm klar, dass ihn die Angst paralysiert und an den Fuß des Berges zurückwirft, den er doch eigentlich erklimmen möchte, um endlich die Anerkennung seiner Frau zu gewinnen. »Ich komme mir so nutzlos und unbeholfen vor. Ich habe das Gefühl, ich mache alles falsch und meine Bemühungen laufen immer nur ins Leere – als wenn ich ein einziger Versager wäre. Es ist völlig egal, was ich tue. Ich bin mir fast sicher, dass sie mich eines Tages verlassen wird. Und diese Angst begleitet mich Tag für Tag.«

Darauf antwortet Emily: »Kilian, können Sie sich Tanja zuwenden und ihr sagen, wie sehr Sie das überwältigt? Wie Sie in ständiger Angst leben, ihr nicht zu genügen und dazu verurteilt zu sein, sie letztlich zu verlieren? Und wie diese Angst Ihnen jede Lebendigkeit nimmt?« Kilian nimmt Anlauf: »Ja, ... es überwältigt mich. Zu hören, dass ich dich schon wieder enttäusche, raubt mir jede Energie. Ich kann deine Erwartungen einfach nicht erfüllen. Und dann höre ich einfach auf – ich ziehe mich zurück und erstarre einfach. Für mich ist es weniger gefährlich, wenn du mir mein Nichtstun vorwirfst, als wenn du mir vorwirfst, schon wieder etwas falsch gemacht zu haben. Ich brauche dich. Ich muss mich sicher fühlen können. Ich möchte mich dir nahe fühlen.« Nach dem Prozessieren des Enactments mit Kilian und anschließend mit Tanja hebt Emily nochmals die in Kilians Enactment spürbar gewordene Grundangst und seine jetzt erscheinende neue Position hervor. Das bringt Kilian zu der entschlossenen Aussage: »Ich bin es müde, ständig wie auf rohen Eiern zu laufen – ich will, dass du mich so siehst, wie ich wirklich bin.«

Tanja ist bestürzt. Diesen Teil von Kilian kannte sie noch nicht. Nie im Leben wäre sie auf die Idee gekommen, dass sich hinter seiner Trägheit und scheinbaren Gleichgültigkeit die Angst verstecken könnte, sie zu verlieren. Sie konnte sich nicht vorstellen, dass ihr Verhalten überhaupt etwas bei ihm bewirken könnte. Bisher ging sie davon aus, ihm nichts zu bedeuten.

### Schritt 6: Eine neue Sicht des Partners entwickeln

In Schritt 6 begleiten Sie die angesprochene Partnerin darin, »diese neuen Arten des Auftretens zu akzeptieren und in die neue Interaktion einzubeziehen« (Johnson, 2004, S. 147, dt. Ausgabe S. 143). Das Reaktionsspektrum der angesprochenen Partnerin reicht in solchen Momenten von großer Offenheit bis hin zu Skepsis und reaktivem Verhalten. Den Partner neu zu erleben kann verunsichern. Sie unterstützen deshalb die Angesprochene im Hinsehen, Hinhören und Wahrnehmen der Auswirkung des soeben Gehörten, bevor Sie daraus ein Enactment gestalten.

Mit Hilfe evokativer Fragen, z. B.: »Wie ist es für Sie, Ihren Partner so neu zu erleben?«, begleiten Sie die Partnerin darin, das, was der Partner von sich mitgeteilt hat, anzunehmen und zu integrieren. Dabei beziehen Sie sich auf die gerade gehörte Aussage, wiederholen einzelne Elemente, beispielsweise: »Was löst es bei Ihnen aus, wenn Ihr Partner Ihnen sagt, dass er aus lauter Angst, Sie zu enttäuschen, regelrecht erstarrt?« »Wie ist es, zu hören, dass er glaubt, Ihnen nicht gerecht werden zu können und mittlerweile ganz erschöpft ist?« »Was geht in Ihnen vor, wenn Sie das hören?«

Im Fokus stehen jetzt die Auswirkungen der Öffnung des Rückzüglers auf das Erleben der Partnerin. Sie spiegeln und wiederholen zunächst das »neue« emotionale Erleben des Rückzüglers, um herauszuarbeiten, welche Auswirkungen dieses Erleben auf sein »neues Bild« von sich hat, während Sie gleichzeitig das gegenwärtige Erleben der angesprochenen Partnerin validieren. Sie validieren jede Reaktion – unabhängig davon, ob es sich um Verwirrung (»Sie hören die Worte, sind aber noch viel zu wütend/durcheinander, um diesen Worten wirklich Vertrauen zu schenken«) oder Erleichterung handelt (»Wie erleichternd für Sie zu hören, dass Sie Ihrem Partner so viel bedeuten, dass er regelrecht in Angst erstarrt, wenn er daran denkt, dass er nicht gut genug für Sie sein könnte!«).

Therapeuten, die noch wenig Erfahrung mit der EFT haben, lassen sich anfangs leicht entmutigen, wenn sie erleben, dass die angesprochene Partnerin ungläubig oder gar wütend auf diesen so veränderten Partner reagiert. Nach so vielen leidvollen Jahren, in der sie ihn ganz anders wahrgenommen hat, ist das aber nicht überraschend. Es ist nicht einfach, einen »neuen Partner« anzunehmen; in diesem Moment kommen sicher geglaubte Überzeugungen von der Partnerschaft ins Wanken. Tanja drückt ihre Verwirrung folgendermaßen aus: »Er ist wie ein Fremder für mich! Diesen Teil von ihm kenne ich überhaupt noch nicht!«

Wenn Emily erlebt, dass die angesprochene Partnerin noch nicht in der Lage ist, auf die Öffnung des ehemaligen Rückzüglers angemessen zu reagieren, sondern stattdessen in ihren alten Reaktionsmodus fällt, dann helfen ihr zwei Mantras: »Wenn Akzeptanz noch nicht möglich ist, ist Empathie der Schlüssel« und »Rück' die neue Sichtweise immer wieder ins Blickfeld.« Eine empathische Antwort validiert das Risiko, das Partner eingehen, wenn sie sich auf ein neues Bindungsverständnis einlassen (»Ich bin ihm wichtig; er sorgt sich um mich; er hat Angst, mich zu verlieren«). Dieses Bild passt schlichtweg nicht zu dem vertrauten Zyklus, unter dem das Paar so viele Jahre gelitten hat. Der Schlüssel liegt in der neuen Sichtweise. Indem die Therapeutin die Selbstoffenbarung des Rückzüglers wiederholt, legt sie gewissermaßen den Schlüssel auf den Tisch – die Bindungsaussage, die die Kraft hat, die Beziehung zwischen den Partnern grundlegend zu verändern. Diese Bindungsaussage wird zum Samen, aus dem das Gegenmittel der Hoffnung und der Sicherheit erwächst. Entsprechend reagiert Emily auf Tanjas Verwirrung angesichts des »neuen« Ehemanns: »Es ist so verwirrend, *Kilian als jemanden zu sehen, der Angst hat, Ihnen nicht genügen zu können und Sie zu verlieren,* nachdem Sie so viele Jahre davon überzeugt waren, dass Sie ihm egal sind.« Mit diesen Worten greift sie auf der einen Seite Tanjas Erleben auf und wiederholt andererseits die neue Sicht auf Kilian (kursiv).

Empathisches Spiegeln gegenüber der eher verfolgenden, noch nicht akzeptierenden Partnerin drückt sich in einem weichen, langsamen, zögerlichen Tonfall und einfachen Worten aus, die immer wieder mit dem gegenwärtigen Erleben der angesprochenen Partnerin abgeglichen werden. »Es ist im Moment alles noch viel zu schwer für Sie – zu akzeptieren, dass er eigentlich Angst hat, Ihre Beziehung in den Sand zu setzen. Diese Angst sehen Sie heute zum ersten Mal. Sie können es noch gar nicht glauben, dass sich hinter der scheinbaren Gleichgültigkeit und dem Desinteresse in Wirklichkeit eine riesengroße Angst verbirgt, Sie komplett zu enttäuschen. Es ist ganz schön schwer, sich vorzustellen, *dass Ihre Anerkennung für ihn so wichtig ist,* nicht wahr?« (Bindungsbedeutung kursiv geschrieben.)

Aus Erfahrung wissen EFT-Therapeuten, dass echte Empathie Paare immer voranbringt. Das gilt auch für schwierige Situationen, wenn beispielsweise ein sich öffnender Partner über seine Angst spricht, von der Verfolgerin ausgesaugt bzw. erstickt zu werden. Sophies (Verfolgerin) Stimme zittert, als sie auf Ellas Offenbarung, sich davor zu fürchten, von Sophie »ausgesaugt zu werden« reagiert. »Was? Ella empfindet mich als Zumutung? Sie glaubt im Ernst, ich wolle sie kaputt machen? Das ist ja schrecklich – offensichtlich bin ich eine Zumutung! Anscheinend erwarte ich immer zu viel!« Auch in diesem kritischen Moment liegt der Schlüssel in der Empathie der Therapeutin. Kann die vom Rückzügler in Schritt 5 offengelegte Bindungsangst nicht angenommen werden, wird auch das empathisch validiert. »Natürlich ist es ungeheuer schwer, von Ella zu hören, wie groß ihre Angst ist, durch die Liebe zu Ihnen ausgesaugt zu werden, und dass sie alles tun würde, um Sie glücklich zu machen und gut genug für Sie zu sein!« Durch die Validierung ihres Erlebens wird Sophie ein wenig ruhiger; dieser Prozess setzt sich fort, wenn Emily Ellas Angst nochmals deutlich macht: es ist nicht die Angst, von Sophie zerstört zu werden, sondern die Angst, sich um der Beziehung willen selbst zu verlieren.

Abwertende Reaktionen der angesprochenen Partnerin halten Sie als Therapeutin, indem sie die Herausforderung validieren, die damit verbunden ist, diesem neuen Bild des Partners zu vertrauen. Aber auch das Risiko, das der sich öffnende Partner auf sich nimmt und nur deshalb auf sich nimmt, weil »die Partnerin so wichtig ist«, wird validiert. Sie zeigen Verständnis dafür, dass es vielleicht noch nicht möglich ist, »das jetzt anzunehmen«, verorten die Herausforderung und die Skepsis im Zyklus und stellen die Verbindung zu den eigenen Bindungsängsten und -bedürfnissen der Partnerin her. Empathisch erkunden Sie, was der Akzeptanz im Wege steht: meist ist es Verwirrung, Orientierungsverlust, Angst oder Wut.

Die Schwierigkeit der angesprochenen Partnerin, den ehemaligen Rückzügler so verändert zu akzeptieren, wird auch mit dem Rückzügler prozessiert, so dass er Verständnis für deren Reaktion aufbringen kann (»Ihre Partnerin ist sich noch nicht sicher, ob sie sich darauf verlassen kann, dass Sie es wirklich ernst meinen.«). Die Validierung verdeutlicht, dass die Partnerin noch nicht in der Lage ist, die neue Botschaft zu hören und anzunehmen. Im »noch nicht« steckt bereits der Keim der Hoffnung. »Noch nicht« impliziert eine Veränderung in der Zukunft; es impliziert, dass es im Zuge der Wiederherstellung der durch den Zyklus beschädigten Vertrauensbasis möglich sein wird, dem, was der Partner offengelegt hat, Glauben zu schenken und es anzunehmen.

Angepasst an die Reaktion der angesprochenen Partnerin choreografieren Sie ein Schritt-6-Enactment, in dem diese entweder ihrer Bereitschaft, das Gehörte anzunehmen, oder ihrer Skepsis und ihrem Misstrauen Ausdruck verleiht. Eine Partnerin, die in der Lage ist, das Gehörte anzunehmen, fordern Sie mit folgenden Worten zu einem Enactment auf: »Können Sie sich Ihrem Partner zuwenden und ihm sagen, wie viel Ihnen das bedeutet?« Enactments, in denen angesprochene Partner ihrer Akzeptanz Ausdruck verleihen, wirken auf erlebende Partner äußerst beruhigend.

Eine Partnerin, die der Öffnung ihres Partners noch skeptisch begegnet, fordern Sie folgendermaßen zu einem Enactment auf: »Können Sie sich Ihrem Partner zuwenden und ihm sagen, dass Sie zwar seine Worte hören, diesen Worten im Moment aber noch nicht trauen können?« Sich dem Partner auf diese Weise zu öffnen, die Validierung der eigenen Skepsis zu erleben und genauer zu erkunden, öffnet häufig die Tür zu mehr Akzeptanz und Vertrauen. Das zeigt sich auch daran, dass die Reaktion der angesprochenen Partnerin den Rückzügler unabhängig vom Grad der Akzeptanz fast immer beflügelt und in seiner Bereitschaft stärkt, den eingeschlagenen Weg des Engagements in der Beziehung weiterzugehen (Schritt 7).

## Schritt 7: Den Rückzügler im Ausdruck seiner Bedürfnisse und im aktiven Einbringen in die Beziehung unterstützen – auf die Partnerin zugehen, reagieren, die Reaktion entgegennehmen

In Schritt 7 unterstützen Sie als Therapeutin den Rückzügler darin, so lange nah an seiner primären Emotion – meist Schmerz oder Angst – zu bleiben, bis sich ein klares Bild seiner partnerschaftlichen Bedürfnisse herauskristallisiert und er den Mut aufbringt, diese Bedürfnisse an die Partnerin heranzutragen und sie darum zu bitten, diese zu erfüllen. Sich mit seinen Wünschen und Bedürfnissen der Partnerin gegenüber zu öffnen, birgt immer ein Risiko. In dieser Öffnung steckt aber auch eine Chance – die Chance, das bisherige Stressmuster der Beziehung grundlegend zu verändern. Die Offenlegung eigener Bedürfnisse bedeutet, sich voll und ganz auf die Beziehung einzulassen und sie verändert das Grundmuster von Vermeidung und Anklage in Stresssituationen hin zu einem Muster engagierten Für-sich-Einstehens. Genau diese Musterverschiebung kennzeichnet das Veränderungsereignis »Wiedereinbindung des Rückzüglers« in Schritt 7. Auf den ersten Blick mag dieses Ereignis nicht sonderlich beeindruckend wirken, denn der Rückzügler zeigt sich häufig schon zu einem frühen Zeitpunkt der Therapie zunehmend engagierter (Burgess Moser et al., 2015). Seine Bedeutung gewinnt der Schritt dadurch, dass gegenüber der Partnerin erstmalig eigene Bedürfnisse explizit offengelegt werden. Ohne diesen Schritt verharrt der Rückzügler trotz seines Engagements in einer Position des Versteckens und der ursprüngliche Tanz bleibt in seinem Muster bestehen. Es ist deshalb wichtig, klar zu unterscheiden zwischen einem Partner, der sich mit seinen Wünschen und Bedürfnissen in die Beziehung einbringt und damit gleichermaßen selbstbewusst wie bedürftig zeigt, und einem Partner, der nur immer mehr versucht, es seiner Partnerin recht zu machen und mehr tut als überhaupt verlangt. Zunehmendes Engagement des Rückzüglers kann deshalb trügerisch sein: Räumt ein Rückzügler der Partnerschaft mehr Raum ein, teilt mehr, ist einfühlsamer und fürsorglicher, sind Sie als Therapeutin in Gefahr, ihn fälschlicherweise als wiedereingebunden wahrzunehmen. Je besser Sie sich allerdings auf den Prozess einstimmen, desto feiner nehmen Sie wahr, dass sich die Beziehung zwar möglicherweise verbessert hat, weil die verfolgende Partnerin von den Bemühungen des Rückzüglers beeindruckt ist, der Rückzügler aber unter Umständen noch längst nicht in Kontakt mit seinen Emotionen und Bedürfnissen ist und nur ganz selten – wenn überhaupt – klar und deutlich um Zuwendung und Gehör bittet. Solange die wesentliche Copingstrategie des Rückzüglers in Vermeidung besteht, ist er noch nicht wieder ins Innere des Beziehungshauses eingezogen, sondern hält sich in den Randbereichen auf, immer um Frieden und Eintracht bzw. Schutz des Selbst und der Beziehung bemüht. Nur mit Ihrer therapeutischen Unterstützung wird es diesen Rückzüglern gelingen, sich voll und ganz auf die Beziehung einzulassen und das Risiko einzugehen, Zugang zu ihren Bindungsbedürfnissen zu gewinnen und mutig und entschieden ihren Bedürfnissen nach Unterstützung und Bedeutung Ausdruck zu verleihen.

Im emotionalen Schmerz primärer Kernemotionen kommen Bindungsbedürfnisse zum Vorschein und brechen sich Bahn; Bindungsbedürfnisse, die Auskunft darüber geben, was ein Partner braucht, um sich sicher in die Beziehung einbringen zu können. Der erste Schritt ist daher immer, den Partner mit seiner in Schritt 5 vertieften und herauskristallisierten primären Emotion in Kontakt zu bringen. Primäre Emotionen geben am zuverlässigsten Auskunft über grundlegende seelische Bedürfnisse (Frijda, 1986), wie folgende Beispiele verdeutlichen: Wird die Angst vor Zurückweisung erfahrbar gemacht, gewinnt der Klient automatisch Zugang zu seinem Bedürfnis nach Trost und Sicherheit; die Angst, vereinnahmt zu werden, löst den Wunsch nach einer Beziehung aus, in der es sicher ist, sich so zu zeigen, wie man ist; wenn Vorwürfe müde und mürbe machen, kommt ein Partner in Kontakt mit seinem dringenden Wunsch, gesehen und gehört zu werden und mit seiner Sehnsucht nach einer sicheren Verbindung.

»Wenn sich die Angst vor Zurückweisung und Verlassenwerden bemerkbar macht, dann spüre ich auch mein Bedürfnis nach Trost und Nähe. Genauso geht es mir, wenn es mir mit Unterstützung der Therapeutin wirklich gelingt, mich meinem Partner oder anderen Nahestehenden mit meinen Bedürfnissen und Ängsten zu zeigen, so dass wir uns nahekommen und auf gute Weise miteinander umgehen« (Johnson, 1998, S. 5).

In bedrohlichen Emotionen zu mäandern, stellt wahrscheinlich eine der größten Herausforderungen für Therapeuten zu Beginn ihrer EFT-Praxis dar. Das überrascht nicht, denn es ist ja auch für die Partner äußerst schwer, genau an diesem Punkt innezuhalten. Als Julia in ihrem Rückzügler-Rückzügler-Zyklus, der sie mit Philipp verbindet, in Phase 2 bangen Herzens die Führung übernimmt und sagt: »Es ist mir richtig unheimlich, in dieser Angst zu bleiben; ich kann kaum lange genug dort verweilen, um Worte dafür zu finden«, dann hilft Emily ihr, zu bleiben und noch tiefer in das Erleben der Angst zu gehen. In Schritt 7 fährt Julia dann – immer noch vorsichtig – fort: »Du hast mich dazu gebracht, das zu tun, was du wolltest und ich habe es schweigend zugelassen. Das ist ganz einfach im Lauf der Zeit passiert. Ich verletze dich. Ich brauche es, dass du mich hörst, aber ich habe solche Angst, dass du mich wieder bedrängst oder verschwindest.«

Emily spiegelt das Gesagte und hebt es hervor. In dem Moment, in dem Julias Bindungsbedürfnisse zum Vorschein kommen, bittet sie Julia, sich mit all ihrem Mut Philipp zuzuwenden. Julia öffnet sich ihm gegenüber: »Ganz tief in mir verschließe ich mich – ich habe Angst, mich dir gegenüber nicht behaupten zu können. Angst, dass du wieder verschwindest, wo ich doch deine Nähe brauche. Ich kämpfe verzweifelt darum, dass du mich hörst und bei mir bleibst – nicht zu nah – aber verlass' mich nicht. Kann ich mich darauf verlassen, dass du mich um meiner selbst liebst? Dass du wirklich wissen willst, wer ich bin? Kannst du deine intellektuellen Analysen zurückfahren und mir wirklich zuhören?« Gelingt es der Rückzüglerin (Julia), ihre Bedürfnisse klar und deutlich auszudrücken, bringt das den Partner (Philipp) fast immer dazu, darauf einzugehen. Das gibt Ihnen als Therapeutin genügend Sicherheit, ein Enactment einzuleiten, in welchem der angesprochene Partner das Bemühen des erlebenden Partners, auf ihn zuzugehen, beantwortet.

Nachdem Kilian Tanja gegenüber offengelegt hat, welche Ängste ihn in ihrer beider Verfolger-Rückzügler-Zyklus antreiben, legt er in Schritt 7 die daraus resultierenden Bedürfnisse ihr gegenüber offen. Seine Angst vor Nähe beschreibt er mit Ausdrücken wie »Angst, verletzt zu werden«, »deinen Ansprüchen nicht gerecht zu werden«, »dich zu enttäuschen«. Seine Bedürfnisse drückt er folgendermaßen aus: »Ich muss mich darauf verlassen können, dass du mich auch dann liebst, wenn ich deine Erwartungen nicht erfülle. Dass du mich trotz meiner Fehler liebst.« Emily weiß dieses kostbare Juwel der Annäherung an Tanja zu schätzen. Sie hebt diesen Moment hervor und unterstützt Tanja in ihrer Reaktion. Voller Freude und Erleichterung hat Tanja gehört, welche Ängste sich wirklich hinter Kilians Rückzug verbergen und wie sehr er darauf angewiesen ist, sich ihrer Liebe sicher zu sein.

Emily hat noch die Stimme ihres Supervisors im Kopf: »Erweiterte Emotionen öffnen Türen in eine neue Welt.« Damals klang das für sie nach Hexerei; jetzt ist sie jedes Mal begeistert, wenn sich im vertieften und erweiterten Erleben der Emotionen ihrer Klienten tatsächlich neue Welten des Selbst und der Beziehung öffnen.

Manche Verfolger – wie Tanja – sind ganz begeistert, wenn ihr Partner den Mut aufbringt, klar und deutlich seine Bedürfnisse nach Trost und Sicherheit zu formulieren; freudig und ohne zu zögern versichern sie ihm Unterstützung. Andere, wie z. B. Sophie, bleiben im Wiedereinbindungsprozess des Rückzüglers auf Distanz, wirken eher desorientiert und können eine solche Zusicherung zunächst überhaupt nicht geben. In der ersten EFT-Trainings-DVD (Johnson, 1993) kommt Prue, eine solch desorientierte Verfolgerin, zu Wort. Sie ist zunächst überhaupt nicht in der Lage, die Hand, die der Rückzügler Mark in seinem Schritt auf sie zu ausstreckt, anzunehmen. Wie gut, dass die Therapeutin in solchen Momenten auf den Veränderungsprozess vertrauen kann. Denn das Veränderungsereignis, in dem der Rückzügler eine neue, aktive Rolle in der Beziehung einnimmt, hat nachhaltige Wirkung – unabhängig von der Reaktion der Verfolgerin.

Alles in allem lässt sich feststellen, dass der Rückzügler in Schritt 7 einen großen Schritt vorwärts geht. Er erkennt, was er braucht, um sich in der Beziehung ebenbürtig, erwünscht, zuversichtlich und sicher zu fühlen. Diese Bedürfnisse werden jetzt der Partnerin gegenüber klar und entschlossen aus einer Position der Offenheit, einem Gefühl der Wirksamkeit und emotionaler Erreichbarkeit heraus ausgedrückt. Seine Sehnsucht nach Nähe und Verbindung hat sich Bahn gebrochen und im Gegensatz zu früher kann er sie jetzt in Worte fassen und darum bitten, dass diesen Bedürfnissen Rechnung getragen wird. Wenn das stattfindet, verändert sich die Aussage (Schritt 5):

»Ich fühle mich in deiner Gegenwart klein und unbeholfen, und ich lebe in der Angst, dass du das merken und mich verlassen könntest; deshalb lasse ich zu, dass ich empfindungslos werde«,
in Schritt 7 in:
»Ich bin es leid, ständig taub zu sein und mich zu verteidigen. Ich möchte für dich jemand Besonderes sein. Ich möchte, dass du dich mit deiner Kritik zurückhältst und mir nicht immer wieder androhst, mich zu verlassen. Ich werde dich nicht verlassen und ich will mich in dieser Beziehung nicht mehr klein fühlen« (Johnson et al., 2005, S. 193).

Für einen Rückzügler ist es extrem riskant, sich in Richtung Nähe zu bewegen. Er ist bei diesem Schritt auf eine Therapeutin angewiesen, die sich auf dieses Risiko einstimmt und in direktiver Weise das Zugehen auf die Partnerin gestaltet und ihn dazu einlädt. Die Verletzlichkeit und eine Ahnung des Risikos, das ein Rückzügler in diesen Momenten eingeht, verstecken sich häufig hinter selbstsicherem Auftreten und lassen Tränen nicht nach außen dringen, obwohl das auch vorkommt. Aber ganz egal ob Tränen oder nicht: sich der Partnerin zu nähern, um eigene Bedürfnisse auszudrücken, ist für Rückzügler immer mit einem erheblichen Wagnis verbunden.

## Wie die EFT-Therapeutin die Veränderung in Phase 2 begleitet

»Du kannst dich nur dann ganz in einen anderen einfühlen, wenn du in dir selbst emotional stabil bist« schreibt Johnson (2016d) in einem Tweet. Das Zitat unterstreicht die Bedeutung der inneren Verfassung von Therapeuten, wenn es darum geht, Menschen erfolgreich durch die intensiven Prozesse in Phase 2 zu begleiten, in denen diese sich verletzlich erleben und zeigen. Der folgende Abschnitt beschreibt die therapeutische Arbeit in Phase 2 allgemein, d. h. unabhängig davon, ob die Wiedereinbindung des Rückzüglers oder das Erweichen des Anklägers (Kapitel 7) im Mittelpunkt steht.

Emily ist sich darüber im Klaren, dass sie in Phase 2 ihre Klienten zunächst in die Tiefe ihres emotionalen Erlebens führen muss, um es zu erweitern und voll und ganz erfahrbar zu machen. Aus diesem neuen, verletzlich machenden

Erleben heraus kann es Partnern gelingen, auf neue Art miteinander umzugehen. In diesem Zusammenhang kommen ihr Zweifel: »Habe ich wirklich verstanden, was es bedeutet, eine Emotion in all ihren Elementen offenzulegen und zu vertiefen und damit viel tiefer zu gehen als dies durch Benennen oder Einordnen möglich wäre? Werde ich den Prozess noch steuern können, wenn wir so weit sind, dass wir die Emotion vertiefen und herausfiltern können [die Verknüpfung der Emotion mit dem auslösenden Trigger, dem körperlichen Arousal, der schmerzlichen Bindungsbedeutung und reaktiven Handlungsimpulsen in einen Sinnzusammenhang stellen]? Werde ich dann in der Lage sein, Interaktionen so zu choreografieren, dass die Partner neue, erstmalig formulierte Emotionen miteinander teilen und aufeinander reagieren können?« Sie hört ihre inneren Alarmglocken, die ihre therapeutische Kompetenz in Frage stellen. »Kann ich wirklich so intensiv arbeiten, wie es die EFT erfordert?« Wenn sie ganz genau in sich hineinhört, hört sie aber auch eine zarte Stimme, die ihr liebevoll und ermutigend zuflüstert: »Bleib im Bindungskanal, stimme dich auf jeden der Partner und die Interaktionen des Paares ein. Wiederhole immer wieder die fünf Tango-Moves [s. Kapitel 2]; wenn du das tust, folgst du der universellen Landkarte der Liebe.«

Emily erkennt, dass sich die EFT zwischen Erfahrungswissenschaft und Kunstfertigkeit fließend hin und her bewegt (Johnson u. Brubacher, 2016c). Die empirisch begründeten Leitlinien der EFT zeigen detailliert die Prozessschritte auf, die nötig sind, um Emotionen zu folgen, Erleben zu evozieren und die Schritte der Partner zu choreografieren. Wann immer sie in Gefahr ist, vom Weg abzukommen und den vorgegebenen Pfad von der Krise zur sicheren Bindung aus den Augen zu verlieren, ist Emily dankbar für die Kunstfertigkeit, dank derer sie auf ihr intuitives, emotionales GPS vertrauen und sich von ihm führen lassen kann. Erfahrungsgemäß ist es bei voller Fahrt nicht gerade einfach, alle auf einer Karte verzeichneten Kurven und Abzweigungen im Kopf zu behalten. Dann verlässt sich Emily dankbar auf die Empfehlung, einfach dem sich entfaltenden Prozess zu trauen. Je mehr sie sich auf die Bindungsebene ihrer Paare einstimmt, desto leichter fällt es ihr, der Entwicklung des Prozesses zu trauen und flexibel zu reagieren; das wiederum stärkt im Umkehrschluss ihr Einfühlungsvermögen. Emily weiß aber auch, dass die eigene emotionale Balance eine wichtige Voraussetzung dafür darstellt, sich in Klienten einzufühlen und sie durch Phase 2 zu begleiten. Zur Stärkung ihrer eigenen Balance stehen Emily ein paar grundlegende Hilfsmittel zur Verfügung:
1. Sich auf Phase 2 der EFT-Landkarte positionieren.
2. Die fünf Moves des EFT-Tangos tanzen.
3. Mit Hilfe von RISSSC die Partner dazu einladen, Risiken in Bezug auf sich und den Partner einzugehen.

## Sich auf der Landkarte der EFT positionieren

Vor und nach jeder Sitzung reflektiert Emily ihre Position auf der EFT-Landkarte und macht sich Notizen. Das hilft ihr sehr. So schreibt sie beispielsweise »Mach weiter mit Schritt 5 R« (Rückzügler) oder »Geh noch mal zu Schritt 6 V (Verfolgerin) zurück und überprüfe, ob sie die neue Position des Rückzüglers aus der letzten Sitzung entgegennehmen kann« oder »Mach langsam in Schritt 6 und validiere lange genug die fehlende Akzeptanz«. Bei der Erweiterung ihrer Bindungsängste und ihres Bindungsschmerzes stieß Ella auf ihre tiefe Angst, nicht mehr der Mensch zu sein, der Sophie am glücklichsten macht. Als sie diese Angst Sophie gegenüber offenlegt, benötigt Sophie als Verfolgerin viel Unterstützung, um diese Offenlegung mit offenem Ohr und offenem Herzen zu hören.

In ihren Aufzeichnungen könnte sich Emily nach Abschluss von Schritt 5 und 6 folgende Notiz machen: »Schritt 7: Lade die Rückzüglerin ein, auf die Partnerin zuzugehen«. Nach Abschluss von Schritt 7 (Rückzügler) kann sie festhalten, an welcher Stelle des Veränderungsereignisses »den Ankläger erweichen« sie sich mittlerweile befindet. Neben ihren Notizen ist sie dankbar über zuverlässige Lotsen, die ihr helfen, ihren Weg durch Phase 2 zu finden: die drei Ds (deepen, distil und disclose = vertiefen, herausfiltern und offenlegen), gefolgt von den drei Rs (reach, respond und receive = auf den anderen zugehen, reagieren, die Reaktion entgegennehmen).

### Vertiefen, herausfiltern und offenlegen in Schritt 5

Nach und nach entwickelt Emily einen Felt Sense dafür, dass Schritt 5 der Prozess ist, in dem sie dem erlebenden Partner bei seinem Risiko hilft, primäre Bindungsemotionen (Kernemotionen), Ängste und Sehnsüchte der Partnerin gegenüber zu vertiefen, herauszufiltern und offenzulegen. Im Anschluss unterstützt sie die angesprochene Partnerin in Schritt 6, auf diese Offenlegung zu reagieren. Diese Reaktion – unabhängig davon, ob sie akzeptierend oder skeptisch ausfällt – ist Voraussetzung für die Einladung an den erlebenden Partner, seine Bedürfnisse zu benennen und um deren Erfüllung zu bitten.

### Aufeinander zugehen, reagieren, die Reaktion entgegennehmen in Schritt 7

In Schritt 7 choreografiert Emily die drei Rs (reach, respond, receive). Es erfordert hohe Konzentration und die richtigen Worte, den erlebenden Partner zu ermutigen, seine Bedürfnisse gegenüber seiner Partnerin offenzulegen, d. h. in Worte zu fassen, was er zur Linderung seiner primären Ängste und seines Bindungsschmerzes von ihr braucht. Dabei bestätigt sich für Emily die Vorgabe, den Schritt des »Auf-den-anderen-Zugehens« erst einzuleiten, wenn in Schritt 5 die Ängste geteilt und sie sich in Schritt 6 die nötige Zeit genommen hat, um die angesprochene Partnerin dabei zu unterstützen, ihrer akzeptierenden oder skeptischen Reaktion Ausdruck zu verleihen. In Schritt 7 lädt Emily dann den erlebenden Partner ein, auf seine Partnerin zuzugehen (»Was kann Ihre Partnerin angesichts dieser Angst für Sie tun?«) und fordert die Angesprochene auf, auf diese Bitte zu reagieren. Am Ende von Schritt 7 begleitet die Therapeutin den erlebenden Partner in der Annahme der Reaktion und der Integration des Erlebten.

### Die fünf Moves des EFT-Tangos

Mit der Zeit wächst nicht nur Emilys Vertrauen in sich, sondern auch ihr Vertrauen in das Modell. In jeder Sitzung durchläuft sie mit ihren Paaren wiederholt die einfache fünfteilige Schrittfolge (s. Kap. 2), die auch als EFT-Tango bezeichnet wird (Johnson, 2014). Bei jeder Wiederholung erweitert sich diese Schrittfolge um ein neues Element – so lange, bis ein neuer Interaktionstanz, angetrieben von einer neuen emotionalen Melodie, entstanden ist. Johnson (persönliche Mitteilung, Januar 2016) legt Wert darauf, die EFT-Moves nicht als Stufen einer Leiter, sondern als sich wiederholende Tanzbewegungen zu sehen, die von Zeit zu Zeit um ein neues Element ergänzt werden.

In Gedanken geht Emily noch einmal die Tango-Moves durch:
- *Spiegeln* des Prozesses, der sich in und zwischen den Partnern abspielt,
- *Vertiefen* des primären Erlebens in einem der Partner,
- *Gestaltung* eines Enactments, um neu entdecktes emotionales Erleben mit dem Partner zu teilen,
- *Prozessieren* des Enactments mit jedem der beiden Partner,
- *Zusammenfassung* der neuen Tanzbewegung des Paares, *Integration* in den Zyklus und Zusicherung, dass das Paar nun in der Lage ist, die neue Tanzbewegung auch auf eigene Faust zu gehen.

Abschließend fasst sie nochmals die stattgefundenen Interaktionen des Paares zusammen und stärkt damit dessen Kompetenz, solche Gespräche der Verbundenheit auch auf sich allein gestellt zu führen. Sie hebt die Fähigkeit des Paares hervor, aufeinander zuzugehen, zu reagieren und macht den Wert dieser Momente deutlich. Gleichzeitig sind die Moves des EFT-Tangos in der Lage, Therapeuten unabhängig vom jeweiligen Prozessschritt in ihrem emotionalen Gleichgewicht und im EFT-Modus zu halten.

## Mut zum Risiko: RISSSC

Um sich nicht im Prozess des Fokussierens und Vertiefens von Emotionen zu verlieren, können EFT-Therapeuten einen Lotsen zu Hilfe nehmen: RISSSC.

### RISSSC

Das Akronym seht für: Repeat, Use images, Simple, Slow, Soft voice und Client's words (wiederholen, Bilder benutzen, einfach, langsam, weich, Worte des Klienten nutzen).

R = repeat: Wohlüberlegt *wiederholt* die Therapeutin Schlüsselwörter und -sätze des Klienten und verleiht ihnen dadurch Nachdruck. Eindringliche, emotionsgeladene Worte und Sätze wie »zerschmettert«, »kein Platz für mich in seinem Herzen«, »zweimal verbrannt, kein Feuer« stellen »emotionale Anker« dar. Durch die Wiederholung des emotionalen Ankers wird emotionales Erleben vertieft.

I = use images: Eine *bild*hafte Sprache ist viel besser in der Lage, Emotionen zu wecken als abstrakte Formulierungen. »Sie haben das Gefühl, Sie laufen auf einem Bootssteg – ein falscher Schritt und Sie fallen den Haien zum Fraß vor!« »Sie glauben, wenn Sie sie noch einmal enttäuschen, könnten Sie das nicht aushalten; da ist es besser zu erstarren und sich überhaupt nicht mehr zu bewegen!«

S = simple: Die Therapeutin spricht in kurzen und einfachen Sätzen mit ihren Klienten.

S = slow: *Langsames* Sprechen vertieft das emotionale Erleben von Klienten.

S = soft: Die Therapeutin benutzt weiche und beruhigende Töne. Damit schafft sie eine sichere und Mut machende Atmosphäre.

C = the client's words: Um das Gesagte zu unterstützen und zu validieren, ordnet die Therapeutin es und greift *Worte und Formulierungen ihrer Klienten* auf, um die entscheidenden Begriffe herauszufiltern (Johnson u. Brubacher, 2016b).

Ein Fallbeispiel aus Phase 2 macht die nötige Kunstfertigkeit und die enorme Tempoverlangsamung deutlich, die RISSSC kennzeichnen: Bei dem Rückzügler-Rückzügler-Paar Julia und Philipp brachte Philipp seine »Abneigung gegen Gefühle« mit den Worten zum Ausdruck, dass er sich fühle, als würde er »sich an den Steg klammern«. Im ersten Moment konnte Emily mit diesem Bild nichts anfangen. Das änderte sich, als es kurze Zeit später erneut auftauchte. In einer Situation, in der sich Julia öffnete und von einem persönlich schwierigen Moment berichtete, unterbrach Philipp sie wie üblich und sagte, dass er sich gerade »an den Steg klammere«. Wenn er Julia so zuhöre, wolle alles in ihm nur weg. Er wünsche sich eine große Welle, die ihn von diesem intensiven emotionalen Erleben einfach wegtrüge. Und gleichzeitig klammere er sich an den Steg und versuche mit jeder Faser seines Körpers, da zu bleiben und präsent zu sein. Während Philipp mit diesen Worten seinem inneren Zustand ein Bild verlieh, blieb Emily ganz zugewandt, wiederholte das Gesagte langsam und in weichem Tonfall, griff seine Worte auf und validierte das Risiko, das er in diesem Bild auf sich nahm. Dabei wuchs ihr empathisches Verstehen und sie entwickelte einen Felt Sense der extremen Verletzlichkeit, der sich Philipp aussetzte, als er sich entschied, angesichts Julias Schmerz da zu bleiben, anstatt wie bisher wegzulaufen. In gleicher Weise wie Emilys Verstehen vertiefte sich Philipps Erleben. Nichtsdestotrotz traf es Emily völlig unvorbereitet, zu hören, wie tief Philipps Schilderung Julia berührte. »Wow, wenn er es auf sich nimmt, sich so fest am Steg festzuklammern und sich meiner Emotion auszusetzen, obwohl er am liebsten überhaupt nichts fühlen würde, und wenn er sich dabei auch noch der Gefahr aussetzt, von den Wellen weggetragen zu werden, dann muss ihm wirklich etwas an mir liegen!« sagte Julia strahlend vor Freude.

Eine einfache, langsame und weiche Sprechweise von Therapeuten deaktiviert das limbische System ihrer Klienten. Das schafft Raum für die nötige Vertiefung in Phase 2 und stärkt die Bereitschaft, ein Wagnis einzugehen. Diese Sprechweise wirkt beruhigend, gibt Sicherheit und weckt Erinnerungen an den zugewandten Gesichtsausdruck, die melodische Sprache und das spiegelnde Verhalten einfühlsamer Eltern (Stern, 2004). Wenn EFT-Therapeuten merken, dass der Kontakt zu Klienten holprig wird, sollten sie sich immer an die drei S – simple, slow und soft – erinnern. Hinter diesen drei Worten verbergen sich die entscheidenden therapeutischen Stilelemente, um sowohl Verbindung zum vermeidenden Partner (Rheem, 2012) herzustellen als auch die Verletzlichkeit unerbittlicher Verfolger anzusprechen.

Bei Traumaüberlebenden ist es empfehlenswert, bei der Exploration zugrunde liegender Gefühle häufiger im Wechsel auf beide einzugehen. Hier ein Beispiel: zunächst arbeiten Emily und Julia an der Erweiterung von Julias Kernemotionen, bevor Emily Julia einlädt, ihr Erleben mit Philipp zu teilen. Anschließend gibt Emily Julia eine Verschnaufpause, während sie Philipp darin unterstützt, seiner Reaktion auf Julias Öffnung, die möglicherweise auch sein Kernemotionen triggert, nachzugehen. Gemeinsam öffnen sie Türen zu seinen zugrunde liegenden Emotionen und Emily unterstützt Philipp, diese nun seinerseits Julia gegenüber zu offenbaren. In einem langsamen, gut abgewogenen Prozess des Wechsels zwischen den Partnern kann Sicherheit entstehen. Wie auf einer Leiter geht es Stufe um Stufe vorwärts, immer wieder unterbrochen von kurzen Atempausen. Auf diese Weise behält Emily die Kontrolle über die emotionale Intensität des Prozesses und wirkt einer emotionalen Überflutung und einer möglichen Dissoziation bzw. emotionalen Taubheit eines der Partner entgegen.

Die Erstarrungsreaktion bei Paaren mit komplexen Traumaerfahrungen wird manchmal vom Partner als »Ich kann genau sagen, wann [er oder sie] weg ist.« kommentiert. Emily stellt fest, dass die Partner das oft früher wahrnehmen als sie. Ihr wird klar, dass es dann wichtiger ist, der Einschätzung der Partner zu trauen als sich in eine langatmige »Diskussion« mit dem unerreichbaren Partner zu verstricken. Als Philipp sich beispielsweise in einer langatmigen, emotional distanzierten Beschreibung von irgendeiner Sache verliert, sagt Julia nur »Jetzt ist er ausgestiegen.« Und Philipp bestätigte auf Emilys Nachfrage hin: »Oh ja, jetzt bin ich wieder an der Oberfläche – hier oben ist es viel sicherer – ich kann nicht so lange in den Tiefen der Emotion bleiben.«

In Phase 2 verlangsamen Sie als EFT-Therapeutin bewusst das Bearbeiten der Emotionen und passen Ihre Geschwindigkeit der Geschwindigkeit des emotionalen Prozesses vor Ihren Augen an, fühlen in jedem Moment mit Ihren Klienten mit und bleiben ganz *nah* an deren Erleben. Mehr denn je ist Ihnen bewusst, wie wichtig es ist, kontinuierlich zu spiegeln, an den Emotionen zu bleiben und die Realität Ihrer Klienten zu validieren. Als Ausdruck Ihres Respekts und Ihres Mitgefühls werden sekundäre, reaktive Emotionen validiert (deren Reaktivität im Kontext der Bedeutung, die die Partner füreinander haben, Sinn macht), bevor Sie Kernemotionen evozieren und vertiefen werden.

Phase 2 ist von hoher emotionaler Intensität geprägt. Das bedeutet für Sie als EFT-Therapeutin, mehr denn je auf Ihre eigene emotionale Balance zu achten, und sich nicht nur in das emotionale Erleben des Paares, sondern auch in Ihr eigenes Erleben einzustimmen. Da emotionales Erleben keine Einbahnstraße ist und Spiegelneuronen für wechselseitiges Erleben sorgen, nehmen Klienten umgehend jeden Hauch von Bedrohung, Unbehagen oder Reaktivität aufseiten der Therapeutin wahr und reagieren.

## Fazit

Auch wenn sich der letzte Absatz zum therapeutischen Vorgehen in Phase 2 sowohl auf die Wiedereinbindung des Rückzüglers als auch das Erweichen des Anklägers bezieht, liegt der Fokus dieses Kapitels auf der Wiedereinbindung des Rückzüglers, dem ersten der beiden Veränderungsereignisse in Phase 2. Zum besseren Verständnis dieses Prozessschritts ist es wichtig, sich nochmals vor Augen zu führen, dass die Überlebensstrategie von Rückzüglern darin besteht, sich einzig und allein auf ihre Unabhängigkeit und Selbständigkeit zu verlassen. Ihre Bindungsstrategie ist davon gekennzeichnet, dass sie alles vermeiden, was die Deaktivierung ihres Bindungssystems stören könnte, und sich vor jeder Emotion schützen, die mit einem Gefühl der Bedrohung und der Verletzlichkeit (z. B. Angst, Sorge, Wut, Traurigkeit, Scham und Schuld) verbunden sein könnte. Wenn die EFT-Therapeutin Rückzügler im Schritt 7 dazu einlädt, wieder zum aktiven Teil der Beziehung zu werden, dann fordert sie sie zu einer 180-Grad-Wende in ihrer bisherigen Überlebensstrategie auf: Mut zu ersten Schritten *in* die Beziehung aufzubringen, sich verletzlich zu zeigen und in dieser Verletzlichkeit entschlossen auf den vertrauten Menschen zuzugehen und für eigene Wünsche und Bedürfnisse einzutreten.

In Kontakt mit sich und seinen Bindungsängsten und -bedürfnissen zu gehen, sich mit diesen Ängsten und Bedürfnissen klar und entschlossen in die Beziehung einzubringen und den Wunsch nach Nähe in Worte zu fassen, stellt für Rückzügler eine korrigierende emotionale Erfahrung dar. Diese Erfahrung hat die Macht, die neu gewonnene Position dauerhaft in der Beziehung zu verankern und dient als Bollwerk gegen das alte Muster von Skepsis und Misstrauen, wann immer dieses Muster noch einmal auftauchen sollte. Ab diesem Moment ist der Rückzügler sicher mit sich und der Beziehung verbunden; auf der Tanzfläche sind nun zwei Tanzpartner. Ein neuer, positiver Zyklus des Aufeinander-Zugehens und Aufeinander-Reagierens ist entstanden, das erste Veränderungsereignis von Phase 2 abgeschlossen.

## »Wiedereinbindung des Rückzüglers«: Schlüsselbestandteile der Veränderung in Schritt 5, 6 und 7

### Was die EFT-Therapeutin sieht und hört

Zeichen der Deeskalation: Ein ruhigerer Ton zwischen den Partnern signalisiert Sicherheit und weist auf die Bereitschaft der Partner hin, in Phase 2 einzusteigen.

Emotionale Anker primärer Bindungsemotionen des Rückzüglers sind:
- evokative Bilder (ertrinken, verbluten),
- Körperbewegungen (herabfallende Schultern, Augenzucken) oder Beschreibung körperlicher Empfindungen (mulmiges Gefühl im Bauch, Kloß im Hals),
- plötzlicher Ausstieg oder Unterbrechungen.

Neue Dynamiken wären:
- ein neu erwachtes Bedürfnis nach Nähe und Verbindung beim Rückzügler,
- eine Partnerin, die freudig, vielleicht aber auch erschrocken und misstrauisch auf den »neuen« Partner reagiert,
- ein Rückzügler, der sich aktiv in die Beziehung einbringt und seine Wünsche und Bindungsbedürfnisse formuliert.

**Was EFT-Therapeutin und Klienten tun**

In Phase 2 geht der Rückzügler in Führung. Er taucht tief in seine emotionalen Prozesse ein und legt sein neues Erleben gegenüber der Partnerin offen. Jeder der drei Schritte endet mit einem von Ihnen als Therapeutin klar und sorgfältig choreografierten Enactment.

**Schritt 5: Vertiefen, Herausfiltern und Offenlegen**
Zunächst begleiten Sie den Rückzügler darin, mit sich in Kontakt zu kommen und das in diesem Prozess erfahrbar werdende innere Erleben lebendig werden zu lassen.

Häufige Kernemotionen von Rückzüglern sind Schmerz (besonders der Schmerz, sich wertlos und unzulänglich zu fühlen), Verzweiflung, Scham und Erschöpfung (infolge der endlosen und erfolglosen Bemühungen, es der Partnerin recht zu machen und sie nicht zu enttäuschen). Die Exploration lässt nach und nach Ängste zum Vorschein kommen (Angst, zurückgewiesen zu werden, den anderen zu verlieren, fertiggemacht oder nach den Wünschen des anderen umgeformt zu werden).

In Schritt 5 beinhaltet des Enactment eines Rückzüglers die Offenlegung seiner Kernemotionen der Partnerin gegenüber.

**Schritt 6: Die Reaktion der angesprochenen Partnerin erkunden**
Sie unterstützen die Verfolgerin (oder – bei einem Rückzügler-Rückzügler-Zyklus – die angesprochene Partnerin) darin, die neue Sicht auf den Partner auf sich wirken zu lassen und begleiten ihre Reaktion – sei sie akzeptierend oder nicht-akzeptierend – empathisch. Mit Ihrer Unterstützung teilt die angesprochene Partnerin nun ihrerseits ihr gegenwärtiges Erleben mit dem Partner.

**Schritt 7: Auf den anderen zugehen, reagieren, die Reaktion entgegennehmen**
Sie unterstützen den Rückzügler darin, bei seinen Kernemotionen zu verweilen, um Zugang zu seinen Bindungsbedürfnissen zu gewinnen. Anschließend fordern Sie ihn auf, sich uneingeschränkt und entschieden in die Beziehung ein-

zubringen und seine Wünsche und Bedürfnisse an die Partnerin heranzutragen. Die Partnerin wiederum unterstützen Sie in ihrer Reaktion auf diese Annäherung (Bitte), den nun engagierten Rückzügler in dieser Reaktion anzunehmen.

**Wie die EFT-Therapeutin die Veränderung in Phase 2 fördert (»Wiedereinbindung des Rückzüglers« und »Erweichen des Anklägers«)**

Verschiedene Tools unterstützen Sie als Therapeutin darin, bei der Arbeit in den tiefen Emotionen emotional ausgeglichen und gut eingestimmt auf sich und die Klienten zu bleiben:
1. Verorten Sie sich auf der EFT-Landkarte in Phase 2 und behalten Sie die drei »D«s – deepen, distil, disclose (vertiefen, herausfiltern, offenlegen) – und die drei »R«s – reach, respond, receive (auf den anderen zugehen, reagieren, die Reaktion entgegennehmen) im Blick.
2. Durchlaufen Sie mit den Partnern die fünf Moves des EFT-Tangos, von Johnson als Essenz der EFT beschrieben:
    a) Spiegeln Sie sowohl den inneren Prozess eines jeden Partners als auch den Beziehungsprozess.
    b) Vertiefen Sie primäres Erleben.
    c) Gestalten Sie ein Enactment.
    d) Bearbeiten Sie dieses Enactment mit beiden Partnern.
    e) Integrieren Sie die neuen Tanzbewegungen des Paares und feiern Sie die Kompetenz der Partner, diese zu tun.
3. Ermutigen Sie die Partner mit Hilfe von RISSSC, in Bezug auf ihren Partner Risiken einzugehen: Repetition, Images, Simple, Slow, Soft, Clients' words (wiederholen, Bilder benutzen, einfach, langsam, weich, Worte des Klienten nutzen).

# Kapitel 7

## Das Veränderungsereignis »Erweichen des Anklägers«: Emotionen als Motor der Veränderung (Schritte 5–7)

Der erfolgreichen Wiedereinbindung des Rückzüglers schließt sich der zweite Durchgang der Schritte 5–7 an – nun mit dem Ziel, die stärker verfolgende Partnerin zu erweichen, sie zugänglicher werden zu lassen und ihr eine neue Position in der Beziehung zu ermöglichen. Das bedeutet: eine bislang ablehnend und kritisch eingestellte Partnerin gewinnt Zugang zu ihren Bindungsemotionen, vertieft sie und geht »aus einer Position der Verletzlichkeit und intensivem emotionalen Erleben« (Bradley u. Furrow, 2004, S. 234) das Risiko ein, auf den mittlerweile engagierten und ihr zugewandten Partner zuzugehen und ihn um Nähe, Trost und Erfüllung ihrer Bindungsbedürfnisse zu bitten. Dieser Schritt stellt eine korrigierende emotionale Erfahrung dar, die sich in drei Schritten vollzieht: die Verfolgerin geht aus einer Position der Verletzlichkeit auf den Partner zu, der mittlerweile in der Beziehung engagierte Partner reagiert beruhigend und ermutigend und die Verfolgerin nimmt diese Reaktion uneingeschränkt an. Mit dem Erweichen des Anklägers (engl. Blamer Softening)[34] gelangt die Entwicklung einer neuen, sicheren Bindung zwischen den Partnern zu ihrem Höhepunkt. Dieser ultimative Bindungsmoment verleiht der Beziehung eine grundlegend neue Gestalt: sie wird zu einem Ort, an dem Partner füreinander da sind, sich trösten und sich umeinander sorgen. Aufgabe der Therapeutin ist es, diese grundlegend veränderte Erfahrung hervorzuheben und zu integrieren.

Auch wenn bereits in Phase 1 Momente auftauchen, in denen sich Verfolger weicher und zugänglicher zeigen, fällt bei genauer Betrachtung doch auf, dass sich diese Momente rasch wieder verflüchtigen und Kritik und Forderungen Platz machen. Trotz Wiedereinbindung des Rückzüglers flammt der negative Zyklus von Zeit zu Zeit noch auf, Verfolger bleiben bis zum Abschluss des Erweichungsprozesses des Anklägers ihrem ängstlichen Bindungsstil verhaftet und drücken ihre Ängste und Bedürfnisse oft unklar aus. Noch ist ihre

---

34 Erweichen des Anklägers = Blamer Softening (BLS) als feststehender Begriff in der EFT.

Sehnsucht nach Nähe nicht wirklich gestillt und bricht sich immer wieder in rigidem, selbstschützendem und anklagendem Verhalten Bahn. Erst mit dem Erweichungsmoment geht die Beziehung in voller Gänze in einen »immerwährenden Erneuerungsprozess« über (Johnson, 2013, S. 215).

Ob eine emotionsfokussierte Paartherapie in der Lage ist, eine Beziehung dauerhaft zu verbessern, hängt entscheidend davon ab, ob es gelingt, die Anklägerin zu erweichen (Johnson u. Greenberg, 1988). Dieses Ereignis stellt den entscheidenden Wendepunkt im EFT-Prozess der Umstrukturierung hin zu einer sicheren Beziehung dar (Bradley u. Furrow, 2004; Dalgleish et al., 2015; Johnson u. Greenberg, 1988).

»Bei Paaren, die das Veränderungsereignis ›Erweichen des Anklägers‹ erfolgreich meistern, steigt die Wahrscheinlichkeit, dass sie am Ende des Therapieprozesses zu tieferem emotionalen Erleben in der Lage sind, sich stärker aufeinander beziehen und Spannungen in der Beziehung leichter beilegen können als dies bei Paaren der Fall ist, die dieses Veränderungsereignis nicht gemeistert haben« (Burgess Moser et al., 2015, S. 233).

Eine Analyse der Sitzungen von 32 Paaren in EFT-Therapie zeigte bei allen Paaren von Mal zu Mal eine signifikante Abnahme der beziehungsspezifischen Bindungsvermeidung. Paare, die auch das Erweichen des Anklägers vollzogen hatten, zeichneten sich darüber hinaus durch eine signifikante Abnahme ihrer beziehungsspezifischen Bindungsangst aus (Burgess Moser et al., 2015). Mit anderen Worten: Vermeidungsverhalten geht im Verlauf der Therapie so gut wie immer zurück; um auch die Bindungsangst zu vermindern, ist jedoch das Erweichen des Anklägers unumgänglich. Dieses Veränderungsereignis wird als das am schwierigsten zu gestaltende Ereignis angesehen und stellt gleichzeitig die häufigste Hürde für EFT-Therapeuten dar (Johnson u. Talitman, 1997). In Kapitel 11 werde ich diese Hürde genauer beleuchten.

Das vorliegende Kapitel ist wieder im bekannten Muster aufgebaut: Nach einer einleitenden Definition führe ich die verschiedenen Aufgaben aus, die dieses Ereignis charakterisieren, indem ich jeweils darstelle, was die EFT-Therapeutin sieht und hört und was Therapeutin und Klienten tun. Das Kapitel endet mit Überlegungen, wie Klienten bei diesem Veränderungsereignis in die gemeinsame Arbeit einbezogen werden können.

## Was die EFT-Therapeutin im Veränderungsereignis »Erweichen des Anklägers« sieht und hört

Als EFT-Therapeutin gehen Sie den wahrnehmbaren Hinweisen nach, denen Sie nicht nur entnehmen können, dass ein Paar für den Einstieg in den zweiten Durchgang von Phase 2 bereit ist, sondern die sie durch den gesamten Prozess führen, der im Erweichen des Anklägers seinen Höhepunkt findet.

### Der engagierte Rückzügler

In dem Moment, in dem Sie als Therapeutin anhand klarer Hinweise erkennen, dass der Rückzügler aktiv in die Beziehung wieder eingebunden ist, können Sie Ihren Blick auf den zweiten Durchgang der Schritte 5–7 richten. Der ehemalige Rückzügler weist zu diesem Zeitpunkt eine neue Qualität der Präsenz auf. In seiner neuen Position zeigt er sich stärker beteiligt, äußert sich freier und lässt sich nicht mehr so schnell in alte Reaktions- und Verteidigungsmuster triggern. Mit anderen Worten: der Mensch, an den sich die eher verfolgende Partnerin nun mit all ihrem Mut wendet, ist vom Rückzügler zur belastbaren und sicheren Bindungsfigur geworden (Bradley u. Furrow, 2007).

### Die sich zurückziehende Verfolgerin

EFT-Therapeuten finden es anfänglich manchmal verwirrend, eine Verfolgerin zu erleben, die sich zurückzieht. Dieses Verhalten wirkt auf den ersten Blick widersprüchlich, ist jedoch nicht ungewöhnlich und lässt sich gut begründen. Erstens lässt sich festhalten, dass das Bindungsmuster ängstlicher Verfolger häufig auch Rückzugsmuster enthält (s. hierzu Johnson u. Tronick, 2016). Es ist nicht ungewöhnlich, dass die Verfolgerin manchmal tagelang den Kontakt zum Partner unterbricht oder sich mitten in einer Sitzung komplett verschließt. Das sind Momente, in denen Sie sich als EFT-Therapeutin bemühen, einen Felt Sense zu entwickeln, der Sie erspüren lässt, dass das Wegstoßen und Ausschließen genau der Person, nach dessen Nähe sie sich sehnt, der hoch aktivierten ängstlichen Verfolgerin als sicherste Strategie erscheint.

Zweitens sind Verfolger einem sich neu engagierenden Partner gegenüber meist auf der Hut und vorsichtig. Zu diesem Zeitpunkt erscheint es ihnen noch riskant, sich auf dessen dauerhafte Präsenz zu verlassen und es fehlt die Sicherheit, diese neue Präsenz »wirklich verdient zu haben«. In der weiter unten ausgeführten 5. Aufgabe, »Arbeit an der Angst, auf den anderen zuzugehen« beschäftige ich mich ausführlich mit diesen Ängsten und ihrer Triggerfunktion für das Rückzugsverhalten von Verfolgern. Wenn es Ihnen gelingt, das Rückzugsverhalten der Verfolgerin als nachvollziehbare Reaktion auf anderweitig nicht kontrollierbare Bindungsängste zu verstehen, können Sie sich Ihre therapeutische Offenheit und Ihr Interesse bewahren und die Verfolgerin darin unterstützen, in Kontakt mit ihren angetriggerten Ängsten zu kommen, sie zu vertiefen und ihnen Ausdruck zu verleihen.

**Präsente und herausgefilterte Emotion**

In ihrer Arbeit achten Sie als EFT-Therapeutin sehr genau auf verbale und nonverbale Zeichen, die Auskunft darüber geben, ob ein Klient im Hier und Jetzt engagiert und im Flow seines inneren Erlebens, d. h. präsent ist. Ist etwas präsent, steht es dem gesamten System zur Verfügung. Eine präsente Emotion ist im Gesamtsystem der miteinander verbundenen Affekte, Sinne, Kognitionen und Handlungsimpulse verfügbar und erfahrbar, sie wird *ganzheitlich erlebt*.

Wenn ein Klient körperliches Erleben in Bezug auf eine Emotion beschreibt (Herzklopfen, Magenschmerzen, Kloß im Hals) oder sichtbare Zeichen emotionalen Erlebens zeigt (seufzen, Tränen, schlucken), weist dies auf eine präsente primäre Bindungsemotion hin. Kann der Klient die gefühlte Emotion mit anderen Elementen, beispielsweise dem Trigger, der Bindungsbedeutung, dem gefühlten Erleben oder der Handlungstendenz verbinden, liegt ein Marker für eine nicht nur präsente, sondern auch herausgefilterte Emotion vor (so spricht Sophie nicht nur von ihrer Angst, Ella nichts zu bedeuten, sondern sie »fühlt die Angst in der Kehle; und die sagt ihr ›sei vorsichtig – zeig dich stark‹. Wenn Ella erst einmal erkennt, wie sehr ich sie brauche, wird sie nichts mehr von mir wissen wollen.«). Als EFT-Therapeutin achten Sie sehr genau auf diese Signale, denn Sie wissen, dass sich das Veränderungsereignis »Erweichen des Anklägers« nur dann erfolgreich gestalten und umsetzen lässt, wenn eine zuvor klar herausgearbeitete Emotion im Präsenzmodus ist.

**Im Grunde genommen gar nicht so verschieden**

Trotz der erheblichen und persistierenden Unterschiede in den Copingstrategien von Verfolgern und Rückzüglern, trotz der unterschiedlichen Art und Weise, wie beide ihre Bindungsängste ausdrücken, ist Emily beeindruckt, wenn sich gegen Ende von Phase 2 ganz vergleichbare Bindungsängste und -sehnsüchte der Partner herauskristallisieren. Ängstliche Verfolger und vermeidende Rückzügler sind zu diesem Zeitpunkt gar nicht mehr so unterschiedlich. Engagierte Rückzügler gewinnen Zugang zu ihrem Bedürfnis nach Nähe und Verbundenheit, empfänglich gewordene Verfolger gewinnen Zugang zu ihrer tiefen Sehnsucht, angenommen zu sein. Emilys Herz klopft, wenn sie Zeuge einer Entwicklung wird, in der Verfolger und Rückzügler mit ihren tiefsten Bedürfnissen in Kontakt kommen und sich darin gemeinsam finden. So unterschiedlich die Worte, Bilder und Verhaltensweisen waren, mit denen sie zu Beginn der Paartherapie ihren Schmerz ausdrückten, treten diese Unterschiede jetzt – nach dem Herausfiltern der Ängste vor Zurückweisung und Verlassenwerden – in den Hintergrund. Was sie eint, ist das Bedürfnis, sich uneingeschränkt aufeinander verlassen zu können, füreinander emotional erreichbar, engagiert und zugewandt zu sein (Johnson, 2008). Am Ende von Phase 2 fällt es beiden Partnern leichter, ihre Ängste und Bedürfnisse auszudrücken und um Zuwendung zu bitten (Greenman u. Johnson, 2013).

Das Beispiel von Mark und Prue illustriert, wie sehr sich am Ende des Veränderungsereignisses »Erweichen des Anklägers« die Sehnsüchte und Bedürfnisse von Rückzügler und Ankläger gleichen. Sue Johnson sagt zu diesem Zeitpunkt zu Prue, der erweichten Anklägerin:

»Vielleicht [brauchen Sie] noch ein bisschen Zeit, um sich sicher zu sein, dass keine Gefahr von ihm ausgeht und er Sie auch in Zukunft schätzen wird – anders ausgedrückt: dass er nicht so mit Ihnen umgehen wird, wie Sie das manchmal mit sich tun. Es ist schon interessant, wie Sie [Mark] zu Beginn davon gesprochen haben, wie sehr Sie darauf angewiesen sind, sich von Prue angenommen, wertgeschätzt und bestätigt zu fühlen […] und jetzt sind Sie, Prue, diejenige, die ausdrückt, wie sehr Sie seine Bestätigung brauchen« (Johnson, 1993).

## Was EFT-Therapeutin und Klienten im Veränderungsereignis »Erweichen des Anklägers« tun

Im Wissen um die große Herausforderung, die dieses entscheidende Veränderungsereignis für die meisten Neulinge in der EFT darstellt, widmeten sich Bradley und Furrow (2004) der Frage, wie und wann die erforderlichen Interventionen eingesetzt werden sollten. Dazu analysierten sie Videos gelungener Erweichungsereignisse und entwickelten aus ihren Beobachtungen eine Kurztheorie zum Veränderungsereignis »Erweichen des Anklägers«, um EFT-Therapeuten durch diesen Prozess zu lotsen.

## »Erweichen des Anklägers« bei Kilian und Tanja: ein Schnappschuss

Das »Erweichen des Anklägers« entspricht der zweiten Runde von Phase 2. Im ersten Durchlauf, der Wiedereinbindung des Rückzüglers, war Kilian der erlebende Partner, während Tanja, die eher verfolgende Partnerin, die Beobachterrolle innehatte und auf Kilian reagierte. In der zweiten Runde ist es Tanja, die bislang eher Verfolgende, die sich in die emotionale Exploration ihrer Bindungsängste begibt und ihre Bedürfnisse in Worte fasst. In maßgeschneiderten Enactments legt Tanja Kilian gegenüber ihre Bindungsängste offen und wendet sich ihm als mittlerweile in der Beziehung engagiertem Partner mit der Bitte zu, ihre Bindungsbedürfnissen zu erfüllen. In Schritt 5 dieser zweiten Runde arbeitet Tanja an ihrer Angst, von Kilian verlassen zu werden und stößt auf ihre Sehnsucht nach Nähe. Sie vertieft die Emotion, filtert sie heraus und teilt sie mit Unterstützung der Therapeutin in einer emotional und sich zunehmend verletzlicher zeigenden Weise mit Kilian. In Schritt 6 begleitet Emily Kilian darin, akzeptierend und verständnisvoll auf Tanja zu reagieren. Der entscheidende Moment ereignet sich in Schritt 7: Tanja muss den Mut aufbringen, ihr Leben gewissermaßen in die Hand eines anderen – Kilian – zu legen. Dieser Schritt ist für sie wie ein Sprung von der Klippe. Dazu lädt Emily Tanja ein, aus ihrem neuen emotionalen Erleben heraus in neuer Weise auf Kilian zu reagieren (Bradley u. Furrow, 2004; Johnson, 2004) und aus dem höchst verletzlichen Erleben ihrer Angst das Risiko einzugehen, auf Kilian zuzugehen und ihn darum zu bitten, ihre Bedürfnisse zu erfüllen. Im Anschluss unterstützt Emily Kilian darin, die für ihn so völlig neue Tanja anzunehmen und zu spüren, was diese neue, »weichere« Position seiner Partnerin in ihm bewegt und auf sie zu reagieren. Fast ausnahmslos zeigt sich der bisherige Rückzügler nach dem Erweichen der ehemaligen Verfolgerin empathisch und responsiv (Johnson, 2015). Wenn Kilian beruhigend und liebevoll auf Tanja eingeht, dann würdigt und integriert Emily diesen so bedeutsamen und starken Moment der Bindung und Transformation für beide.

## »Erweichen des Anklägers« – Fallbeispiel

Anhand des Fallbeispiels von Ella und Sophie beschreibe ich, was Therapeutin und Klienten im Veränderungsereignis »Erweichen des Anklägers« tun und skizziere die Aufgaben, aus denen sich Ellas Prozess des Erweichens zusammensetzt. In der Beschreibung orientiere ich mich an der ausführlichen Darstellung dieser Aufgaben in der Kurztheorie »Erweichen des Anklägers« (Bradley u. Furrow, 2004, 2007, 2010). Diese Kurztheorie von Bradley und Furrow stellt insbesondere für EFT-Neulinge eine jederzeit abrufbare praktische Anleitung zur Umsetzung des Erweichungsereignisses dar (jede Aufgabe endet mit einer präzisen Beschreibung der dazugehörigen Interventionen).

Ella, die ehemalige Rückzüglerin, ist zu Beginn dieses Prozessschritts wiedereingebunden und in der Lage, wesentliche zuvor ausgeklammerte Teile ihres Selbst in Worte zu fassen (Johnson, 1993). Wenn sie jetzt Zeit am Computer verbringt oder mit ihrem Sohn telefoniert und Sophie wie früher ungehalten reagiert, formuliert Ella ihre Bindungsbedürfnisse und -erwartungen nun klar und entschieden: »Ich will dir ja auch nahe sein! Aber es ist so anstrengend mit all deinen Erwartungen. Ich will mich gar nicht von dir abwenden, aber es schmerzt, wenn ich mich von dir abgelehnt fühle. Ich bin darauf angewiesen, von dir zu hören, dass ich dir genüge.« Sie spricht über ihren Wunsch, Sophie nahe zu sein und zu erleben, dass Sophie sie liebt und braucht. Die wertschätzende Antwort, die sie von Sophie daraufhin erhält, tut ihr sichtlich gut.

Aber noch hat sich der alte Zyklus nicht ganz verabschiedet. In der nächsten Sitzung hört Emily wieder Sophies altbekannte Vorwürfe: »In dieser Woche war es schon wieder soweit! Gerade als ich sie gebraucht hätte und auf ein bisschen gemeinsame Zeit hoffte, ließ sie mich allein, verbrachte den ganzen Abend am Computer, bis ihr Sohn anrief und sie eine ganze Stunde lang mit ihm telefonierte!« Während Emily mit einem Ohr Sophies bekannte Vorwürfe und Klagen hört, schwenkt sie mit dem anderen Ohr in den Bindungskanal ein. Dort hört sie etwas ganz anders: Sophie fühlt sich allein, sie vermisst Ella. Um sich bestmöglich in Ella einzufühlen, hört Emily in ihren Körper hinein und spürt der Resonanz von Sophies Worten nach. Sie gewinnt eine Ahnung davon, wie es sich für Sophie anfühlen mag, allein gelassen und auf Abstand zur wichtigsten Person in ihrem Leben zu sein; allein gelassen von der Person, die sie den ganzen Tag so vermisst hat – die emotional nicht erreichbar ist und sich offensichtlich lieber um ihre Arbeit und ihre Familie kümmert als um sie, die Partnerin. Dazu greift Emily auf eigene Erfahrungen von Verlassenheit zurück.

Einfühlsam nimmt sie wahr, wie einsam und verletzt sich Sophie fühlen mag, wenn sie keinen Weg sieht, Ella wieder zu erreichen. Sie fordert Sophie auf, nachzuspüren, was sie fühlt, wenn sie über Ella klagt. »Wie fühlen Sie sich in dem Moment, in dem Sie das zu Ella sagen?«

»Ich bin wütend« lautet deren prompte Antwort.

Kaum validiert Emily Sophies Wut, außen vor gelassen zu werden, sieht sie Tränen in ihren Augen. Das bringt Emily zu einer empathischen Vermutung: »Ihr Blick ist ganz traurig; ich frage mich, ob sich unter der Wut vielleicht eine ganz tiefe Traurigkeit verbirgt.« Sie verfolgt die einzelnen Elemente der Emotion, um die zugrunde liegende Kernemotion zu evozieren. »Sie hören, wie Ella nach einem Abend am Computer [den Trigger aufgreifen] fröhlich eine ganze Stunde lang mit ihrem Sohn telefoniert und sagen sich ›Jetzt hat sie mich schon wieder im Stich gelassen. Ich bin ihr einfach nicht wichtig genug!‹ [Spiegeln von Sophies direkter Bedeutungszuschreibung]. Und wenn Sie sich das sagen, dann ist es, als würde ein Schalter umgelegt, und Ihre Wut entlädt sich in heftigen Vorwürfen [Spiegeln der reaktiven Emotion und des Handlungsimpulses], während Sie sich in Ihrem Innersten ganz allein fühlen – voller Angst, ihr nicht wichtig zu sein [in herantastendem, weichem Tonfall wird eine empathische Vermutung über die zugrunde liegende Kernemotion geäußert]. Ist das so? [Überprüfen, ob sich Ihre Bindungshypothese mit Sophies gegenwärtigem Erleben deckt und gegebenenfalls um Bestätigung bitten]. Die erste Tür zu den primären Bindungsängsten der Anklägerin hat sich geöffnet.

## 1. Aufgabe: Die Ängste der Anklägerin erschließen (in evokativem Reagieren und der Gestaltung eines Enactments)

EMILY (evokativ): In dem Moment, in dem Sie das sagen, sind Sie richtig wütend und sagen sich: »Ja, so ist es – ihre Schwester und ihr Sohn sind ihre eigentliche Familie und ich gehöre nicht dazu. Ich kann machen, was ich will – ich gehöre einfach nicht dazu!« (Das Bindungsbedürfnis evozieren).

SOPHIE: Ja, genau – ich gehöre nicht zu ihrem engeren Kreis. Ich bin nicht ihre wirkliche Familie! Ich gehöre nicht dazu! (Die evokative Reaktion der Therapeutin erleichtert es Sophie, ihre schlimmste Bindungsangst in klare, verständliche Worte zu fassen.)

EMILY: Was geht in Ihnen vor, wenn Sie sich diesem dunklen und beängstigenden Ort nähern – Ihrer tiefen Sehnsucht, Teil von Ellas Welt zu sein? Sie tun alles, um dazuzugehören und dann haben Sie so ein Gefühl von »Ein Fehler und alles ist wieder vorbei – sie verschwindet und ich stehe wieder ohne Halt allein da«? Gerade waren Sie dabei, dieses Gefühl mit Ella zu teilen und dann sind Sie plötzlich verstummt. Was ist da passiert?

SOPHIE: Es ist, als hätte ich einen Felsbrocken hier drinnen (zeigt auf ihre Brust).

EMILY: Ein Felsbrocken in Ihrer Brust (Pause, die ganze Zeit den Blick bei Sophie, um die Größe dieses Moments bei ihr zu erfassen). Ich sehe die Tränen in Ihren Augen – und der Felsbrocken sagt …? (evokative Frage)

SOPHIE: … ich warte und warte – warte auf – warte auf jemanden, der sich von mir entfernt.

EMILY: Das ist es, was Sie ständig begleitet – die Angst – dieser schwere Felsbrocken in Ihrem Herzen, der Ihnen signalisiert, dass es bedrohlich wird – dass Sie in Gefahr sind, etwas zu verlieren – und ganz besonders, Ella zu verlieren?

SOPHIE: Ja!
EMILY: Das hört sich nach einem ganz alten Gefühl an – Sie haben erzählt, dass Sie diese grauenhafte Angst kennen, seit Sie mit ansehen mussten, wie der Sarg Ihrer Mutter in die Erde hinuntergelassen wurde – das Gefühl nach dem Tod Ihrer Mutter, völlig allein zu sein (sie war sieben Jahre alt, als ihre Mutter Suizid beging; ihr Vater war ihr Leben lang immer wieder im Krankenhaus). Und diese grauenvolle Angst vor dem Alleinsein taucht in Ihrem Zyklus mit Ella immer wieder auf, nicht wahr? (Evokative Reaktion, bei der der Schlüsselreiz, der die Angst vor dem Verlassenwerden triggert, erneut lebendig wird). Heute ist dieser wichtige Mensch da, aber in Ihrem negativen Zyklus haben Sie ihn immer wieder aus den Augen verloren! Und die Angst und das Grauen sind in dieser Minute so lebendig wie damals.
SOPHIE (nickt): Und tief in mir höre ich: »Sie ist weg – für immer weg!«
EMILY: Ja, Sie kennen dieses Gefühl, immer zu befürchten, Menschen zu verlieren. Sie leben oft mit diesem Gefühl – der Angst davor, andere zu verlieren – Sie fühlen diesen Felsbrocken in Ihrem Herzen. Sie haben schon so viel verloren und jetzt sind Sie voller Angst, auch Ella zu verlieren. Können Sie sich vorstellen, Ella von diesem Felsbrocken in Ihrem Herzen zu erzählen? Ihr zu sagen: »Ich stehe immer auf der Kippe – habe Angst, dass niemand für mich da ist – dass du einfach weggehen wirst«?
SOPHIE: Nein, nein – das kann ich ihr nicht zeigen. Ich kann ihr meine Traurigkeit und meine Einsamkeit nicht zeigen. Das wird sie nicht hören wollen. Niemand will etwas von Tod und von Verlust hören. Sie will mich fröhlich sehen.
EMILY: Ihr immer nur die fröhliche Seite zeigen! Wenn Sie dann traurig sind oder sich einsam fühlen, dann wollen Sie ihr das nicht zeigen und tun auch alles dafür, dass sie das nicht sieht. Nicht wahr?
SOPHIE: Mm-hmm (energisches Kopfnicken).
EMILY: Sie sind fest davon überzeugt, dass sie auf keinen Fall den schweren Felsbrocken in Ihrem Herzen sehen will; den Felsbrocken, der in heller Panik ist, weil er befürchtet, sie dieses Mal endgültig verloren zu haben?
SOPHIE: Nein!
EMILY: Und die Panik bricht aus Ihnen heraus wie aus einem »Feuerwehrschlauch, der bis zum Platzen gefüllt ist« (Evokation des Bildes vom Feuerwehrschlauch als Code für die Intensität der zugrunde liegenden Angst, die sich als Kritik entlädt). Können Sie sich Ella zuwenden und ihr sagen, dass die Angst, allein zu sein, zu groß ist, um sie mit ihr zu teilen? Dass es Ihnen sicherer scheint, diese Angst zurückzuhalten und so zu tun, als seien Sie glücklich? Das Schlimmste wäre, wenn Ella Ihre Angst nicht aushalten könnte – nicht wahr?

## 2. Aufgabe: Dem engagierten Rückzügler den Rücken stärken (evokativ reagieren und empathische Vermutungen zur Bindungsbedeutung formulieren)

Um dem Rückzügler den Rücken zu stärken und die Bühne für ein sicheres Enactment zu bereiten, weist Emily darauf hin, dass sich Ella nach vorn beugt und aufmerksam zuhört, während Sophie spricht. Um das Bild von Ellas Engagement und deren Wunsch, auf sie zu reagieren, für Sophie plastisch werden zu lassen, äußert Emily eine Hypothese: »Sie lehnen sich ganz weit vor, Ella, fast als wollten Sie sagen: ›Ich will hören, was du zu sagen hast – ich will diesen Felsbrocken voller Angst in deinem Herzen kennenlernen. Ich will von deiner Angst hören‹, stimmt das?«

ELLA: Absolut! Ich renne nicht vor der Traurigkeit weg, auch nicht vor der Angst! Ich fliehe vor Sophies Ablehnung (im negativen Zyklus war sie diejenige, die vor Sophies Vorwürfen und Ablehnung wegrannte/sich zurückzog).

EMILY: Sie würden auf keinen Fall vor diesem traurigen, einsamen Ort fliehen. (Ella: Nein!) Sondern sich ihr zuwenden? (Ja!) Sie würden hinlaufen. (Ganz sicher!) Sie würden sich dadurch Sophie sogar noch näher fühlen? (eine empathische Vermutung äußern und das Bindungsbild hervorheben)

ELLA: Absolut – ich gehe nirgendwo hin! Ich will alles von dir wissen! Für mich musst du nicht perfekt sein – ich will nur wissen, was unter der Wucht dieses »Feuerwehrschlauchs« ist, vor dem ich weggelaufen bin. Ich laufe nicht mehr weg – ich will wissen, wer du bist!

## 3. Aufgabe: Sich mit der Vorstellung, auf die Partnerin zuzugehen, vertraut machen (evokativ ein neues Bild des Aufeinander-Zugehens und Einander-Tröstens entstehen lassen und dadurch Bindungssamen säen)

Dieses Bild einer sicheren Verbindung verstärkt im Moment des Entstehens auch das gegenwärtige Angsterleben. Genau das möchte Emily erreichen: Bindungssamen säen und gleichzeitig die Angst hervorheben und lebendig werden lassen.

EMILY: Ich habe den Eindruck, momentan können Sie sich überhaupt nicht vorstellen, zu sagen: »Ella, ich bin voller Angst. Komm und halt mich fest – ich will spüren, dass du bei mir bist. Ich muss wissen, dass ich dir nicht egal bin«. Sie könnten nicht sagen: »Ella, ich habe solche Angst, dass alles den Bach runtergeht. Ich habe solche Angst vor dieser *weißen Marmorwand, an der ich mich nirgends festhalten kann* [Aufgreifen eines Bildes, das Sophie benutzte, um die Einsamkeit in der Beziehung, die sich als Grundgefühl durch ihr Leben zieht, zu beschreiben]. Kommst du zu mir und zeigst mir, dass du bleiben wirst?« Das könnten Sie sich nie im Leben vorstellen zu sagen?

## 4. Aufgabe: Die Angst vor Annäherung prozessieren (hervorheben, empathische Vermutungen formulieren, evokativ reagieren, zugrunde liegende Emotionen spiegeln und im Bindungskontext reframen)

Die Ängste, die Therapeuten an dieser Stelle erweitern und bearbeiten, sind tief verankert in den negativen inneren Arbeitsmodellen, die Klienten von sich und anderen haben, beispielsweise die Angst, der Partner könne nicht oder verletzend reagieren. »Wie kann ich mich darauf verlassen, dass du wirklich für mich da sein wirst? Dass du mich wirklich lieben wirst, wo doch noch nie jemand für mich da war?« Es ist auch die Angst davor, nicht liebenswert zu sein und kein sicheres Gegenüber zu verdienen. »Wie kannst du mich wirklich lieben, wenn ich so (kritisch, schwach, bedürftig oder pathetisch) bin?« Ängste und innere Arbeitsmodelle von sich und anderen werden in dieser Phase aktiviert und triggern häufig Emotionen und Erinnerungen aus der aktuellen Beziehung und früheren.

**Die mit dem Bild des Anderen verbundene Angst erweitern**
SOPHIE: Ich habe die Erfahrung gemacht, dass Menschen immer auf Distanz zu mir gehen – so als ob niemand das Wort »Einsamkeit« hören möchte. Ich bin ganz allein, stehe einer kalten, weißen Marmorwand gegenüber, an der ich mich nirgends festhalten kann.
EMILY: Immer nur warten – die Luft anhalten – auf jemanden warten, der doch nur weggeht. Kalter weißer Marmor – so allein – kalt und voller Angst und niemand ist interessiert – noch nicht einmal Ella (hervorheben). »Ich fürchte, ich werde nie wirklich zu Ellas innerem Zirkel gehören, werde mir nie sicher sein, dass sie *bei mir ist*.« Nicht wahr? (empathische Vermutung im Bindungskontext).
EMILY: Tief in sich spüren Sie diese kalte, harte Angst vor dem Alleinsein, diese Angst davor, niemals Teil von Ellas Welt zu sein? (primäre Angst spiegeln und eine evokative Frage stellen, um Zugang zum körperlichen Erleben der primären Angst zu schaffen).
SOPHIE: Ich fühle die Angst in meiner Kehle – das ist wie in dem Moment, in dem du jemanden beerdigst und weißt, er ist für immer aus deinem Leben verschwunden ...

EMILY: Die Angst schwingt immer mit – die Angst, dass keiner da ist, an den Sie sich wenden können – der bei Ihnen bleibt. Und wenn Ella dann beschäftigt ist und ganz besonders, wenn Sie sich angeregt mit ihrem Sohn unterhält – dann ist da wieder dieser Kloß im Hals – und der sagt Ihnen: »Sie ist wieder weg – hat kein Interesse – ich bin ihr egal.« Ja? (in Verbindung mit dem Zyklus vertieft und herauskristallisiert).

Mit weicher, langsamer Stimme gestaltet Emily behutsam ein Enactment mit Sophie, in dem Sophie Ella von der riesengroßen Angst erzählt, die sie die ganze Zeit begleitet – der Angst, von Ella verlassen zu werden (unsicheres Bild vom anderen). Nach einem solchen Enactment und nach der Zusicherung der aktiven Rückzüglerin, da zu sein und die Partnerin nicht zu verlassen, verwandelt sich die Angst der Verfolgerin klassischerweise in ein negatives Selbstbild – die Angst, nicht liebenswert zu sein und die Zuwendung des anderen nicht verdient zu haben.

### Die mit dem Selbstbild verbundene Angst erweitern

SOPHIE: Vielleicht bleibt sie – aber eigentlich bin ich es – als hätte ich ein Zeichen auf der Stirn, das sagt: »Geh weg« – ich bin zu anstrengend – nicht wichtig – ich bin pathetisch. Meine Traurigkeit und meine Einsamkeit sind viel zu groß! Das ist nicht schön, es ist abstoßend.

EMILY: Habe ich richtig verstanden: Sie befürchten, dass Ella Sie verlässt, wenn sie erst erkennt, wie sehr Sie sie brauchen? Dass ihr dieser bedürftige Teil von Ihnen nicht gefällt?

SOPHIE Ja, genau – ich denke, wenn ich sage »Ich bin traurig« oder »Ich bin verletzt«, dann ist das der sicherste Weg, jemanden in die Flucht zu schlagen. Sie wird sich zurückziehen. Sie wird das nicht hören wollen.

EMILY: Aha – Ihre größte Angst ist es, dass Ella Ihnen nicht mehr nahe sein möchte, wenn sie erst hört, wie einsam Sie sich fühlen – wie viel Angst Sie davor haben, von ihr im Stich gelassen zu werden und wie sehr Sie auf ihren Trost und ihr Da-Sein angewiesen sind. Dass sie Sie nicht mehr als liebenswert empfindet? (fragende Stimme, um immer wieder zu überprüfen, ob sich das Gesagte mit Sophies innerem Erleben deckt).

### Die Angst, auf die Partnerin zuzugehen, erweitern

SOPHIE: Ich kann ihr meine Traurigkeit nicht zeigen. Ich kann ihr nicht sagen, dass ich mich einsam fühle. Ich kann sie nicht einfach darum bitten, bei mir zu sein!

EMILY: Ihre große Sorge ist: »Ich gehe auf sie zu und sie ist nicht da. Sie ist viel zu beschäftigt. Ich zeige ihr diesen grauenvollen Felsbrocken in meiner Brust, sie wirft einen Blick darauf und haut ab, ›Igitt!‹«
SOPHIE: Ich kann nicht auf sie zugehen – sie wird sich wieder abwenden, so wie es bisher jeder getan hat. Bei ihr wird es nicht anders sein!
EMILY (bezieht die aktive Rückzüglerin wieder mit ein): Wie geht es Ihnen, wenn Sie sich gerade nach vorne lehnen und Sophie ganz genau zuhören?
ELLA: Ich will mehr von diesem einsamen furchterregenden Ort hören – ich wäre gern dort – ich habe noch kein einziges Mal von ihr gehört, dass sie *mich braucht* – ihre Wut und ihre Enttäuschung halte ich nicht mehr aus, aber ich möchte ihr nahe sein!
SOPHIE: Nein, nein – das glaube ich nicht!

Noch einmal lädt Emily Sophie in weichem, langsamen Ton und mit einfachen Worten zu einem Enactment ein, bei dem sie Ella von ihrer riesengroßen Angst und nun auch von ihrem beängstigenden Selbstbild erzählt; der Vorstellung, in Ellas Augen nicht zumutbar, nicht liebenswert zu sein; wie beängstigend bereits die Vorstellung ist, von ihrem einsamen »Ort des Nicht-liebenswert-Seins« aus auf Ella zuzugehen.

## 5. Aufgabe: Die Anklägerin geht auf die Partnerin zu (evokatives Reagieren, aus einer verletzlichen und angsterfüllten Position heraus auf die Partnerin zugehen)

An dieser Stelle folgt das eigentliche, sehr direktiv gestaltete Veränderungsereignis von Schritt 7. Die erlebende Partnerin wird eingeladen und ermuntert, sich aus dem Erleben ihrer Angst heraus der Partnerin zuzuwenden und diese darum zu bitten, ihre Bedürfnisse zu erfüllen. Emily registriert, dass Sophies Bindungsangst »am Siedepunkt« angekommen (Bradley u. Furrow, 2004) und Ella gut erreichbar und engagiert ist. Sie weiß, wie wichtig es ist, dass die erlebende Partnerin sich des mit dem nächsten Schritt verbundenen Risikos bewusst ist. Die Angst muss ganz lebendig im Hier und Jetzt umfassend erlebbar und körperlich spürbar sein. Aus dieser voll und ganz gefühlten Angst heraus wendet Sophie sich Ella zu und erlebt deren beruhigende Reaktion. Für Sophie ist es wie ein Sprung von einer gefährlichen Klippe – ganz ohne Sicherung. Ihr einziger Schutz ist das Vertrauen, das sie nun in Ella setzen muss – dass Ella da sein wird, um sie aufzufangen und ihr Bindungsbedürfnis zu stillen.

In diesem Schritt wird nicht nur die Beziehung, sondern auch die innere Welt beider Partnerinnen umstrukturiert. Von diesem Moment an verfügen beide über ein wirksames Mittel gegen mächtige Bindungsängste. Je höher das Risiko, das Sophie in Kauf nimmt, desto mächtiger kann Ellas Reaktion als Gegenmittel zur Wirkung gelangen und desto stärker wird die neue Bindung sein.

In dem Moment, in dem Sophies Angst, auf Ella zuzugehen, am Siedepunkt angekommen ist, schlägt Emily ihr vor, den Sprung zu wagen: »Können Sie Ella sagen, was Sie sich von ihr wünschen? Was Sie von ihr brauchen, um den Panikkloß der Einsamkeit und Traurigkeit in Ihrem Hals loszuwerden? Was Sie jetzt, in diesem Moment, von ihr brauchen?«

SOPHIE: Das Einzige, was ich brauche, ist, dass sie mich sieht.
EMILY (bleibt bei ihrer Einladung/Aufforderung an Sophie, auf Ella zuzugehen): Können Sie sie darum bitten? Jetzt ist sie hier – können Sie sie fragen? Sie lehnt sich sogar vor und sagt: »Bitte mich darum – gib mir die Gelegenheit, dir zu zeigen, dass ich hier *bin*.« Können Sie das sagen?
SOPHIE (stockend, mit weicher Stimme, fast flüsternd): Siehst du, wie sehr ich mich danach sehne, dir so wichtig zu sein wie Craig [ihr Sohn] und Roxy [ihre Schwester] und so wichtig wie all deine Arbeit? Wirst du dir auch dann Zeit für mich nehmen, wenn ich dir mit meiner Bedürftigkeit ganz ungelegen komme? Kannst du mir zusichern, dass ich wichtig für dich bin?
EMILY: Wie könnte sie Ihnen das zusichern?
SOPHIE: Sie könnte an mich heranrücken, mich festhalten und mir das sagen.
ELLA: Können Sie sie darum bitten?
SOPHIE (mit zitternder Stimme): Kannst du?
ELLA: Selbstverständlich! (Sie rückt nah an Sophie heran.) Du bist so kostbar für mich!

## 6. Aufgabe: Die wieder eingebundene Rückzüglerin in ihrer Reaktion begleiten

An dieser Stelle macht Emily die Reaktion der Rückzüglerin auf die nun erweichte und auf sie zugehende Verfolgerin groß.

Ella legt ihren Arm um die schluchzende Sophie und hält sie fest; in beruhigenden Tönen versichert sie ihr, genau diesen Teil von ihr ganz besonders zu lieben und für ihn zu sorgen. Emily hebt auch diese so liebevolle Reaktion von Ella Sophie gegenüber hervor.

## 7. Aufgabe: Die Begegnung zwischen engagierter Rückzüglerin und erweichter Anklägerin prozessieren (evokative Fragen und evokatives Spiegeln)

Korrigierendes emotionales Erleben setzt voraus, dass die Partner Zugang zu ihrem Felt Sense des eingegangenen Risikos und der als Gegenmittel wirksam werdenden Reaktion haben. Um diesen Zugang zu ermöglichen, spiegelt Emily das eingegangene Risiko und die die Angst transformierende, engagierte Reaktion des Partners. Sie bleibt ganz nah an den Schritten des Aufeinander-Zugehens und der Reaktion der Partner, evoziert beider Erleben, spiegelt das eingegangene Wagnis und hebt das gestärkte Vertrauen und die entstehende Bindung hervor.

Um zu sehen, wie Sophie die Reaktion der Rückzüglerin Ella erlebt hat, unterstützt sie beide Partnerinnen darin, miteinander zu teilen, welchen Effekt das Aufeinander-Zugehen und Reagieren auf sie hat.

SOPHIE: Ich hatte mir schon gedacht, dass sie ja sagt, fand es aber trotzdem noch gefährlich, zu fragen.
EMILY: Was spüren Sie gerade in Ihrer Brust?
SOPHIE: Es ist leicht!
ELLA (nachdenklich, zu diesem Zeitpunkt eine häufige Reaktion von Rückzüglern): Das hilft mir auch. Ich muss auch wissen, dass du mich brauchst. Du wirkst oft so wütend und schließt mich aus. Ich kann mit Gefühlen umgehen. Mit deinen Ängsten und deiner Einsamkeit komme ich klar. Dieser Teil von dir wird mir nicht zu viel; daran habe ich keinen Zweifel!

Emily hebt noch einmal das Aufeinander-Zugehen und Aufeinander-Reagieren hervor. In hellen, warmen Farben beschreibt sie, wie beide sich gegenseitig Halt geben; ein Bild, das so viel tröstlicher und ermutigender ist als der kalte, einsame, weiße Marmor, der sie so lange in Isolation gehalten hat.

## 8. Aufgabe: Die Bindungsbedürfnisse validieren (erstmals erlebte Emotionen und Bindungsbedürfnisse empathisch validieren)

Emily validiert das neue Erleben, das aus der gemeinsamen Anstrengung von Sophie und Ella hervorgegangen ist – welch eine neue Erfahrung war es für Ella, Sophies unsichere, verletzliche Seite zu sehen. Emily spiegelt nochmals, wie sehr Sophies Öffnung sie Ella nähergebracht hat und hebt Ellas Wunsch, für Sophie da zu sein, hervor. Seit Ella weiß, dass sie geliebt wird, fühlt sie sich gestärkt und noch stärker geliebt. Emily validiert, dass beide nun zunehmend ihre tiefsten Bindungsbedürfnisse miteinander teilen und einander um Trost und Unterstützung bitten können.

## Die Meta-Perspektive: was Partner und Therapeutin tun

Die dargestellten Aufgaben sind nicht als streng einzuhaltende Prozessschritte zu verstehen, sondern stellen einen hilfreichen Leitfaden zur Umsetzung der beiden Schlüsselelemente dar, die als Erfolgsprädiktoren für Phase 2 der EFT gelten: die Vertiefung des emotionalen Erlebens und die Gestaltung verbindender Enactments, in denen Partner einander ihre Bindungsängste und -bedürfnisse offenlegen. Die ersten vier Aufgaben beziehen sich auf die Vertiefung des emotionalen Erlebens der Bindungsängste, in der fünften bis achten Aufgabe steht die Stärkung des Zusammengehörigkeitsgefühls der Partner in einem Prozess des Aufeinander-Zugehens und Aufeinander-Reagierens im Vordergrund.

> »Experientielle Interventionen unterstützen den Verfolger darin, Zugang zu seiner Verletzlichkeit zu gewinnen und dieser Verletzlichkeit Ausdruck zu verleihen und den Rückzügler darin, sich emotional wieder einzubinden. Demgegenüber haben sich systemisch orientierte Interventionen als hilfreich in der Gestaltung von Enactments zur Förderung der gegenseitigen Erreichbarkeit und Responsivität erwiesen« (Zuccharini, Johnson, Dalgleish u. Makinen, 2013, S. 149).

Um Paare durch den Prozess des Erweichens des Anklägers zu begleiten, können EFT-Therapeuten auf ein bewährtes Set von Interventionen zurückgreifen. Zu nennen sind insbesondere: Spiegeln und Validieren (des gegenwärtigen Moments und der zugrunde liegenden Emotionen), evokative Fragen stellen, evokativ reagieren (Zugang zu Bindungsängsten, inneren Arbeitsmodellen von sich und anderen und Bindungsbedürfnissen schaffen, wechselseitige emotionale Erreichbarkeit fördern), hervorheben (besonders eigene beziehungsweise Ängste des Partners und die Angst, auf den Partner zuzugehen), empathische Vermutungen im Hinblick auf gegenwärtige Bindungsängste und -sehnsüchte, bindungsbezogenes Reframing sowie die alles überragenden Interventionen zur Umstrukturierung und Gestaltung von Interaktionen (d. h. die Vorbereitung und Umsetzung von Enactments) – immer auf das Ziel einer neuen, sicheren Beziehung hin ausgerichtet.

Das Erweichen des Anklägers kann sich in Form eines einmaligen oder mehrerer kleiner Ereignisse vollziehen. Manchmal geschieht es auch zwischen den Sitzungen. Aber unabhängig vom Wann und Wie heben Sie als EFT-Therapeutin dieses Veränderungsereignis immer hervor, verarbeiten und vertiefen es.

## Wie die EFT-Therapeutin das Paar darin unterstützt, das »Erweichen des Anklägers« gemeinsam zu gestalten

Der Prozess des Erweichens des Anklägers lehnt sich eng an das in Kapitel 6 beschriebene Vorgehen in Phase 2 an. Als Therapeutin konzentrieren Sie sich auch in diesem zweiten Durchgang der Schritte 5–7 auf die Emotionen, vertiefen sie und gestalten transformative Enactments, in denen die Anklägerin ihre tiefe Verletzlichkeit zum Ausdruck bringt. Diese Enactments sind einerseits äußerst störanfällig und haben andererseits ein beeindruckendes transformatives Potenzial. Mit ihrem Schritt auf die ehemalige Rückzüglerin zu nimmt die Anklägerin in diesem Veränderungsereignis ein hohes Risiko auf sich. Aber auch Sie gehen in diesem Schritt ein Risiko ein; erfordert dieser Prozessschritt doch eine hohe Fokussierung und sorgfältige Gestaltung des Aufeinander-Zugehens und Aufeinander-Reagierens, um beiden Partnern gerecht zu werden. Um in dieser Situation selbst emotional stabil und in gutem Kontakt mit sich und anderen zu bleiben, können Sie auf die in Kapitel 6 bereits beschriebenen Elemente zurückgreifen. Diesen Elementen kommt auch jetzt, im zweiten Durchgang von Phase 2, der kreativen und einfühlsamen Bahnung und Unterstützung des Erweichungsprozesses, eine hohe Bedeutung zu.

Ganz bewusst wenden EFT-Therapeuten im hier beschriebenen Prozessschritt RISSSC an, d. h. sie achten auf ihren Tonfall und stimmen ihr Tempo auf die Partner ab, um die in den Schritten 5 und 7 im Fokus stehenden Bindungsängste zu halten, hervorzuheben und in einem sicheren Rahmen zu verarbeiten. Mit ihrem Tonfall und der Anpassung ihres Sprechtempos unterstützen sie die emotionale Regulation und halten die Partner in einem sicheren Arbeitsbereich, während sie mit der Verfolgerin ins Zentrum höchst bedrohlicher Emotionen vordringen und diese hervorheben. Eine von Herzen kommende Stimme und Ihre warmherzige Körpersprache als EFT-Therapeutin schaffen einen sicheren Kontext, in dem Partner ihrer Angst begegnen und den Mut finden können, im Wissen um die eigene Verletzlichkeit vertrauensvoll aufeinander zuzugehen und aufeinander zu reagieren.

## Phase 2 im Überblick

Die EFT ist durchgängig von einer untrennbaren Verknüpfung ihrer Lehre mit deren kunstfertiger Umsetzung gekennzeichnet. Die Phase-2-Prozesse erfordern den höchsten Einsatz und die engste Einstimmung auf das momentane subjektive Erleben der Partner. Die Landkarte der Bindung zeigt die Schritte auf, die zunächst der Wiedereinbindung des Rückzüglers und im Anschluss dem Erweichen des Anklägers dienen. Die Kunst der Therapeutin besteht darin, in Momenten, in denen sie sich mit ihren Klienten in die Tiefe der Emotionen eines *jeden Partners* begibt und sie zu Schritten geleitet, in denen die Partner *wechselseitig* ihre Verletzlichkeit offenlegen und darauf reagieren, ganz nah am Erleben der Partner, dem in Phase 1 herausgearbeiteten Schmerz und den Ängsten, zu bleiben. Die Landkarte der EFT lässt sich nicht aus einer objektiven Distanz lesen; die Therapeutin muss den ganz einzigartigen persönlichen Weg jedes Partners zu seinen universellen Bindungsängsten und -bedürfnissen mitgehen.

In Phase 2 finden sowohl der vormalige Rückzügler als auch die frühere Verfolgerin Worte für ihre Bindungsängste und -bedürfnisse. Sie nähern sich vorsichtig dem an, was sie antreibt, und schöpfen Mut, sich einander klar und eindeutig mit ihren Ängsten und Bedürfnissen zuzuwenden und darum zu bitten, diese Bedürfnisse zu erfüllen. Gemeinsam gestalten Therapeutin und Paar einen Raum, der es dem ehemaligen Rückzügler ermöglicht, präsent zu bleiben und der eher verfolgenden Partnerin, sich weich und offen zu zeigen. Wie in einem Sog führt das Erleben eines Partners, der sich dem Risiko aussetzt, sich verletzlich zu zeigen, zu gegenseitiger Unterstützung und stärkt die Verbundenheit des Paares. Die zunächst eher kritisierende Partnerin akzeptiert die entschiedenere und engagiertere Position des Partners und lernt sie zu schätzen; der ehemalige Rückzügler – nun aktiv an der Gestaltung der Beziehung beteiligt – wird empfänglich, engagiert und für die Partnerin emotional präsent.

Emily stellt fest, dass Phase 2 bei einigen Paaren länger dauert als erwartet; das wirft sie aber nicht aus der Bahn, sondern mit der Zeit wachsen ihre Geduld und ihr Vertrauen in das linear-zirkuläre Modell. Sie freut sich, wenn sie von Zeit zu Zeit erlebt, wie das Engagement eines Rückzüglers nach dem Erweichen des Anklägers nochmal Fahrt aufnimmt. Parallel zur Entwicklung und Verstetigung eines positiven neuen Zyklus wird der wechselseitige Einfluss der Partner aufeinander immer deutlicher (Mikulincer u. Shaver, 2015). Mehr Engagement regt mehr Erweichung an und mehr Erweichung fördert mehr Engagement und Verbindung.

Zu Beginn dieses Kapitels habe ich auf Forschungsergebnisse verwiesen, denen zufolge das Veränderungsereignis »Erweichen des Anklägers« Voraussetzung für die Abnahme der Bindungsangst und die Entwicklung einer sicheren Bindung ist. Aktuelle Forschungsarbeiten zeigen, dass auch das Veränderungsereignis »Wiedereinbindung des Rückzüglers« im Hinblick auf eine dauerhafte Veränderung und Stabilisierung von hoher Relevanz ist. »Nimmt die Bindungsvermeidung im Verlauf der Therapie ab, ist dies mit einer Steigerung der Beziehungszufriedenheit verknüpft« (Wiebe u. Johnson, 2016, S. 400). Sind Rückzügler also nicht komplett wieder eingebunden, korreliert dies im Laufe der Zeit höchstwahrscheinlich mit geringerer Beziehungszufriedenheit. »Daraus ergibt sich für Therapeuten die Aufgabe, Bindungsvermeidung aktiv in den Fokus zu nehmen und vor Beendigung der Therapie zu überprüfen, ob es zu Veränderungen hinsichtlich des Aspekts der Bindungsvermeidung gekommen ist« (S. 400).

Der erfolgreiche Aufbau einer sicheren Bindung in Phase 2 verändert auch die Wahrnehmungsmuster von Bedrohungen. Anders als in ihrem früheren Muster stehen den Partnern in Bedrohungsmomenten nun ein sicherer Hafen und eine sichere Basis zur Verfügung. Sie werden füreinander zu Quellen des Trostes, der Unterstützung und emotionaler Regulation. In dieser neu gestalteten sicheren Bindung drücken beide ihre Bindungsbedürfnisse klar und verständlich aus, können die vom Gegenüber formulierten Bedürfnisse verstehen und angemessen darauf reagieren. Aktuelle neurobiologische Untersuchungen unterstützen diese These. Sie belegen die hohe Bedeutung einer sicheren Bindung für die Emotionsregulation und bestätigen die Rolle von Partnern als versteckte Regulatoren ihrer physiologischen und emotionalen Welten (Coan u. Maresh, 2014; Coan et al., 2006).

## »Erweichen des Anklägers«: Schlüsselbestandteile der Veränderung in Schritt 5, 6 und 7

### Was die EFT-Therapeutin sieht und hört

Die EFT-Therapeutin sieht und hört:
- einen engagierten Rückzügler,
- eine Verfolgerin, die manchmal auch Rückzugstendenzen zeigt,
- verletzliche Emotionen, die präsent sind.

Erschienen die Bedürfnisse und Sehnsüchte des Rückzüglers und der Anklägerin zunächst völlig unterschiedlich (Rückzügler sehnen sich nach Akzeptanz und Freiraum, Verfolger/Ankläger nach Verbindung und Nähe), wird jetzt – nach dem zweiten Veränderungsereignis von Phase 2 – die gemeinsame Wurzel aller Bedürfnisse und Sehnsüchte offensichtlich: Tief in ihrem Herzen sehnen sich beide nach einem Partner, der voll und ganz für sie da ist.

**Was EFT-Therapeutin und Klienten tun**

Auch wenn die nachfolgend aufgeführten Aufgaben nicht als starres Ablaufschema zu verstehen sind, weisen sie doch auf wesentliche Aspekte des Veränderungsereignisses hin.

**1. Aufgabe: Die Ängste der Anklägerin erschließen**
- Mittels evokativer Reaktionen und Gestaltung eines Enactments erschließen Sie die Ängste der Anklägerin.
- Die Verfolgerin vertieft ihr Erleben und filtert ihre Bindungsängste heraus; diese legt sie dem Partner gegenüber offen.

**2. Aufgabe: Dem engagierten Rückzügler den Rücken stärken**
- Mittels evokativer Fragen und empathischer Vermutungen zum gegenwärtigen Bindungserleben stärken Sie dem engagierten Rückzügler den Rücken.
- Der engagierte Rückzügler bekräftigt seine aktive Präsenz in der Beziehung und seinen Wunsch, an der Erfahrungswelt seiner Partnerin teilzuhaben.

**3. Aufgabe: Sich mit der Vorstellung, auf den Partner zuzugehen, vertraut machen**
- Sie laden die Partnerin ein, sich das *Zugehen auf den Partner konkret vorzustellen*. Mit diesem Schritt säen Sie Bindungssamen, indem Sie evokativ das Bild eines sicheren Aufeinander-Zugehens und Aufeinander-Reagierens entstehen lassen. Dieses Bild einer sicheren Beziehung hebt die gegenwärtig erlebte Angst hervor.
- Die Verfolgerin setzt sich ihrer wachsenden Verletzlichkeit aus und stellt sich vor, das Risiko auf sich zu nehmen und auf den Partner zuzugehen.

**4. Aufgabe: Die Angst vor Annäherung bearbeiten**
- Sie bearbeiten mit der Verfolgerin deren Ängste vor der Annäherung an ihren Partner. Dazu heben Sie die Ängste hervor, formulieren empathische Vermutungen, reagieren evokativ, spiegeln zugrunde liegende Emotionen und reframen diesen Schritt im Bindungskontext.
- Gemeinsam erkunden und erweitern Sie als Therapeutin mit der Verfolgerin die nachstehenden Ängste. Aus diesen Ängsten kristallisieren sich die

Bedürfnisse der sich nach einer sicheren Beziehung sehnenden Verfolgerin heraus:
- *Die mit dem Fremdbild verbundene Angst (»Du wirst nicht für mich da sein«).*
- *Die mit dem Selbstbild verbundene Angst (»Ich bin es nicht wert, geliebt zu werden«).*
- *Die Angst davor, um Trost und Sicherheit zu bitten.*

**5. Aufgabe: Die Anklägerin geht auf den Partner zu**
- Evokativ laden Sie die Verfolgerin ein, aus ihrer Position der Verletzlichkeit heraus auf den Partner zuzugehen, und entwickeln daraus ein Enactment.
- Die noch ganz in ihrer Bindungsangst gefangene Verfolgerin geht das Risiko ein, sich dem Partner zuzuwenden und formuliert klar und deutlich, was sie braucht, um sich in der Beziehung sicher zu fühlen.

**6. Aufgabe: Den wiedereingebundenen Rückzügler in seiner Reaktion begleiten**
- Sie gestalten Enactments zwischen den Partnern.
- Der engagierte Rückzügler reagiert gegenüber seiner Partnerin unterstützend; gemeinsam erleben beide den ultimativen Moment sicherer Bindung.

**7. Aufgabe: Die Begegnung zwischen engagiertem Rückzügler und erweichter Anklägerin bearbeiten**
- Mit Hilfe evokativer Fragen und spiegelnder Beschreibungen prozessieren Sie das Aufeinander-Zugehen von engagiertem Rückzügler und erweichter Verfolgerin.
- Beide Partner kommen immer stärker in einen Modus, in dem sie wechselseitig ihr Erleben von neuer Sicherheit und Verbindung ausdrücken.

**8. Aufgabe: Die Bindungsbedürfnisse validieren**
- Sie validieren die Bindungsbedürfnisse beider Partner. Hierzu stimmen Sie sich empathisch ein, spiegeln, bleiben ganz eng am Erleben der Partner und heben hervor, wie es den Partnern gelungen ist, diesen Bindungsmoment zu schaffen.

## Wie die EFT-Therapeutin das Erweichen der Anklägerin erleichtert

Das Vorgehen ist weitgehend deckungsgleich mit dem Vorgehen zur Wiedereinbindung des Rückzüglers in Phase 2 (s. Kap. 6). Auch im zweiten Durchgang sorgt Ihre Herzenswärme als Therapeutin für Ihre eigene emotionale Stabilität, während Sie gleichzeitig Ihre Klienten in deren emotionale Tiefe führen und darauf achten, beiden gerecht zu werden. Besonders in Momenten emotional korrigierender Erfahrungen gewinnen Ihr Tonfall und Ihr Sprachrhythmus (RISSSC) Bedeutung. Korrigierende emotionale Erfahrungen werden möglich, wenn Sie bei den verletzlichen Emotionen bleiben, emotionales Erleben vertiefen und durch behutsam gestaltete Enactments Bindungsängste neu prozessieren.

# Teil IV
## Integration und Konsolidierung

# Kapitel 8

## Phase 3: Sichere Bindung konsolidieren (Schritt 8 und 9)

> »Die Beziehung wird nun zu einer sicheren Basis, von der aus die Klienten die Welt erforschen und die Probleme, die sich in ihr stellen, angehen können, und zu einem Schutz bietenden sicheren Hafen«
> (Johnson, 2004, S. 187, dt. Ausgabe S. 177).

Wenn EFT-Therapeuten über eine klare Vorstellung von einem sicher gebundenen Paar – dem Endpunkt der EFT-Therapie – verfügen, dann kann sie dieses mutmachende Bild vom Ziel der Reise erden. In diesem Kapitel gebe ich Ihnen einen Überblick über die Konsolidierung in Phase 3, in der die Therapeutin das Paar durch einen Prozess der Integration und Konsolidierung begleitet, um die Partner in die Lage zu versetzen, ihre Beziehung auch weiterhin aktiv zu gestalten und ihre Liebe wachsen zu lassen. Wie in den vorhergehenden vier Kapiteln gehe ich auch in der Darstellung von Schritt 8 und 9 Stück für Stück vor, beginnend mit dem, was die EFT-Therapeutin sieht und hört, gefolgt von dem, was Therapeuten und Partner tun und wie (auf welche Art und Weise) sie dies tun.

Phase 3 ist die Zeit der Ernte, des Feierns und der Freude. Gemeinsam suchen die Partner pragmatische Lösungen für ihre Probleme und entwickeln neue Wege, um die sichere Bindung trotz ihrer Unterschiedlichkeit auch in Zukunft lebendig zu halten (Johnson, 2008). Langsam fühlen sie sich bereit und gewappnet für ein Leben ohne Paartherapie und gleichzeitig haben sie Angst vor dem, was noch vor ihnen liegt. In Phase 3 unterstützt die Therapeutin das Paar darin, die stattgefundenen emotionalen Veränderungen zu festigen, indem sie mit lebendigen Bildern und Geschichten verbunden werden. So kann aus der impliziten Veränderung eine persönliche Liebesgeschichte werden; ein persönlicher Liebesfilm, der in jeder Wiederholung immer lebendiger wird.

Formal besteht Phase 3 aus zwei Schritten – Schritt 8 und Schritt 9. Schritt 8 hat die Funktion, Partnern zu helfen, Probleme und Differenzen, die im Beziehungsalltag des Paares eine große Bedeutung haben, nochmals in den Blick zu nehmen. Auf dem neuen Fundament einer sicheren Verbindung heraus können sie sich nun klar über die entsprechenden Themen austauschen und Lösungen für Dauerthemen der Beziehung entwickeln. Schritt 9 dient der Konsolidierung der Bindungssicherheit. Broaden-and-Build-Zyklen der Bindungssicherheit werden gestärkt (Mikulincer u. Shaver, 2016). Ziel ist es, die positiven Veränderungen so zu stabilisieren, dass die Partner auch in Zukunft auf eine Form des Austauschs zurückgreifen können, die die Bindung stärkt und lebendig hält. Follow-up-Untersuchungen belegen, dass der ins Positive gewendete Zyklus seine eigene, sich selbst verstärkende Dynamik hat. Das erklärt, weshalb sich die Beziehungsqualität vieler Paare auch nach Beendigung der Therapie weiter verbessert (Wiebe u. Johnson, 2016).

Für Emily ist es ein Meilenstein, als sie erstmalig erkennt, dass ein Paar für Phase 3 bereit ist. Längst nicht alle Paare durchlaufen alle Schritte und Phasen reibungslos. Bei manchen wirkt es, als blieben sie zu lange in der Deeskalationsphase; aber dennoch erkennen Emily und die Partner gleichermaßen Fortschritte. Manchmal wird auch erst im Therapieverlauf offensichtlich, dass bei einem der Partner Suchtverhalten vorliegt. Die Tatsache, dass sich einer der beiden Partner bisher auf eine Ersatzbindung (*faux* attachment) verlassen hat (Flores, 2004), muss zunächst herausgearbeitet und explizit im Zyklus verankert werden (s. Kap. 10). Bei anderen, bereits deeskalierten Paaren, bei denen der Rückzügler bereits wiedereingebunden ist, mit großen Schritten wieder in die Beziehung hineingeht und klar formulieren kann, was er braucht, um weiterhin engagiert in der Beziehung zu sein, stellt Emily manchmal fest, dass die entscheidende Wende, d. h. das Erweichungsereignis erst vollzogen werden kann, nachdem bisher ungelöste Beziehungsverletzungen reprozessiert und verlorengegangenes Vertrauen wieder aufgebaut werden konnte (s. Kap. 11). Je mehr Emily dieses neue Modell in ihre Paartherapiepraxis integriert, desto selbstverständlicher nimmt sie unabhängig von der Dauer der Therapie die Zeichen wahr, die ihr die Bereitschaft eines Paares, in Phase 3 einzusteigen, signalisieren.

## Was die EFT-Therapeutin in Schritt 8 und 9 sieht und hört

Woran erkennen Sie als Therapeutin, dass ein Paar an der Schwelle zu Phase 3, der Phase der Integration und Konsolidierung, steht? Hauptcharakteristikum ist das neue Gefühl der Sicherheit und Verbindung, von dem die Partner berichten und das sie ausstrahlen. Auch wenn bereits am Ende der Deeskalation eine positive Veränderung sichtbar und hörbar war, hat dieses Gefühl jetzt eine andere Qualität. Es ist mehr als eine Verschnaufpause von den Turbulenzen bzw. der Stagnation des negativen Zyklus wie etwa am Ende der Phase 1. Die Transformation in Phase 2 lässt die Partner »beim Blick in die Zukunft Fehler im Miteinander und Störungen der Verbindung zwar als unangenehm, aber nicht mehr als Katastrophe ansehen; Trennungsstress – sollte er nochmal auftreten – erscheint jetzt als handhabbar und lösbar« (Johnson, 2013, S. 231).

Für wachsende Sicherheit, aktives Engagement und fürsorgliche Responsivität der Partner gibt es klare Anhaltspunkte. Erweichte Verfolger sind zu diesem Zeitpunkt in der Lage, ihre Bedürfnisse klar und kohärent, ohne Vorwurf und Ärger, zu formulieren und ihrer Anerkennung und Wertschätzung für die entschlossenere und engagiertere Position ihres Partners Ausdruck zu verleihen. Ehemalige Rückzügler zeigen sich in ihrer neuen, engagierten Position als zugewandt, engagiert und offen für die Nöte, Ängste und die Anspannung ihrer Partnerin. Die Partner sind offen und responsiv den Emotionen des jeweils anderen gegenüber, stimmen sich neugierig aufeinander ein und tragen wechselseitig ihren Bedürfnissen Rechnung. Auch wenn gelegentlich noch »kleine Gefahrenmomente« auftauchen (Johnson, 2008, S. 207), ist das Paar jetzt in der Lage, Bruchstellen gemeinsam zu reparieren.

**Der neue Bindungszyklus**

Momente des Rückzugs kann die frühere Verfolgerin nun aushalten und liebevoll auf sie blicken. Führte früher schon das kleinste Schulterzucken oder eine fehlende Reaktion von Ella zu einer Wut- und Panikkaskade, reagiert Sophie jetzt liebevoll und besorgt. Aus ihrer erweichten Position heraus stellt sie fest: »Es ist, als könnte ich den Wasserfall der Angst noch in der Ferne fühlen und hören. Ich bin aber sicher in deiner Liebe verankert und weiß, dass du mich liebst, auch wenn du dich über das eine oder andere ärgerst und dich hin und wieder noch ein wenig zurückziehst.«

Positive Interaktionszyklen werden sichtbar: Partner gehen aufeinander zu, berücksichtigen die an sie herangetragenen Bedürfnisse und sprechen den Reaktionen des Partners im Wesentlichen eine positive Bedeutung zu. Partner formulieren ihre Bedürfnisse in einer klaren Form und ermutigen einander dadurch zu warmherzigen Reaktionen. Broaden-and-Build-Zyklen nähren immer wieder die sichere Bindung. In Phase 3 beschreiben die Partner, wie sie die neue Bindung auch ohne therapeutische Anleitung blühen und wachsen lässt.

**Ein neues Bild von sich und anderen**

Eine neue, sichere Bindung lässt ein Klima entstehen, in dem Differenzen und Konflikte diskutiert werden können, ohne Bindungsangst zu triggern. Aktivierten inhaltliche Auseinandersetzungen zu Beginn der Therapie regelmäßig Bindungsängste und selbstschützendes Verhalten, drehen sich die Diskussionen mittlerweile tatsächlich um Inhalte. Für Sophie und Ella war beispielsweise das Ferienhaus der Familie ein solcher Konfliktpunkt, der zuverlässig ihren negativen Zyklus triggerte. Wenn sie jetzt die notwendigen Maßnahmen zur Erhaltung des Hauses unterschiedlich beurteilen, sind sie in der Lage, konstruktiv verschiedene Optionen zu prüfen. Sophie beschreibt das mit folgenden Worten: »Jetzt, wo ich weiß, dass ich ihr wichtig bin und sie nur mein Bestes will, bin ich gelassener und flexibler und kann mir gemeinsam mit ihr Gedanken machen über das, was anliegt«. Ihre neue sichere Bindung lässt sie bei Differenzen jetzt wirklich darüber sprechen, welche Reparaturen sinnvollerweise durchgeführt werden sollten, anstatt wie früher letztlich über Bindungsängste zu streiten. Das Thema Ferienhaus triggert keine Bindungsängste mehr wie »Bist du wirklich für mich da?« und »Bin ich dir wichtig?«; stattdessen suchen sie gemeinsam eine Lösung für diese Frage und andere komplizierte finanzielle und familiäre Probleme.

Mit dem EFT-induzierten Rückgang von Angst und Vermeidung treten die Veränderungen in den automatischen Reaktionen der Partner deutlich zutage (Burgess Moser et al., 2015). Innere Arbeitsmodelle von sich und anderen, die die Erwartungen und Reaktionen der Partner steuern, verändern sich eindeutig: Bilder von sich selbst als liebenswert und kostbar und von anderen als fürsorglich und zuverlässig »führen zu einer positiven Umstrukturierung der unbewussten Blaupausen naher Beziehungen. Mit Hilfe dieser neuen Blaupausen können sie wirklich präsent füreinander da sein, anstatt das Echo früherer Beziehungserfahrungen [bzw. des negativen Zyklus] zu bekämpfen« (Johnson, 2008, S. 226).

### Feiern und zunehmende Freude

Überrascht und freudig entdecken die Partner in Phase 3, dass sie Herausforderungen eigenständig bewältigen können. Wenn sie zur Therapie kommen, feiern sie häufig, dass es ihnen zwischenzeitlich gelungen ist, Lösungen für jahrelange Konfliktherde zu finden, ohne dabei die Beziehung aufs Spiel zu setzen.

So ist es auch bei Kilian und Tanja, als sie eines Tages voller Überraschung und Begeisterung zur Therapie kommen und berichten, dass es ihnen ganz ohne Hilfe gelungen ist, ein schon lange schwelendes »heißes Eisen« erfolgreich anzugehen. Sie berichten von einer Situation, die früher mit Sicherheit Auslöser ihres »Tango der verschütteten Milch« gewesen wäre und zu tagelangem Schweigen geführt hätte. Im Gegensatz zu früher formulierten sie aber ihre Bedürfnisse klar und eindeutig und fanden eine Lösung. Anschließend fühlten sie sich noch stärker verbunden und schätzen einander noch mehr.

Konkret ging es darum, dass die beiden jeden Sommer eine Woche bei Kilians Familie in den Bergen verbringen. Dieses Jahr würde Tanja gern zuhause bleiben, da sie besonders viel zu tun hat. Ein neues Werbeprojekt für ihre Ballettschule muss auf den Weg gebracht werden. Kilian – mittlerweile viel selbstsicherer und offen – kann Tanjas Wunsch anerkennen: »Ja, ich kann gut verstehen, dass es dir viel zu viel wird, in dieser Zeit auch noch zu unserem Familientreffen mitzukommen. Ich weiß allerdings auch, dass meine Familie ihre eigenen Schlüsse daraus ziehen wird – unabhängig davon, wie gut ich ihr verdeutliche, unter welchem Zeitdruck du stehst. Sie werden glauben, dass wir uns nicht mehr so gut verstehen. Ich würde mich wirklich freuen, wenn du zumindest kurz vorbeikommen könntest.« Tanja hört sowohl Kilians Bitte als auch sein Verständnis für ihre Lage. Dass Kilian ihr seine Bedürfnisse mitgeteilt hat, erlebt sie als Wertschätzung. Das lässt in ihr den Wunsch wachsen, doch wenigstens kurz in die Berge zu fahren. »Jetzt, wo ich weiß, dass du verstehst, welches Opfer diese Fahrt in die Berge für mich darstellt und ich verstehe, dass es dir besonders wichtig ist, werde ich alles tun, um doch noch zu kommen. Zu hören, dass du mir sagst, was du *dir wünschst,* bringt mich dazu, dass ich auch kommen will! Tanja gibt zu, dass sie sich früher »verpflichtet gefühlt« und gern die Gelegenheit ergriffen hätte, dieser Verpflichtung zu entkommen. Jetzt dagegen freut sie sich, ist motiviert und ist sich Kilians Liebe und ihrer Bedeutung für ihn sicher. Neue, positive Bedeutungszuschreibungen prägen den Zyklus.

## Was EFT-Therapeutin und Klienten in Schritt 8 und 9 tun

In Phase 3 sind Sie als Therapeutin weniger direktiv als zuvor und der Prozess ist weniger intensiv. Empathisch spiegelnd stimmen Sie sich in die neue, von sicherer Bindung geprägte Interaktionsqualität des Paares ein.

Auch wenn der Entwicklungsprozess auf dem Boden der neuen Bindung mehr und mehr in die Hände der Partner übergeht, wird er weiterhin von Ihnen in Form von Mitschwingen, Spiegeln, Tracking, Evozieren, Hervorheben und der Gestaltung von Enactments unterstützt. Auch die fünf Moves des EFT-Tangos behalten ihre Bedeutung und bilden den Rahmen, innerhalb dessen neue Bindungserfahrungen exploriert und vertieft und Enactments gestaltet werden. Alles dient dem Ziel, die neuen Erfahrungen zu integrieren und die Bindung zu konsolidieren. Den Partnern stehen zu diesem Zeitpunkt noch vier wichtige Aufgaben bevor, eine in Schritt 8 und drei in Schritt 9.

## Schritt 8: Lösungen für praktische Probleme finden

Mit Ihrer Hilfe wendet sich das Paar konkreten Anliegen und alten Beziehungskonflikten zu, während Sie dafür Sorge tragen, dass der Rückzügler engagiert und die Verfolgerin empfänglich und offen bleibt. Dieser Sorge werden Sie gerecht, indem Sie den neuen positiven Zyklus, wie er sich in der Sitzung und den Aussagen des Paares zufolge auch außerhalb zeigt, nachverfolgen, hervorheben und feiern. Gemeinsam mit dem Paar lenken Sie den Blick darauf, wie es den beiden gelungen ist, aus dem negativen Zyklus auszusteigen. Sie laden die Partner ein, genau zu schildern, wie ihre Problemlösungen ohne Trigger und Bindungsängste aussehen, während Sie den Mut und die Risiken, die die beiden dafür auf sich nehmen, validieren.

Zu den weiterhin aktuellen Themen zählen beispielsweise Sexualität, Spiritualität, Beziehungen zur Schwiegerfamilie, Stiefkinder, Wohnort, Schulwahl etc. Triggerten diese Themen früher zuverlässig den negativen Zyklus, lässt die sichere Bindung sie nun in einem neuen Licht erscheinen. Sicher verbundene Partner sind in der Lage, gemeinsam mit Ihnen Lösungen für bisher ungelöste Konflikte zu finden. Hierzu bleiben Sie in den fünf Moves des EFT-Tangos, spiegeln die Emotionen in und zwischen den Partnern, vertiefen zentrales Erleben und strukturieren es, entwickeln Enactments und heben die neu erwachte Fähigkeit des Paares, im Problemlösungsprozess verbunden zu bleiben, hervor. Begleitende Übungen wie »Bindung durch Sex und Berührung« (Johnson, 2008, S. 200) können in dieser Phase der Therapie ebenfalls hilfreich sein.

## Schritt 9: Konsolidierung neuer, responsiver Positionen und Zyklen

Johnson (2008) zufolge ist es relativ neu, dass EFT-Therapeuten Paare zu Überlegungen anregen, wie sie ihre neu entstandenen positiven Zyklen dauerhaft sichern können.

EFT-Therapeuten gingen gewöhnlich davon aus, dass umstrukturierte Beziehungen, in denen Partner füreinander zugänglich, responsiv und emotional engagiert waren und ihre Bedürfnisse nach Bindung und Liebe klar kommunizieren konnten, die Paarbeziehung ohne weiteres Zutun auch zukünftig zum Blühen bringen würden. Die Erfahrung zeigt jedoch, wie wichtig es ist, das Band der Sicherheit vorsorglich zu stärken und »die neuen Emotionen, Wahrnehmungen und Reaktionen in ein Narrativ der Beziehung zu integrieren, in dem diesen Veränderungen ein Platz zugewiesen wird« (S. 223). Um die sichere Bindung zu konsolidieren und gewissermaßen wasserfest zu machen, gibt Johnson die folgenden drei Vorschläge für die Arbeit mit Paaren (Johnson, 2008, S. 206).

### Eine Geschichte der Resilienz erzählen

Als erstes schlägt sie EFT-Therapeuten vor, Paare darin zu begleiten, ihre Reise von der Krise zur sicheren Bindung zu einer Geschichte zu formen und die korrigierenden emotionalen Erfahrungen, die ihre Beziehung grundlegend verändert haben, in plastischen Erzählungen und Filmen lebendig werden zu lassen. Sollten sich jemals wieder Alarmsignale melden und die Alarmglocken läuten, kann das Paar auf diese Geschichte zurückgreifen und sie als Ressource nutzen. Im Nachverfolgen und Spiegeln des emotionalen Erlebens arbeitet die Therapeutin gemeinsam mit den Partnern heraus, wie sich ihre Wahrnehmung und ihr Verhalten angesichts altbekannter Signale verändert haben. Aber auch wenn sich die Reaktion ihrer Amygdala verändert hat (es wird eher Sicherheit statt Gefahr wahrgenommen), erfährt diese Verschiebung, dieser Shift des emotionalen Erlebens erst dann seine vollumfängliche Verankerung im präfrontalen Kortex, wenn es den Partnern gelingt, ihr emotionales Erleben explizit in Worte zu fassen. Evokativ und im Nachverfolgen des Erlebens aktivieren Sie als Therapeutin die Sprache des Paares für dieses Erleben und fordern beide auf, ihre persönlichen Anteile an den Veränderungen in der Beziehung herauszuarbeiten und zu beschreiben, wie sie nun auf Bindungsbedrohung und Bindungsverletzungen reagieren; ein Prozess, der dem Paar dabei hilft, die stattgefundenen Veränderungen zu konsolidieren.

Evokative Fragen, Spiegeln, validierende Interventionen und empathisches Vermuten haben auch hier wieder ihren Platz, etwa in folgender Weise: »Lassen Sie uns doch einmal genauer schauen, wie Ihr Weg von der leidvollen, hoffnungslosen Verzweiflung, die Ihre Beziehung zu Beginn der Therapie prägte, zu hoffnungsvollen positiven Zyklen, in denen sie offen aufeinander zugehen und aufeinander reagieren, aussah.« Zu Philipp und Julia, dem ehemaligen Rückzügler-Rückzügler-Paar, sagt Emily: »Früher haben Sie sich jedes Mal voreinander versteckt, wenn Sie sich klein, unsicher oder wertlos gefühlt haben. Jetzt rücken Sie zusammen, wenn die Wellen drohen, Sie wieder auf diese verlassene Insel zu spülen. Können Sie beschreiben, was diese Momente so anders für Sie macht? Können Sie beschreiben, wie es ist, sich so sicher zu fühlen, dass Sie ›im Zweifelsfall‹ zusammenrücken?«

In einem gemeinsamen Prozess entwickeln die Partner die Geschichten ihrer Bindungsreaktionen. In Narrativen beschreiben sie ihren Umgang mit Streitpunkten und Unterschieden und wie es ihnen gelingt, Verletzungen wieder und wieder zu heilen. Dieses Vorgehen nährt die jungen Pflänzchen der Bindung und lässt sie weiterwachsen; die Bindung konsolidiert sich, neue Wege des Aufeinander-Zugehens und Aufeinander-Reagierens werden gefestigt. Bilder, in denen die feinen Nuancen der einzigartigen Geschichte dieses Paares zum Ausdruck kommen, triggern die Oxytocinausschüttung, beruhigen und besänftigen und lassen das Paar enger zusammenrücken. Die Geschichte der Resilienz schafft Platz für neue Sichtweisen bezüglich der Frage »was es bedeutet, zu lieben und geliebt zu werden« (Johnson, 2008, S. 226). Diese neuen Sichtweisen sind unweigerlich geprägt von einer Wahrnehmung des Partners als vertrauenswürdig und von sich selbst als motiviert, mutig und fürsorglich auf den Partner zugehend. In neuen neuronalen Bahnen werden neue Überzeugungen von der Bedeutung, die die Partner füreinander haben, und automatische Muster des Aufeinander-Zugehens und Aufeinander-Reagierens fest verankert.

Philipps und Julias Geschichte der Resilienz ist voller Bilder, in denen sie gemeinsam sicher über gefährliche Brücken gehen. Ihre Liebesgeschichte wird dabei zum imaginären Liebesfilm, den sie sich wieder und wieder anschauen. Zu diesem Film gehört auch eine brenzlige Situation auf einer Brücke, die alte Bedrohungsgefühle und Bewertungen wieder hochkommen lässt und Julia in Versuchung bringt, sich wieder zu verschließen und wegzurennen. »Aber in dem Moment, in dem ich drauf und dran bin, unsere gemeinsame Wanderung abzubrechen und allein zurückzugehen, geht mein Blick zu Philipp und ich sehe diesen Mann, der mich liebt und der dableiben wird – auch wenn ich weggehe. Ich gehe auf ihn zu und sage: ›Ich brauche dich – kannst du mir deine Hand geben – allein schaffe ich es nicht über die Brücke.‹ Und er geht auf mich zu, gibt mir seine Hand und gemeinsam überqueren wir diese echt gefährliche, schmale Brücke, die noch nicht einmal ein Geländer zum Festhalten hat. Und ich habe nur seine Hand. Mir wird ganz warm ums Herz und gemeinsam schaffen wir es über diese wackelige und ächzende Brücke. Und tief im Herzen weiß ich, wir haben diese Welt zu einem sichereren Ort für uns beide gemacht.« Philipp ergänzt: »Stimmt – in der Vergangenheit bin ich jedes Mal verschwunden, wenn du Angst hattest oder Schmerz verspürtest. Ich hatte Angst, zu fühlen. Mit dir habe ich gelernt, wie gut es tut, zu fühlen – wie gut es tut, zu spüren, dass du mich brauchst und mich willst. Jetzt vertraue ich darauf, dass es uns beiden Sicherheit gibt, wenn ich deine Hand halte. Und mittlerweile haben wir Hand in Hand schon so manche wackelige Brücke überquert.«

### Eine Fortsetzung der Liebesgeschichte schreiben

Sie können sichere Bindungssamen säen, indem Sie die Aufmerksamkeit auf die Veränderungen lenken, die die Resilienzgeschichte des Paares charakterisieren, und von denen sich das Paar auch in Zukunft Schutz und Unterstützung erhoffen kann. Um die Partner bei der Aussaat des Samens der Hoffnung und der Zukunftsvision zu unterstützen und die Resilienzgeschichte des Paares in die Zukunft fortzuschreiben, laden Sie die beiden ein, eine Fortsetzung ihrer Liebesgeschichte zu entwerfen. Dazu lenken Sie den Blick immer wieder auf Momente, in denen sich beide als zugänglich und responsiv erleben. Die bewährten Tools des Spiegelns, evokativen Fragens und Reagierens und Hervorhebens kommen auch jetzt noch einmal zum Einsatz und lassen farbenfrohe Zukunftsgeschichten und -bilder des Paares entstehen. Der Austausch über gemeinsame Hoffnungen und Sehnsüchte lässt die Verbindung des Paares noch stärker werden; die Partner erleben sich füreinander bedeutsam und vermitteln sich gegenseitig Sicherheit. Eine »Landkarte, die ihnen und ihrer Liebe den Weg in die Zukunft weist« (Johnson, 2008, S. 205, dt. Ausgabe S. 190) findet sich in »Die Liebe lebendig erhalten« (Konversation 7 in »Hold Me Tight«, Johnson, 2008, »Halt mich fest«, 2019).

**Rituale entwickeln, die die Liebe lebendig halten**
»Was du nicht begreifst, geht verloren« (Johnson, 2008, S. 211). Als Therapeutin regen Sie die Partner an, über Rituale nachzudenken, die sie bereits pflegen bzw. die sie gern entwickeln möchten, um die Bindung dauerhaft zu stärken. Die Essenz eines Bindungsrituals ist nicht die Aktivität als solche, sondern es ist die *Bedeutung*, die das Paar dieser Aktivität zuspricht. In Ritualen versichern sich Paare zuverlässig ihrer Nähe und Verbindung. Diese Zusicherung gewinnt besondere Bedeutung in Momenten, in denen sich das Paar zu verlieren droht oder gerade wiedergefunden hat.

Mögliche Bindungsrituale sind die Art, wie sich ein Paar begrüßt bzw. verabschiedet, Nachrichten, die für den anderen hinterlassen werden, gemeinsame religiöse Rituale, im Laufe des Tages öfter mal voneinander hören zu lassen, tägliche Gesprächs- und Kuschelzeiten, gemeinsame Hobbies und gemeinsame ehrenamtliche Tätigkeit. Sie nähren, düngen und wässern den Samen der Bindung und reichen von kleinen Momenten wie der Gewohnheit, sich immer um 11.11 Uhr eine kurze Textnachricht zu schicken bis zu größeren Ereignissen wie der Erneuerung des Eheversprechens oder den Blicken, die sich Philipp und Julia zuwerfen, wenn sie das Bild betrachten, das sie sich gekauft haben: eine Brücke, das Symbol ihrer Verbindung und ihres gegenseitigen Vertrauens.

## Wie die EFT-Therapeutin zum Gelingen von Phase 3 beitragen kann

In Phase 3 rückt die intensive Exploration emotionalen Erlebens in den Hintergrund. Viele Partner drücken zu diesem Zeitpunkt ihre Dankbarkeit Ihnen als Therapeutin gegenüber aus; sie sind glücklich über das, was mit Ihrer Hilfe geschehen konnte. Das kann Sie nur allzu leicht dazu bringen, den Dank des Paares freudig anzunehmen. Widerstehen Sie der Versuchung, sich auf fremden

Lorbeeren auszuruhen! Feiern Sie stattdessen mit den Partnern das Gelingen einer mühsamen Reise und helfen Sie ihnen, ihren eigenen Anteil am Erfolg dieser Reise herauszuarbeiten. Gemeinsam geht ihr Blick zurück zu den Momenten, in denen sie sich erstmalig neue Signale sandten, sich einander ihre tiefsten Ängste und Bedürfnisse offenbarten; Momente, die zu Bausteinen einer offeneren und sicheren Beziehung wurden.

Die fünf Tango-Moves, die das Wesen der EFT kennzeichnen (Rogers, 1980), sorgen dafür, dass Sie als EFT-Therapeutin bis zum Schluss emotional engagiert bleiben; Ihre aktive und emotionale engagierte Präsenz und Rolle ist auch in dieser letzten Phase von Bedeutung. Empathie, Akzeptanz und Echtheit schaffen eine sichere Explorationsbasis, von der aus sich das Paar auf den Weg macht, dauerhaft auf eigenen Füßen zu stehen.

Für Emily stellt die Einstimmung in den emotionalen Ton des Paares einen Weg dar, auch in dieser letzten Phase engagiert zu bleiben – neben dem Hervorheben der Freude und Erleichterung des Paares validiert sie jeden Hinweis bzw. direkten Ausdruck der Angst der beiden vor einem Rückfall. Engagiert bleibt sie am Erleben des Paares, indem sie mit ihnen gemeinsam den gegenwärtigen Prozess feiert und sowohl die implizite Freude als auch die impliziten Ängste vor einem Rückfall in Worte fasst. In Momenten der Verunsicherung, wenn sie sich fragt, ob sie überhaupt noch gebraucht wird, ruft sie sich wieder ihr Vertrauen in die Wirksamkeit des Modells ins Bewusstsein und erdet sich mit Hilfe der fünf Tango-Moves, in denen sie das emotionale Erleben in und zwischen den Partnern spiegelt, die Kernemotionen vertieft, Enactments zwischen den Partnern gestaltet und prozessiert und »eine Schleife« um dieses kostbare Geschenk »bindet«, das die Partner sich gegenseitig bereiten.

Emily bleibt auch weiterhin evokativ und greift hoffnungsvolle und freudige Töne auf, um sie lebendig und konkret werden zu lassen, so dass die Partner sie wirklich genießen können. Sie stimmt sich aber auch in jedem Hinweis auf die Angst vor einem Rückfall in alte Verhaltensweisen ein und begleitet das Paar voller Zuversicht zu diesen Emotionen. Dabei bleibt Emily in gutem Kontakt zu sich und öffnet sich ihrem Felt Sense, der sie die Angst des Paares vor einem Rückfall, die Enttäuschung nach einem Rückfall in das alte Muster oder die Ungeduld angesichts eines Partners, der dem neuen, sicheren Prozess nur zögerlich vertrauen kann, spüren lässt. Sie weiß um die beruhigende Wirkung des EFT-Modells und vertraut darauf, dass sie auf der sicheren Seite ist, wenn sie den gegenwärtigen Prozess des Paares spiegelt. Emily weiß auch, dass die Auswirkungen der in der Therapie erlebten Effekte korrigierender emotionaler Erfahrungen nicht einfach wieder verschwinden. Zuversichtlich bleibt sie am Prozess, spiegelt und vertieft die aktuelle Realität und unterstützt die Partner dabei, aufeinander zuzugehen. Während sie sich auf die neue Bindung des Paares einstimmt, lässt Emily die Momente, in denen die beiden es geschafft haben, Distanz erfolgreich zu überwinden, noch einmal vor ihren Augen lebendig werden und lädt sie zu Überlegungen ein, wie die Beziehung sturmfest gemacht werden könnte.

## Fazit

Innere Arbeitsmodelle von uns und anderen (Bowlby, 1973) sind die Antreiber der von Emotionen, Wahrnehmungen und reaktivem Verhalten gekennzeichneten Zyklen. In Phase 1 der EFT-Therapie arbeitet die Therapeutin diese Modelle heraus und verfolgt sie nach. In den korrigierenden emotionalen Erfahrungen von Phase 2 wird emotionale Reaktivität in sichere und liebevolle Interaktionen überführt, um sie in Phase 3 mit Hilfe der Therapeutin in dauerhafte innere Überzeugungen von sich selbst als liebenswert, anderen als vertrauenswürdige und einem Bewusstsein des Werts effektiver Abhängigkeit zu integrieren.

Sichere Bindung wirkt in verschiedener Hinsicht transformativ. In einer sicheren Bindung sind Partner zuverlässig emotional präsent füreinander da – und das ist der wesentliche Unterschied. Sich beim anderen als sicher und einander als emotional präsent zu erleben, erlaubt es Partnern auch in Zeiten von Stress und Bedrohung, emotional im Gleichgewicht zu bleiben, füreinander sorgen zu können und sich in einer Weise zu unterstützen, die die sichere Bindung immer wieder erneuert. Dieser Prozess impliziert kraftvolle Auswirkungen auf das geistige und körperliche Wohlbefinden (Feeney u. Collins, 2014; Johnson et al., 2015).

## Schlüsselbestandteile der Veränderung in Schritt 8 und 9

### Was die EFT-Therapeutin in Schritt 8 und 9 sieht und hört

- Ein neuer Bindungszyklus ist entstanden.
- Das Bild von sich und anderen und die gegenseitigen Erwartungen verändern sich.
- Die Erfahrung dieser neuen Bindung macht froh und lädt zum Feiern ein.
- Das Gefühl des Paares, am Ende der Therapie angekommen zu sein, trifft auf die Angst, in Zukunft ohne therapeutische Hilfe auskommen zu müssen.
- Das Paar zeigt seine Dankbarkeit der Therapeutin gegenüber.

### Schlüsselbestandteile der Veränderung in Schritt 8 und 9

**Was EFT-Therapeutin und Klienten in Schritt 8 tun**

- Sie konzentrieren sich auf die Frage, welche Wege die Partner gefunden haben, um aus dem negativen Zyklus auszusteigen und Lösungen für Probleme zu finden, die vormals den Charakter einer Bindungsbedrohung hatten und damit den Einstieg in den negativen Zyklus triggerten.
- Sie validieren den Mut und das Risiko, das die beiden jetzt eingehen.
- Auf dem Boden der sicheren Bindung werden alte Dauerthemen mit ehemals hohem Triggerfaktor erneut in den Blick genommen.
- Die Partner diskutieren Differenzen und lösen gemeinsam Probleme.

**Was EFT-Therapeutin und Klienten in Schritt 9 tun**

Mit therapeutischer Unterstützung entwerfen die Partner Geschichten einer Reise, auf der sie sich verloren und wiedergefunden haben, Geschichten der Hoffnung für die Zukunft und sie gestalten verbindende Rituale.

**Wie die EFT-Therapeutin in Schritt 8 und 9 vorgeht**

- Sie bleiben emotional aktiv und engagiert, schließen am emotionalen Tonfall des Paares an – insbesondere ihrer Freude und ihren Ängsten – und bleiben in Kontakt zu Ihrem Felt Sense.
- Sie erden sich im EFT-Modell für Vertrauen und Führung.
- Sie widerstehen der Versuchung, sich auf den Lorbeeren Ihrer Leistung auszuruhen und die Leistung des Paares damit aus den Augen zu verlieren.

# Kapitel 9

## Implementierung und Konsolidierung der EFT-Landkarte von Veränderung

EFT-Therapeuten unterstützen Paare darin, Veränderungen zu integrieren und dauerhaft zu verankern; in diesem Kapitel unterstütze ich Sie als Therapeutin darin, zu integrieren und zu konsolidieren, was es bedeutet, Prozessberaterin zu sein. Um Ihre kreative Kompetenz als EFT-Therapeutin zu verfeinern und EFT zum prägenden Teil Ihres Selbstverständnisses, Ihres »way of being« (Rogers, 1980) werden zu lassen, gebe ich Ihnen Hinweise, »Marker«, an die Hand, die Ihnen als Wegweiser durch die Veränderungsschritte hindurch dienen können, und ich spreche über den Felt Sense, der Ihre Fähigkeit, sich auf den jeweils gegenwärtigen Moment einzustimmen, von Grund auf nährt und stärkt.

Welches Handwerkszeug steht Therapeuten zur Verfügung, um ihren Schlüsselaufgaben nachzukommen – Schlüsselaufgaben, die darin bestehen, eine Allianz aufzubauen, sich aktiv mit dem Erleben der Klienten zu verbinden und dauerhafte Veränderungen auf den Weg zu bringen? Der EFT Fidelity Scale (Denton, Johnson u. Burleson, 2009) zufolge zeichnen sich kreative, kompetente EFT-Therapeuten dadurch aus, dass sie ihren Klienten mit wissenschaftlicher Präzision und der Kunst, sich fließend in deren gegenwärtiges emotionales Erleben hinzubegeben, begegnen. Verbindendes Glied zwischen Wissenschaft und Kunst ist die Fähigkeit von Therapeuten, einen Felt Sense des Bindungsdramas zu entwickeln, das sich zwischen den Partnern abspielt.

Um Ihnen einen genaueren Blick auf die erwähnten Orientierungsmarker zu ermöglichen und Ihre EFT-Tools zu schärfen, beginne ich mit den Mikromarkern emotionalen Erlebens, dem Herzstück des EFT-Prozesses. Anschließend werfe ich einen Blick auf die Marker, die Sie durch die Schritte und Phasen der EFT hindurch leiten. Das Kapitel endet mit einer Betrachtung des Felt Sense als gestalterischem Link zwischen Wissen und kreativer Kompetenz.

## Mikromarker impliziter Emotion: das Herzstück des EFT-Veränderungsprozesses

Mikromarker impliziter Emotion sind flüchtig und werden leicht übersehen. Sie weisen auf emotionales Erleben von Klienten hin, das diesen selbst oft nicht bewusst ist. In früheren Zeiten orientierten sich Inuits, die Bewohner Alaskas, an behauenen Steinen, die ihnen als Wegweiser durch die Weiten der nordamerikanischen Arktis dienten. Diese *inukshuks* genannten Steine begeistern mich aufgrund ihrer künstlerischen Vielfalt immer wieder – so wie mich die bedeutsamen Mikro-Prozessmarker emotionalen Erlebens und der »Mikromomente der Interaktion« begeistern (Siegel, 2012, S. 327). Es gibt etwas, was die in Sekundenbruchteilen aufblitzenden Marker einer Beziehungsdynamik mit den unbeweglichen steinernen *Inukshuks* verbindet: Beide sind Wegweiser, die es Menschen erlauben, sicher und emotional ausgeglichen zu bleiben.

EFT-Therapeuten wissen, dass Veränderung gelingt, wenn sie den Emotionen folgen. Sie achten deshalb unablässig auf entsprechende Hinweise, denen sie dann nachgehen. Johnson (2004) zufolge ist das Feld der romantischen Liebe geradezu übersät von Markern, die der Therapeutin als Anhaltspunkte für das Wann und Wie von Interventionen dienen. Partner registrieren unausgesprochen selbst die kleinsten nonverbalen Anzeichen einer Bindungsbedrohung beim anderen. Diese Hinweise auf kleinste Momente emotionalen Erlebens können äußerst flüchtig sein. Häufig sind sie den Partnern nicht bewusst; ein Grund mehr für EFT-Therapeuten, ihre Feinfühligkeit zu trainieren, um diese Marker gewissermaßen im Vorbeifliegen zu erhaschen.

Eine Vielzahl verbaler und nonverbaler Mikromarker emotionalen Erlebens weist EFT-Therapeuten auf die Notwendigkeit hin, besonders aufmerksam zu sein, um zu erfassen, was am äußersten Punkt des Erlebens noch nicht in Worte zu fassen und noch nicht umfänglich erlebbar ist. Im Nachverfolgen dieser Marker eröffnet sich die Möglichkeit, bisher kaum zugängliche Emotionen explizit wahrnehmbar werden zu lassen.

### Nonverbale Marker

Manche Therapeuten scheinen über eine geradezu magische Fähigkeit zu verfügen, sich in das emotionale Erleben der Partner im negativen Zyklus einzustimmen. Ihr Geheimnis ist, dass sie nonverbalen Mikroprozessen ungewöhnlich viel Aufmerksamkeit schenken. Denn um einen Menschen zu verstehen, ist die Art, *wie* er spricht viel entscheidender als das, *was* er sagt (Porges, 2011, 2015).

Nonverbale Marker sind häufig so kurz, dass sie gar nicht wahrgenommen oder – falls sie ins Bewusstsein dringen – nicht wirklich »ausgekostet«, d. h. in Gänze erlebt werden können. Eine leichte Berührung, ein kurzer mitfühlender Blick können auf einen Moment der Wärme und Fürsorge hindeuten. Umgekehrt verstecken sich nonverbale Hinweise auf eine gerade am Rande erfahrbare Emotion, die den negativen Zyklus antreibt, nicht selten hinter wortreichem »Getöse«. Solche nonverbalen Mikromarker der Körperaktivierung sind beispielsweise rückwärts ausweichende Bewegungen, eine angespannte Stimme, ein leichtes Schulterzucken oder ausladende Gesten wie eine schwungvolle Armbewegung, schneidende Handbewegungen, tiefes Seufzen, nach Luft schnappen oder ein ausdrucksloses Gesicht. Marker, die auf körperliche Anspannung hindeuten, sind Ausdruck der Aktivierung des Bindungssystems mit seinem begrenzten Repertoire von Kampf, Flucht oder Erstarrung.

Die Qualität der Stimme (Rice, Koke, Greenberg u. Wagstaff, 1979) ist ein weiterer guter Marker für die Nähe bzw. Distanz eines Partners zu seinem emotionalen Erleben. Eine fokussierte Stimme spricht für emotionales Engagement, während eine unbeteiligt und distanziert klingende Stimme, fehlende Modulation bzw. eine brüchige, leise Stimme auf Distanz des Klienten zum inneren Erleben hindeuten kann. Manchmal wirkt der Weg zum Erleben des Klienten wie zugemauert; in solchen Fällen baut die Therapeutin auf die transparente Beschreibung ihrer Beobachtungen, um Klienten sachte in die Wahrnehmung des gegenwärtigen Moments zu geleiten.

Ein wesentlicher Erfolgsprädiktor der EFT ist das emotionale Engagement der Partner in den Sitzungen. Umso wichtiger ist es für Therapeuten, ihre Fähigkeiten zu trainieren, sich einzustimmen und auf verbale und nonverbale Mikroprozessmarker zu reagieren. Das fördert das nötige Feintuning, um Marker als Orientierungshilfe durch den Prozess zu nutzen und immer wieder den Fokus auf den Prozess anstelle des Inhalts zu lenken. Eine gute Möglichkeit, dieses Feintuning zu trainieren, ist die Arbeit mit Videos eigener und fremder Therapiesitzungen.

**Verbale Marker**

Wenn Partner ihre Reaktion auf Trigger beschreiben, dann beinhalten die gewählten Worte oft versteckte Hinweise auf implizite Emotionen. EFT-Therapeuten haben ein offenes Ohr für das, was am äußersten Punkt des Gesagten nur ansatzweise zu hören ist. Sätze wie »Ich fühle mich einfach taub« weisen im Allgemeinen weniger auf eine tatsächliche Gefühllosigkeit hin, sondern eher auf eine emotionale Taubheit bzw. Erstarrungsreaktion, auf die die Therapeutin evokativ und explorierend eingehen kann. Dazu verlangsamt sie den Prozess und fächert die emotionale Reaktion auf.

Vergleichbares gilt in einem Fall wie dem nachstehenden Beispiel, in dem »ich will keine Angst haben« eigentlich das Gefühl der Angst impliziert. Empathisches Spiegeln, evokative Fragen und empathische Vermutungen im Kontext des Zyklus dienen der Therapeutin dazu, das nur ansatzweise Ausgedrückte, für das noch die richtigen Worte fehlen, zu erfassen.

> THERAPEUTIN: Sie sagen »Ich will keine Angst haben« (wiederholt die Worte ganz langsam) … und ich frage mich, ob nicht ein kleiner Teil von Ihnen … vielleicht ein bisschen Angst hat?
> KLIENTIN: Hmm, vielleicht ein ganz kleines bisschen, ja.
> THERAPEUTIN: Können wir bei diesem kleinen bisschen Angst bleiben? Fühlen Sie sie jetzt im Moment? (Pause) Jedes Mal, wenn er sich seiner Mutter und nicht Ihnen zuwendet, wird die Angst ein bisschen größer? Ist das so?

Die Therapeutin schließt bei der Klientin an und geht der nonverbalen Reaktion nach: »Spüren Sie die Angst in diesem Moment auch?« Anschließend gibt sie der Klientin Zeit, selbst nachzuspüren und zu reagieren, bevor sie weiterfragt: »Wo in Ihrem Körper spüren Sie die Angst?«

Erneut gibt sie der Klientin Zeit, die Angst in ihrem Körper zu entdecken und zu reagieren. Die Klientin deutet auf ihre Magengegend und die Kehle. »Ich vermute, es ist viel, viel sicherer, wütend zu werden und ihm vorzuwerfen, dass er sich nicht von seiner Mutter abnabelt, als diese Angst mit ihm zu teilen, nicht wahr?«

Empathische Vermutung: »Ich könnte mir vorstellen, dass Sie sich in Ihrem typischen Zyklus nicht sicher genug fühlen, diese Angst mit ihm zu teilen – am liebsten würden Sie diese Angst überhaupt nicht spüren, stimmt das?«

Nachverfolgen: »Wenn ich das höre, kann ich gut verstehen, dass Sie jedes Mal, wenn Sie das Gefühl haben, er zieht sich zurück, die Panik herunterschlucken, diesen Knoten im Magen und den Kloß im Hals spüren und wild um sich schlagen.«

Therapeuten hören häufig die Mikromarker impliziter Emotionen, die gewissermaßen auf den Worten tanzen. Diese Mikromarker rufen geradezu nach Aufmerksamkeit und fein angepasster Reaktion der Therapeutin. Auf brisante Äußerungen wie beispielsweise »Mir ist kalt« reagieren sie, indem sie spiegeln, hervorheben und empathische Vermutungen über diesen brisanten Teil des Zyklus anstellen und auf diesem Weg den impliziten Ausdruck explizit werden lassen. »Mir ist kalt – das hört sich an wie ein eisiges Gefühl, das Ihren Körper durchströmt, wenn sie Ihnen sagt, dass Sie es doch nie richtig machen werden?«

## Marker emotionalen Rückzugs

Ziehen sich Klienten von der Arbeit am äußersten Punkt des Erlebens zurück, dann stellt auch das einen Marker dar; einen Marker, der Sie als Therapeutin dazu auffordert, wieder auf den Prozess zu fokussieren. Rückzug kann sich in ganz unterschiedlicher Weise zeigen; häufig wechseln Klienten als Zeichen des Rückzugs das Thema oder unterbrechen sich gegenseitig, wenn sich einer der Partner einer verletzlichen primären Emotion nähert. Halten Sie solche Momente nicht fest, gehen sie schnell verloren, ohne dass die Beteiligten die Chance hatten, sie wahrzunehmen. Deshalb ist es Ihre Aufgabe, diese Momente auszumachen, den Prozess zu verlangsamen und das Geschehene zu benennen. Wir sprechen hier schließlich von *emotionsfokussierter* Therapie; wenn das emotionale Erleben in Gefahr gerät, verwässert zu werden, ist es Aufgabe der EFT-Therapeutin, das Paar wieder zum Erleben zurückzuführen.

Hierzu stehen Ihnen verschiedene Interventionsmöglichkeiten zur Verfügung: nachverfolgen, evokative Fragen stellen, den Prozess an dieser Stelle nochmals durchspielen oder das vermutete Kernerleben des Klienten in eine Metapher kleiden. »Das, was Sie beschreiben, muss wirklich schwierig gewesen sein. Ich frage mich, wie es sich für Sie angefühlt hat?« oder »Mir ist aufgefallen, dass Sie mehrmals auf meine Frage hin, wie sich das für Sie anfühlt, einfach weitergesprochen haben [Transparenz und Nachverfolgen], fast als müssten Sie ganz dringend noch jedes Detail loswerden, bevor Ihre Geschichte unter die Räder kommt?« (eine auf dem Kritik-Forderung- bzw. Rückzugs-Verteidigungs-Zyklus basierende empathische Vermutung).

Wenn Klienten abschweifen, unterbrechen Sie sie respektvoll und lenken die Aufmerksamkeit auf einen der emotionalen Anker zurück bzw. spielen Sie den Prozess nochmals durch: »Ich verlangsame jetzt erst einmal, ja? Als Sie eben zu ihm sagten: ›Meinst du das wirklich?‹, war Ihre Stimme ganz zittrig.« Wenn Klienten ihre Aussagen verallgemeinernd, farblos und distanziert formulieren, setzen EFT-Therapeuten auf die Unmittelbarkeit der Sprache; mittels emotionaler evokativer Sprache verwandeln sie vage in lebendige Aussagen, allgemeine Beschreibungen in spezifische, abstrakte Bezeichnungen in konkrete, die globale Perspektive in eine persönliche und sie ersetzen »damals« durch »jetzt«.

Zusammenfassend signalisieren Ihnen verbale und nonverbale Mikroprozessmarker, auch auf kleinste Hinweise auf implizite, auftauchende Emotionen zu achten und darauf zu reagieren. Diese Marker behalten ihre Bedeutung durch alle Schritte und Phasen hindurch.

- Die Wahrnehmung verbaler und nonverbaler Marker, die auf eine Störung der Allianz hindeuten, weist Sie auf die Notwendigkeit hin, dem Klienten empathisch und validierend zu begegnen.
- Plötzliche nonverbale Reaktionen auf den Partner weisen darauf hin, dass eine relevante Bindungsangst berührt wurde. Daraus ergibt sich für Sie als Therapeutin die Aufgabe, den Prozess zu verlangsamen, diesen Moment nochmals durchzuspielen und die Aufmerksamkeit auf die im nonverbalen Ausdruck erkennbare implizite Emotion zu lenken.
- Plötzlicher Rückzug aus dem emotionalen Erleben dient Ihnen als Hinweis, freundlich, aber bestimmt der Frage nachzugehen, was diesem Ausstieg voranging.

## Marker der Schritte und Phasen der EFT

Die Marker der EFT-Schritte und -Phasen geben EFT-Therapeuten Orientierung, an welcher Stelle der Reise zur sicheren Bindung das Paar gerade steht. Angesichts der Linearität und Zirkularität des Modells fällt es Therapeuten leichter, sich fließend auf die repetitiven Bewegungsmuster des Paares auf dem Weg zur Veränderung einzustimmen, wenn sie wissen, an welcher Stelle und in welcher Phase sie sich gerade mit ihren Klienten befinden. Aus diesen Markern ergibt sich darüber hinaus die auf den jeweiligen Prozessschritt bezogene Aufgabe der Therapeutin. Folgt sie diesen Markern und der jeweiligen Aufgabe, wird sie den Prozess voranbringen und ihr Vertrauen und ihre Kreativität stärken.

Die Reihenfolge der Veränderungsereignisse ist nicht beliebig, sondern sie bauen teilweise aufeinander auf. So ist der eher mit Rückzug reagierende Partner in Phase 2 nur dann in der Lage, sich erkennbarer und emotionaler in die Beziehung einzubringen, wenn die Deeskalation bereits abgeschlossen ist, wenn also das Paar seinen Zyklus gemeinschaftlich herausgearbeitet hat und ihm dadurch die Macht genommen wurde, die Beziehung zu dominieren. Vergleichbares gilt für den Moment des Erweichens des Anklägers. Dieses Veränderungsereignis kann erst dann stattfinden, wenn der bereits wieder eingebundene Rückzügler erreichbar ist und sich voll und ganz, d.h. auch mit den Anteilen, die zuvor aus der Beziehung herausgehalten wurden, einbringt. Auf den ersten Blick hört sich das nach einem sehr linearen und rigiden Veränderungsmodell an. Umso wichtiger ist mir, zu verdeutlichen, dass Veränderung in der EFT immer sowohl linear als auch zirkulär erfolgt, auch wenn das zunächst nach einem Widerspruch aussieht. Um diesen Widerspruch besser zu verstehen, schlägt Johnson vor, die EFT-Moves *nicht* als Stufen einer Leiter, sondern vielmehr als einen Tanz zu sehen (Mitteilung im Trainer-Listserver, Januar 2016), bei dem sich die Tanzbewegungen permanent wiederholen und gleichzeitig um neue Elemente ergänzt werden – so lange, bis ein völlig neuer Tanz entstanden ist.

Das erklärt, weshalb die Veränderung von Phase 1 durch die Phase-2-Veränderungsereignisse nochmals eine Vertiefung und Konsolidierung erfährt, denn in den Phase-2-Veränderungsereignissen intensiviert sich das Erleben, und neue Erfahrungen werden mehr und mehr Teil des sich neu herausbildenden Zyklus. Je stärker sich der ehemalige Rückzügler in der Beziehung engagiert und sich die ehemals fordernde Partnerin in ihrer Verletzlichkeit zeigt, desto mehr wachsen Verständnis und Mitgefühl der Partner, wenn sie auf ihren negativen Zyklus zurückblicken. Deshalb bleibt die Reihenfolge, in der sich die Veränderungsereignisse vollziehen, bedeutsam, auch wenn die Phasen grundsätzlich fließend ineinander übergehen können: Deeskalation geht notwendigerweise der Wiedereinbindung des Rückzüglers voraus, die wiederum die notwendige Voraussetzung für das Erweichen des Anklägers darstellt.

Emily erinnert sich an die Anfänge ihrer EFT-Arbeit, als ihr oft Fragen durch den Kopf gingen wie: »Bin ich gerade in Phase 1? Oder in Phase 2? Jetzt habe ich gerade ein paar Tränen in den Augen dieses distanzierten Partners gesehen. Bedeutet das, dass ich bereits bei der Wiedereinbindung des Rückzüglers bin, oder sind wir noch in Phase 1 und versuchen zu verstehen, was den Rückzügler in den Zyklus hineinzieht? Diese Verfolgerin wirkt so verletzlich. Kann ich vielleicht schon mit dem Erweichungsprozess beginnen oder ist die Deeskalation noch gar nicht abgeschlossen? Ich sehe, dass die Partner herzlicher miteinander umgehen. Heißt das, sie sind deeskaliert? Der Rückzügler ist stärker bemüht, sich in das Gespräch einzubringen. Bedeutet das, dass er bereits wiedereingebunden ist? Diese Fragen, von denen sie früher dachte, sie seien ihrer Unerfahrenheit geschuldet, nötigen ihr mittlerweile großen Respekt ab.

Angesichts der gleichermaßen linearen wie zirkulären Natur der EFT-Schritte hilft es EFT-Therapeuten, wenn sie über eine klare Vorstellung von den einzelnen Schritten verfügen und regelmäßig festhalten, bei welchem Prozessschritt sie sich gerade befinden. Emily fragt sich auch heute noch oft, an welcher Stelle der EFT-Landkarte sie gerade ist. Aus diesen Fragen hat sie zehn Schlüsselfragen entwickelt, die ich im Folgenden mit Hilfe der Klientenmarker beantworte, die ihrerseits direkt auf die jeweilige phasenspezifische Aufgabe im EFT-Prozess hinweisen.

**Phase 1**
1. Können sowohl das Paar als auch ich die jeweilige Position der Partner (Verfolger bzw. Rückzügler) klar identifizieren?

2. Erkennen wir die Bewegungsabläufe des grundlegenden negativen Zyklus?
3. Erkennen wir die Marker der Emotionen, die dem Zyklus zugrunde liegen und ihn antreiben?
4. Beginnen die Partner, ein Gespür dafür zu entwickeln, dass es der negative Zyklus ist, der ihre Beziehung belastet (d. h. erkennen sie ansatzweise die Auswirkung ihres Verhaltens auf die tiefsten Ängste des Gegenübers und verstehen sie, wie diese Ängste wiederum immer wieder und immer stärker ihr eigenes, selbstschützendes Verhalten triggern)?
5. Sind wir bereits in der Deeskalation, d. h. haben die Partner den Zyklus komplett erfasst und sind sie bereit für Phase 2 (Wiedereinbindung des Rückzüglers)?
6. Über welchen emotionalen Anker kann ich Zugang zu Phase 2 gewinnen?

**Phase 2:** Wann ist der geeignete Zeitpunkt für
1. die Gestaltung eines Schritt-5-Enactments?
2. Schritt 6 – den beobachtenden Partner mit seinem Erleben des sich öffnenden Partners einzubeziehen?
3. die Partner in Schritt 7 dazu einzuladen, aufeinander zuzugehen?
4. den beobachtenden Partner dazu einzuladen, auf Schritt 7 zu reagieren?

### Frage 1 und Positionsmarker (Schritt 2)

*Kann ich eindeutig die Position der Partner identifizieren, d. h. erkennen, welcher der Partner angesichts von Stress und fehlender Sicherheit die Verfolger- bzw. Rückzüglerposition einnimmt?* (Erkenne ich, welcher der Partner Bindungsbedürfnisse bei sich und anderen eher hyperaktiviert und wer sie deaktiviert?) Es ist nicht immer einfach, Positionsmarker (für Verfolgung bzw. Rückzug) zu erkennen. Anschuldigungen können beispielsweise sowohl Ausdruck der verzweifelten Suche einer Verfolgerin nach Nähe und Verbindung als auch der Schutzreaktion eines Rückzüglers vor Zurückweisung sein. Folgende Marker weisen auf die Verfolger- bzw. Rückzüglerposition hin:
- *Trigger* können Hinweise auf die Verfolger- bzw. Rückzüglerposition geben. Ein Partner, der sich durch distanziertes Verhalten, unbekümmertes Verhalten oder ausbleibende Reaktionen seines Gegenübers triggern lässt, befindet sich vermutlich in der Verfolgerposition, während eine Partnerin, für die Vorwürfe oder missbilligende Blicke des anderen als Trigger wirken, wohl eher eine Rückzüglerin ist. In jedem Fall ist es für Sie als Therapeutin unerlässlich, sich auf den Gesamtkontext (s. u.) einzustimmen, um zu verstehen, wie der

reaktive Partner einen Trigger erlebt, denn ein Partner, der sich abwendet oder wütend antwortet, kann sowohl Verfolger als auch Rückzügler triggern.
- *Handlungstendenzen (typisches Verhalten)* geben ebenfalls Hinweise auf die mögliche Position im Zyklus. Verfolger fordern klassischerweise mehr Nähe ein und kämpfen häufig auf kontrollierende und nicht selten kritisierende Weise um Verbindung und Kontrolle. Erhalten sie trotz all ihrer Bemühungen keine Antwort, ziehen sie sich oft verzweifelt zurück.
- Rückzügler gehen auf Distanz und tun alles, um Frieden zu wahren. Gönnt ihnen der Partner nicht die nötigen Atempausen zwischen seinen wiederholten Forderungen, resignieren sie häufig. Dieser Resignation bzw. dem kompletten Rückzug des Rückzüglers geht häufig ein dem Selbstschutz dienender Wutausbruch oder ein Gegenangriff voraus, um den Protesten des Partners Einhalt zu gebieten. Ist der Zyklus erst einmal verfestigt, können Gegenangriffe oder Mauern des Schweigens zum dominanten Verhalten werden.
- *Zuschreibungen (Bindungsbedeutungen)* dienen gleichfalls als Positionsmarker. Verfolger erklären sich das Verhalten des Partners häufig mit folgenden Zuschreibungen: »Ich bin dir egal; ich bin dir nicht wichtig; ich kann mich nicht auf dich verlassen; du stärkst mir nicht den Rücken. Du bist nicht für mich da. Du wirst mich sowieso verlassen.« Rückzügler ziehen dagegen bevorzugt folgende Schlüsse: »Egal, was ich tue, du bist nie zufrieden; deine Erwartungen sind hoffnungslos überzogen. Du erwartest viel zu viel von mir. Wenn du so weitermachst, saugst du mich völlig aus und du hast immer noch nicht genug. Ich weiß nie, was als nächstes von dir kommt. Du willst mich nur verletzen. Ich bin eine einzige Enttäuschung für dich. Mir ist klar, dass ich deinen Maßstäben nie genügen, nie gut genug für dich sein werde. Ich warte auf den Tag, an dem du aufgibst und mich vollends zurückweist.«
- *Unterschiede im emotionalen* Ausdruck können sich bei der Identifizierung der Positionen ebenfalls als hilfreich erweisen, da sich die Ausdrucksweisen von Verfolgern und Rückzüglern häufig unterscheiden. Verfolger zeigen als reaktive Emotion eher Erschöpfung und Frustration angesichts der Versäumnisse und der mangelnden Reaktion des Partners. Rückzügler dagegen sprechen klassischerweise von Frustration und emotionaler Taubheit. Diese Taubheit kann als Metapher für das Verleugnen jeglichen Fühlens bzw. eines nichtssagenden »Alles gut« verstanden werden. Darüber hinaus zeigen sich Rückzügler meist hilflos, machtlos und verletzt. Werden Kernemotionen berührt, geben Verfolger üblicherweise ihrer Traurigkeit, Einsamkeit, Verzweiflung und ihrer Angst vor bzw. Panik bei dem Gedanken, verlassen zu werden, Ausdruck; Rückzügler sind zu Beginn fast nie in der Lage, primäre Ängste wahrzunehmen. Stattdessen sprechen sie von ihrer Erschöpfung und dem Schmerz angesichts der gefühlten

Zurückweisung und Ablehnung. Gelangen sie schließlich an den Kern ihrer Gefühle, offenbart sich die Angst vor Zurückweisung, gar vor Vernichtung.
- *Schlussendlich erweist sich auch das Bild, das Partner von sich und anderen haben,* als hilfreich in der Positionsbestimmung. Ungeachtet der nach außen vermittelten Kritik an anderen ist das Selbstbild von Verfolgern im Allgemeinen negativ (»Ich bin offensichtlich nicht liebenswert«) und eine positive Selbstwahrnehmung abhängig von anderen (»Wenn er auf mich reagieren würde, würde es mir auch gut gehen«). Rückzügler zeichnen sich dagegen eher durch eine pseudo-positive Selbstwahrnehmung (»Mir selbst geht es eigentlich ganz gut – danke schön«) und ein negatives Bild von anderen aus (»[Sie] ist einfach nicht verlässlich, verlangt zu viel, ist nie zufriedenzustellen«).

Aus diesen Positionsmarkern ergibt sich die *Aufgabe*, das Erleben und die emotionalen Reaktionen eines jeden Partners zu spiegeln und genauer zu beleuchten. Positionsmarker geben auch die Richtung vor, in der sich der negative Zyklus identifizieren lässt.

Es sollte nicht unerwähnt bleiben, dass sich das Herausarbeiten der Positionsmarker in Rückzugs-Rückzugsmustern für Therapeuten als besondere Herausforderung erweisen kann. Rückzügler-Rückzügler-Zyklen scheinen oft frei von offenem Angriff bzw. vorwurfsvollem Verhalten zu sein. Das erschwert die Positionszuordnung enorm. Extrem vorsichtige und sanfte Verfolgerinnen wie beispielsweise Julia schützen unter Umständen die Verbindung zum Partner durch ihren Rückzug. Ein Partner wie Philipp verweist dagegen voller Stolz auf ihrer beider Unabhängigkeit, während er sich durch seinen Rückzug vor Ablehnung schützt und sein Bedürfnis nach emotionaler Unterstützung damit negiert.

## Frage 2 und Zyklusmarker (Schritt 2)

*Erkennen die Partner und ich die Bewegungen des grundlegenden negativen Zyklus – das Zusammenspiel der Musik (Signale der Bindungsbedrohung) und Tanz (Rückzug bzw. Verfolgung)?* Dazu gehört, zu erkennen, welche Trigger den Rückzügler in Rückzug und Verteidigung und die Verfolgerin in ihre Erschöpfung und Vorwurfshaltung bringen. Das Erkennen der Schrittfolge des Basiszyklus umfasst darüber hinaus die Verknüpfung von Trigger, Handlungstendenzen und der Bedeutung, die dem Verhalten des Partners zugeschrieben wird.

*Vier häufige Positionsmarker eines negativen Paarzyklus:*
- *Erneutes Durchspielen der letzten Auseinandersetzung.* In der Hoffnung auf eine richtende bzw. das Problem lösende Therapeutin berichten die Partner

in reaktiver Weise von ihrer letzten Auseinandersetzung. Bindungsthemen wie Angst vor Verlust oder Ablehnung klingen ganz am Rande an.
- *Der Zyklus zeigt sich in sich wiederholenden Geschichten.* Ereignisse, die für den einen Partner entscheidende Bedeutung haben bzw. einen wunden Punkt darstellen, haben für den anderen keine Bedeutung oder irritieren nur.
- *Der Zyklus wird in der Sitzung angetriggert.* Momente, in denen sich die Partner wechselseitig in ihr reaktives Verhalten und ihre reaktiven Emotionen ziehen, stellen Gelegenheiten dar, sich interessiert einzustimmen, um der Verknüpfung zwischen Trigger und Reaktion nachzugehen.
- *Ein positiver Zyklus* entfaltet sich in der Sitzung oder das Paar berichtet davon und das Geschehen bzw. die Erzählung *wird wie aus heiterem Himmel unterbrochen.*

Diese Zyklusmarker beinhalten die *Aufgabe,* ein Verbindungsglied nach dem anderen zu identifizieren und damit den emotionalen Prozess (den negativen Zyklus) aufzufächern. Indem die Therapeutin den Trigger – die Alarmglocke der Bindungsbedrohung – mit der automatisch daran gekoppelten Reaktion (»Ich sehe diesen Ausdruck in ihrem Gesicht und laufe weg, um mich zu schützen«) verbindet und gleichzeitig exploriert, wie die Klienten diese Verbindung erleben, hilft sie den Partnern, den Zyklus spürbar zu *erfahren* anstatt der Gefahr einer rein kognitiven Beschreibung zu erliegen. Die Verknüpfung Trigger – Reaktion hat zentrale Bedeutung; neben der Bahnung emotionalen Erlebens erlaubt sie Ihnen als Therapeutin, das selbstschützende Verhalten beider Partner zu validieren, ohne in die Erklärungsfalle zu geraten. Die therapeutische Intervention besteht aus fünf Stufen, die Sie folgendermaßen gestalten:
1. Sie verfolgen den Zyklus in knapper, konkreter und spezifischer Weise nach und orientieren sich dabei am gegenwärtigen Erleben der Partner. Dieser Prozessschritt wird nacheinander mit beiden Partnern durchgeführt und jede Aussage auf ihre Richtigkeit hin überprüft.
2. Sie klären, auf welche Weise das Verhalten eines Partners den anderen in unausweichliche und verletzende Reaktionen triggert.
3. Sie nutzen Bilder, wenn das Paar trotz dieser Bemühungen nicht in der Lage ist, den laufenden Zyklus zu erkennen, weil traumatische Erfahrungen oder Scham alles durchdringen. Diese Bilder lassen rasch Handlungstendenzen und zugrunde liegende Emotionen an die Oberfläche gelangen.
4. Sie spiegeln positive Kontaktmomente zwischen den Partnern. Das gibt Hoffnung und stellt den negativen Zyklus in einen umfassenderen Kontext. Das Hervorheben dieser positiven Momente stärkt die sichere Basis: Von dieser

Basis aus wird es einfacher, gemeinsam den oft so zerstörerischen und Nähe blockierenden Zyklus zu erkunden.
5. Sie explorieren genau, was in dem Moment vor dem Abbruch der Verbindung geschehen ist. Dazu evozieren Sie den Trigger, der die Wegbewegung und negative Bindungsbedeutung ausgelöst und dadurch die Verbindung unterbrochen hat. Ein Beispiel: »Mir ist aufgefallen, dass Philipp in dem Moment, in dem er sagte ›Ich bin so unendlich traurig!‹, seine Hand auf Ihr Knie legte und Sie sich wegdrehten. Können Sie mir sagen, was in Ihnen vorging, bevor Sie sich wegdrehten?«

## Frage 3 und Marker (Schritt 3) der Emotionen, die dem Verfolgen bzw. Zurückziehen zugrunde liegen

*Erkenne ich die Marker, die auf die primären Emotionen hinweisen, die den Zyklus antreiben?* Emily kennt sowohl die bei Verfolgern häufig anzutreffende zentrale Angst vor dem Verlassenwerden als auch die Angst von Rückzüglern vor Ablehnung und Auslöschung. Sie weiß aber auch, dass es ihre Aufgabe ist, das Paar darin zu begleiten, seine eigenen Emotionen selbst zu entdecken und zu erleben. Um Partner in einen Prozess zu überführen, der sie in Kontakt zu ihrem Felt Sense der primären Kernemotion bringt, die häufig außerhalb ihrer bewussten Wahrnehmung liegt, gibt es vier Marker, denen Therapeuten folgen können und denen sich die jeweilige Aufgabe entnehmen lässt.

*Der erste Marker zugrunde liegender primärer Kernemotionen ist die Art und Weise, in der Klienten Ereignisse beschreiben.* Hierzu drei Beispiele:

- Eine Erzählung wird durch heftige emotionale Reaktionen unterbrochen.

  Mitten in der sachlichen Beschreibung eines Ereignisses ballt eine Partnerin ihre Faust und stößt ein unartikuliertes »Ughhh!« aus.

  Starke emotionale Reaktionen als Marker primärer Kernemotionen weisen auf die Aufgabe hin, die Emotion zu spiegeln und zu validieren. »Als Sie eben beschrieben, wie Sie im Auto hinten und er mit seinem Sohn vorn saß [den Bindungskontext hypothetisch einbringen], veränderte sich Ihre Stimme plötzlich und Sie ballten die Faust – fast als wollten Sie sagen, dass Sie sich in diesem Moment ausgeschlossen fühlten? Als würden Sie sich danach sehnen, wichtig für ihn zu sein?« Eine solche Intervention öffnet die Tür zum Benennen und Validieren zunächst des sekundären Ärgers, ausgeschlossen zu sein, und schafft Zugang zur Bindungsbedeutung, »nicht wichtig zu sein« und der zugrunde liegenden primären Angst vor dem Verlassenwerden. Auf diese Weise kann die Kernemotion expliziter benannt und in einem offenen Prozess erkundet werden.

- Unpassende Emotionslosigkeit eines Partners beim Berichten einer Begebenheit mit offensichtlich tiefer emotionaler Bedeutung.
Unpassende Emotionslosigkeit als Marker primärer Kernemotionen weist auf die Aufgabe hin, dies zu spiegeln und sich offen und interessiert an der Bedeutung zu zeigen, die dieser emotionalen Entkopplung des Partners und der offensichtlichen Inkongruenz zwischen der Intensität der Worte und dem Fehlen eines Gefühlsausdrucks zukommt. Seien Sie offen und wissbegierig und fächern Sie den emotionalen Prozess auf, der sich hinter diesem Marker verbirgt.

ELLA (ganz sachlich): Mein ganzes Handeln wird durch die Angst bestimmt – die Angst, dass sie mich letztlich zerstören will.
THERAPEUTIN: Jetzt machen Sie mich aber neugierig; Sie sprechen über Ihre Angst, als würden Sie über eine simple Tatsache sprechen, und ich frage mich, ob es nicht grauenvoll ist, sich vorzustellen, dass sie Sie zerstören will.

Durch das Äußern einer empathischen Vermutung wird im Idealfall die zugrunde liegende Angst evoziert. Im Allgemeinen müssen Sie als Therapeutin zunächst die sekundären reaktiven Emotionen verstehen, sie validieren und die Intensität der sekundären Emotion erfassen, bevor Sie eine Vermutung äußern, die in ihrer emotionalen Intensität dem Klientenerleben angepasst ist. Empathische Vermutungen über eine zugrunde liegende Emotion, die zu weit am äußersten Punkt des Erlebens angesiedelt sind, werden für Klienten nicht passen.

- Tiefe emotionale Überzeugungen oder rigide Bewertungen werden als Fakten präsentiert.

Auch hierzu ein Beispiel: »Sie weiß nie, wie ich mich fühle und mir ist klar, dass ich ihr völlig egal bin.« Solche rigiden Einschätzungen sollten nicht als zu hinterfragende Wahrheiten betrachtet werden, sondern sie geben Auskunft darüber, wie ein Partner in Momenten der Bindungsbedrohung den negativen Zyklus interpretiert.

Rigide, als Fakten dargestellte Bewertungen als Marker primärer Kernemotionen beinhalten zwei *Aufgaben:* Erstens sollten diese Aussagen gespiegelt und reframt werden, z. B. folgendermaßen: »Was Sie sich selbst dann sagen, ist …?« oder »Wenn dieser ganze Schmerz, diese Einsamkeit und diese Angst überhaupt irgendeinen Sinn haben soll, dann können Sie es sich nur auf diese Weise erklären.«

Zweitens werden die einzelnen Elemente der Emotion evokativ aufgefächert und miteinander verknüpft. Auch hierzu ein Beispiel: »Sie fühlen sich so einsam und die einzige Erklärung, die Sie für sein Verhalten haben, ist, dass er Ihnen offensichtlich nicht zuhört bzw. Sie ihm egal sind [Bindungsbedeutung]. Und nach all den Verletzungen haben Sie es irgendwann aufgegeben, ihn erreichen zu wollen« [Handlungsimpuls].

*Ein zweiter Marker zugrunde liegender Emotionen liegt vor, wenn die Ursache von Bindungsbedrohungen einzig und allein beim Partner gesehen wird* (»Das Problem ist, dass er nie zufrieden ist/ich mich nie auf sie verlassen kann!«).

Wird ein Problem einzig und allein beim Partner gesehen, stehen Sie als Therapeutin vor der *Aufgabe*, es in seiner zentralen Bedeutung für die Beziehungskrise zu reframen. »Wenn Sie das Hauptproblem in Ihrem Partner sehen, dann stelle ich mir gerade vor, dass es Sie ganz schön hilflos und ratlos macht, wenn Sie sich vorstellen, dass Sie selbst nichts dazu beitragen können, die Beziehung zu verbessern.«

Validieren Sie, wie schwierig das ist und beschreiben Sie den Zyklus in einem Rahmen, der verdeutlicht, wie der Zyklus bei beiden zu Verletzungen führt und ihrem Bedürfnis nach Akzeptanz und emotionaler Nähe im Weg steht.

*Ein dritter Marker zugrunde liegender Emotionen ist das Sichtbarwerden starker, aber sich widersprechender Emotionen,* z. B. starke Wut gepaart mit schmerzhafter primärer Angst oder das Gefühl der Machtlosigkeit, gepaart mit Scham. Wenn Klienten angeben, sich verletzt zu fühlen, verbirgt sich dahinter häufig ein Komplex aus Wut, Traurigkeit und Verlassenheitsangst.

Sich im Widerstreit befindende Emotionen als Wegweiser zu primären Emotionen sind für Sie als Therapeutin gleichbedeutend mit der *Aufgabe,* ganz im Hier und Jetzt zu bleiben und zunächst die sekundäre Reaktivität zu akzeptieren und zu validieren. Dadurch beruhigen Sie den Klienten und können ihn nun langsam und behutsam im Äußern von empathischen Vermutungen und mittels evokativer Fragen in Kontakt zu seinen verletzlichen Emotionen bringen.

Äußert ein Partner Schmerz, empfiehlt es sich, das obenauf liegende Gefühl, z. B. Wut, zu validieren und sich anderen Bestandteilen dieses emotionalen Komplexes wie Traurigkeit oder Verlassenheitsängsten über empathische Vermutungen und evozierende Fragen zu nähern: »Ich nehme Ihre Wut wahr, die jedes Mal aufflackert, wenn Sie sehen, dass sie sich zurückzieht [validieren]. Ich frage mich, ob da nicht vielleicht auch eine Spur von Angst in Ihnen ist, wenn Sie sagen ›Genau – schon wieder zieht sie sich zurück! Werde ich sie jemals erreichen?‹«

*Vierter Marker zugrunde liegender Emotionen ist der plötzliche Ausstieg eines Partners aus einer emotional engagierten Exploration.* Solche plötzlichen Ausstiege weisen darauf hin, dass eine Kernemotion ganz kurz erlebt wurde, so als ob der Klient eine heiße Herdplatte berührt hätte.

Plötzliche Ausstiege als Marker primärer Kernemotionen stellen Sie als Therapeutin vor die *Aufgabe,* den Klienten als erstes wieder in die Exploration zurückzubringen und den Prozess des Auffächerns seines emotionalen Erlebens wieder aufzugreifen. Hierzu wird der Trigger mit dem Felt Sense der Gefahr oder der Angst in Verbindung gebracht. Hierzu folgen Sie der Spur der Emotion hin zur primären Angst und der reaktiven Handlungstendenz. Ein Beispiel: »Können wir einen Schritt zurückgehen? Sie waren gerade an einem sehr schwierigen Punkt – und plötzlich geschah etwas in Ihrem Körper – Sie hörten auf zu weinen und sagten: ›Wozu überhaupt!‹ Können wir an dieser Stelle verlangsamen und zurückgehen, um genauer zu erkennen, was passierte, als Sie sagten ›Da ist diese Wand in mir – und ohne diese Wand wäre der Schmerz nicht zu ertragen!‹?«

Bleiben Sie zweitens in solchen Momenten offen und interessiert. Nutzen Sie einen spielerisch-erkundenden Tonfall und scheuen Sie sich nicht, Ihrer Verwunderung Ausdruck zu geben, wenn ein Klient eine verletzliche Emotion berührt und sich gleich wieder davonmacht. »Gerade sprachen Sie von dieser entsetzlichen Angst, es ihr nicht recht zu machen, und in dem Moment, in dem ich das aufgriff, war Ihre Reaktion: ›Keine große Sache.‹« Bleiben Sie im momentanen Prozess, evozieren Sie emotionales Erleben: »Was ist gerade in Ihnen passiert, als Sie die Arme verschränkten und sagten: ›Keine große Sache‹?« Äußern Sie eine Vermutung über das Unbehagen: »Ist das fast zu schmerzvoll, mit diesem Gefühl zu bleiben, dass Ihr Überleben davon abzuhängen scheint, gut genug für Alex zu sein?« Geben Sie Ihren Klienten Raum und Zeit, um über das Erlebte nachzudenken und es zu ordnen.

Nähern Sie sich drittens dieser primären Bindungsangst. Setzen Sie sich mit ihr auseinander, auch wenn es Unbehagen bereitet. Normalisieren und validieren Sie diese Schwierigkeit. Tut sich ein Partner beispielsweise schwer, angesichts einer alles überlagernden Scham mit seiner verletzlichen primären Emotion in Kontakt zu kommen, dann validieren sie den Handlungsimpuls, sich verstecken zu wollen, der sich augenblicklich einstellt: »Es ist nachvollziehbar, sich verstecken zu wollen, wenn Sie befürchten, schon wieder zurückgewiesen zu werden, weil Ihnen die Worte fehlen.« Zur Vertiefung der Exploration können Sie evokativ fragen: »Was befürchten Sie, was könnte passieren, wenn Ihre Partnerin sieht, dass Sie sich gar nicht als der selbstbewusste Versorger fühlen, den Sie meinen, dass sie sich wünscht?« Stellen Sie empathische Vermutungen über die in die Scham eingebettete Angst, den Schmerz oder die Traurigkeit an. »Ich stelle es mir unendlich ermüdend vor, …« Verwenden Sie RISSSC (= wiederholen, Bilder benutzen, einfach, langsam, weich, Worte des Klienten nutzen), um zu explorieren, wie sich Angst und Schmerz körperlich niederschlagen, und verbinden sie diese Information mit den sich automatisch einstellenden selbstschützenden Versuchen, nicht aushaltbare Emotionen zu regulieren.

*Ein fünfter Marker zugrunde liegender Emotionen wird erkennbar, wenn ein Partner den anderen in seiner emotionalen Exploration unterbricht.* Das geschieht, um den gerade explorierenden Partner zu schützen oder wenn das Gesagte für den Unterbrechenden kaum aushaltbar ist.

Marker primärer Kernemotionen beinhalten für Sie als Therapeutin die *Aufgabe*, die Einmischung klar und freundlich zurückzuweisen, ohne zu verhehlen, wie schwer es sein kann, etwas so Ungewohntes und bisher nie Ausgesprochenes vom Partner zu hören (»Es ist so schwer, das zu hören! Mich interessiert, wie Sie das gerade erleben – ich komme gleich zu Ihnen zurück«). Steuern Sie den Prozess weiter und vertiefen Sie die Exploration des erlebenden Partners.

## Frage 4 und Marker für das Fortschreiten des Deeskalationsprozesses (Schritt 4)

*Beginnen die Partner, ein Gespür dafür zu entwickeln, dass ihr Stress aus dem negativen Zyklus herrührt,* d. h. erkennen sie die Auswirkungen ihres Verhaltens auf die tiefsten Ängste ihres Gegenübers und verstehen sie, wie diese Ängste wiederum als Trigger für selbstschützendes, sich stetig wiederholendes und sich selbst verstärkendes Verhalten dienen?

*Ein erster Marker für den Deeskalationsprozess, der noch im Gang ist, ist erkennbar, wenn der Zyklus in Teilen wahrgenommen wird.* Die Partner übernehmen noch nicht die »komplette Verantwortung« für ihren Beitrag zum Funktionieren des Zyklus bzw. wie sie hineingezogen werden.

Wird der Zyklus teilweise wahrgenommen und akzeptiert, ergibt sich für Sie als Therapeutin folgende *Aufgabe*: Richten Sie Ihren Fokus auf die spezifische Zyklusposition eines Partners und arbeiten Sie heraus, wie das »Alarmsignal« erlebt wird. Bleiben Sie bei der neu zugänglichen Bindungsemotion, der bisher im negativen Zyklus kein Platz eingeräumt wurde. Stellen Sie immer wieder die Verbindung zwischen dem bedrohlichen Erleben und der automatischen Schutzreaktion her, wie sie sich im Zyklus zeigt, so dass immer deutlicher wird, wie die Schutzreaktion die Melodie der Bindungssehnsucht überdeckt. Unterstützen Sie die Partner darin, ihre primären Emotionen mit ihrem typischen

Verhalten zu verbinden. Gestalten Sie Enactments. Laden Sie beispielsweise eine Verfolgerin dazu ein, sich zu öffnen: »Du bist so wichtig für mich und vor lauter Angst, dich zu verlieren, verjage ich dich.« Helfen Sie einem Rückzügler, sich und der Partnerin einzugestehen: »Es ist mir unendlich wichtig, von dir akzeptiert zu werden und dich glücklich zu sehen. Wenn ich sehe, dass du frustriert bist, erstarrt alles in mir und ich ziehe mich zurück, um dich nicht noch mehr zu enttäuschen ... und um den Frieden zwischen uns zu wahren.«

*Ein zweiter Marker für den Deeskalationsprozess, der noch in Gang ist, wird sichtbar, wenn sich das Paar gegenüber den Auswirkungen des Zyklus emotional distanziert zeigt.* Das bedeutet, dass sie den Zyklus zwar auf einer metakognitiven Ebene nachvollziehen können, aber noch nicht erfassen, was ihre Distanzierung bzw. ihr Verfolgen für den anderen bedeutet. So ist es etwa möglich, dass ein Paar den Eindruck hat, den Zyklus gut verstanden zu haben, gleichzeitig aber die Rückzüglerin noch nicht in Kontakt mit ihren Ängsten ist, die sie durch ihr Verhalten vermeidet, bzw. der Verfolger immer noch der Überzeugung anhängt, dass sich lediglich die Partnerin ändern müsste.

Aus den Markern, die auf eine emotionale Distanz der Partner zum Zyklus hindeuten, ergibt sich die *Aufgabe,* beide Partner darin zu unterstützen, sich auf das eigene Erleben einzulassen und die Aufmerksamkeit für ihre Trigger und Handlungstendenzen zu schärfen. Arbeiten Sie heraus, ob jeder der Partner Zugang zum Felt Sense der primären Emotion gewonnen hat, die kurz aufblitzte, bevor das reaktive Verhalten die Führung übernahm.

### Frage 5 und Marker abgeschlossener Deeskalation

*Ist die Deeskalation erreicht, d. h. haben die Partner den Zyklus komplett erfasst und sind bereit zum Einstieg in Phase 2, beginnend mit dem Rückzügler?* Sich besser zu verstehen, liebevoller und weicher miteinander umzugehen – all das ist zwar schön und gut und gehört zur abgeschlossenen Deeskalation. Die im Folgenden beschriebenen *Marker* sind allerdings spezifischer (Johnson, 2004):
- *Eine neue Form des Dialogs wird erkennbar.* Auch wenn der Zyklus noch hin und wieder aufflackert, geraten die Partner nicht mehr so schnell in ihr reaktives Verhalten und zeigen sich flexibler. Sie fangen an, sich emotional zu engagieren. Beider Erleben von sich und anderen erweitert sich. Konflikte verlaufen ruhiger, die Partner fühlen sich einander näher.
- *Die Interaktionen werden fließender,* auch wenn sich Verfolger in Bedrohungsmomenten weiter in ihr Muster des Verfolgens flüchten und sich Rückzügler in diesen Momenten weiterhin verteidigen und zurückziehen. Die Partner haben allerdings bereits ein Bewusstsein davon entwickelt, wann sie

Gefahr laufen, in den Zyklus hineinzugeraten und von Zeit zu Zeit gelingt es ihnen, ihre automatische Reaktivität zu stoppen. Wenn sie sich in ihrem alten Muster wiederentdecken, sind sie nun in der Lage, mit Neugier und Interesse aufeinander zu schauen.
- *Beiden Partnern gelingt es, die Trigger ihrer grundlegenden Angst zu identifizieren*, sie erkennen die Angst und kennen ihr typisches Reaktionsmuster. Langsam gewinnen sie auch eine Ahnung davon, wie ihre reaktive Position die grundlegende Angst ihres Partners triggert.
- *Die Partner erkennen und übernehmen Verantwortung für ihre Position und die zugrunde liegenden Emotionen.* So spricht »der zum Rückzug neigende Partner [...] nun in den Therapiesitzungen darüber, dass er angesichts der Kritik der Partnerin eine Lähmung empfindet, statt dass er – wie zuvor – einfach nur in Taubheit verfällt und verstummt« (Johnson, 2004, S. 144, dt. Ausgabe S. 141). Möglicherweise gewinnt er auch Zugang zu seiner Sehnsucht nach Verbindung. Eine verfolgende Partnerin wiederum ist möglicherweise immer noch wütend, aber jetzt weniger feindselig, steht zu ihrer Verzweiflung, ihrer Traurigkeit und ihrem Verletztsein und benennt es, statt automatisch zu reagieren.
- *Eine neue Sicht aufeinander taucht auf.* Verfolger fühlen sich erleichtert, wenn sie erkennen, dass der Rückzügler nicht gleichgültig oder gefühllos ist; sie fangen an, dessen Rückzug als Schutz vor der Wucht der Verfolgung zu verstehen. Rückzüglern fällt eine Last von der Seele, wenn sie erkennen, dass ihr Partner nicht aggressiv ist und sie verletzen will, sondern verzweifelt versucht, sie in ihrem Versteck zu finden.
- *Partner beginnen zu spüren, dass sie gemeinsam diesen Tanz der Distanzierung gestalten* und von Zeit zu Zeit sind sie in der Lage, ihn rechtzeitig zu erkennen und zu stoppen.

Diese Deeskalationsmarker weisen Sie als Therapeutin auf folgende *Aufgaben* hin: den erfolgreichen Abschluss der Phase-1-Veränderung (Deeskalation) feiern und hervorheben, die zum Vorschein kommenden neuen Sichtweisen aufeinander aufgreifen und wiederholen und sie mit den zuvor versteckten und jetzt zugänglichen verletzlichen Emotionen verbinden. Machen Sie deutlich, dass es sich lohnt, die Therapie fortzusetzen, um den Zyklus so zu transformieren, dass die Partner in die Lage versetzt werden, miteinander ihre Ängste zu beruhigen, Bedürfnisse zu befriedigen und einen positiven Zyklus zu gestalten, der wiederum Zyklen von wachsender Sicherheit und Geborgenheit bildet. Nach Abschluss der Deeskalation halten Sie Ausschau nach Türöffnern zu Phase 2.

**Frage 6 und Zugangsmarker zu Phase 2**

*Über welchen emotionalen Anker kann ich Zugang zu Phase 2 gewinnen?* Um in Schritt 5 und damit Phase 2 überzugehen, halten Sie Ausschau nach Markern der primären Emotion des sich eher zurückziehenden Partners. Bei Paaren mit einem Rückzug-Rückzugs-Zyklus ist dies der besser erreichbare Rückzügler. Drei Zugangsmarker weisen auf den geeigneten Zeitpunkt zum Einstieg in Phase 2 hin.

*Ein erster Zugangsmarker für Phase 2 ist der Wunsch eines deeskalierten Paares, die Therapie zu beenden.* Das Paar sagt vielleicht: »Es geht uns besser als je zuvor. Ich denke, wir können die Therapie langsam beenden.« Auf Neulinge in der EFT kann dieser Marker eher enttäuschend wirken; das muss aber nicht so sein, denn es ist ganz normal, dass Paare damit zufrieden sind, das Stadium der Deeskalation erreicht zu haben und manchmal davor zurückscheuen, sich erneut in die Exploration zu begeben, um ihrer Bindungsangst zu begegnen.

*Aufgaben:* Als EFT-Therapeutin normalisieren und bearbeiten Sie solche Bemerkungen, genießen mit dem Paar das Erreichte und explorieren das Zögern der Partner hinsichtlich einer Fortführung der Therapie.

Indem sie die Veränderung in der Beziehung und die Anstrengungen des Paares, nicht wieder in den alten Zyklus hineingezogen zu werden, validieren, zeichnen Sie ein klares Bild der ganz eigenen Geschichte des Paares und seiner Strategien. Diese Geschichte macht meist deutlich, dass die Bereitschaft des Rückzüglers, den Wünschen der Verfolgerin Rechnung zu tragen und das Bemühen der Verfolgerin, weicher und toleranter zu sein, sich verändert haben und gewachsen sind. In die Freude über die erreichten Verbesserungen lassen Sie den Gedanken einfließen, dass es lohnenswert sein könnte, das Erreichte zu sichern und der Rückkehr des alten Musters durch eine tiefergehende und dauerhafte Bearbeitung der zugrunde liegenden Ängste einen Riegel vorzuschieben. Sie könnten das Paar darauf aufmerksam machen, dass immer noch zugrunde liegende Ängste im Raum sind, die zwar identifiziert aber noch nicht verändert wurden; etwa die Angst des Rückzüglers, die Partnerin erneut zu enttäuschen und die Angst der Verfolgerin, so bedürftig zu sein, dass sie damit den Partner abschrecken könnte.

Sie zeigen den Partnern die Möglichkeit auf, dem bereits eingeschlagenen Weg weiter zu folgen und an einen Ort zu gelangen, der noch mehr Sicherheit und Stabilität verspricht. Sie zeichnen das Bild einer Beziehung, in der Partner wirklich sie selbst sein können und vielleicht wieder die werden dürfen, in die sie sich einmal verliebt hatten; einer Beziehung, in der Fehler zugestanden, Partner sich verletzlich und unvollkommen zeigen, Trost spenden und annehmen dürfen, ohne jedes Mal die Luft anzuhalten aus Angst, dass sich dieser gute

Ort wieder verflüchtigen könnte. Häufig öffnen diese Überlegungen die Tür zu Phase 2; wenn nicht, respektieren Sie die Entscheidung des Paares und weisen Sie darauf hin, dass die Tür, die das Paar geöffnet hat, auch in Zukunft offensteht.

*Ein zweiter Einstiegsmarker für Phase 2 ist das Fehlen einer primären Emotion des Rückzüglers trotz Deeskalation.* Daraus ergibt sich die *Aufgabe,* nicht oder schwer zugängliche Kernemotionen als Aufforderung wahrzunehmen, Ausschau nach einem emotionalen Anker zu halten. Um sich ganz genau in die verbalen und nonverbalen Mikroprozesse und Spuren primärer Kernemotionen einzustimmen, kann es hilfreich sein, ältere Sitzungsprotokolle zur Hand zu nehmen und sich an Worte und Bilder zu erinnern, mit denen der Rückzügler in früheren Sitzungen seine Emotionen beschrieben hat.

Taucht trotz dieser Versuche beim Rückzügler keine Kernemotion auf, können Sie ihn explizit auffordern, z. B.: »Können wir noch einmal zu dem Entsetzen zurückkommen, das Sie beim letzten Mal zum Ausdruck gebracht haben?« Im Anschluss an eine solche Frage lässt sich über eine Wiederholung des Triggers, der den Partner in die Position des Rückzugs bzw. der Verteidigung bringt, der Felt Sense des Entsetzens und der Panik, wie er in früheren Sitzungen zum Ausdruck kam, erneut erlebbar machen.

»In der letzten Sitzung habe ich Sie gefragt, ob wir nochmal zu der Erschöpfung zurückkommen können, von der Sie gesprochen haben, die sich immer einstellt, wenn Sie unablässig versuchen, Ihre Partnerin zufriedenzustellen und Sie diesen Felsbrocken in Ihrem Bauch spüren; einen Felsbrocken voller Angst, eines Tages aufzuwachen und zu merken, dass nichts mehr von Ihnen übrig ist? Können wir nochmal darauf zurückkommen?« Ist es Ihnen gelungen, den Zugang zur primären Emotion des Rückzüglers wieder zu öffnen und die Emotion ins Erleben zu bringen, können Sie tiefer gehen und das Erleben erweitern.

*Ein dritter Einstiegsmarker für Phase 2 ist gegeben, wenn der zum Rückzug neigende Partner die in Schritt 3 identifizierte, Rückzug bzw. Verteidigung triggernde Kernemotion kurz streift oder beginnt, darüber zu sprechen.* Bei dieser primären Emotion handelt es sich häufig um eine der möglichen Varianten der Angst vor Ablehnung bzw. Auslöschung oder auch der Erschöpfung eines Partners angesichts seines steten Bemühens, Frieden zu wahren, Anschuldigungen zu vermeiden und um Anerkennung und Wertschätzung zu kämpfen.

Aus der primären Emotion des Rückzüglers in Phase 2 ergibt sich die *Aufgabe,* die der Emotion zugesprochene Bedeutung, die mit ihr verbundene Körperwahrnehmung und den zugehörigen Handlungsimpuls herauszuarbeiten und zu erweitern. Möglicherweise zeigt der Rückzügler in dem Moment, in dem er sich stärker in die Beziehung einbringt, neben seiner Verletzlichkeit auch ganz entschieden primäre (nicht-reaktive) Wut. Verweilen Sie bei der Kernemotion – erkunden Sie

sie von allen Seiten und heben Sie die körperlich erfahrbare Wahrnehmung hervor. Arbeiten Sie am äußersten Punkt des Erlebens, spiegeln und evozieren Sie und stellen Sie empathische Vermutungen an, um den Felt Sense und die tiefere Bedeutung dieser zentralen Angst bzw. dieses zentralen Schmerzes zu erweitern.

## Marker in Phase 2

In den Antworten auf Emilys folgende vier Fragen stelle ich Ihnen Marker vor, die sich auf beide Veränderungsprozesse von Phase 2 beziehen, d. h. sowohl auf die Wiedereinbindung des Rückzüglers (WRE: withdrawer re-engagement) als auch das Erweichen des Anklägers (BLS: blamer softening). Je nach Prozessschritt unterscheiden wir zwischen erlebendem und beobachtendem Partner. Im Veränderungsereignis der Wiedereinbindung des Rückzüglers in Phase 2 ist der Rückzügler der *erlebende* Partner, der Schritt 5 (vertiefen, herausfiltern und offenlegen) geht und in Schritt 7 die Partnerin darum bittet, seinen Bindungsbedürfnissen Rechnung zu tragen, während die Reaktion der Verfolgerin als *beobachtende* Partnerin in Schritt 6 bearbeitet wird und an sie in Schritt 7 die Einladung ergeht, auf die Bitte ihres Partners zu reagieren[35]. Im zweiten Teil von Phase 2, dem Erweichen des Anklägers, ist die Verfolgerin die *erlebende* Partnerin, deren Ängste in Schritt 5 erweitert werden, und die in ihrer Verletzlichkeit in Schritt 7 den Partner darum bittet, ihre Bedürfnisse zu erfüllen, während der mittlerweile wiedereingebundene ehemalige Rückzügler nun der *beobachtende* Partner ist, dessen Reaktion in Schritt 6 begleitet und der wiederum gebeten wird, auf die in Schritt 7 von der Verfolgerin ausgesprochenen Bitte zu reagieren. Eine detaillierte Beschreibung der in Phase 2 relevanten Marker finden Sie in Kapitel sechs und sieben.

## Frage 7 und Marker für die Gestaltung eines Schritt-5-Enactments

*Wann ist der geeignete Zeitpunkt für die Gestaltung eines Schritt-5-Enactments?* Nonverbale Marker, zum Ausdruck gebrachte Körperempfindungen und Bilder sind einige der Schlüsselmarker, die darauf hindeuten, dass eine Kernemotion präsent ist, d. h. im Hier und Jetzt erlebt wird und dem Partner gegenüber offengelegt werden kann. Ein weiterer Marker für die Bereitschaft zum Schritt-5-

---

35 Wie in Kapitel 6 und 7 wird auch hier aus Gründen der besseren Lesbarkeit von *dem* Rückzügler und *der* Anklägerin/Verfolgerin gesprochen, im Bewusstsein, dass beide Positionen grundsätzlich bei beiden Geschlechtern und auch in gleichgeschlechtlichen Partnerschaften eingenommen werden können.

Enactment ist eine Kernemotion, die vollständig herauskristallisiert und mit kohärenter Bedeutungszuschreibung versehen ist (nähere Informationen zu Markern, die darauf hinweisen, dass eine Emotion präsent und vollständig herauskristallisiert ist s. Kap. 7).

Aus Markern, die auf eine präsente und vollständig herauskristallisierte Kernemotion hinweisen, ergibt sich die Aufgabe, sie in Enactments zu überführen und zu bearbeiten – zunächst mit dem Rückzügler als erlebendem Partner und nach dessen erfolgreicher Wiedereinbindung, die ihn in Schritt 7 als wieder engagierten Teil der Beziehung auftreten lässt, mit der Verfolgerin (in Kapitel 6 und 7 beschreibe ich diese Enactments detailliert und gebe Beispiele). Es ist nicht ungewöhnlich, dass dieser Prozess mehrere Enactments benötigt, in denen die so verletzlichen Emotionen Schritt für Schritt vertieft, erlebbar gemacht und in Gänze aufgefächert werden. Hilfreiche Orientierung geben auch hier die Moves des EFT-Tangos (zusammengefasst am Ende von Kapitel 2).

### Frage 8 und Marker zum Einstieg in Schritt 6

*Erkenne ich den Marker, der auf den geeigneten Zeitpunkt hindeutet, das Erleben der beobachtenden Partnerin angesichts dessen, was der Partner ihr eröffnet hat, zu bearbeiten?*

Marker für den geeigneten Zeitpunkt, in die Exploration der beobachtenden Partnerin (Schritt 6) einzusteigen, ist die neue Position, die der erlebende Partner in Schritt 5 einnimmt. Ist dies geschehen, findet ein spürbarer Wandel im Raum statt: Ein sich zuvor zurückziehender Partner betritt nun entschlossen die Tanzfläche der Beziehung, teilt seine bis dato sorgfältig versteckten Anteile mit der Partnerin und signalisiert eine neue, zuverlässige Präsenz; eine Verfolgerin, die an diesem Punkt in ihrer Verletzlichkeit auf den Rückzügler zugeht, vermittelt eine neue, weiche Offenheit.

Hier ein paar Beispiele:
- *Der Rückzügler zeigt sich in Schritt 5 in einer neuen, selbstsicheren Position:* Kilian drückt deutlich aus, wie schmerzhaft und ermüdend es ist, sich zu verstecken, zu mauern und ständig in der Angst vor der eigenen Unzulänglichkeit zu leben. Er sagt: »Ich bin es leid, immer auf Zehenspitzen zu gehen und zu versuchen, gut genug für dich zu sein! Ich will mich nicht mehr so wertlos und unfähig fühlen! Ich bin müde vom vielen Mauern – und gleichzeitig habe ich ungeheure Angst, mich von dir abhängig zu machen, denn ich bin sicher, wenn du mich erst siehst, wie ich bin, wirst du mich nicht mehr wollen und dann weiß ich nicht mehr weiter!« Diese Offenbarung markiert den geeigneten Zeitpunkt für die Exploration mit der beobachtenden Partnerin in Schritt 6.

- *Die Verfolgerin zeigt sich in Schritt 5 in einer neuen, verletzlichen Position:* Nachdem Kilian, der frühere Rückzügler, Schritt 7 durchlaufen hat und sich nun mutig in die Beziehung begibt, offenbart Tanja in verletzlicher Weise ihre Angst vor dem Abbruch der Beziehung und dem Verlassenwerden. »Ich habe Angst, dass er wieder verschwinden wird – ich gerate richtig in Panik und dann schlage ich um mich! So viel Angst, dass er weggeht!« [Bild von anderen.] Ihre bisherige Angst, sich auf jemanden zuzubewegen, verwandelt sich in ein Gefühl der Wertlosigkeit und der Scham. »Ich wünsche mir verzweifelt, dass du auf mich zugehst. Ich schäme mich dafür, dich so dringend zu brauchen! Ich habe dieses ungeheure Bedürfnis nach Nähe – ich schäme mich, fühle mich gedemütigt.« [Selbstbild.] Die Offenbarung ihrer herauskristallisierten Angst und Scham in Schritt 5 ist ein Marker dafür, dass nun mit der Exploration Ihres Erlebens als beobachtender Partnerin (Schritt 6) begonnen werden kann.

Aus den Markern neuer Positionen ergibt sich für Sie als Therapeutin die *Aufgabe*, Schritt 6 zu initiieren, um herauszuarbeiten, was die Selbstoffenbarung eines seine Verletzlichkeit zeigenden erlebenden Partners bei der beobachtenden Partnerin auslöst. Sie ermutigen die beobachtende Partnerin, die neue Sicht auf den Partner anzunehmen. Ist das nicht möglich, bringen Sie Ihre Empathie für die noch nicht mögliche Akzeptanz zum Ausdruck. In Kapitel 6 und 7 finden Sie mehr zur EFT-Reaktion auf Marker neuer Positionen.

### Frage 9 und Marker für den geeigneten Zeitpunkt, zu Schritt 7 – auf den Partner zugehen – einzuladen

*Welche Marker weisen darauf hin, dass es Zeit ist, die Partner dazu einzuladen, aufeinander zuzugehen?* Am Anfang ihrer EFT-Arbeit finden es Therapeuten immer wieder ungewohnt und herausfordernd, in direktiver Weise zum Aufeinander-Zugehen (Schritt 7) einzuladen. Je vertrauter sie mit Markern sind, die auf den geeigneten Zeitpunkt für eine solche Intervention hinweisen, desto leichter fällt es ihnen erfahrungsgemäß. Nachstehend stelle ich Ihnen drei Marker vor, die auf den geeigneten Zeitpunkt, die Partner zum Aufeinander-Zugehen einzuladen, hinweisen.

*Der erste Marker besteht darin, dass dem erlebenden Partner seine Sehnsüchte und Bedürfnisse nicht bewusst sind.* Er drückt vielleicht seine Kernemotionen wie die Angst vor Zurückweisung, vor dem Verlassenwerden oder Verlust aus (Schritt 5), verfügt aber nicht über einen situativen Felt Sense der mit dieser Angst verbundenen Sehnsüchte und Bedürfnisse. Entsprechend hat er auch keine Vorstellung davon, wie ihn die Partnerin in der Linderung dieser Angst unterstützen könnte.

*Aufgabe:* Die Kernemotion wird so lange hervorgehoben und gewürdigt, bis sich das darin enthaltene Bedürfnis herauskristallisiert. Kernemotionen geben zuverlässig Auskunft über Bedürfnisse. Gelingt es Ihnen als Therapeutin, sie »präsent« zu halten, können Sie mit Hilfe evokativer Fragen, Spiegeln und Hervorheben der Reaktionen sowie durch empathisches Vermuten die darin eingebetteten Sehnsüchte und Bedürfnisse evozieren.

Je klarer Ihre Vorstellung bezüglich des Zusammenhangs zwischen Kernemotionen und den darin eingebetteten Sehnsüchten ist, desto besser sind Sie in der Lage, die im Folgenden beschriebenen Sehnsüchte und Bedürfnisse zu evozieren: die Angst vor Zurückweisung und davor, nicht gut genug zu sein, tragen das tiefe Bedürfnis nach Bestätigung und Akzeptanz in sich. Das Gefühl, ungeliebt zu sein, ruft das Bedürfnis nach der Zusicherung, geliebt, begehrt und gebraucht zu werden, hervor. Scham und innere Leere können das tiefe Bedürfnis wecken, sich angenommen und in seinem Wert bestätigt zu fühlen. Ängste vor dem Verlassenwerden und dem Gefühl, unwürdig zu sein, tragen in sich die Sehnsucht nach Trost, Beruhigung und Verbindung mit anderen.

Hier ein paar Beispiele, wie sich die in Kernemotionen verankerten Bedürfnisse eines Rückzüglers evozieren und zugänglich machen lassen:
- Evokative Fragen: »Wenn Sie die Enge spüren, die diese Angst gerade in Ihrer Brust auslöst, welches Bedürfnis kommt da in Ihnen hoch?« »Wie könnte sie Ihnen helfen, wenn die Angst so groß ist?«
- Spiegeln: »Sie sagten: ›Ich habe Angst davor, ihr in die Augen zu schauen; ich fürchte mich vor ihrem Urteil.‹«
- Empathische Vermutungen: »Das hört sich ein bisschen nach einer tiefen Sehnsucht an, von ihr angenommen oder beruhigt zu werden. Ist es das, was Sie sich eigentlich wünschen?«
- Eine empathische Vermutung kann auch eingesetzt werden, um Bindungsängste hervorzuheben und die bisher unerfüllten Bedürfnisse nach zuverlässiger Resonanz des Partners zu evozieren und hervorzuheben (»Sie können sich überhaupt nicht vorstellen, auf sie zuzugehen und festzustellen, dass Sie es sind, den sie liebt! Es fühlt sich so fremd für Sie an, ihr zu zeigen, wenn Sie sich brüchig und unvollkommen fühlen, nachdem Sie so lange davon überzeugt waren, dass sie nur den Supermann will?«).

In der Arbeit mit der Verfolgerin kann das beispielsweise folgendermaßen aussehen:
- Hervorheben bringt die Bindungsangst auf den Siedepunkt (Bradley u. Furrow, 2004); in dieser intensiv empfundenen Angst eröffnet sich der Zugang zu Bedürfnissen.

- Evokative Fragen: »Wenn Sie an den Ort gehen, an dem Sie sich so klein und wertlos fühlen [Therapeutin berührt ihr eigenes Herz und damit die Stelle, an der die Verfolgerin ihre Angst körperlich erlebt], was wünschen Sie sich dann von ihm? Wie kann er Ihnen helfen, wenn Sie so große Angst davor haben, nicht liebenswert zu sein?«
- Empathische Vermutung: »Das hört sich fast so an, als würden Sie selbst vor Ihrer tiefen Sehnsucht zurückschrecken – ich sehne mich so danach, von dir gehalten zu werden und von dir zu hören, dass ich ein guter Mensch und es wert bin, von dir geliebt zu werden – verstehe ich das richtig?«

Ist ein Partner (Rückzügler oder Verfolger) mit seinen Bindungsbedürfnissen in Kontakt gekommen, hebt die Therapeutin dies hervor und fordert ihn auf, die Partnerin darum zu bitten, seine Bedürfnisse zu erfüllen.

*Der zweite Marker für Schritt 2 (»auf den anderen zugehen«) sind klar zum Ausdruck gebrachte Bindungsbedürfnisse und -sehnsüchte.* Aus diesem Marker ergibt sich die *Aufgabe*, die Bedürfnisse zu wiederholen, zu spiegeln und sicherzustellen, dass das emotionale Erleben voll und ganz präsent ist. Anschließend wird der erlebende Partner dazu eingeladen, den anderen direkt um Erfüllung seiner Bedürfnisse zu bitten.

*Beispiele für die Arbeit mit Rückzüglern:* Heben Sie das wachsende Bewusstsein des Rückzüglers hervor, dass ihm ein Platz in dieser Beziehung zusteht. In dem Moment, in dem diese Überzeugung und Emotion »präsent« ist, wird der erlebende Partner eingeladen, auf den anderen zuzugehen und um Erfüllung seiner Bedürfnisse zu bitten. Bei einem Rückzügler, der sich seiner Bedürfnisse nach einer Partnerin bewusst geworden ist, könnte das folgendermaßen aussehen: »Können Sie sie um Unterstützung bitten? Können Sie sie bitten, Ihnen zu versichern, dass Sie sich auf sie verlassen können – dass wirklich Sie es sind, den sie möchte, ungeachtet all dessen, was bisher schiefgegangen ist, und ungeachtet Ihrer Ängste, von ihr im Stich gelassen zu werden?«

Einer Rückzüglerin, die erkannt hat, was sie sich so sehnlich von ihrem Partner wünscht: »Können Sie ihm sagen: ›Ich sehne mich danach, gut genug für dich sein – mich sogar so sicher zu fühlen, dass ich dich fragen kann, ob ich dich überhaupt verdiene. Ich will Fehler machen dürfen. Ich will mich sicher fühlen, wenn ich mich an dich binde und wissen, dass du mich nicht aufgibst!‹ Können Sie sich ihm zuwenden und ihn um diese Zusicherung bitten?«

*Beispiele aus der Arbeit mit einer Verfolgerin:* Heben Sie die Angst so lange hervor, bis sie den Siedepunkt erreicht. Dieser Punkt stellt den besten Moment dar, die Verfolgerin dazu einzuladen, auf ihren Partner zuzugehen. »Sie haben solche Angst davor, dass er Sie ablehnt, wenn Sie sich so zeigen, wie Sie wirklich sind; Angst davor, pathetisch und bedürftig zu wirken und dass er dann möglicherweise nicht bereit ist, Sie zu trösten. Sind Sie bereit, dieses Risiko einzugehen? Sind Sie bereit, zu springen – jetzt, in diesem Moment? Ihn zu fragen, ob er Sie so annimmt, wie Sie sind?«

*Der dritte Marker für den Übergang zu Schritt 7 besteht darin, dass der erlebende Partner von sich aus einen zaghaften Versuch unternimmt, den anderen um Unterstützung oder Rückversicherung zu bitten.* Hieraus ergibt sich die *Aufgabe* der Therapeutin, dem Zögern nachzugehen, es zu spiegeln und zu validieren. Der Mut, einen solchen Schritt bzw. Sprung zu wagen und darauf zu vertrauen, im Partner eine Reaktion zu bewirken, verdient es, hervorgehoben zu werden. Ermutigen Sie den Partner, seine zaghaft vorgetragene Bitte zu wiederholen, validieren Sie seinen Mut und die Bedeutung dieses so wichtigen neuen Schritts. Dies ist auch ein wunderbarer Moment, Bindungssamen zu säen, um das Bedürfnis nach einer warmherzigen und unterstützenden Reaktion des Partners hervorzuheben und zu bestärken.

Die genannten drei Marker weisen darauf hin, dass der erlebende Partner bereit ist, auf den anderen zuzugehen (Schritt 7). Ich weiß, dass Therapeuten und beobachtende Partner dazu neigen, dem erlebenden Partner diesen ihn so verletzlichen machenden Schritt zu ersparen. Manchmal schaltet sich beispielsweise eine beobachtende Partnerin ein und sagt: »Es ist schon in Ordnung – du brauchst nicht darum zu bitten – ich hab's schon verstanden.« Wir wissen aber, dass sich in genau diesen Schritten – dem Zugehen auf den anderen und der Erfahrung einer engagierten Reaktion – die ultimativen Bindungsmomente der EFT vollziehen. Deshalb achtet die EFT-Therapeutin darauf, Unterbrechungen dieser Art bedacht aber bestimmt zurückzuweisen und das Zugehen auf den anderen beharrlich, unverblümt und unterstützend anzustoßen.

### Frage 10 und Marker für den geeigneten Zeitpunkt, den beobachtenden Partner zu einer Reaktion auf Schritt 7 einzuladen

*Wann gestalte ich eine Reaktion auf Schritt 7, das Zugehen des erlebenden Partners? Basismarker ist Schritt 7, d. h. das tatsächliche Zugehen des erlebenden Partners auf den beobachtenden Partner.* Hierbei ist es wichtig, zu wissen, dass sich Schritt 7 für Rückzügler und Verfolger unterschiedlich darstellt. Ein Rückzügler bringt sich zu diesem Zeitpunkt entschlossen in die Beziehung ein und bittet um Erfüllung seiner Bedürfnisse; die Verfolgerin äußert sich aus einer Position der Verletzlichkeit heraus, wenn sie um das bittet, was sie braucht, um sich in der Beziehung sicher zu fühlen.

*Aufgabe:* Ist der erlebende Partner in Schritt 7 auf den beobachtenden Partner zugegangen, unterstützen Sie als Therapeutin unverzüglich den beobachtenden Partner in einem emotional engagierten Enactment. Sie heben diesen neuen Bindungsmoment für beide Partner hervor und prozessieren ihn. Es kann davon ausgegangen werden, dass im Anschluss die in Kapitel 8 beschriebenen Marker auftauchen, die die Bereitschaft zum Einstieg in Phase 3 signalisieren.

Mit der Zeit lernt Emily diese zehn einfachen Fragen zunehmend zu schätzen und mit ihnen das reichhaltige Set an Markern, das ihr zuverlässig hilft, ihren Weg durch das strukturierte EFT-Modell zu finden. Sie fühlt sich auch unterstützt durch ihr wachsendes Verständnis mit Hilfe ihres Felt Sense. Mit dem Felt Sense verfügt sie über den Schlüssel, der ihre EFT-Erfahrung zu einem gestaltenden, empathischen und auf die Klienten eingestimmten Flow werden lässt – einem Flow, dessen Schritte sich wie bei einem Tango stetig wiederholen und gleichzeitig durch immer neue Schritte bereichert werden.

## Verstehen mittels Felt Sense

Wenn es Therapeuten gelingt, sich empathisch auf den Bindungsstress des Paares einzustimmen und gleichzeitig gut auf den eigenen Körper zu hören, dann entwickelt sich im Zusammenspiel dieser Informationen ein Gespür für das, was sich gerade ereignet (Damasio, 1999). Voll und ganz präsent zu sein, wird nicht umsonst auch als Kunst bezeichnet und »kann auch als das wichtigste Element, andere in ihrem Heilungsprozess zu unterstützen, gesehen werden« (Siegel, 2010, S. 1).

Um die EFT gleichermaßen als Kunst und Wissenschaft zu praktizieren, benötigen Therapeuten neben dem Wissen um die einzelnen Schritte und Phasen die Fähigkeit, sich immer wieder kreativ mit ihrem Felt Sense des jeweils gegenwärtigen Moments zu verbinden. Resonanz beinhaltet mehr als das Hören von bzw. Reagieren auf gesprochene Worte. Es beinhaltet auch, sich in den einfachsten und kleinsten »Mikromomenten der Interaktion auf die entscheidende Einstimmung einzulassen« (Siegel, 2012, S. 327). Dazu gehören Tonfall, Tempo, Atmung, Haltung, Gesichtsausdruck, Blickrichtung und andere Mikrobewegungen. Die Nachverfolgung von Mikromomenten bildet für alle Beteiligten das Fundament, im Hier und Jetzt zu bleiben, und gibt Therapeuten wie Partnern den Freiraum, sich mit Interesse und Offenheit dem, was geschieht, zuzuwenden.

Aber was ist eigentlich der »Felt Sense«? Er lässt sich beschreiben als die Fähigkeit, das Erleben eines anderen Menschen in sich zu spüren und implizit zu verstehen, gewissermaßen ein inneres Wissen. Das ist nicht gleichbedeutend mit explizitem und konzeptionellem Verstehen, auch wenn es Überschneidungen gibt. Eine Therapeutin, die einen Felt Sense der Bedrohung entwickelt, die Janas Stimmlage für Johann darstellt und ihn in sein reaktives Verteidigungs- und Rückzugsmuster treibt, verfügt über ein tieferes Verstehen dessen, was hier geschieht, als eine Therapeutin, die schlicht konzeptualisiert, dass Janas schrille Stimmlage Johann triggert. Stern (2004) gebraucht in diesem Zusammenhang den Begriff des präsenten Bewusstseins, gern auch als »mindfulness« [Achtsamkeit bzw. Gegenwartserleben, Anm. d. Ü.] bezeichnet. Für andere stellt das Gegenwartserleben ein spirituelles Element der EFT dar (Furrow, Johnson, Bradley u. Amodeo, 2011). Die Fähigkeit von EFT-Therapeuten, auf ihren Felt Sense zu hören und sich auf ihn einzulassen, ist eine der größten Ressourcen, die ihnen zur Verfügung steht, da der Felt Sense den therapeutischen Prozess in vier Richtungen vertiefen kann.

### Nährstoff empathischer Imagination

Neurobiologische Untersuchungen zum Zusammenhang zwischen Spiegelneuronen und Empathie (Iacoboni, 2017; Stern, 2004) belegen, dass der Blick auf einen anderen Menschen eine körperliche Reaktion in uns auslöst, die dem Erleben der betrachteten Person nahekommt. Das bedeutet, dass die Therapeutin das Erleben eines jeden Partners sowie der Beziehungsdynamik als Felt Sense in ihrem eigenen Körper wahrnehmen kann. Damit eröffnet der Felt Sense einen wichtigen Zugang zur empathischen Imagination, wie Iacoboni anhand eines Zitats von Nietzsche unterstreicht:

> »Um einen anderen wirklich zu verstehen, seine Gefühle in uns selbst wahrzunehmen, […] erzeugen wir dieses Gefühl in uns. Dieses Gefühl entsteht aus dem, was der Blick, die Stimme, das Gangbild und die Haltung eines anderen in uns auslösen und was genau das, was es bei uns auslöst, wiederum bei unserem Gegenüber anregt und zur Entfaltung bringt« (Iacoboni, 2007, S. 238).

EFT-Therapeuten sind aufgefordert, ihr Herz zu öffnen, achtsam zu sein und auf ihren inneren Felt Sense zu hören, wenn Partner sich – sei es gelingend oder auch misslingend – aufeinander einstimmen. Oder – wie Stern es ausdrückt: »Unsere Nervensysteme sind darauf angelegt, sich von anderen Nervensystemen kapern zu lassen« (Stern, 2004, S. 76). Ohne Einfühlung in das eigene gegenwärtige innere Erleben gibt es kein empathisches Einfühlen in das gegenwärtige Erleben eines Klienten. Angehenden EFT-Therapeuten gibt Sue Johnson (2011) mit auf den Weg, dass das empathische Einfühlen in einen anderen Menschen den »wesentlichsten Teil der EFT [darstellt] […] Carl Rogers zufolge beruht erfolgreiche Therapie nicht in erster Linie auf Technik, sondern auf der Fähigkeit des Therapeuten, empathisch und nicht wertend ›bei‹ seinen Klienten zu sein« (S. 247).

In der Vorbereitung auf ihre nächste Sitzung fragt sich Emily: »Wie geht es mir hier mit diesem Paar? Wie fühlt es sich an, mit Tarik und Aylin in einem Raum zu sein?« Sie spürt, dass sie sich gut auf Aylins Schmerz ausrichten kann; einen Schmerz, der sich jedes Mal einstellt, wenn Aylin den Eindruck hat, Tarik »entgleitet ihr und interessiert sich mehr für andere Frauen«, und sie sich im Stich gelassen und verlassen fühlt. Emily ist berührt von Tariks Entschuldigung bei Aylin, in der er die Verantwortung für sein Handeln übernimmt und Aylin darum bittet, ihm wieder zu vertrauen und ihm eine neue Chance zu geben. Um ihre körperliche Reaktion auf dieses Paar besser zu erfassen, verlangsamt sie den Prozess. Jetzt spürt sie einen Druck in der Brust, der so lange zunimmt, bis erst das Herz und dann auch der Kopf anfangen zu rasen. Dieses Rasen nimmt sie achtsam wahr und spürt in sich – wie Tarik – das Bedürfnis nach einer »schnellen Lösung«, d. h. den Wunsch, möglichst rasch verloren gegangenes Vertrauen wiederherzustellen.

Während sie ihre innere Resonanz wahrnimmt und sich mit deren Hilfe auf jeden der Partner im gegenwärtigen Moment einstellt, erinnert sie sich daran, dem Modell zu vertrauen. »Natürlich empfindet Tarik genau wie ich das Bedürfnis nach einer schnellen Lösung, während es für Aylin wichtig ist, dass ihr tiefer Schmerz und ihr Misstrauen gehört und validiert werden.« Sie vergewissert sich, ob ihr Vertrauen in den Schritt-für-Schritt-Prozess noch ungebrochen ist und ruft sich ins Bewusstsein: »Verfolge den emotionalen Prozess, der sich vor deinen Augen abspielt, bleib' am Prozess, fächere ihn auf und vertiefe ihn« und »Du bist auf der sicheren Seite, wenn du das Erleben eines jeden Partners – so unterschiedlich es auch sein mag – validierst.«

### Hilft, empathisches Verstehen zu vermitteln

Dem Felt Sense kommt eine Schlüsselfunktion im empathischen Verstehen und der Verbalisierung dieses Verstehens zu. Von Rogers (1961) und Rice (1974) stammt der Begriff der »evokativen Empathie«. Ihnen zufolge ist Empathie »mitgeteiltes Verstehen der intendierten Botschaft des Klienten, auch der Inhalte, die sich noch nicht in Worte fassen lassen und […] der in der Botschaft enthaltenen impliziten Gefühle« (Martin, 2000, S. 4). Der Felt Sense ist Bestandteil sämtlicher von Rogers formulierten Aspekte von Empathie:

1. Empathische Einstimmung auf den gegenwärtigen Moment.
2. Verbalisierung des durch empathische Einstimmung sich entwickelnden Verstehens.
3. Dem Klienten dieses Verstehen in verständlicher Form mitteilen.
4. Vom Klienten entweder eine bestätigende Rückmeldung erhalten oder hören, wie die Rückmeldung noch genauer auf das sich herauskristallisierende Erleben des Klienten abgestimmt werden muss, damit es möglichst exakt das bisher nicht oder kaum in Worte fassbare sich herauskristallisierende Erleben des Klienten beschreibt.

An diesem Punkt verlangsamt Emily ganz bewusst den Prozess, um dem Klienten Zeit zu geben für seine Rückmeldung, ob er sich richtig verstanden fühlt. Dabei fragt sie sich: »Bin ich – während ich auf eine bestätigende Rückmeldung warte – auch beim gegenwärtigen Erleben des anderen Partners? Lasse ich uns Zeit, den Moment, in dem ein Partner sich verstanden fühlt, auszukosten und die Auswirkung dieser Rückmeldung auf beide Partner wahrzunehmen? Nehme ich die Reaktion meines Körpers wahr, die mir signalisiert, dass sich ein gemeinsames Verständnis des Geschehen entwickelt hat und achte ich noch darauf, ob der andere Partner dabei ist oder sich einen Schritt entfernt? Wie sehen die nonverbalen Reaktionen des erlebenden Partners aus und – ganz wichtig – habe ich die ganze Zeit im Blick, wie der andere Partner auf dieses miteinander geteilte, in Worten gefasste gemeinsame Verstehen reagiert? Kann ich mich jetzt offen und mit Interesse dem anderen Partner zuwenden, um einen Felt Sense für dessen Erleben zu entwickeln?« Die Notwendigkeit, als EFT-Therapeutin permanent mit sich in Resonanz und sich des eigenen Felt Sense bewusst zu sein, das Verstandene explizit in Worte zu fassen und die Reaktion des Partners abzuwarten, zieht sich durch die gesamte Sitzung.

**Vertieft emotionales Erleben**

Durch die Fokussierung auf den eigenen Felt Sense vertiefen EFT-Therapeuten ihre Fähigkeit, sich einzustimmen und das emotionale Erleben ihrer Klienten zu stärken. Um sich bewusst auf den Felt Sense zu fokussieren, eignen sich folgende Fragen:
- Habe ich ein über die Konzeptualisierung hinausgehendes Verständnis des Zyklus dieses Paares und der Bindungsängste und -sehnsüchte eines jeden Partners?
- Habe ich einen Felt Sense davon gewonnen, wie sich dieser Zyklus in das Leben des Paares einschleicht und die Überhand gewinnt?

- *Fühle ich, wie jeder der Partner die Beziehung erlebt?*
- *Fühle ich die Ängste und Bedürfnisse nach Selbstschutz* und zwar über ein konzeptuelles Verständnis hinaus?
- Stimme ich mich auf meinen eigenen Felt Sense ein, der mir einen Hinweis darauf gibt, wie ich mich in diesem Raum mit genau diesem Paar fühle?

Diese Fragen gewinnen besondere Bedeutung in Momenten, in denen ich mit Hilfe meines Felt Sense Angst oder Langeweile wahrnehme. Kann ich dann bewusst reflektieren, was mich an diesem Paar bedroht oder langweilt (Siegel, 2010)? Kann ich beispielsweise erkennen, dass ein vermeintlich herausfordernder oder reserviert wirkender Klient schlicht und ergreifend die Bindungsstrategie anwendet, die ihm so lange nützlich war? Bei jemandem, der nie die Sicherheit oder Geborgenheit erlebt hat, sich auf einen anderen Menschen verlassen zu können, ist es nachvollziehbar, dass er losfeuert und darauf beharrt, auf niemanden angewiesen zu sein. Kann ich einen Felt Sense von Angst oder Langeweile wahrnehmen, ohne ein Urteil über mich oder den Klienten zu fällen? Kann ich den Trigger *fühlen,* der diesen Partner in Erstarrung bringt? Kann ich einen Felt Sense dafür entwickeln, inwiefern Erstarrung oder Feindseligkeit die derzeit bestmögliche Handlungsoption für diesen Partner darstellt?

## Stärkt Selbstvertrauen und Kreativität

Offen zu sein für den eigenen Felt Sense des gegenwärtigen Moments und diesem zu vertrauen, kann das Selbstvertrauen und die Kreativität von EFT-Therapeuten stärken. Absolute Präsenz macht den Kopf frei (Siegel, 2010) und stärkt die sichere Explorationsbasis (Bowlby, 1988). Die emotionsregulierende Funktion aufmerksamer, engagierter Präsenz verschafft sowohl Partnern als auch Therapeuten Sicherheit und Ruhe.

Seit Emily von ihrer Supervisorin gefragt wurde, wie es sich anfühlt, sich mit Kilian und Tanja in einem Raum aufzuhalten, geht sie immer häufiger ihrem inneren Erleben nach und überprüft den Felt Sense, den das Paar in ihr auslöst. Überrascht und freudig nimmt sie wahr, dass dieses Vorgehen ihre EFT-Kompetenz im Laufe eines langen Tages mit vielen Paarsitzungen sogar wachsen lässt und sie schickt ihrer Supervisorin schnell eine E-Mail: »Danke! Es hat mir so geholfen, den Prozess zu verlangsamen. Mir ist klar geworden, dass mich mein eigenes Gefühl, überwältigt zu sein, immer wieder blockiert hat, wenn es darum ging, mich einzustimmen und auf meine Kompetenz zu verlassen. Seit der letzten Supervision habe ich mehrere Paare gesehen, konnte mich auf sie einstimmen und EFT ist einfach passiert!«

## Der Felt Sense durch die Schritte und Phasen hindurch

Der Felt Sense trägt bei allen Schritten und Interventionen entscheidend dazu bei, dass engagierte empathische Reaktionen stattfinden können. EFT-Interventionen wie empathisches Spiegeln, das Validieren von Reaktivität, Misstrauen oder verletzenden Handlungsimpulsen sowie empathische Vermutungen über zugrunde liegende Bindungsängste sind ohne einen Felt Sense des inneren Erlebens der Partner kaum denkbar. Stellen Sie sich eine Therapeutin ohne Kontakt zu ihrem Felt Sense vor, die die Ängste eines Partners, nicht bedeutsam zu sein, evoziert und hervorhebt. Selbst eine noch so passende Antwort liefe ohne den beruhigenden Einfluss der Resonanz im Inneren der Therapeutin ins Leere.

## Fazit

In diesem Kapitel steht das Ineinandergreifen systematischen und kreativgestaltenden Vorgehens beim EFT-Prozess im Vordergrund. Es beschreibt die Mikromarker emotionalen Erlebens und Marker der einzelnen Schritte und Phasen der EFT und unterzieht sie einer genaueren Betrachtung. Diese Marker geben Antwort auf Fragen, die sich Emily in den Phasen 1 und 2 stellt und erweisen sich als zuverlässige Orientierungshilfen im Prozess. Sie weisen die Therapeutin gleichzeitig auf die Aufgaben hin, mittels deren Umsetzung sie das gegenwärtige Erleben der Partner und den Therapieprozess vertiefen und voranbringen kann.

Eine der größten Ressourcen, über die Therapeuten verfügen, ist die Offenheit gegenüber ihrem Felt Sense. Der Felt Sense hilft ihnen, im EFT-Modell zu bleiben. Dieses Kapitel widmet sich vielen Fragen, die sich Emily selbst stellt, um zu überprüfen, ob sie noch in Kontakt mit ihrem eigenen gegenwärtigen, körperlich erfahrbaren Felt Sense ist. Empathisch eingestimmte Therapeuten sind über den gesamten Sitzungsverlauf hinweg in ständigem Kontakt mit ihrem inneren Erleben und nehmen permanent ihren Felt Sense wahr. Aufmerksam zu sein für die körperlich erfahrbare Resonanz mit anderen hilft EFT-Therapeuten, sich kompetent in einer fließenden Bewegung zwischen Konzeptualisierung und Leitung des entfaltenden Prozesses zu bewegen und emotional engagiert zu reagieren. Auf den eigenen Felt Sense zu achten, kann helfen, sich einzustimmen und während des gesamten Prozesses in emotionaler Balance zu bleiben.

# Teil V

## Häufige Hürden in der EFT-Therapie

# Einführung in Teil V

Während Ihnen die Grundlagen des EFT-Modells mit der Zeit immer leichter von der Hand gehen, werden Sie vermutlich feststellen, wie herausfordernd es sein kann, sich den vielen Besonderheiten und Verwicklungen zu stellen, die jedes einzelne Paar mit sich bringt. Zwei besondere Aspekte, die den Therapieprozess erfahrungsgemäß erschweren und den Heilungsprozess der EFT blockieren können, sind Suchtprozesse und Bindungsverletzungen, d. h. spezifische, die Beziehung betreffende Verletzungen. Beide sind Auslöser von Beziehungstraumata und stellen eine ernsthafte Bedrohung der Bindungssicherheit dar. Sie können auch die Deeskalation enorm erschweren.

EFT-Therapeuten sind stets bemüht, sich auf mögliche Hinweise auf das Vorliegen eines Suchtprozesses bzw. Bindungstraumas einzustimmen. Werden diese nicht angesprochen, läuft die Therapie Gefahr, in eine Sackgasse zu geraten. Ich hoffe, mit diesem und dem folgenden Kapitel Ihr Bewusstsein für diese Themen zu schärfen und Sie in Ihrer Arbeit zu unterstützen. Hierzu stehen in Kapitel 10 Suchtprozesse als Ersatzbindung (»*faux* attachments«, Flores, 2004) sowie in Kapitel 11 Paare, die unter Beziehungstraumata leiden, im Mittelpunkt.

Grundsätzlich orientiert sich die EFT-Therapie beim Vorliegen einer Suchtproblematik bzw. der Notwendigkeit, Bindungsverletzungen zu bearbeiten, am bekannten Ablauf der EFT mit der Besonderheit, dass für diese Arbeit, wie immer in der Arbeit mit Menschen mit traumatischen Erfahrungen, ein besonderes Feingefühl erforderlich ist. Menschen mit einer Suchtproblematik und Bindungsverletzungen blicken häufig auf eine traumatische Geschichte zurück (Maté, 2010) und sind deshalb ganz besonders auf Therapeuten angewiesen, die den Fokus auf empathische Einstimmung und bedingungslose Akzeptanz legen. Das spiegelt sich besonders in einem langsamen und weichen Vorgehen und einer äußerst einfühlsamen Einstimmung der Therapeutin wider (Johnson, 2002).

Um dies leisten zu können, benötigt die EFT-Therapeutin eine aus tiefer Überzeugung resultierende Haltung, den Prozess als gemeinschaftlich zu bewältigende Herausforderung zu betrachten, sowie das Interesse und die Fähigkeit, nachzuverfolgen, inwieweit bestimmte Handlungstendenzen oder die Zuwendung zu konkurrierenden Bindungsangeboten (z. B. Drogen, Alkohol, Pornografie oder eine intime Beziehung zu einer anderen Person) Teil eines Zyklus von Beruhigung durch Abwendung von der Beziehung sein könnten. Ziel ist es, eine sichere, unvoreingenommene Atmosphäre zu gestalten, die es beiden Partnern ermöglicht, die anhaltenden Auswirkungen von Suchtverhalten bzw. spezifischer einmaliger Verletzungsmomente auf die Beziehung herauszuarbeiten.

# Kapitel 10

## Suchtprozesse als Bindungsersatz

> »In erfolgreichen Paartherapien sind es die Partner, die beim jeweils anderen
> Veränderung bewirken; Momente tiefer Verbundenheit scheinen einen heil-
> samen Raum zu eröffnen, in dem diese Veränderung geschehen und als natür-
> liches Gegenmittel gegen die Triebkräfte der Sucht wirksam werden kann«
> (Landau-North et al., 2011, S. 213).

Galten Suchtprozesse zunächst als Kontraindikation zu einer Paartherapie, sehen wir sie mittlerweile als bindungsbezogenes Problem, mit dem in der EFT gearbeitet werden kann. Voraussetzung hierfür ist ihre Offenlegung. Aus EFT-Sicht handelt es sich bei der Sucht um eine Bindungsstörung und Störung der emotionalen Regulationsfähigkeit (Flores, 2004; Walant, 1995). Ein Mensch, der emotionale Regulation (z. B. um Belohnung, Trost bzw. Vergnügen oder Schmerzlinderung zu erlangen) außerhalb der Beziehung sucht, ist zwangsläufig für den Partner emotional nicht mehr erreichbar und erschwert es dem Partner, sich emotional auf ihn einzulassen.

In Übereinstimmung mit der Definition der American Society of Addiction Medicine (ASAM, 2011) verwende ich in diesem Buch den Begriff des »Sucht-« bzw. »addiktiven Prozesses«. Dieser Begriff umfasst ein breites Spektrum suchterzeugender Prozesse, u. a. übermäßigen Substanzgebrauch (Alkohol und Drogen), Computerspiele und Spielsucht. Auch zwanghaftes Verhalten wie übermäßiges Essen, Kaufzwang, Onlinepornografie etc. fallen unter diese Definition. Derzeit gibt es eine lebhafte Diskussion über die Frage, ob auch zwanghaftes sexuelles Verhalten, auch als »Sexsucht« bezeichnet, als Suchtprozess gesehen werden sollte (siehe »Response to AASECT«[36]). Unabhängig vom Ausgang dieser Diskussion beziehe ich – orientiert an der nicht-pathologisierenden Sichtweise der EFT – Sexsucht in das Spektrum addiktiver Prozesse mit ein.

---

36 AASECT ist die Abkürzung von American Association of Sexuality Educators, Counselors and Therapists.

## Suchtprozesse – alles eine Frage der Bindung

Das englische Wort für Sucht – »addiction« – hat seinen Ursprung im lateinischen *addictionem*, d. h. dem »sich Hingebenden« (Johnson, 2013) oder ganz einfach – der Hingabe. In Not, Schmerz oder Stress führt uns unser »erster Weg« an Orte und zu Menschen, denen wir uns im wahrsten Sinne des Wortes hingeben können. Erlebt ein Partner, in Krisensituationen für den anderen nicht die erste Anlaufstelle zu sein, löst dies mit großer Wahrscheinlichkeit ein Gefühl der Bedrohung aus; der Bindungsalarm geht los. Sich hingeben oder wie unter Zwang sich eher einer anderen Person oder etwas anderem als dem eigenen Partner zuzuwenden, um sich wieder wohler zu fühlen, stellt zweifelsohne eine Gefährdung der Paarbindung dar und setzt einen Teufelskreis in Gang: Je eher sich ein Partner abwendet, desto eher ist damit zu rechnen, dass der Partner ängstlicher, fordernder und kritischer wird bzw. kalt reagiert, sich zurückzieht und ausweicht. Umgekehrt steigert forderndes, kritisierendes Verhalten bzw. Rückzug und Distanz eines nicht süchtigen Partners die Attraktivität des Suchtprozesses für den süchtigen Partner.

Als soziale Wesen sind wir zum Überleben auf die fürsorgliche und tröstende Nähe anderer angewiesen; wächst ein Kind hingegen in einer vernachlässigenden oder misshandelnden Umgebung auf, behindert der ungestillte Hunger nach Bindung die normale Entwicklung seines Nervensystems (Maté, 2010). Fehlende sichere Bindung zu wenigstens einer Bindungsperson löst ein lebenslanges Verlangen aus, den Schmerz sozialer Isolation zu stillen. Kann diese Sicherheit nie erlebt, dieses Verlangen nie gestillt werden, ist beziehungsloses Suchtverhalten in der Hoffnung auf Linderung eine häufige Folge. Experten aus der affektiven Neurowissenschaft konnten aufzeigen, dass Trennungsstress die Entwicklung von Suchtprozessen und Depressionen begünstigen kann und Suchtprozesse als – zwangsläufig misslingende – Versuche verstanden werden können, den Schmerz sozialer Verluste zu mildern; Versuche, deren Scheitern wiederum die Depression verstärken können (Panksepp et al., 2014).

## Suchtprozesse als Bindungsstörung: auf der Suche nach emotionaler Regulation

Als frischgebackene und begeisterte EFT-Therapeutin ist Emily angetan von der Idee, Suchtprozesse im Bindungsrahmen zu betrachten. Bisher sah sie Suchtverhalten primär als individuelles Problem und schickte betroffene Klienten zunächst zu einer Suchttherapeutin, bevor sie mit dem Paar arbeitete. Mit dem erweiterten Blick durch die Bindungsbrille erkennt sie nun hinter dem Suchtprozess das Bedürfnis nach Verbundenheit und im Suchtverhalten den Versuch, nicht beherrschbare Emotionen zu regulieren, und ist in der Lage, das Verhalten zu validieren. Von Zeit zu Zeit läuft sie Gefahr, sich von den interessanten Geschichten des Paares ablenken zu lassen, Partei zu ergreifen und einen der Partner als »den Süchtigen« abzustempeln. Ihr tut der Partner leid, dessen Frau an kaum einem Abend nüchtern ist und der sich so oft allein fühlt; der Mann, der felsenfest davon überzeugt ist, sich trotz seines erheblichen Konsums von Onlinepornografie unverändert auf die Partnerin einlassen zu können – und das trotz des Einwandes seiner Frau, dass sie immer härteren Sex praktizieren, damit ihr Mann sich angeregt fühlt, auch Sex mit ihr zu haben. In solchen Momenten fragt sich Emily: »Habe ich die nötige Kompetenz, mit all dem umzugehen?«

Aber im Vertrauen auf das EFT-Modell konzentriert sie sich zunächst auf den Aufbau einer Allianz mit beiden Partnern, bevor sie die vorhersagbare Abfolge negativer Interaktionen versucht herauszuarbeiten, die den Zyklus bedingen und die Distanz zwischen den Partnern verursachen. Suchtprozesse versteht sie als Bindungsstörung, denen sie aus der nicht-bewertenden, systemischen Haltung der EFT heraus begegnet, anstatt Sucht lediglich als individuelles Defizit bzw. als Krankheit zu begreifen. Das hilft ihr, die Wirkung, die die Partner aufeinander haben, im Fokus zu behalten. Doch trotz aller Anstrengungen spürt sie von Zeit zu Zeit noch die Verlockung, sich auf den »Süchtigen« zu fokussieren und zunächst eine Suchttherapie zu empfehlen, um dann aber wieder zu erkennen, dass Paartherapie auch für diese Klienten eine äußerst gute Option darstellt. Tatsächlich kann eine begleitende Einzeltherapie im Einzelfall indiziert sein, doch Emily erschließt sich immer mehr die Stärke der EFT, Klienten die nötige Unterstützung zu geben, um »Suchtverhalten« als Ausdruck eines ungestillten Bindungsbedürfnisses zu erkennen, aufgrund dessen der Betreffende sich von der Partnerin abwendet und auf anderem Weg Trost und Regulation sucht. Emily beginnt zu verstehen, dass ein solcher Therapieprozess zumindest so viel zur Beruhigung beiträgt, dass sich die Indikation zu therapeutischer Begleitung über die EFT hinaus in Ruhe stellen lässt. Es gibt gute Erfahrungen mit einer Kombination aus Suchttherapie und EFT. So lange einer oder beide Partner Sucht oder andere Krankheiten nutzen, um ihrer Beziehung ein Etikett aufzudrücken, fährt Emily damit fort, zwanghafte Verhaltensweisen aufzufächern und ihren Sinn nachzuvollziehen, während sie gleichzeitig herausarbeitet, welche Auswirkungen diese Verhaltensweisen auf die Beziehung haben.

## Sucht als motivationsgetriebener Prozess

Die Anreiz-Sensitivierungs-Theorie (Pinel, 2015) sieht den Antrieb von Suchtprozessen in der Suche nach Belohnung und damit der Stimulation des Dopamin-Belohnungszentrums des Gehirns. Dieses Konzept passt in seiner Bindungsorientierung viel besser zur EFT als das ältere Erklärungsmodell körperlicher Abhängigkeit und es deckt sich auch mit der Definition der ASAM[37] (2011):

»Sucht ist eine primäre, chronische Erkrankung des Belohnungszentrums, der Motivation, des Gedächtnisses und den damit verbundenen Schaltkreisen. Die Dysfunktion dieser Schaltkreise führt zu charakteristischen biologischen, psychologischen, sozialen und spirituellen Manifestationen. Dies spiegelt sich bei Betroffenen in endloser Suche nach Belohnung bzw. Erleichterung durch Substanzgebrauch und andere Verhaltensweisen […]. Wie bei anderen chronischen Erkrankungen ist der Verlauf häufig von einem Wechsel zwischen Remission und Rückfall gekennzeichnet. Unbehandelt und ohne geeignete Rehabilitationsmaßnahmen verläuft die Erkrankung progredient und kann zu Behinderung und vorzeitigem Tod führen.«

Die ASAM-Definition wird auch als ABC der Sucht bezeichnet:
- inability to consistently Abstain = Unfähigkeit zu dauerhafter Abstinenz;
- impairment in Bevioural control = beeinträchtigte Verhaltenskontrolle;
- Craving = verstärkter »Hunger« nach Drogen oder anderen Belohnungserfahrungen;
- Diminished recognition = eingeschränkte Problemeinsicht bezüglich des eigenen Verhaltens und der Gestaltung von Beziehungen;
- a dysfunctional Emotional Response = eine dysfunktionale emotionale Reaktion (ASAM, 2011).

Im Folgenden gehe ich kurz auf drei Aspekte der ASAM-Definition ein, die in Übereinstimmung mit den Gedanken der EFT stehen.

### Emotionaler Hunger

Nach der ASAM-Definition ist Sucht Ausdruck einer im Gehirn und dem Motivationszentrum lokalisierten Störung. Dysfunktionale Belohnungsschaltkreise führen zu pathologischer Suche nach Belohnung bzw. Linderung

---
37 ASAM steht für American Society of Addiction Medicine.

(ASAM, 2011). Der Bindungstheorie zufolge suchen Menschen in Belastungssituationen primär die Nähe einer Bindungsfigur. Ist eine solche Quelle von Geborgenheit und Sicherheit nicht erreichbar, greifen sie zu sekundären Strategien der Emotionsregulation. Aus dieser Bindungsperspektive heraus lassen sich Suchtprozesse als emotional bedingt beschreiben. Bei unzureichender emotionaler Verbindung zu anderen sind Suchtprozesse in der Lage, vorübergehend den Hunger nach einer positiven Emotion (Belohnung) zu stillen bzw. eine negative Emotion zu lindern. Drogen- und Alkoholkonsum, Essstörungen und viele andere Süchte sind demzufolge Antworten auf die grundlegende Sehnsucht, mit anderen verbunden zu sein. Maté (2010) beschreibt suchterkrankte Menschen als »hungrige Gespenster«, denen es nie gelingt, ihre innere Leere zu füllen.

Daraus ergibt sich der paradoxe Zusammenhang, dass Suchtprozesse eine Reaktion auf emotionale Isolation darstellen, während genau diese Reaktion ihrerseits emotionale Isolation verstärkt. Suchtprozesse intensivieren die Beziehungsprobleme eines Paares. Zunehmende Belastung in der Beziehung und Distanz erhöhen wiederum die Bereitschaft des suchterkrankten Partners, sich neutralen Quellen von »Wohlbefinden« bzw. Schmerzlinderung zuzuwenden, die als nicht ablehnend erlebt werden.

**Suchtprozesse sind mit den Zyklen verknüpft**

Bei Sucht geht es weniger um

> »das Ausmaß bzw. die Häufigkeit des Alkohol- bzw. Drogenkonsums, des Suchtverhaltens (Glücksspiel oder Geldausgaben) oder des Konsums externer Belohnungen (wie Essen oder Sex), vielmehr um die Art und Weise, wie das Individuum auf Substanz- und andere Angebote, auf Stress und Umgebungsreize reagiert […]. [Charakteristisch] ist die hochgradig intensive, als besessen zu bezeichnende Beschäftigung Suchterkrankter mit bzw. das Streben nach Belohnungen (z. B. durch Alkohol- und anderen Drogenkonsum) ungeachtet der Kumulation nachteiliger Konsequenzen« (ASAM, 2011).

EFT-Therapeuten wissen, dass die negativen Zyklen – trotz ihrer nachteiligen Folgen – einer sich selbst verstärkenden, alles vereinnahmenden negativen Dynamik unterliegen. Die eigentliche Belastung besteht bei Suchtprozessen zum einen in der Wirkung, die der durch das Trauma der Sucht gesteuerte Zyklus auf die Beziehung hat (Love, Moore u. Stanish, 2016), und zum anderen in der Wirkung, die die Beziehungsdynamik auf das Suchtmuster hat. Suchtverhalten wird zum Bestandteil einer negativen Feedbackschleife.

Die Anreiz-Sensitivierungs-Theorie besagt, dass das Hauptproblem in der Beschäftigung mit der Aussicht auf die durch die konsumierte Substanz bzw. das Suchtverhalten zu erwartenden Belohnung liegt. Süchtiges Verhalten bzw. süchtig machende Substanzen führen zur Ausschüttung von Endorphinen im neuronalen Belohnungszentrum und damit zu Glücksgefühlen und Euphorie. Der eigentlich sucherzeugende Faktor ist die Erwartung, die Vorfreude auf diesen Dopamin-Kick. Unabhängig davon, ob der Sucht Alkohol- oder Drogenmissbrauch, übermäßiger Konsum von Onlinepornografie oder hoch riskante Glücksspielpraktiken zugrunde liegen, verfangen sich Süchtige in einem Kreislauf von Erwartung – Steigerung der Erwartung und Verlangen nach dem Hochgefühl oder dem Schuss (Johnson, 2013; Landau-North et al., 2011).

In diesem Teufelskreis ist eine zunehmende Entfremdung der Partner unausweichlich, was wiederum dazu führt, dass die Antizipation des nächsten Hochgefühls einen immer größeren Raum einnimmt. Betroffene sind in einem Netz gefangen, in dem sich Beziehungskonflikte und die verzweifelte Suche nach dem nächsten Hochgefühl gegenseitig triggern und so den negativen Zyklus am Laufen halten (Landau-North et al., 2011). Primäre Quelle des Trostes, der Beruhigung und der Emotionsregulation ist nicht mehr der Partner, sondern jemand bzw. etwas anderes. Der in seinem Suchtprozess gefangene Partner ist immer weniger für den anderen da, um Trost zu spenden und für ihn zu sorgen.

EFT-Therapeuten verfolgen die Zyklen dieses Erwartungsnetzes. Sie bleiben an den immer enger werdenden Mustern, in denen sich die Partner wider Willen verfangen haben, und arbeiten die Trigger heraus: *Wann*, d. h. in welchem Moment wird der Drang zur Sucht übermächtig und *wie* reagiert der andere? Sie verknüpfen den Suchtprozess mit dem Zyklus des Paares und eröffnen darüber den Zugang zu den bisher nicht ausgedrückten zugrunde liegenden, verletzlichen Emotionen beider Partner und erweitern sie. Es ist unvermeidbar, dass Suchtverhalten zu bindungsspezifischen Traumata führt. Es ist also sehr wahrscheinlich, dass es eine oder sogar mehrere Bindungsverletzungen verursacht (s. Kap. 11).

### Effektive Abhängigkeit/sichere Bindung als Gegenmittel

Die ASAM weist in ihren Richtlinien zur Therapie von Suchterkrankungen auf die Notwendigkeit therapeutischer bzw. rehabilitativer Maßnahmen hin. Der Fokus der EFT auf der Bindungsbeziehung als Substitutions-Quelle für Freude, Trost und Linderung von Schmerzen kann eine sehr wirksame Rehabilitationsmaßnahme darstellen, gegebenenfalls in Kombination mit einer zusätzlichen Suchttherapie. Effektive Abhängigkeit, d. h. ein positives Abhängigkeitsverhältnis als Ziel der EFT ist ein echtes Gegenmittel zum Angewiesensein auf Suchtmittel oder -prozesse (Johnson, 2013; Landau-North et al., 2011). Das deckt sich mit den Überzeugungen von Flores (2004) und Willbourne (2002, zitiert in Landau North et al., 2011), die darauf verweisen, dass sich die wirksamsten Ansätze in der Suchttherapie dadurch auszeichnen, dass sie erkannt haben, wie wichtig die Einbeziehung der Familie und des sozialen Systems ist.

Aus EFT-Sicht handelt es sich bei der »Sucht [um] ein negatives, kostspieliges und zwanghaftes Verhalten, welches das Leben und Verhalten eines Menschen komplett vereinnahmt« (Johnson, 2013, S. 96). In Bindungssprache übersetzt, stellt sichere Bindung sowohl einen Schutz vor als auch ein Gegenmittel gegen Suchtprozesse dar; ein Zusammenhang, der sich auch wissenschaftlich bestätigen lässt. Paartherapeuten gibt diese Perspektive einen vielversprechenden und mutmachenden Ansatz an die Hand. EFT-Therapeuten arbeiten die negativen Zyklen heraus, in denen Suchtprozesse und zwanghafte Abwendung vom Partner Teil des Musters geworden sind. Nach der Deeskalation des Zyklus unterstützen sie das Paar in Phase 2 darin, positive Bindungszyklen zu entwickeln, die als Gegenmittel zu Substanzgebrauch und Suchtverhalten dienen.

## Was die EFT-Therapeutin bei aktiven Suchtprozessen sieht und hört

Die Wechselwirkung zwischen Suchtprozess und negativer Beziehung zeigt sich häufig in Gestalt eines Verfolger-Rückzügler-Musters, bei dem der Suchtprozess für den Rückzügler zur Quelle des Trostes und der Linderung von Schmerzen geworden ist. Die dadurch bedingte zunehmende Entfremdung ruft in den meisten Fällen den Protest der Verfolgerin hervor. Solche Zyklen sind im Allgemeinen komplex und zeigen extreme Ausprägungen, da die konkurrierende Quelle der Beruhigung (das Kasino, die Flasche, Pornografie u. a.) zum festen Bestandteil des negativen Zyklus geworden ist.

### Emotionale Taubheit und Unerreichbarkeit

Aus EFT-Sicht muss dem Bindungsaspekt bei jedem Suchtprozess höchste Bedeutung zugesprochen werden. Dabei ist es keine Frage der Häufigkeit bzw. des Ausmaßes des Suchtkonsums; ausschlaggebend ist vielmehr, welchen Zwang, welche Obsession eine Substanz oder etwas/jemand anderes außerhalb der Beziehung bewirkt und in welchem Maß dies zu emotionaler Unerreichbarkeit führt und den Partner mit Suchtverhalten daran hindert, erreichbar, responsiv und emotional engagiert zu sein.

Gefangen in einem Zustand des Herbeisehnens von Erleichterung und dem nächsten Dopamin-Kick, führt beispielsweise eine Pornosucht mit all der erforderlichen Planung, Geheimhaltung, Vorfreude und dem *quasi* dauerhaft erhöhten Erregungsniveau dazu, dass sich der konsumierende Partner immer stärker und immer häufiger emotional distanziert. Eine von Cybersex oder Substanzgebrauch beherrschte Partnerin zieht sich immer mehr zurück, während ihr Partner mit seiner wachsenden Enttäuschung, seiner Einsamkeit und seiner Wut allein bleibt. Chronische und wachsende emotionale Unerreichbarkeit wiederum erodiert eine Bindungsbeziehung.

### Den Einfluss der Sucht anerkennen oder verleugnen

EFT-Therapeuten beobachten sehr genau und versuchen herauszuhören, ob die Partner den Einfluss des Suchtprozesses auf die Beziehung anerkennen. Auch wenn dies häufig wenigstens teilweise der Fall ist, wird das Ausmaß dieses Einflusses nicht selten von einem oder beiden bagatellisiert. »Wenn ich will, kann ich aufhören.« Manchmal wird der Zusammenhang von Sucht und Partnerschaftskonflikten sogar komplett verleugnet, wie folgende Aussage eines süchtigen Computerspielers zeigt: »Ich sitze den ganzen Abend neben ihr, während sie den Unterricht für den nächsten Tag vorbereitet. Was will sie denn noch mehr?«

## Was die EFT-Therapeutin bei aktiven Suchtprozessen tut

### Schritt 1: Assessment

In Zusammenarbeit mit dem Paar erfassen Sie als Therapeutin die Bedeutung und den Einfluss des Suchtprozesses auf die Beziehung. Mit oder ohne Nutzung eines formalen Assessmentinstruments gehen Sie dem sich vor Ihnen entfaltenden systemischen Prozess nach, um zu verstehen, wie die aus dem Suchtverhalten resultierenden Handlungsimpulse den negativen Prozess prägen und Sie skizzieren, wie diese Handlungsimpulse zu emotionaler Abwesenheit führen.

Ist der suchterkrankte Partner bereit, das Problem einzugestehen, und zeigt er sich offen gegenüber einer begleitenden Behandlung (in Form von Einzel- bzw. Gruppentherapie), steht einer parallel dazu verlaufenden EFT-Paartherapie nichts im Weg. Verneint der suchterkrankte Partner dagegen die negativen Auswirkungen seines Suchtverhaltens, müssen Sie entscheiden: Könnte es hilfreich sein, trotz fortbestehenden Suchtverhaltens weiter mit dem Paar zu arbeiten? Manchmal lässt sich diese Frage mit ja beantworten, denn Phase 1 der EFT kann den Partnern die Augen für die Auswirkungen der Sucht in ihrem Zyklus öffnen und sowohl den Zyklus als auch das bisherige Stressmuster der Distanzierung deeskalieren.

Die folgenden drei Konstellationen signalisieren Ihnen, dass zumindest zum aktuellen Zeitpunkt eine Paartherapie eher kontraindiziert ist.
- Ein Partner ist so wenig erreichbar bzw. so sehr erstarrt oder emotional taub, dass er sich nicht in den Therapieprozess einbringen kann.
- Ein Partner ist nicht bereit, die Auswirkungen seines Verhaltens auf die Beziehung anzuerkennen.
- Es ist nicht möglich, Sicherheit in den Sitzungen herzustellen.

In solchen Situationen überprüfen Sie als EFT-Therapeutin zunächst, ob Sie die Beziehung des Paares noch im Bindungsrahmen wahrnehmen und nicht selbst Teil eines pathologisierenden Zyklus geworden sind, bevor Sie dem Paar nachvollziehbar erläutern, weshalb Sie eine Paartherapie zum gegenwärtigen Zeitpunkt als ungeeignet ansehen. Sie geben Empfehlungen für Einzel- bzw. gruppentherapeutische Angebote und verweisen darauf, dass Ihre Tür dem Paar zu einem späteren Zeitpunkt offensteht.

## Schritt 2, 3 und 4: Deeskalation

In der Deeskalationsphase identifizieren Sie als EFT-Therapeutin die Interaktion zwischen Suchtprozess und Beziehungsproblemen. Wendet sich beispielsweise eine Partnerin auf der Suche nach Trost oder sexueller Befriedigung dem Suchtverhalten zu und von der Beziehung ab, führt dies zwangsläufig zum Protest des Partners gegen die damit einhergehende zunehmende Distanz. Ihre Aufgabe ist es, dem Zusammenhang zwischen Beziehungsstress und der wachsenden Bereitschaft, sich anderen Trostquellen (d. h. Suchtprozessen) zuzuwenden, nachzugehen. Evokativ lassen Sie die Partner erkennen, wie sich ein bestimmter Suchtprozess verstärkend auf den Stress und die Distanz, die sie erleben, auswirkt. Durch empathisches Spiegeln, Nachverfolgen und evokative Fragen ermuntern Sie sie, engagiert zu explorieren, wie ihr Stress die Bereitschaft, sich unpersönlichen, d. h. nicht zurückweisenden Quellen von Trost und Schmerzlinderung zuzuwenden, verstärkt. Auf diese Weise wird der Suchtprozess als Teil des Zyklus skizziert.

Wenn Paare zögern, sich auf die Suchtthematik einzulassen, ist es möglich, einen Rahmen anzubieten, der den Zyklus als Hinderungsgrund für solche Gespräche aufzeigt. Sind die Widerstände, diese Sorge angesichts einer konkurrierenden Trostquelle anzusprechen, zu hoch, können Sie dies validieren und nachverfolgen, wie der Versuch eines der Partner, das Thema zur Sprache zu bringen und die Weigerung des anderen, dessen Bedeutung anzuerkennen, zu einer Feedbackschleife führt, die das Paar in Einsamkeit und Schmerz gefangen hält.

**Phase 2: Die Bindung umstrukturieren**

Das Reprozessieren von Emotionen und die Umgestaltung der Bindung in der Beziehung unterscheidet sich bei Paaren mit einer Suchtproblematik nicht grundsätzlich vom bekannten EFT-Vorgehen, ist aber infolge der Erweiterung auf spezifische, suchtbezogene Bindungsängste und -bedürfnisse sowie die Heilung von Bindungsverletzungen, die aus dem Trauma des Suchtverhaltens entstanden sind, komplexer. Bei der Wiedereinbindung des Rückzüglers stehen EFT-Therapeuten häufig vor der Herausforderung, Zugang zu schwierigen Gefühlen zu bekommen und diese zu reprozessieren, z. B. Scham (»sich wie eine Ratte fühlen«), Hilflosigkeit (»Es gibt nichts, was ich tun kann«), Wertlosigkeit (»Ich bin nie gut genug – nie wirklich richtig«), Angst davor, wertlos, nicht liebenswert, abstoßend zu sein, Erschöpftsein (»Ihr Unglücklichsein nimmt mir jede Energie«). Beziehungstraumata und spezifische, durch den Suchtprozess getriggerte Bindungsverletzungen müssen zunächst mithilfe des EFT-Modells zur Überwindung von Bindungsverletzungen (s. Kap. 11) bearbeitet und gelöst werden, bevor Phase 2 zum Abschluss gelangen und der Einstieg in Phase 3, Integration und Konsolidierung, erfolgen kann.

## Fallbeispiel von Emily mit Janina und Juri

Eine EFT-Therapeutin hat das Konzept, Sucht als motivationsgetriebenen Ansatz zu sehen, verinnerlicht und arbeitet dadurch aus einer Perspektive heraus, die sie Suchtverhalten als bestmöglichen Versuch verstehen lässt, Emotionen zu regulieren, negativen Emotionen, Schmerz und Angst zu entfliehen oder positive Emotionen in einer von Leere geprägten Existenz zu wecken.

JURI: Ich verstehe nicht, wo das Problem liegt – ich will einfach ein bisschen Spaß haben. Ich bin die ganze Zeit zuhause, sitze jeden Abend bei ihr. Was will sie denn noch?

JANINA (unterbricht ihn): Ja, er ist zuhause, aber zuhause am Computer – das ist, als wäre er in einer anderen Welt. Ich kann ihn nicht wirklich erreichen. Wenn ich ihn anspreche, grummelt er vor sich hin oder sagt: »Sei ruhig – ich habe gerade eine Glückssträhne, lass mich in Ruhe!« Zum Beispiel damals, als die

Spülmaschine undicht war und die ganze Küche unter Wasser stand – er hat mir noch nicht einmal zugehört, als ich ihn um Hilfe bat. Es geht nicht unbedingt ums Helfen an sich – ich kann mich schon selbst um solche häuslichen Probleme kümmern. Viel schlimmer war in dem Moment, dass er so sehr vom Computer in Beschlag genommen war, dass er einfach nicht da war, als ich ihn brauchte! Und außerdem – an den Wochenenden ziehst du jede Nacht mit deinen Freunden durch die Kneipen und ich sitze allein zuhause und habe die schrecklichsten Fantasien, wie du bei einem Autounfall umkommst.

JURI: Diese Computerspiele machen einfach Spaß – um ehrlich zu sein, packt es mich richtiggehend und es tut mir gut, zuhause zu sein. So bin ich nun mal. Ich habe nun mal gern ein bisschen Spaß – und ganz nebenbei bringe ich dadurch auch Geld in die Kasse – und bin zuhause – ich bin die ganze Nacht bei dir! Siehst du das nicht?

EMILY (spiegelt, validiert und verfolgt nach): Janina, jetzt brauche ich erst einmal Ihre Hilfe, um sicherzugehen, dass ich Sie richtig verstanden habe: Sie möchten Juri sagen, wie sehr Sie ihn vermissen und wie einsam Sie sich in der Beziehung fühlen. Aus Ihrer Sicht dominiert Juris Begeisterung für Computerspiele Ihre Beziehung und steht zwischen Ihnen, wenn Sie mit Juri *in Kontakt kommen* und in der Lage sein möchten, sich mit ihm zu verbinden. Und Juri, wenn Janina darüber spricht, wie einsam sie sich fühlt, wie mühsam es ist, mit Ihnen in Kontakt zu kommen und wie sehr sie Ihnen die viele Zeit verübelt, die Sie mit Computerspielen verbringen, dann hören Sie sofort – wie haben Sie es nochmal ausgedrückt – »spitze Bemerkungen und Angriffe, die Ihnen fast die Luft zum Atmen nehmen«. Dann schlagen Sie zurück und sagen: »Es ist doch nicht so schlimm! Ich habe Spaß dabei. Lass mich in Ruhe.« Und je mehr Sie sie von sich wegschieben, desto panischer wird Janina in ihrer Angst, Sie bereits verloren zu haben – ist das so?«

Nachdem beide Emilys Beschreibung ihres Musters zustimmen, fährt sie fort:

EMILY: Das ist der Zyklus, in dem Sie feststecken, wenn Sie versuchen, über Ihre unterschiedlichen Gefühle und Ihre Einstellung zu Juris Computerspielen zu sprechen. Wenn ich Ihnen so zuhöre, habe ich den Eindruck, dass es derzeit überhaupt nicht möglich ist, über dieses Thema zu sprechen, ohne sofort den Zyklus in Gang zu setzen.

JURI: Du glaubst, du hast mich verloren? Und du machst dir Sorgen? Du vermisst mich?

JANINA: Ja, natürlich – und ehrlich gesagt habe ich die Hoffnung, nochmal mit dir in Kontakt zu kommen, fast aufgegeben!

Aus der Perspektive von Sucht als *Ersatzbindung* (Flores, 2004) heraus unterstützt Emily die Partner im schrittweisen Auffächern ihres emotionalen Prozesses und lässt sie den automatisch ablaufenden Interaktionszyklus entdecken, der in kritischen Momenten die Führung übernimmt und Janina und Juri davon abhält, darüber zu reden, wie brüchig ihre Beziehung geworden ist.

Dabei arbeitet sie mit evokativen Fragen und Antworten und spiegelt und validiert ausgiebig, um die Schritte des Beziehungstanzes ganz genau herauszuarbeiten. Sie achtet sehr genau auf Momente, in denen dieser negative Zyklus vor ihren Augen anspringt, um sich auf Bilder und körperliche Hinweise auf das emotionale Erleben der beiden einzustimmen. Beiden Partnern hilft sie, ihre jeweiligen Trigger zu identifizieren.

EMILY: Juri, *wann, d. h. in welcher Situation,* ist die Wahrscheinlichkeit am größten, dass Sie sich dem Computerspielen zuwenden?
JURI (schulterzuckend): Ganz egal. Das kann jederzeit sein. Es ist eben viel einfacher, als mich mit ihr auseinanderzusetzen.

Emily schreitet ein, um die Angriffskugel abzufangen. Dazu stellt sie Juris Bemerkung in einen neuen Bindungsrahmen und validiert, dass es für Juri leichter ist zu spielen als zu sehen, wie unglücklich Janina mit ihm ist. Sie validiert auch Juris Schwierigkeit, mit Janinas Ärger umzugehen und hebt die Bindungsbedeutung hervor, die sich darin zeigt, wie wichtig Janina für Juri ist.

Emily nimmt sich auch Zeit, Juris Schulterzucken und seinen Worten »Es ist einfacher« nachzugehen, um seinen vagen Hinweis (»jederzeit«) anschaulicher werden zu lassen: »Sie zucken mit den Schultern und sagen, dass es schwer ist zu sagen, *wann* sie sich dem Spielen zuwenden – die Spannung des Spielens lässt sich offensichtlich fast immer leichter aushalten als sich Janina zuzuwenden, bei der Sie Gefahr laufen, zu sehen, wie unglücklich sie mit Ihnen ist?«

Suchtprozesse stellen ein Beziehungstrauma dar. Emily validiert das gegenwärtige Trauma der emotionalen Isolation im Hinblick auf den Suchtprozess, skizziert den Zyklus, der beide Partner davon abhält, füreinander sicherer Hafen und sichere Basis zu sein und identifiziert, was beide in ihr reaktives Verhalten triggert. Sie arbeitet die zugrunde liegenden primären Bindungsängste und -bedürfnisse heraus und benennt sie. Dieser Prozess macht die Kernemotionen erlebbar und lässt sie als choreografierende Hintergrundmusik erscheinen, der ihre Füße folgen und die Juri daran hindert, seine Trauer über den tragischen Tod seines Vaters mit Janina zu teilen.

Neben dem anhaltenden Trauma der Sucht überprüft Emily auch, ob es noch weitere besondere Ereignisse gab, die zu Bindungsverletzungen in Janinas und

Juris Partnerschaft führten und fragt nach früheren traumatischen Erlebnissen der Partner; etwas, was bei Suchtprozessen nicht ungewöhnlich ist. Dieser Prozess fördert bei Juri und Janina noch weitere traumatische Gespenster zutage und lässt Juris Trauer über familiäre Verluste offensichtlich werden, über die nie gesprochen wurde. Als er fünf Jahre alt war, beging seine Mutter Suizid und vor einigen Jahren starb sein Vater, der die Welt für ihn bedeutete, kurz nach einem heftigen Streit zwischen ihm und Juri. Und in dieser Zeit war Janina für Juri nicht verfügbar.

Als der Zyklus deutlich an Feindseligkeit verliert, erkennt Emily Deeskalationsmarker: Juri nimmt an einem tagesklinischen Suchtprogramm teil und beide Partner sind in der Lage, Verantwortung für ihren Anteil am Zyklus zu übernehmen. Janina räumt ein, dass sie kritisiert und Forderungen stellt, während Juri zugibt, dass er in die Luft geht, sich verschließt und seinen Schmerz mit Hilfe von Alkohol und Computerspielen betäubt. Er bekennt, dass ihm Nähe und Konflikte Unbehagen bereiten und Alkohol oder Spiele in Stresssituationen für ihn »entspannender« sind als Gespräche. Beide Partner legen ihre dem negativen Tanz zugrunde liegenden Emotionen offen. Janina spricht von ihrer Angst, nicht wichtig und ganz allein zu sein; Juri kommt in vorsichtigen Kontakt mit seiner Angst, »die Sache vergeigt zu haben« und der Angst, dass Janina ihn überhaupt nicht braucht und er »in ihren Augen völlig unzulänglich sein« könnte. Beide erkennen, wie sie aufeinander wirken und sich gegenseitig beeinflussen und wie Alkohol, Spielen und Beziehungsstress ihren Zyklus aktivieren und am Laufen halten. Nach Abschluss der Deeskalationsphase verfolgt Emily weiter den negativen Tanz, spiegelt und verbindet ihn mit Schlüsselreizen/Triggern, Attributionen (Bedeutungszuschreibungen) und Handlungsimpulsen (im Zyklus) und validiert die zugrunde liegenden Kernemotionen und Ängste.

Und während sie das Paar darin begleitet, seine Bindung neu zu gestalten, orientiert sie sich weiter an der Landkarte der Veränderungsereignisse. Dieser Karte folgend, nähern sie sich der Wiedereinbindung des Rückzüglers als zweitem Veränderungsereignis. Hatte Juri seine Einsamkeit in Phase 1 lediglich kurz gestreift, erweitert er sie jetzt. Emily hebt seine Ängste hervor, erweitert sie und lädt ihn ein, sie Janina gegenüber unmittelbar zum Ausdruck zu bringen. In dem Moment, in dem er sich in diesem Enactment Janina öffnet, bricht er in Tränen aus. »Du fehlst mir, wenn ich dich ausschließe. Ich habe solche Angst, dass du mich schon aufgegeben hast und mich nur noch verachtest. Alkohol und Spiele sind für mich Fluchtmöglichkeiten – weg von diesem dunklen Ort.« Emily vertieft das Erleben, arbeitet die Essenz von Juris Aussagen heraus und hilft ihm, seine Einsamkeit und seine tiefe Angst, Janina zu verlieren, zu teilen. In Schritt 7 unterstützt Emily ihn, Janina mitzuteilen, was er von ihr braucht, um ihr näherzukommen und sie zu bitten, ihn darin zu unterstützen. Juri bittet Janina, ihm zuzusichern, dass sie ihn akzeptiert und ihn auch lieben kann, wenn er sie enttäuscht. Und er sagt ihr, wie sie ihm helfen kann, Nähe zuzulassen.

Janina entgegnet: »Ich war immer ›drinnen‹ – aber es war so einsam. Du hast mich so oft im Stich gelassen und warst unendlich weit weg – selbst, wenn wir zusammen im Haus waren. Aber mittlerweile wirkst du nicht mehr so wütend und neulich abends« – dabei wirft sie ihm ein warmes Lächeln zu – »hast du beim Geschirrspülen sogar ein bisschen mit mir herumgealbert.« Im nachfolgenden Prozess des Erweichens der Anklägerin zeigt sich Janina verletzlich und teilt ihre Einsamkeit mit Juri. Trotz all der Angst, die für sie damit verbunden ist, bittet sie ihn, ihr viel näherzukommen und ihr zuzusichern, dass sie ihm mehr bedeutet als seine Spiele und Trinkkumpane. Sie bringt zum Ausdruck, wie wichtig es für sie ist, dass sie sich auch in Zukunft auf seine Teilnahme am Behandlungsprogramm verlassen kann. Gemeinsam heilen sie mehrere Bindungsverletzungen. Sie legen ihre rigiden, negativen Muster der Affektregulation ab und werden füreinander zu effektiven Quellen des Trostes und der Affektregulation.

## Fazit

Eine der Herausforderungen, denen Therapeuten begegnen, wenn sie bindungsorientiert arbeiten möchten (s. Kap. 3), besteht in der Versuchung, einen der Partner unausgesprochen als hauptverantwortlich für die Beziehungskrise anzusehen. Diese Herausforderung ist besonders groß, wenn Suchtprozesse im Spiel sind. Ungeachtet der Möglichkeit, einen Klienten begleitend zu einer Einzeltherapie zu überweisen, und auch bei eventuellen Hinweisen auf Dysfunktionalität, psychische Erkrankungen, Zwänge oder Suchtprozesse bei einem oder beiden Partnern bleibt die EFT-Therapeutin der nicht-pathologisierenden Bindungssicht treu und hilft dem Paar, den Zyklus, der sie gefangen hält, nachzuverfolgen. Das in diesem Kapitel vorgestellte Konzept von Sucht als motivationsgetriebenem Prozess kann der Therapeutin helfen, nicht in eine »Finde den Bösewicht«-Mentalität abzugleiten (Johnson, 2008). Diese Perspektive gibt ihr einen Kompass an die Hand, der ihr auch bei eingeschränkter Sicht und in unklaren Situationen Orientierung gibt und sie geduldig und offen bleiben lässt.

Die Bindungsperspektive erleichtert es der Therapeutin, den Erfahrungen Suchterkrankter mit Empathie und Mitgefühl zu begegnen: Scham angesichts der Verletzung eigener zentraler Werte sowie negative und rigide, pseudo-positive Selbstwahrnehmung können mit Hilfe der Bindungsbrille achtungsvoll als

Versuche gesehen werden, einen sicheren Hafen/eine sichere Basis anzusteuern. Das Bedürfnis nach Trost, Schmerz- und Stresslinderung sowie die Notwendigkeit, als existenziell erlebte emotionale Leere zu füllen, stellen aus dieser Perspektive heraus elementare überlebenswichtige Bedürfnisse dar. Gelingt es nicht, sie in persönlichen Beziehungen zu stillen, steigt das Risiko für Suchtprozesse.

Suchtprozesse als Bindungsstörung zu sehen und zu verstehen, gibt EFT-Therapeuten die Freiheit, a) ihre Fähigkeit zu erweitern, den emotionalen Überlebenskampf in jedem Tanz zu entdecken, b) mit dem Zyklus zu arbeiten, ohne Partner zu beschämen bzw. zu entwerten und c) die partnerschaftliche Bindung auf eine Weise neu zu strukturieren, die beide füreinander zur primären Quelle des Trostes und der Unterstützung werden lässt. Maté (2010) zufolge gibt es nur einen einzigen Weg zur Behandlung von Sucht und dieser Weg heißt Mitgefühl.

Die EFT gibt Paaren ein Mittel an die Hand, das sie der Emotionsregulation mit Hilfe von Suchtprozessen entgegensetzen können. Bindungsunsicherheiten aufgrund früherer Beziehungserfahrungen bzw. ungünstiger kindlicher Entwicklungsbedingungen (Felitti, 2003, zitiert in Maté, 2010) lassen Menschen anfälliger dafür werden, in Krisenmomenten Trost in suchterzeugenden Verhaltensweisen zu suchen und sich vom Partner abzuwenden. Sichere Bindungen hingegen, wie sie in Phase 2 der EFT gestaltet und in Phase 3 konsolidiert werden, erhöhen die Flexibilität, erweitern das Reaktionsspektrum und verlagern den Schwerpunkt von der emotionalen Regulation zu Wachstum und Weiterentwicklung. Das Resultat ist ein resilienterer Copingstil, der Suchtprozesse mehr und mehr entbehrlich macht.

# Kapitel 11

## Zerbrochene Bindungen reparieren: Vergebung und Versöhnung mit dem EFT-Modell zur Überwindung von Bindungsverletzungen

Wenn der Prozess zur Umstrukturierung der Bindung und Krisenbewältigung in der Beziehung in eine Sackgasse gerät, sind es häufig Bindungsverletzungen, die den weiteren Weg blockieren. In diesem Kapitel gebe ich zunächst eine Definition des Begriffs der Bindungsverletzung, die ein breites Spektrum von der klassischen Untreue bis hin zu physischer oder emotionaler Abwesenheit in Zeiten besonderer Bedürftigkeit umfasst, bevor ich aufzeige, in welch unterschiedlicher Weise Bindungsverletzungen in der Therapie auftauchen können. Bindungsverletzungen können in der negativen Atmosphäre von Phase 1 weder ignoriert noch gelöst werden. Das ist erst in Phase 2 möglich und muss dann auch geschehen; andernfalls ist eine dauerhaft sichere Bindungsbeziehung nicht herstellbar (Johnson, Makinen u. Milliken, 2001). Ich gehe in diesem Kapitel sowohl darauf ein, wie sich eine in Phase 1 zutage tretende Bindungsverletzung auf die EFT-Arbeit in dieser Phase auswirkt, als auch auf die dauerhafte Lösung und Heilung von Bindungsverletzungen mit Hilfe des EFT-Modells zur Überwindung von Bindungsverletzungen (engl. AIRM/attachment injury resolution model) in Phase 2 (Makinen u. Johnson, 2006; Zuccarini et al., 2013; s. Kasten »Die Schritte des Modells zur Überwindung von Bindungsverletzungen«).

## Was ist eine Bindungsverletzung?

Der Begriff der Bindungsverletzung bezeichnet ein spezifisches, innerhalb einer Beziehung stattfindendes Ereignis, bei dem ein Partner für den anderen in einem Moment großer Not nicht als Quelle des Trostes und der Fürsorge zur Verfügung steht – sei es, weil er nicht erreichbar oder weil er nicht responsiv ist. Eine solche Erfahrung zerstört die Vertrauensbasis zwischen den Partnern (Johnson et al., 2001). Ob Partner in Momenten besonderer Bedürftigkeit füreinander da oder gerade nicht füreinander da sind, beeinflusst die Qualität der Bindungsbeziehung nachweislich in einem unverhältnismäßig hohen Maß (Simpson u. Rholes, 1994); in diesen Momenten wird die Sicherheit in der Beziehung neu definiert. Solche Schlüsselmomente haben das Potenzial, die Bindung zu zerstören und die Beziehung von diesem Zeitpunkt an als unsicher und unzuverlässig einzustufen und stellen ab diesem Moment den Maßstab dar, an dem die Vertrauenswürdigkeit eines Partners gemessen wird.

Herman (1992) beschreibt die Erfahrung, in einem entscheidenden Moment verlassen bzw. betrogen zu werden, als Grenzverletzung menschlicher Verbundenheit. Eine Bindungsverletzung schafft bzw. verschärft eine bereits bestehende Bindungsunsicherheit und löst beim verletzten Partner ein überwältigendes Maß an Angst und Hilflosigkeit aus; in einem solchen traumatischen Moment geht es um das nackte Überleben. Die in diesem Moment ausgelösten Emotionen halten meist noch lange an, Traumafolgestörungen sind nicht selten: Der verletzte Partner schwankt häufig zwischen Rückzug und Erstarrung auf der einen Seite und Flashbacks und Hyperarousal auf der anderen Seite, die sich nicht selten hinter einer Maske von Anklagen und Vorwürfen verstecken. Das Erleben mangelnder Verlässlichkeit und Vertrauenswürdigkeit steht immer wieder im Vordergrund und blockiert die Heilung der Beziehung.

»Das Konzept der *Bindungsverletzung* entwickelte sich aus der Beobachtung von Blockaden im Therapieprozess von Paaren, deren Beziehung sich zwar verbesserte, die aber nicht in der Lage waren, sich von früheren Belastungserfahrungen zu erholen« (Johnson et al., 2001, S. 146). Während manche Paare eine Bindungsverletzung von Anfang an als Konfliktpunkt offen benennen, scheint anderen die Auswirkung eines solchen Ereignisses auf ihre Beziehung überhaupt nicht klar zu sein und sie durchlaufen problemlos die Phase der Deeskalation. Es ist durchaus möglich, dass ein Ereignis Jahre, unter Umständen auch Jahrzehnte zurückliegt, aber nie besprochen wurde und in seiner Bedeutung möglicherweise beiden Partnern kaum bewusst ist, obwohl das Echo des verloren gegangenen Vertrauens bis heute nachhallt. Hierbei kann es sich um zunächst unscheinbare Zwischenfälle wie eine verletzende Äußerung in einem entscheidenden Moment oder auch die klassische Untreue handeln, die in beiden Fällen nachhaltige Spuren hinterlassen. Immer gilt, dass Paare nur dann über die Deeskalation hinauskommen und neue, sichere Beziehungsmuster aufbauen können, wenn es gelungen ist, vorliegende Bindungsverletzungen zu überwinden und wieder Vertrauen aufzubauen (Makinen u. Johnson, 2006).

Ob ein Ereignis eine Beziehung ernsthaft bedroht und die Beziehungssicherheit neu definiert, hängt weniger vom Ereignis selbst als von seiner Bindungsbedeutung ab. Die Bindungstheorie hilft uns zu verstehen, was solche potenzielle Bindungsverletzungen auszeichnet und wann sie eher zu einer Stärkung oder eher zu einer Erschütterung der Bindung führen. Ist ein Partner in einem kritischen Moment erreichbar und emotional responsiv, wächst die Bindung zwischen beiden und wird gestärkt. Die Erfahrung hingegen, in einem kritischen Moment verlassen oder betrogen zu werden, stellt die Überzeugung, sich in Not und Gefahr auf den Partner als tröstendes und sorgendes Gegenüber verlassen zu können, grundlegend in Frage. Ob ein Ereignis die Macht hat, das Band zwischen zwei Menschen in Stücke zu reißen oder nicht, hängt nicht von dem konkreten Geschehen ab, sondern von der existenziellen Bedrohung, die es für den Partner ausübt. »Ausschlaggebend für die existenzielle Natur dieses Schmerzes ist nicht die philosophische Kategorie, der eine Verletzung zuzuordnen ist, sondern *das Ausmaß der damit verbundenen Gefahr* […] so wie ein zertrümmertes Knie oder eine Hornhautverletzung unter Umständen als existenziell bedrohlich erlebt werden, so können Bindungsverletzungen einer Beziehung die Luft zum Atmen nehmen« (Lewis, Amini u. Lannon, 2000, S. 95, *Kursivsatz* durch die Autorin). So ist es bei einer Affäre unter Umständen weniger die Affäre selbst, die verletzend wirkt, sondern die defensive bzw. emotional distanzierte Reaktion des Partners im Moment der Aufdeckung. Dreh- und Angelpunkt einer Verletzung – das, was ihr die Macht verleiht, eine Bindung nachhaltig zu erschüttern – ist die fehlende bzw. ausbleibende körperliche oder emotionale Erreichbarkeit der Quelle, von der Trost erwartet wird.

## Was eine Bindungsverletzung nicht ist

Zu Beginn ihrer EFT-Arbeit verwechseln Therapeuten eine Bindungsverletzung häufig mit anderen Verletzungen bzw. Momenten fehlenden Vertrauens, wie sie in der Geschichte von Paaren immer wieder vorkommen. Um nicht in diesen Fehler zu verfallen, ist es hilfreich, zwei wesentliche Dinge zu unterscheiden. Erstens ist eine Bindungsverletzung klar von den üblichen Höhen und Tiefen einer Partnerschaft abzugrenzen. Die langsame Erosion des Vertrauens in einer Beziehung ist nicht vergleichbar mit den verheerenden Auswirkungen eines Bindungstraumas. Ein negativer Zyklus höhlt Sicherheit und Vertrauen in einer Partnerschaft nach und nach aus, während ein Bindungstrauma das Fundament einer Bindungsbeziehung (»Wenn ich dich brauche, bist du für mich da«; Johnson, 2013) in einem einzigen Moment zum Einsturz bringt. Für Partner, die sich bis zu diesem Zeitpunkt selbst als liebenswert und bedeutsam und den Partner als zuverlässig erlebten, bricht in einem einzigen Moment die Welt zusammen.

Darüber hinaus ist es wichtig, Bindungsverletzungen innerhalb der Beziehung von traumatischen Erlebnissen außerhalb der Beziehung zu unterscheiden. Missbrauchserfahrungen als Kind, Suizid bzw. psychische Erkrankung eines Elternteils, traumatische Kriegserlebnisse oder ein als traumatisch erlebter Verkehrsunfall stellen keine Beziehungstraumata im engeren Sinne dar, auch wenn sie die Beziehung belasten und die Heilung von Bindungsverletzungen deutlich erschweren können.

## Bindungsverletzungen in unterschiedlichem Gewand

Ein »plötzlicher Anstieg der emotionalen Intensität in der Interaktion des Paares« (Johnson et al., 2001, S. 147) stellt einen der wichtigsten Marker auf eine immer noch ungelöste Bindungsverletzung dar. Dieser Anstieg der emotionalen Intensität kann sich auf drei verschiedene Arten bemerkbar machen, die ich im Folgenden anhand von Beispielen illustriere. Das erste Beispiel steht für eine Bindungsverletzung, die den dominanten Fokus in Phase 1 bildet. Das zweite Beispiel beschreibt eine Situation, die sowohl in Phase 1 als auch in Phase 2 auftreten kann, während das dritte Beispiel von einer Bindungsverletzung handelt, die plötzlich und unerwartet in Phase 2 in Erscheinung tritt.

### Beispiel 1 – eine klaffende Wunde, die schon mit Start der Therapie sichtbar sein könnte:
Nach einer Affäre von Paul kommen er und Gerlind zur Therapie. Sie hängen fest, sind nicht in der Lage, sich von der Wunde, die ihnen Pauls Affäre zugefügt hat, zu erholen. Während der Sitzungen vergeht kaum ein Moment ohne Gerlinds verzweifelten Protest. »Wie konnte Paul das tun?«, fragt sie immer wieder, während Paul, der auf der Stuhlkante sitzt und seine Hände wringt, immer wieder voller Scham um Verzeihung bittet (eine ausführliche Darstellung dieses Fallbeispiels finden Sie im nächsten Abschnitt – Phase-1-Arbeit mit einer offenliegenden Bindungsverletzung).

### Beispiel 2 – das Gespenst, das von Zeit zu Zeit an die Tür klopft:
Jona (Rückzügler) und Kareem (Verfolger) erwähnen im Eingangsassessment ein Ereignis, das sie beide mit »ist vorbei« kommentieren. Sie kommen gelegentlich darauf zu sprechen, das Ereignis blockiert aber nicht die Phase-1-Deeskalation. Dann aber, zu Beginn von Phase 2, klingt es wieder an. Jonas Augen werden feucht, als die Rede auf »diesen Streit« kommt, bei dem Kareem bei einem Abendessen mit Jonas Familie aus dem Raum stürmte. »Du denkst die ganze Zeit, ich wäre darüber weg«, sagt er betont gleichgültig, während ihm Tränen in die Augen schießen. Ein »trau ihm nie mehr«-Moment tritt zutage. In diesem

Augenblick muss die Therapeutin nah herangehen, um die Wunde offenzulegen und das Ereignis reprozessieren, um es zu überwinden (s. Brubacher u. Johnson, 2017; dort wird ein ähnliches Beispiel ausführlich beschrieben).

**Beispiel 3 – das Gespenst einer Bindungsverletzung stürmt tosend in den Raum, in dem Moment, in dem sich die Partner in Phase 2 einander zunehmend verletzlich zeigen:**
So wie bei Tabitha, der eher verfolgenden Partnerin: In dem Moment, in dem die Therapeutin sie einlädt, das Risiko einzugehen, sich dem mittlerweile wieder eingebundenen Dietmar gegenüber verletzlich zu zeigen, feuert ihr limbischer Alarm »Nie mehr!« und sie erstarrt. Mit dem Alarm taucht die Erinnerung an ein traumatisches Ereignis dreißig Jahre zuvor auf – ein Moment, in dem sie Dietmar dringend gebraucht hätte und er emotional nicht erreichbar war. Die Erinnerung überflutet sie und sie ist nicht in der Lage, weiterzusprechen. Dieses Beispiel wird im Folgenden eingehend beschrieben und dient exemplarisch zur Veranschaulichung des EFT-Modells zur Überwindung von Bindungsverletzungen in Phase 2.

## Eine klaffende Wunde: Phase-1-Arbeit mit einer offenliegenden Bindungsverletzung

Aufmerksam hört Emily zu, als Gerlind und Paul den Moment beschreiben, der sie dazu gebracht hat, sich Unterstützung für ihre Beziehung zu suchen. Offenkundig gab es einen Moment, in dem die bis dahin gute Beziehung der beiden einen Knacks bekam. »Er war mein Held,« sagt Gerlind und nestelt an ihrem Taschentuch. »Ich wusste, dass ich sein Ein und Alles war und habe ihm voll und ganz vertraut. Wir haben uns gemeinsam abgestrampelt und haben erfolgreich zwei Kinder mit besonderen Bedürfnissen aufgezogen, wir hatten wunderschöne Urlaube mit den Kindern und er war immer für mich da. Und dann – in dem Moment, in dem ich so verletzlich wie noch nie war, als meine Mutter im Sterben lag – fiel mir die Rechnung über eine Perlenkette in die Hand, die er für seine Sekretärin gekauft hatte. In diesem Augenblick war mir klar, dass ich nicht mehr seine große Liebe war. Nicht ein einziges Schmuckstück hat er mir jemals gekauft!« Nach kurzem Zögern fährt sie fort: »Ich habe meinen Helden verloren!« In einer Mischung aus Tränen und Wut schnappt sie nach Luft und es bricht aus ihr heraus: »Ich hätte mir nie im Leben vorstellen können, dass er so etwas tut!« »Ich weiß, das war nicht in Ordnung. Ich habe dir doch schon gesagt, dass es mir leid tut – das war ein großer Fehler. Ich habe dir gesagt, es tut mir sehr leid!« wendet Paul ein. Emily atmet tief durch. Die offene Wunde der Bindungsverletzung dominiert die Sitzung.

## Deeskalation in Phase 1 vor Lösung in Phase 2

Emily gerät kurz in Versuchung, Gerlind dazu zu bewegen, ihren tiefen Schmerz mit Paul zu teilen, so dass er verstehen kann, wie sehr er sie verletzt hat. Sie würde am liebsten auch Paul einladen, seine Reue so aufrichtig zu zeigen, dass diese tiefe Verletzung heilen kann. Dann aber gibt sie sich einen Ruck und ruft sich in Erinnerung, dass ohne abgeschlossene Deeskalation des negativen Zyklus der Phase-2-Heilungsprozess nicht stattfinden kann. Sie fokussiert sich wieder. Eingestimmt auf den Prozess, der sich vor ihren Augen abspielt, sieht sie ein eskaliertes Paar: Paul in einer vorsichtigen und beschwichtigenden Rückzüglerposition und Gerlind in einer fragilen und vorwurfsvollen Verfolgerposition. Emily macht sich bewusst, dass sie in Phase 1 arbeitet und ihre Aufgabe zuallererst darin besteht, das Paar in seiner Deeskalation zu begleiten und den negativen Zyklus nachzuverfolgen, ohne die klaffende Wunde zu ignorieren.

Entsprechend benennt und validiert sie zunächst die charakteristischen Bewegungen und Bedeutungszuschreibungen ihres negativen Zyklus, die der Bindungsverletzung die Bühne bereiteten; einer Bindungsverletzung, die bis zum heutigen Tag schmerzt. »Gerlind, mein Eindruck ist: Je mehr Sie Ihren Schmerz und Ihren Ärger über Pauls Verhalten zeigen und der Enttäuschung Ausdruck geben, dass er Sie in dem Moment, in dem Sie ihn am dringendsten gebraucht hätten, im Stich gelassen hat – je mehr Sie dies mit ihm teilen, desto mehr entschuldigen Sie, Paul, sich wortreich und werden ungeduldig, wenn Gerlind sich immer noch nicht besser fühlt.«

Emily bleibt am negativen Zyklus und evoziert und spiegelt die Bindungsbedeutung, die mit den Triggern verbunden ist. Für Gerlind stellen sowohl Pauls Beziehung zu seiner Sekretärin als auch der Moment, in dem sie die Rechnung für die Perlenkette fand, Trigger dar. Emily öffnet eine Tür zu Gerlinds emotionalem Prozess und fragt: »Gerlind, was sagen Sie zu sich selbst, wenn Sie an die Beziehung zwischen Lily und Paul und die Schmuckrechnung denken?«. Für Paul wiederum stellt Gerlinds Traurigkeit einen starken Trigger dar; Emily fragt ihn deshalb: »Was sagen Sie zu sich, wenn Sie sehen, wie traurig Gerlind ist, und merken, dass es Ihnen nicht gelingt, sie aus dieser Traurigkeit herauszuholen? Und was sagt es Ihnen, wenn Sie jetzt Gerlinds Schmerz und Wut sehen?«

Emily validiert die reaktiven Emotionen beider Partner einschließlich Gerlinds Wut und Pauls Ungeduld und Hilflosigkeit angesichts der Erkenntnis, dass es ihm über Jahre nicht gelungen ist, sie glücklich zu machen und jetzt zu erkennen, wie tief er sie verletzt hat. Wenn nötig, fängt sie auch Kugeln ab:

GERLIND: Ich habe nicht den Eindruck, dass er sein Problem sieht. Ich habe ihn gebeten, eine Therapie zu machen. Ich finde, er braucht das.

EMILY: Das war Ihre Art zu sagen, lass uns aus dieser Falle ausbrechen, in der wir uns verfangen haben – diese wiederkehrende Falle, in der er immer mehr verschwand, je mehr Sie versuchten, ihn wieder zu sich heranzuholen; und je mehr er verschwand, desto mehr haben Sie auf die Gefahr gezeigt, dass Sie sich voneinander entfernen?

Um der emotionalen Musik, die den Tanz des Paares antreibt, Sinn zu geben, evoziert Emily die zugrunde liegenden Gefühle: Einsamkeit, Schmerz und die Angst vor Zurückweisung und Verlassenwerden sowie die negativen Selbstbilder (»Ich bin nicht liebenswert, ich bin verabscheuungswürdig«) und negativen Fremdbilder (»Er ist unberechenbar, ich kann mich nicht auf ihn verlassen«).

Zum Schluss reframt Emily das eigentliche Problem des Paares als ihren bekannten Zyklus, der die Heilung der Verletzung blockiert. Sie lässt das Bild eines Tanzes entstehen, in dem sich Paul beschwichtigend und in Verteidigungshaltung verharrend zurückzieht, während Gerlind ihn bedrängt, protestiert und in Verzweiflung ausbricht.

Jahrelang führte Paul einen einsamen Kampf, getrieben von dem Wunsch, dass es Gerlind endlich besser gehen möge. Schließlich gewann er die Überzeugung, »überhaupt nicht gut für sie zu sein und das Recht auf Wiedergutmachung verwirkt zu haben« und zog sich zurück. Emily fasst den tragischen Moment, in dem das Band zwischen Gerlind und Paul zerriss, in Worte; den entscheidenden Moment, in dem Pauls Außenbeziehung mit einer anderen Frau Gerlinds Vertrauen in ihn in ihren Grundfesten erschütterte und sie ihn als ihren Helden fast, wenngleich nicht vollständig, verbannte. Und während sie dem Paar versichert, einen Weg zu kennen, zerbrochenes Vertrauen wiederaufzubauen, validiert sie gleichzeitig die Reaktion beider. Sie validiert, dass es absolut nachvollziehbar ist, dass Gerlind ihm immer noch nicht trauen kann, und dass es Paul jedes Mal einen beängstigenden Stich versetzt, wenn er ihren Kummer sieht und sich kaum vorstellen kann, jemals wieder ihr Ritter in strahlender Rüstung zu sein.

## Schlüsselelemente der Reaktion auf eine Bindungsverletzung in Phase 1

Natürlich sind nicht alle verletzenden Partner so voller Reue wie Paul. Manche wirken kalt, ablehnend oder haben viele Entschuldigungen und Gegenangriffe parat. Das ändert nichts daran, dass die Deeskalation des negativen Zyklus, der das Paar davon abhält, sich heilsam über das Geschehene auszutauschen, dem eigentlichen Überwindungsprozess vorausgehen muss. Die gegenwärtigen, von rasender Wut auf der einen und Verteidigung, Entschuldigung und Distanzierung auf der anderen Seite geprägten Teufelskreise stehen der Heilung der Verletzung und dem Wiederaufbau der zerstörten Beziehung im Weg und müssen zunächst nachverfolgt, entwirrt und als das eigentliche Problem benannt werden, bevor es möglich ist, mit dem EFT-Modell zur Überwindung von Bindungsverletzungen in Phase 2 weiterzuarbeiten. Der Zyklus, der deeskaliert werden muss, ist der gegenwärtige Zyklus, der den Prozess blockiert. Dieser gegenwärtige Zyklus ist nicht zwangsläufig identisch mit dem Zyklus, der der Bindungsverletzung vorausging. Die Nachverfolgung eines Zyklus, der von einer Bindungsverletzung geprägt ist, sieht in Phase 1 folgendermaßen aus:

Benennen Sie als erstes unmissverständlich das verletzende Ereignis und verdeutlichen Sie es als Teil des gegenwärtigen Zyklus, der den Schmerz am Leben erhält. Für Therapeuten besteht in diesem Prozessschritt die große Herausforderung darin, sich von dem bzw. den identifizierten Bindungsverletzungen nicht in einen Inhaltstunnel oder einen Problemlösungsstrudel hineinziehen zu lassen. Dieser Gefahr entgehen sie, in dem sie die Verletzung unmissverständlich benennen und evokativ und validierend herausarbeiten, wie sich diese bis zum aktuellen Tag auf den Zyklus auswirkt. »Scott, seit dem Tag, an dem Sie mitbekommen haben, dass Dana damals, als Ihre Mutter im Sterben lag, mit Ihrem besten Freund Alex SMS-Kontakt hatte, seit diesem Tag sind Sie völlig verzweifelt und verlangen von ihr, sich nicht von Ihrer Seite zu entfernen. Je mehr Scott Sie, Dana, bedrängt, desto mehr ziehen Sie sich zurück, und je mehr Sie sich zurückziehen, desto stärker bedrängt er Sie.« In dieser Zyklusarbeit in Phase 1 können auch mehrere relevante Ereignisse zur Sprache kommen.

Langsam, behutsam und beharrlich fahren Sie als Therapeutin fort, unterschiedliche Reaktionsweisen wie Kritik oder Rückzug, Sich-Abwenden bzw. Sich-gegen-den-anderen-Wenden zu validieren und ihre Empathie für so unterschiedliche Gefühle wie Angst, Wut, schlechtes Gewissen und Hoffnungslosigkeit zu äußern.

Es ist auch für Therapeuten nicht immer einfach, die Verletzung mit klaren Worten zu benennen. Manches ist von einer Aura der Scham oder des Ekels umgeben, wie zum Beispiel Affären, regelmäßiger Kontakt zu Prostituierten oder eine bisher verheimlichte Medikamentenabhängigkeit. Auch wenn sich alles in Ihnen dagegen sträubt, aus Angst vor der Scham des verletzenden und dem Hervorheben des Schmerzes des verletzten Partners die Verletzung immer wieder zu benennen, hat das Benennen des verletzenden Ereignisses und seine Verortung im gegenwärtigen Zyklus des Paares einen beruhigenden Effekt. Unaussprechliches in Worte zu fassen bedeutet, es einzubinden und macht den Weg frei für die Deeskalation des gegenwärtigen Zyklus; eines Zyklus, der die konstruktive Auflösung des Geschehenen blockiert.

Im zweiten Schritt wird der Zyklus deeskaliert, der der Heilung entgegensteht. In Phase 1 versuchen Sie als Therapeutin weder, die Verletzung zu heilen noch herauszufinden, *weshalb* es dazu kam, sondern Sie streben an, den gegenwärtigen Zyklus zu deeskalieren, der der Heilung der Bindungsverletzung im Wege steht und aller Wahrscheinlichkeit nach dazu führte, dass die Bindungsverletzung überhaupt geschehen konnte. Dieser Prozess hält für Sie als Therapeutin folgende Aufgaben bereit:
- Verfolgen Sie die gegenwärtigen Trigger, Handlungsimpulse und Bedeutungszuschreibungen nach und validieren Sie defensive, reaktive, sekundäre Emotionen (»Ich weiß genau, dass er nicht darüber reden will, deshalb spreche ich es auch nicht an – aber von Zeit zu Zeit stochere ich darin herum, um ihn zu bestrafen.« »Ich will nicht mehr darüber sprechen – ich habe ihr gesagt, dass es mir leidtut!«).
- Lokalisieren Sie den springenden Punkt der Verletzung, der das Vertrauen blockiert und validieren Sie ihn (der zentrale Schmerz, die zentrale Angst, der zentrale Groll). (Ein verletzter Partner: »Ich bedeute ihm nichts«; ein verletzender Partner: »Ich bin sowieso zum Scheitern verurteilt – ich kann es sowieso nie mehr gut machen«).
- Schaffen Sie Zugang zu einem Teil des zugrunde liegenden Schmerzes und Misstrauens (»Ich weiß, er hat es nicht so gemeint, aber es hat mich unendlich verletzt.«).
- Beschreiben Sie das Problem im Rahmen des negativen Zyklus, der die Partner davon abhält, die Verletzung zu heilen.
- Versichern Sie dem Paar, dass Sie verstehen und nachvollziehen können, dass sie sich zum jetzigen Zeitpunkt noch nicht wieder vertrauen können und dass Sie den Weg kennen, auf dem Sie gemeinsam mit ihnen ihr verloren gegangenes Vertrauen wiederherstellen können. Zeigen Sie den beiden so viel von der EFT-Landkarte wie sie tolerieren können (»Bevor wir daran gehen, das verloren gegangene Vertrauen wiederherzustellen, müssen wir erst einmal ganz genau verstehen, was bei Ihnen gegenwärtig diesen Automatismus auslöst, mit dem Sie einander Gefahr und Hoffnungslosigkeit signalisieren und alte Wunden immer wieder aufreißen. Wir müssen den Zyklus verändern, der Sie davon abhält, in heilsamen Austausch miteinander zu kommen. Ich kann Sie auf diesem Weg leiten und begleiten; auf einem Weg, der Sie [an den verletzenden Partner gerichtet] den Schmerz Ihrer Partnerin wirklich spüren lässt und der Sie beide verstehen lässt, wie es zu diesem schrecklichen Ereignis kommen konnte, so dass Sie [an die verletzte Partnerin gerichtet] sich sicher genug fühlen, um wieder Vertrauen zu können«).

## Das EFT-Modell zur Überwindung von Bindungsverletzungen (AIRM)

Das EFT-Modell zur Überwindung von Bindungsverletzungen[38] stellt eine validierte Blaupause für den Wiederaufbau von Bindung dar (Makinen u. Johnson, 2006; Zuccarini et al., 2013, s. auch Kasten »Die Schritte des Modells zur Überwindung von Bindungsverletzungen«). Es ist gewissermaßen ein Minimodell im Modell der EFT. Der achtstufige Überwindungsprozess rückt das verletzende Ereignis mit einer Serie responsiver Dialoge (Enactments) zwischen dem verletzten und dem verletzenden Partner in den Mittelpunkt. In diesen von Aufeinander-Zugehen und responsivem Reagieren der Partner erfüllten Gesprächen erwächst eine emotional engagierte Entschuldigung, die heilsam wirkt und in der sich die Bindung neu gestaltet. Als Phase-2-Prozess beinhaltet dieses Modell die transformativen Elemente des Erweichens (Greenman u. Johnson, 2013) und baut wie jedes Erweichungsereignis auf der vorangegangenen umfänglichen Deeskalation und der Wiedereinbindung des Rückzüglers auf. Zu einem erfolgreichen Erweichen gehört, dass der Rückzügler zugänglich für die heilenden Gespräche ist und die Partner müssen deeskaliert sein, damit der Verfolger offen genug ist, sich auf diesen Prozess einzulassen.

### Die Schritte des Modells zur Überwindung von Bindungsverletzungen (AIRM): Aufgaben der Partner – Aufgaben der Therapeutin
(Makinen u. Johnson, 2006; Zuccarini et al., 2013)

**Deeskalation des die Verletzung begünstigenden Zyklus**

AIRM Schritt 1:
- *Aufgabe der verletzten Partnerin*[39]: Sie benennt das verletzende Ereignis und seine Auswirkungen auf die Beziehung klar und deutlich. Aufgrund dieses Ereignisses fühlte sie sich hintergangen, alleingelassen und hilflos. Der Vertrauensbruch erschüttert den Glauben an die Beziehung als sicheren Hafen bis zum heutigen Tag.

---

38 Engl. AIRM: attachment injury resolution model.
39 An dieser Stelle sei daran erinnert, dass in diesem Buch die weibliche und männliche Form abwechselnd benutzt und ebenso umgekehrt eingesetzt werden kann.

- *Aufgabe der Therapeutin:* Sie prozessiert das verletzende Ereignis aus Sicht der verletzten Partnerin, lässt die Situation erneut lebendig werden, benennt die »Nie wieder!«-Auswirkung und validiert reaktive Emotionen.

**AIRM Schritt 2:**
- *Aufgabe des verletzenden Partners:* Er geht auf die Partnerin ein. Es ist nicht ungewöhnlich, dass verletzende Partner aus Selbstschutz das Geschehen und den Schmerz der Partnerin verleugnen und bagatellisieren.
- *Aufgabe der Therapeutin:* Sie prozessiert die Reaktion des verletzenden Partners und begleitet ihn darin, sich der Bindungsbedeutung des Ereignisses zu öffnen.

**AIRM Schritt 3:**
- *Aufgabe der verletzten Partnerin:* Sie verbindet die Schilderung der Geschichte mit den Emotionen und gewinnt Zugang zu den dem Ereignis zugrunde liegenden Bindungsängsten und -bedürfnissen.
- *Aufgabe der Therapeutin:* Sie unterstützt die verletzte Partnerin darin, ihr Erleben von der Bindungsbedeutung der Verletzung zu halten und Zugang zum Kern des schmerzlichen Erlebens hinter den reaktiven Emotionen zu bekommen.

**AIRM Schritt 4:**
- *Aufgabe des verletzenden Partners:* Er beginnt, die Bindungsbedeutung des Ereignisses herauszuhören und zu verstehen und sie als Ausdruck der Bedeutung wahrzunehmen, die er für die Partnerin hat, anstatt das Ereignis als Beleg eigener Unzulänglichkeit oder mangelnden Einfühlungsvermögens zu sehen. Er vertieft die Erzählung, wie es zu dem Ereignis kam, um wieder einschätzbar zu werden.
- *Aufgabe der Therapeutin:* Sie begleitet den verletzenden Partner darin, die hinter den reaktiven emotionalen Reaktionen liegende Bindungsbedeutung des Ereignisses für die verletzte Partnerin zu verstehen. Sie bittet den verletzenden Partner herauszuarbeiten, wie es zu dem Ereignis kam.

## Neue Muster emotionalen Engagements: Vergebung und Versöhnung

**AIRM Schritt 5:**
- *Aufgabe der verletzten Partnerin:* Sie kann die Verletzung und die damit verbundene Bindungsbedrohung auf eine integrativere Weise benennen und drückt die mit dem verletzenden Ereignis verknüpften verletzlichen Kernemotion aus.
- *Aufgabe der Therapeutin:* Sie prozessiert das primäre emotionale Kernerleben der verletzten Partnerin und begleitet sie darin, ihren Schmerz, ihren Verlust, ihre Bindungsängste und -bedürfnisse dem verletzenden Partner zu zeigen, so dass dieser Zeuge ihrer Verletzlichkeit wird.

**AIRM Schritt 6:**
- *Aufgabe des verletzenden Partners:* Er ist emotional engagierter, entwickelt einen Felt Sense des Schmerzes der Partnerin und lässt die eigene Betroffenheit sichtbar werden. Er zeigt Kernemotion – Empathie, Bedauern und Reue – und übernimmt Verantwortung für den zugefügten Schmerz.
- *Aufgabe der Therapeutin:* Sie prozessiert die emotionalen Reaktionen (Traurigkeit, Reue, Bedauern, Empathie für die verletzte Partnerin) des verletzenden Partners, um ihm zu erleichtern, einen Felt Sense des Schmerzes der Partnerin zu entwickeln. Während sie die Übernahme von Verantwortung sowie den Ausdruck von Empathie, Bedauern und Reue fördert, bleibt sie eingestimmt und engagiert.

## Die Bindung festigen

**AIRM Schritt 7:**
- *Aufgabe der verletzten Partnerin:* Sie bringt den Mut auf, um Erfüllung ihrer Bindungsbedürfnisse zu bitten. Das ist in der Regel der Trost und die Fürsorge, die im Moment der Verletzung nicht gegeben wurden.
- *Aufgabe der Therapeutin:* Sie prozessiert mit der verletzten Partnerin, sich dem emotionalen Ausdruck des verletzenden Partners gegenüber zu öffnen (Entschuldigung annehmen, Empathie für das Erleben des verletzenden Partners aufbringen). Sie unterstützt den Ausdruck der mit dem Ereignis verbundenen Bindungsbedürfnisse.

**AIRM Schritt 8:**
- *Aufgabe des verletzenden Partners:* Er reagiert liebevoll und stellt damit ein Gegenmittel zur traumatischen Erfahrung bereit. Dieser Bindungsmoment definiert die Beziehung neu, sie wird wieder zum sicheren Hafen.
- *Aufgabe der Therapeutin* ist es, mit dem verletzenden Partner zu prozessieren, zugänglicher und empfänglicher für die von der verletzten Partnerin ausgedrückten Bedürfnisse zu werden. Sie unterstützt ihn in seiner Reaktion und in der Entwicklung eines neuen Narrativs.
- *Aufgabe beider Partner:* Sie entwickeln ein neues Narrativ des Geschehenen.

## Das EFT-Modell zur Überwindung von Bindungsverletzungen (AIRM) bei einer in Phase 2 sichtbar werdenden Bindungsverletzung

In der Arbeit mit Tabitha und Dietmar taucht in Phase 2 ein tosendes Gespenst, ein längst vergessen geglaubtes Ereignis, wieder auf. Emily stellt zunächst fest, welche Definitionsmacht ein solch »längst vergessenes«, aber letztlich zentrales Ereignis für eine Beziehung haben kann. Das Paar, mittlerweile Ende vierzig, ist seit seinen Teenagerjahren verheiratet. Zu Beginn der Therapie schien ihr Zyklus klar umrissen: Tabitha als sich zunehmend kritisierend und feindselig gebärdende Verfolgerin und Dietmar als derjenige, der sich verschließt, »erkaltet« und sich gelegentlich auch mit scharfen Spitzen verteidigt.

Zunächst läuft die Therapie gut, alle sind zufrieden mit dem Erreichten. Nach einer mehrmonatigen Deeskalationsphase ist es Emily gelungen, Dietmar im Verlauf mehrerer weiterer Wochen wieder einzubinden. Er ist in der Beziehung präsenter geworden, sucht Tabithas Nähe und bittet sie in nie gekannter Weise um Trost und Sicherheit. Wenn er Tabithas Blick begegnet, der ihm Gefahr und das Gefühl, »als würde ich mich gleich verbrennen« signalisiert, hält er nun inne und bittet sie um Geduld. Er lässt sie wissen, dass ihn dieser Blick völlig ausflippen lässt und er ihr am liebsten aus dem Weg gehen möchte, er aber mit ihr verbunden bleiben will (bis vor Kurzem war für ihn Nähe gleichbedeutend mit Gefahr; sein jetzt geäußerter Wunsch, mit Tabitha in Verbindung zu bleiben, ist ein klarer Hinweis darauf, dass er wieder eingebunden ist). Und wenn er nun das altbekannte, vom Herzen in den Arm ausstrahlende Kribbeln spürt (seine körperliche Reaktion auf Tabitha, wenn sie ihm signalisiert, unglücklich zu sein oder sein Verhalten zu missbilligen), sagt er: »Oh nein – es geht wieder los – das Kribbeln sagt mir, dass du dabei bist, mich wieder zu verurteilen und dich von mir abzuschotten.« Gemeinsam reparieren sie diesen Moment und bleiben in Verbindung.

Und dann – im Prozess des Erweichens – äußert Tabitha plötzlich ihre Angst, Dietmar nicht zu erreichen, wenn sie sich ihm zuwendet. Emily spürt, dass Tabitha in diesem Moment so verletzlich ist wie nie zuvor und sie fordert sie auf, diese Angst mit Dietmar zu teilen. Tabithas Blick geht zu ihrem Mann und schlagartig erstarrt sie. Ihre Gesichtszüge werden leer, sie reibt sich die Hände und ihr Blick geht in die Zimmerecke …

»Nein – nein – nein – er war nicht da – der dunkelste Moment … wir waren so verliebt … er war mein strahlender Märchenprinz …« Sie blickt nach unten und schlingt ihre Arme um sich. »Ich weiß, er ist seit dreißig Jahren ein wunderbarer Vater für Mika und trotzdem bin ich mir nicht sicher, ob er ihn wirklich liebt. Ich habe es nie verwunden, dass er von Abtreibung sprach, als ich damals schwanger war. In diesem Moment stürzte er für mich vom Podest … es brach mir das Herz – *unser* Baby loswerden! Wie hätte ich das je gekonnt? War ihm das völlig egal? Seit diesem Moment habe ich ihm nicht mehr wirklich vertraut. Das ging so weit, dass ich ihm fast die Schuld an Mikas Autismus gegeben hätte!«

Emily kann den Schmerz der beiden in ihrem eigenen Herzen spüren: den Schmerz über das verloren gegangene Vertrauen, Tabithas schmerzliche Trauer und Angst sowie Dietmars Schmerz, der diese Worte heute zum ersten Mal hört. Dietmar wird erst jetzt klar, dass dieser kleine Moment das Vertrauen zwischen ihnen zerstörte und ihn in Tabithas Augen vom Podest stürzte. Der Märchenprinz wurde jäh vom Pferd gerissen! Aus der Literatur kennt Emily diese Phase 2-Sackgasse, in der sich eine Bindungsverletzung erst zeigt, wenn der initiale Stress des Paares abgeebbt ist und eine ungelöste Bindungsverletzung aus der Vergangenheit den weiteren Prozess blockiert. Nun erlebt sie das, was sie bisher nur aus der Theorie kennt, zum ersten Mal in der Praxis.

Über die Deeskalation und die Wiedereinbindung des Rückzüglers konnten Dietmar und Tabitha ihre Beziehung schon erheblich verbessern, aber in dem Moment, in dem sie an der Schwelle zum entscheidenden letzten Veränderungsmoment stehen, stecken sie fest. Sich Dietmar gegenüber verletzlich zu zeigen, stellt für Tabitha immer noch ein Risiko dar. Sofort wird die Vergangenheit wieder lebendig und setzt ein Stoppzeichen. Emily registriert, dass Dietmar vom Wiederauftauchen dieses längst vergessen geglaubten Moments tief getroffen ist. Sie spürt seinen Schmerz und stellt sich vor, was eine Schwangerschaft noch vor der Hochzeit angesichts Tabithas äußerst konservativer Familie wohl bedeutete.

Ihr wird klar, dass das Paar zunächst ihre Unterstützung in der Überwindung dieser Bindungsverletzung benötigt, die sich an diesem Punkt der Therapie unerwartet zeigt und den weiteren Prozess lähmt. Sie erkennt auch, dass beide nun bereit sind zu diesem Schritt.

## AIRM Schritt 1

Emily unterstützt Tabitha, sich in der Vorstellung nochmals in die damalige Situation zu begeben, den Schmerz zu spüren und ihn in Worte zu fassen.

TABITHA: Er war die Welt für mich – mein Märchenprinz! Ich liebte dieses Baby von Anfang an! Ja – natürlich hatte ich Angst vor der Empörung und der Verurteilung durch meine Familie. Aber ich war mir sicher, gemeinsam mit Dietmar einfach alles zu schaffen. Und dann sprach er von Abbruch – in diesem Moment ging etwas in mir kaputt. Es fühlte sich an, als würde er sich nicht nur gegen das Baby, sondern auch gegen mich entscheiden!

Von Zeit zu Zeit unterbricht Dietmar, offensichtlich völlig schockiert von dem, was er hört.

## AIRM Schritt 2

Mit Emilys Hilfe gewinnt Dietmar eine Ahnung von der Bindungsbedeutung dieses Moments für Tabitha (d. h. der Bedeutung, die er für sie hat, anstatt der seines Versagens). Eindrücklich lässt Emily das Bild des Märchenprinzen lebendig werden, mit dessen Unterstützung sich Tabitha allem gewappnet fühlte – zusammen würden sie sogar die heftige Ablehnung ihrer Familie aushalten und es schaffen, trotz ihres jungen Alters eine glückliche Familie zu werden. Sie hebt Dietmars Bedeutung für Tabitha hervor; er gab ihr Stärke und sie glaubte, gemeinsam mit ihm alles bewältigen zu können.

## AIRM Schritt 3

Emily hilft Tabitha, ihre Bindungsängste und -bedürfnisse mit der Geschichte zu verbinden und in sie zu integrieren. Dazu evoziert sie den Schmerz der Verletzung, die Traurigkeit, die Sehnsüchte und die Ängste, die unter Tabithas Wut stecken.

TABITHA: In dem Moment, in dem Dietmar von Schwangerschaftsabbruch und sogar davon sprach, unsere Beziehung zu beenden, hat sich etwas verändert!

Auf keinen Fall wollte ich mich von ihm trennen, darauf habe ich bestanden. Wir heirateten dann, alles ging seinen Weg, trotz der Ablehnung meiner Eltern, wir waren eine Einheit … und gleichzeitig habe ich mich von ihm zurückgezogen, um mich um das Baby zu kümmern und um das Baby *vor ihm* zu schützen! Ich habe ihm nie wieder voll und ganz vertraut. Es gab in den ganzen Jahren keinen einzigen Moment, in dem ich mich bei ihm völlig sicher und von ihm beschützt fühlte. Das hat unendlich viel Kraft gekostet. Innerlich fühlte ich mich einsam und hatte immer Angst – Angst, dass er mich verlassen würde.

## AIRM Schritt 4

Nach und nach öffnet sich Dietmar Tabithas Schmerz und er sieht immer weniger den Vorwurf, unzulänglich oder nicht einfühlsam zu sein, sondern erkennt in diesem Schmerz die Bedeutung, die er als Partner für Tabitha hat. Aus diesem Erleben heraus öffnet er sich gegenüber Tabitha, erzählt ihr von den dunklen Momenten, als er die Beendigung der Beziehung und den Schwangerschaftsabbruch ins Auge fasste. So wird er für Tabitha wieder einschätzbarer.

EMILY: Wie ist das für Sie, diese Seite von Tabitha zu erleben, die Ihnen bis jetzt völlig unbekannt war? Was geht in Ihnen vor, wenn Sie von ihr hören, dass sie Angst hatte, sich allein und im Stich gelassen fühlte und *Sie* so dringend brauchte – dass es heute noch schmerzt und sie es bis zu diesem Moment nicht mit Ihnen teilen konnte?

DIETMAR (mit schmerzerfülltem Gesicht): Ich habe sie verletzt. Ich habe nur an mich gedacht – ich war so jung – ich wollte einfach nur weg! Jetzt verstehe ich, wie sehr ich sie verletzt habe, wie alleingelassen und voller Angst sie sich gefühlt hat. Ich hatte doch überhaupt keine Ahnung von alledem! Für mich war sie immer die Starke.

Er wendet sich Tabitha zu und teilt ihr direkt mit, dass er ihren Schmerz, ihre Einsamkeit und ihr Gefühl des Verlassenseins spüren kann und versteht, wie sehr sie sich alleingelassen fühlen musste.

EMILY: Können Sie Tabitha helfen zu verstehen, wie es zu diesem Vorschlag damals kam?

Mit Emilys Hilfe arbeitet Dietmar heraus, wie es zu einem Moment kommen konnte, der sich jetzt als so entscheidend für ihren gemeinsamen Heilungsprozess herausstellt.

DIETMAR   Ich war in Panik. Ich fühlte mich vollkommen hilflos und hatte wahnsinnige Angst, Vater zu werden – ich hatte ja überhaupt keine Vorstellung davon, was es bedeuten würde, für dich zu sorgen. Ich wusste ja noch nicht einmal, wie ich für mich sorgen sollte. Die Reaktion deiner Eltern stand drohend im Raum und ich wollte nur noch wegrennen. Ja, es stimmt! Ich schämte mich so für mich und hatte solche Angst vor der Vaterrolle und davor, deinen und den Erwartungen deiner Mutter nicht gerecht zu werden … Es stürzte alles über mir zusammen und ich wusste nicht, was ich tun sollte. Ich wollte nur das Beste für dich und dachte, dass ich dir das nicht geben könnte!

EMILY   (spiegelt und validiert): Sie wussten überhaupt nicht, wie Sie für Tabitha und das Baby da sein könnten – Ihre einzige Idee war, ihr einen Schwangerschaftsabbruch vorzuschlagen und aus ihrem Leben zu verschwinden? Sie sagen es selbst – Sie haben in diesem Moment in erster Linie an sich gedacht. Ihr Vorschlag, die Schwangerschaft zu beenden und sich zu trennen, brach Tabitha das Herz, das hören Sie jetzt. Ich glaube, es tut weh, das zu hören? (Dietmar nickt und schluchzt.)

Je mehr sich Dietmar öffnet und offenbart, was vor dreißig Jahren in ihm vorging, desto mehr ergibt das, was Tabitha damals so verletzt hat, aus heutiger Perspektive Sinn für Tabitha, und sie beginnt, ihn erneut als zuverlässig wahrzunehmen.

## AIRM Schritt 5

Mit Emilys Hilfe gelingt es Tabitha, sich Dietmar zuzuwenden und ihm direkt zu sagen, wie dieses Ereignis ihr Leben und ihre Beziehung bis heute geprägt hat, wodurch sie auch ein besseres Verständnis ihrer Bindungsängste und -bedürfnisse gewinnt und tiefer in ihre Angst vor Bindungsverlust eintaucht – etwas, wofür es bisher keine Worte gab. Jahrelang begleitete sie die Angst, sich nicht auf Dietmar verlassen zu können, und sie zweifelte an seiner Liebe und seinem ernsthaften Interesse an seinen Söhnen.

Indem Emily Tabithas Erleben spiegelt und validiert, fügen sich die Puzzleteile für Tabitha zu einem Gesamtbild zusammen. Nach und nach verbindet sich das entscheidende Ereignis mit ihrer zugrunde liegenden emotionalen Verletzlichkeit. Emily bittet Tabitha (und leitet damit ein Enactment ein), sich Dietmar in und mit ihrer Verletzlichkeit zu zeigen. »Können Sie ihm sagen – zeigen – wie verängstigt und allein Sie sich fühlten?«

TABITHA:   Bis zu diesem Moment warst du immer noch mein Märchenprinz – du warst die Welt für mich und ich fühlte mich vollkommen sicher bei dir. Du warst mein Partner und wir waren zusammen. Und dann wurdest du für mich zu einem anderen Menschen. Ich dachte, ich hätte dich verloren, und brauchte dich so dringend. Ich fühlte mich überhaupt nicht stark. Ich hatte Angst, fühlte mich allein und ich brauchte dich.

Emily folgt dem Prozess und hebt hervor, wie Tabitha in diesem Moment in der Lage ist, Dietmar ihre verletzliche Seite zu zeigen; eine Seite, die sie bisher um keinen Preis der Welt mit einem anderen Menschen teilen wollte. Aber jetzt überwindet sie ihre Angst und zeigt Dietmar den »Ich kann das nicht allein«- Teil von ihr.

Gleichzeitig unterstützt sie Dietmar, emotional engagiert zu bleiben, so dass er sich von Tabithas Ausdruck ihrer Verletzlichkeit berühren lassen kann.

## AIRM Schritt 6

Langsam und voller Empathie hilft Emily Dietmar mittels evokativer Reaktionen und Hervorheben des Gesagten, in Kontakt mit seinem inneren Erleben zu kommen. Das öffnet den Raum für Tabithas Schmerz und er kann spüren, was ihr Schmerz bei ihm auslöst.

EMILY: Wie ist es für Sie, wenn Tabitha diesen herzzerreißenden Moment mit Ihnen teilt; diesen Moment, in dem sie von jetzt auf gleich ihren Märchenprinzen verlor und entschied, Ihnen nie mehr zu vertrauen?

DIETMAR: Ich sehe deinen Schmerz – und das schmerzt mich. Es tut weh, zu sehen, was ich dir angetan habe! Du bist so wunderschön und mir war nicht klar, dass ich dein Märchenprinz war! Ich fühlte mich klein, schämte mich und hatte Angst. Ich hätte nie gedacht, dass du mich brauchst – wirklich nicht. Es tut mir so unendlich leid, dir wehgetan zu haben. Das soll nie mehr geschehen. Du sollst dich nie mehr im Stich gelassen oder voller Angst fühlen.

Tabitha sieht den Schmerz in Dietmars Gesicht. In seiner Stimme hört sie Zärtlichkeit und Fürsorge. Sie spürt sein Mitgefühl für ihren Schmerz und wie sehr er es bereut, sie in diesem entscheidenden Moment im Stich gelassen zu haben.

## AIRM Schritt 7

Emily bittet Tabitha, Dietmar zu sagen, was sie jetzt von ihm braucht, um sich wieder sicher zu fühlen.

Tabitha nimmt allen Mut zusammen und wendet sich Dietmar zu: »Ich muss von dir wissen, ob ich mich auf deine Unterstützung verlassen kann – ich bin nicht so stark, wie es nach außen scheint; da ist diese alte Wunde, die tiefe Angst. Jedes Mal, wenn du dich zurückziehst, kommt die alte Angst wieder hoch, dass du uns aufgegeben hast. Du musst wissen, dass hinter meinen Forderungen eigentlich eine tiefe Angst sitzt – und ich damit versuche, dich zu halten. Kannst du wieder mein Märchenprinz sein und für mich sorgen? Kannst du mir versprechen, mich nicht zu verlassen, nicht auf Abstand zu gehen, dich nicht zu verschließen und dich vor mir zurückzuziehen? Kannst du mir versichern, dass ich etwas Besonderes für dich bin – so besonders, dass du sogar bereit bist, bei schlechtem Wetter durch die ganze Stadt zu meinem Lieblingsrestaurant zu fahren?« Bei diesem Satz spielt sie auf ihre letzte Auseinandersetzung an und ein leises Lächeln überzieht ihr Gesicht.

## AIRM Schritt 8

Dietmar antwortet: »Auf jeden Fall will ich dieser Mann für dich sein. Ich will, dass du dich sicher und geliebt fühlst! Du bedeutest mir alles! Ich will, dass du dich bei mir völlig sicher fühlst! Ich will in jeder Hinsicht für dich sorgen!«

In diesem Moment entsteht eine neue Bindung zwischen Dietmar und Tabitha. Gemeinsam definieren sie ihre Beziehung neu als einen sicheren Ort gegenseitiger Unterstützung.

## Fazit

In Phase 1 werden Bindungsverletzungen gewürdigt und im negativen Zyklus verortet. Die Überwindung und Heilung dieser Verletzungen erfolgt in Phase 2 mit Hilfe des AIRM-Modells zur Überwindung von Bindungsverletzungen. Dieses Modell kann als Mini-Modell *innerhalb* des umfassenden EFT-Modells beschrieben werden, vergleichbar der letzten Transformation der Bindung am Ende des Veränderungsmoments »Erweichen des Anklägers« (Greenman u. Johnson, 2013). In der Deeskalation von Phase 1 werden Bindungsverletzungen innerhalb der Beziehung unmissverständlich benannt und im negativen Zyklus, der den weiteren Prozess blockiert, nachverfolgt. Nach abgeschlossener Deeskalation und der Wiedereinbindung des Rückzüglers begleitet die EFT-Therapeutin anhand der definierten Schritte des AIRM-Modells zur Überwindung von Bindungsverletzungen das Paar durch einen Prozess der emotionalen Heilung, Vergebung und Versöhnung.

Bei Paarkonstellationen, bei denen der Rückzügler den Part des verletzten Teils innehat, schließen die Schritte des EFT-Modells zur Überwindung von

Bindungsverletzungen die Wiedereinbindung des Rückzüglers ab; hat der verletzte Partner die Position des Anklägers inne, werden diese Schritte zum entscheidenden Moment des Erweichens (Johnson, 2016b). Phase 3 dient der Integration der neu geschaffenen Bindung angewandt auf andere pragmatische Themen, damit sich diese Veränderung dauerhaft konsolidieren kann.

Liegen mehrere Bindungsverletzungen vor, dauert es entsprechend länger, sie zu lösen; Johnson (2016b) weist allerdings darauf hin, dass der Prozess zur Überwindung von Bindungsverletzungen nicht zwangsläufig für jedes Ereignis in voller Länge durchlaufen werden muss. Ist es den Partnern erst einmal gelungen, eine korrigierende emotionale Erfahrung zu machen, die der Beziehung neue Sicherheit verleiht, hat das veränderte Erleben Auswirkung auf andere Bindungsverletzungen. Schutz und Sicherheit halten Einzug in die gesamte Welt des Paares.

Die Überwindung einer Bindungsverletzung geht weit über kognitive Vergebung und das Loslassen des Grolls hinaus. Wie beim Erweichen des Anklägers bedeutet es, sich in die Hand des Partners zu begeben und dort Sicherheit und Geborgenheit zu erleben. Dieser von beiden gemeinsam gestaltete Moment stärkt die Resilienz beider Partner – Vertrauen und Respekt wachsen und bilden ein immer stärkeres Gegenmittel gegen zerstörtes Vertrauen.

Buchanan ist es gelungen, die acht Schritte des EFT-Modells zur Überwindung von Bindungsverletzungen aus der Sicht des verletzten Partners an den Verletzenden gerichtet in einem Lied auszudrücken. Die ursprünglich englischsprachige Fassung folgte der Melodie »Habanera« aus Georges Bizets Oper »Carmen«:

»Ich habe dir meinen Schmerz gezeigt (Schritt 1)
Auch wenn du ihn zunächst kleinreden und nicht sehen wolltest (Schritt 2)
Ich habe meine Bindungsängste und -sehnsüchte mit dir geteilt (Schritt 3)
Und dann von dir gehört, dass du mich verstehst (und wie es überhaupt dazu kam; Schritt 4)
Dadurch hast du mir die Tür geöffnet, mich dir verletzlich zu zeigen (Schritt 5)
Und du wurdest wieder Teil unserer Beziehung, hast Verantwortung für dein Handeln übernommen und dein tiefes Bedauern ausgedrückt (Schritt 6)
Dann konnte ich um deinen Trost und deine Fürsorge bitten (Schritt 7)
Und du hast so liebevoll reagiert, dass ich mich wieder eins mit dir fühlte und wieder unser Bindungsband spüren konnte (Schritt 8).«

(Brubacher u. Buchanan, 2014)

# Teil VI

**Die nächsten Schritte**

## Vorbemerkung zu Teil VI

In diesem Buch steht die EFT im Kontext der Paarbeziehung als primärer Bindungsdyade im Mittelpunkt. Vielen Therapeuten, die das Modell mit großer Begeisterung aufgegriffen haben, drängt sich nach einiger Zeit unweigerlich der Wunsch auf, das Konzept auch auf ihre Arbeit mit Einzelklienten und Familien zu übertragen. Tatsächlich kam die EFT von Anfang an in unterschiedlichen Settings zum Einsatz; allerdings dominierte in Literatur und Forschung bisher die Paartherapie.

Interessierten Leserinnen und Lesern sei ein Blick auf die stetig wachsende Zahl von Publikationen zur emotionsfokussierten Familientherapie (EFFT) ans Herz gelegt. Sie zeigen auf, wie es mit Hilfe der EFT gelingen kann, bei familieninternen Problemen den Beteiligten zu helfen, sichere Bindungen zu gestalten. Eine gute Recherchemöglichkeit stellt die Homepage des Internationalen EFT-Verbandes dar (https://iceeft.com/eft-publications-articles/), wo sich neben den Ergebnissen einer Studie aus dem Jahr 1998 (Johnson, Maddeaux u. Bloin, 1998) eine Vielzahl von Verweisen auf Artikel und Buchkapitel findet. Das Grundlagenbuch zur EFT (Johnson, 2004) beinhaltet unter dem Titel »Emotionsfokussierte Familientherapie: Bindung wiederherstellen« ein Kapitel zur EFFT (s. hierzu auch Johnson u. Lee, 2000). Das Buch »Emotionally Focused Family Therapy: Restoring Connection and Promoting Resilience« (Furrow, Palmer, Johnson, Faller u. Palmer-Olsen, 2019) ist das erste Handbuch, das die Effektivität der EFT auf die Komplexität von Familienleben überträgt. Zurzeit liegt noch wenig Literatur für die Ausweitung von EFT in der Einzeltherapie vor. Neben den Artikeln von Brubacher (2017) und Johnson (2009), die sich speziell mit der emotionsfokussierten Einzeltherapie befassen, beschreibt Johnson in ihrem Buch »Bindungstheorie in der Praxis« (Johnson, 2018, dt. Ausgabe 2020) die Anwendung der EFT in allen drei Modalitäten – Individuen, Paare und Familien. Die Veröffentlichung eines Buches ausschließlich über EFIT von Johnson und Kolleginnen ist für 2020/2021 geplant.

# Kapitel 12

## Das bindungsbasierte Konzept der EFT auf Einzeltherapie erweitern

> »Die Bezeichnung ›Einzeltherapie‹ ist eigentlich nicht zutreffend, denn Klienten kommen immer mit ihren gelebten Beziehungserfahrungen in die Praxis [...] und sie bringen in den Prozess des Miteinander-Teilens/Erkundens, den die Therapeutin mit ihnen gestaltet, ihre Beziehungserfahrungen mit ein«
> (Barrett-Lennard, 2013, S. 54).

In diesem Kapitel steht die Ausweitung der EFT auf die Arbeit mit Einzelklienten im Mittelpunkt.

Auch wenn Emily die EFT begeistert in ihre paartherapeutische Arbeit integriert, kann sie sich noch nicht vorstellen, wie sich Johnsons so brillantes und effektives Modell auch auf ihre Arbeit mit Einzelklienten übertragen ließe. Nur zu gern würde sie den erfrischend entpathologisierenden Bindungsansatz der EFT auch bei Klienten zur Anwendung bringen, die mit Depressionen, Angst, Verzweiflung, Trauer, Konflikten und anderen psychiatrischen Labels zu ihr kommen. Sie sehnt sich danach zu erleben, wie sich Johnsons revolutionärer Ansatz (2013) auf die Arbeit mit Klienten übertragen lässt, die über keine sichere Beziehungsbasis verfügen. Hierzu fällt ihr ein Satz von Lewis und Kollegen (2000) ein, den diese in Bezug auf Einzeltherapien äußerten: »Liebe ist nicht nur das Ziel der Therapie; sie lässt uns überhaupt erst an dieses Ziel gelangen« (S. 169). Emily kann es kaum abwarten, auch ihre Einzeltherapien zu Erfahrungen von Liebe und grundlegender Veränderung werden zu lassen. Wie viele ihrer EFT-Kollegen fragt sie sich: »Wenn wir dank der EFT in der Lage sind, sichere Bindungen zwischen Partnern herzustellen – Bindungen, die sich in beeindruckender Weise auf Beziehungen, auf emotionale und körperliche Gesundheit auswirken – dann müsste das doch auch bei Einzelklienten möglich sein, die keine feste Bezugsperson haben.«

In ihrem Bestreben, die EFT möglichst reibungslos in ihre Einzeltherapien zu integrieren, greift sie auf die EFT-Elemente zurück, die sich für sie als bedeutsam und zuverlässig erwiesen haben: Sie weiß, dass es möglich ist, eine sichere Bindung zu gestalten, wenn sie a) den Fokus auf die Bindung legt, b) den Emotionen folgt und c) einen Raum schafft, in dem sich neue Antworten und neue Reaktionsweisen entwickeln können. Fest entschlossen, das Modell der EFT auch im Einzelkontext anzuwenden und gestärkt durch Johnsons Buch »Bindungstheorie in der Praxis« (2020), in welchem Johnson die Parallelen zwischen experientieller Therapie und Bindungstheorie aufzeigt, sowie durch die Artikel von Johnson (2009) und Brubacher (2017) zur Praxis der EFT im Einzelkontext, hält sie inne, um genauer herauszuarbeiten, was sie eigentlich an der EFT besonders schätzt. Sie überlegt: »Wie lassen sich die EFT-Elemente, die ich in der Arbeit mit Paaren als besonders wertvoll kennengelernt habe, auch auf Einzelklienten übertragen?«

Als erstes fällt ihr hierzu die von ihr sehr geschätzte Bindungsperspektive ein, der zufolge alle Menschen auf Bindung angewiesen und auf Beziehung angelegt sind. Emily schätzt auch den entpathologisierenden Bindungsrahmen der EFT, der ihr besonders zugutekommt, wenn Klienten in Momenten der Bindungsbedrohung ihren eigenen Worten zufolge »aus einer Mücke einen Elefanten machen« und »abschalten und verschwinden«; in diesen Momenten ermöglicht ihr der Bindungsrahmen, diese Verhaltensweisen als Stressreaktionen zu verstehen. Sowohl hyperaktivierende als auch deaktivierende Strategien zur Regulation von Emotionen – bedrängen und fordern, sich verschließen, sich abwenden, sich gegen den anderen wenden – erscheinen in diesem Rahmen als bestmöglicher Versuch, mit der Urangst vor emotionaler Isolation irgendwie zurechtzukommen. Emily überlegt: »Eigentlich müsste es auch in der Einzeltherapie gut möglich sein, aktuelle Probleme als Störung der Emotionsregulation verstehbar zu machen. Denn letztlich ist jeder Klient auf andere angewiesen und auf der Suche nach einer zuverlässigen, sicheren Basis in dieser Welt. Menschen, denen zuverlässige Bindungsfiguren fehlen, auf die sie sich in Krisenzeiten verlassen können, sind besonders gefährdet, in Muster der Hyperaktivierung bzw. Deaktivierung zu geraten, wenn sie ihre Bindungsbedürfnisse nach Trost und Unterstützung ausdrücken.«

In ihrer Arbeit mit Paaren hat Emily gelernt, dass die Nähe eines vertrauten Anderen das Belastungs- und Bedrohungserleben vermindert (Johnson et al., 2013). Es ist für sie beeindruckend zu erleben, wie sich zwischenmenschliche Nähe auf die Regulation von Emotionen und die Wahrnehmung von Bedrohung auswirkt. Mit Interesse nimmt sie die Ergebnisse einer Studie von Beckes und Coan (2011) zur Kenntnis, die diesen Zusammenhang auch für Kontexte über die Paarbeziehung hinaus belegen konnten. In dieser Studie wurden die Teilnehmenden aufgefordert, sich mit einem schweren Rucksack versehen an den Fuß eines Berges zu stellen. Alle erhielten die Aufgabe, einzuschätzen, wie steil der Berg, den sie gleich erklimmen würden, wohl sei. Teilnehmende, die in diesem Moment in der Nähe einer befreundeten Person standen, schätzten den Berg weniger steil ein als Teilnehmende, die allein standen. Darüber hinaus erschien der Berg umso weniger steil, je länger die Freundschaft bereits bestand. Koregulation findet in allen Formen von Freundschaften statt, nicht nur in Liebesbeziehungen. Und das Allerwichtigste: Sie ist effizienter und effektiver als bewusste Selbstberuhigung (Beckes u. Coan, 2011; Coan u. Maresh, 2014).

Zweitens schätzt Emily, wie EFT sie davon befreit, sich für die Lösung der Probleme von Paaren verantwortlich zu fühlen. Die EFT weist ihr stattdessen unmittelbar einen Weg zu den sich stets wiederholenden, automatisierten Mustern emotionalen Verhaltens, die in Momenten der Bindungsbedrohung in Gang gesetzt werden. In Phase 1, in der dem Prozess gefolgt und nicht versucht wird, inhaltliche Probleme zu lösen, werden alle Beteiligten eingebunden, gemeinsam negative Muster zu deeskalieren und die zugrunde liegenden verletzlichen Emotionen als Wegweiser in Richtung Veränderung aufzuspüren. Emilys Herz schlägt schneller, als ihr klar wird, dass sich hier ein weiterer Weg auftut, das Potenzial des Modells auch in ihren Einzeltherapien zu nutzen.»Ich muss keine Lösung für die mitgebrachten Probleme meiner Einzelklienten finden. Für manche wirklich tragische Lebenssituationen gibt es in der Tat überhaupt keine Lösung. Ich kann aber damit beginnen, gemeinsam mit meinen Klienten das Muster der Emotionsregulation, in dem sie feststecken, herauszuarbeiten – ihren bestmöglichen Versuch, mit belastenden Ereignissen umzugehen. Anschließend kann ich sie darin unterstützen, die zugrunde liegenden Kernemotionen aufzuspüren und die darin eingebetteten Botschaften der Bedürfnisse und der Motivation aufzufächern.«

Als drittes schätzt Emily die Veränderungsereignisse in Phase 2 der EFT, in denen sich die Neugestaltung zwischenmenschlicher Beziehungen vollzieht. Emily liebt es, mitzuerleben, wie sich Partner als primäre Quelle emotionaler Regulation entdecken. Sie denkt auch daran, wie gut es sich anfühlt, wenn es ihr gelungen ist, Paare auf ihrem Weg vom erbitterten Kampf um Unabhängigkeit, Verzweiflung und Unzufriedenheit zu Momenten zu begleiten, in denen sich beide einander schutzlos öffnen, sich bedürftig, aufeinander angewiesen und vertrauensvoll zeigen. Dieser Gedanke lässt sie allerdings stocken. »Lässt sich dieser transformative Teil der EFT möglicherweise auch auf Einzelklienten übertragen? Gibt es so etwas wie Beziehungspartner in der Einzeltherapie? Kann ich in den Sitzungen transformative Dialoge anregen?« Im Weiterdenken fügt sich das Puzzle zusammen und das Bild wird klarer. »Die Bindungsperspektive lenkt den Blick auf dyadische Beziehungen. In der Therapie mit meinen Einzelklienten gibt es drei wesentliche Beziehungskontexte: die Beziehung zwischen dem Klienten und mir; aktuelle Beziehungen zu anderen im Leben meiner Klienten – wie oberflächlich bzw. schmerzlich diese auch sein mögen – und mentale Repräsentationen früherer Bindungsfiguren, die häufig als Brücke zwischen inneren konflikthaften Beziehungen und Teilen des Selbst fungieren« (s. Abbildung 6).

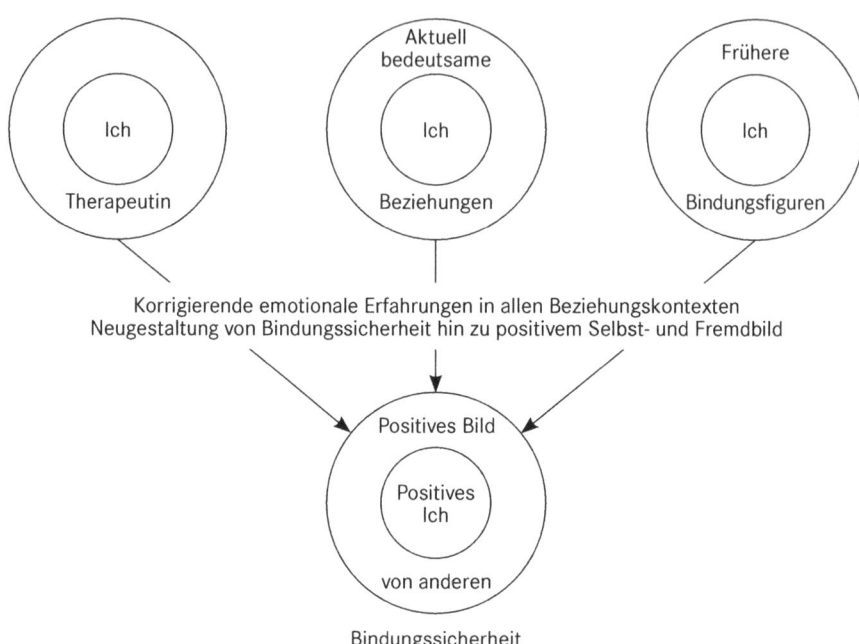

**Abbildung 6:** Die drei grundlegenden Beziehungskontexte in der Einzeltherapie

Ganz aufgeregt denkt sie an Simone, eine zu Beginn der Therapie sozial isolierte Fünfzigjährige, die über Unruhe und Konzentrationsstörungen klagte; sie denkt an den 34-jährigen Leon, der aufgrund seiner tiefen Depression anfangs kaum in der Lage war, Therapiesitzungen wahrzunehmen. »Nachdem wir Zugang zu den zugrunde liegenden Kernemotionen ihrer negativen Muster geschaffen hatten, konnten wir ihre Bindungen neu gestalten.« Bei diesem Neugestaltungsprozess ging es beispielsweise im Fall von Simone unter anderem um deren Beziehung zur bereits verstorbenen Mutter, in der sie, wenn es Konflikte gab, zwischen zwei Polen hin und her gerissen war. Zu diesem Prozess gehörte auch, dass Simone wieder Kontakt zu einer zuvor entfremdeten Schwester aufnahm. In der Arbeit mit Leon stand zunächst die Beziehung zwischen Emily als Therapeutin und ihm als Klienten im Vordergrund. Erst als Leon diese Beziehung als ausreichend sicher erlebte, erlaubte er sich, Emily an bisher verleugnetem Schmerz teilhaben zu lassen. Im nächsten Schritt läuteten die beiden für seine bis dato stürmische und konflikthafte Beziehung zu seiner Schwester ein neues Kapitel ein und widmeten sich der Gestaltung einer sich anbahnenden Beziehung zwischen Leon und einer Bekannten aus dem Yogastudio, das er seit Kurzem besuchte.

»Ich *kann* EFT auch in der Einzeltherapie anwenden. Ich kann den Stress meiner Klienten als vorhanden akzeptieren und muss ihn nicht in Ordnung bringen. Ich kann ihre Probleme als bestmögliche Versuche sehen, mit der durch Unverbundenheit ausgelösten, universellen Bindungspanik klarzukommen. Wie in Phase 1 der EFT gehe ich gemeinsam mit ihnen zunächst den Mustern nach, die im Lauf der Zeit rigide und ineffektiv geworden sind. Wir schaffen Zugang zu den zugrunde liegenden Kernemotionen, um anschließend wie in Phase 2 der EFT den Boden für neue Erfahrungen des Aufeinander-Zugehens und Aufeinander-Reagierens im Kontakt mit anderen und zwischen Anteilen des Selbst zu bereiten.«

Mit diesen Prämissen grenzt sich Johnsons bindungsbasiertes, experientielles und zugleich systemisches Konzept von anderen bindungsorientierten Modellen ab, die den Bindungsfokus vorrangig auf die Beziehung zwischen Klient und Therapeutin richten (z. B. Costello, 2013; Fosha, 2000). Es unterscheidet sich auch von anderen emotionsfokussierten Zugängen (Elliott, Watson, Goldman u. Greenberg, 2004), die eher auf Selbstberuhigung, intrapsychisches Wachstum und Differenzierung von anderen Menschen setzen als auf die Veränderung von Bindungsmustern zur Optimierung wechselseitiger Abhängigkeiten und der Koregulation von Emotionen.

Nachstehend definiere ich zuerst das Ziel der EFT in der Einzeltherapie, bevor ich in einem zweiten Schritt Beziehungsprobleme und Probleme mit Emotionsregulation aus einer Bindungsperspektive heraus als bestmögliche Strategie zum Bindungserhalt und zur Regulation von Emotionen neu rahme. Das Kapitel endet mit einer Darstellung der EFT-Phasen und -Interventionen als Mittel der therapeutischen Veränderung in der Einzeltherapie.

## Das Ziel emotionsfokussierter Einzeltherapie

Das Ziel einer auf der Bindungstheorie aufbauenden Einzeltherapie ist optimale (Feeney et al., 2015) bzw. effektive Abhängigkeit (Bowlby, 1988). Wenn wir davon ausgehen, dass Menschen auf sichere Beziehungen angewiesen sind, die es ihnen ermöglichen, mit Belastungen umzugehen und Emotionen zu regulieren, dann ergibt sich daraus für die EFT in der Einzeltherapie das Ziel, Klienten in die Lage zu versetzen, rigide und der Verteidigung dienende Muster hinter sich zu lassen, um sich zunehmend ihrem inneren Erleben zu öffnen, starke Emotionen zuzulassen und kohärente, bedeutungsvolle Narrative ihres Selbst und ihrer wichtigsten Beziehungen zu entwickeln (Johnson, 2009). Johnson definiert Gesundheit als »in der Lage zu sein, sich voll und ganz auf das momentane Erleben einzulassen und in diesem Erleben das eigene Selbst und die Beziehung zu anderen aktiv zu definieren« (Johnson, 2009, S. 412).

## Entpathologisieren: Muster der Emotionsregulation

»Wir können individuelle psychische Probleme und Erkrankungen wie Depression, Angst, posttraumatische Belastungsstörungen, Beziehungskonflikte, Substanzmissbrauch und andere Suchtprozesse als ineffektive Versuche verstehen, angesichts nicht verfügbarer bzw. nicht responsiver Quellen von Trost und Unterstützung Trennungsangst zu bewältigen« (Brubacher u. Johnson, 2017, S. 8). Aus dieser Perspektive heraus wird beispielsweise aus einer Borderline-Persönlichkeitsstörung eine »ängstlich-vermeidende« Bindungsstrategie (Johnson, 2009, S. 420) und manifester Narzissmus lässt den Bezug zu einer vermeidenden Bindungsstrategie erkennbar werden (Mikulincer u. Shaver, 2016). Depression und Angsterkrankungen können als Herausforderung verstanden werden, nach ängstlichen bzw. vermeidenden Bindungsmustern zu suchen, und Suchtprozesse lassen sich als Bindungsstörung reframen (Flores, 2004; Maté, 2010), bei denen ein Mensch mangels sicherer menschlicher Quellen für Trost und Unterstützung die fehlende Verbundenheit automatisch ersetzt durch Bindung an etwas anderes (faux attachment). Die EFT lenkt den Blick weg von diagnostischer Etikettierung hin zu den (systemischen) negativen Schleifen ineffektiver Bindungsstrategien und sieht in diesen Schleifen das eigentliche Problem und gleichzeitig den Kontext, in dem Heilung stattfinden kann. Aus bestmöglichen Versuchen, Emotionen zu regulieren, werden Endlosschleifen negativer Interaktionszyklen.

Wie in der Paartherapie strebt die EFT-Therapeutin auch im Einzelkontext nicht im Schnelldurchlauf auf die Veränderungsereignisse in Phase 2 zu. Stattdessen schafft sie zunächst ein Fundament aus empathischem Verstehen, Akzeptanz und aufrichtigem emotionalen Engagement. Phase 1 beginnt mit dem Aufbau einer therapeutischen Allianz; im Nachverfolgen und Spiegeln des vom Klienten Mitgeteilten lassen sich die negativen Feedbackschleifen, in denen sich Klienten verfangen haben, identifizieren. Im nächsten Schritt werden die reaktiven sekundären Emotionen, Handlungsimpulse und die Bedeutungen, die diesen dem Klienten vertrauten, repetitiven Mustern zugesprochen werden, von der Therapeutin validiert. Auf dem Boden einer sicheren therapeutischen Allianz und versehen mit einem geschärften Bewusstsein für die automatischen, repetitiven Copingmuster taucht die Therapeutin langsam mit dem Klienten in sein Erleben zugrunde liegender, bisher meist versteckter Kernemotionen ein, um diese nicht nur als Antreiber des negativen Zyklus zu identifizieren, sondern auch zum Motor der Veränderung werden zu lassen. Herausgearbeitet und in der Breite erlebt entfalten sie in einer Rogerianischen Atmosphäre von Empathie, Akzeptanz und Authentizität ihr Antriebspotenzial zur Phase-2-Transformation. Kernemotionen tragen in sich die Bedürfnisse eines Menschen und seine Motivation, auf andere in kongruenterer Weise zuzugehen und den Mut aufzubringen, sich seinen tiefsten Sehnsüchten zu stellen. Kommt ein Mensch in Kontakt mit der heilsamen Kraft dieser Kernemotionen, erkennt er meist intuitiv, dass er diesen als verlässlichem Kompass des Handelns vertrauen kann.

Die Bindungstheorie als eine Theorie der Emotionsregulation kennt drei voneinander abgrenzbare, grundlegende Reaktionsmuster für die emotionale Regulation in schwierigen Situationen. Das primäre und effektivste Muster ist die sichere Bindung, die es Menschen erlaubt, sich in Krisenmomenten an eine emotional zugängliche und responsive Bindungsfigur zu wenden. Ist eine solch sichere Basis der Unterstützung und Fürsorge nicht vorhanden bzw. nicht erreichbar, kommen sekundäre Strategien zum Zuge – entweder in Form ängstlicher Hyper- oder vermeidender Deaktivierung. Die folgenden Fallbeispiele aus der Einzeltherapie veranschaulichen sekundäre Bindungsstrategien und -muster.

## Ängstliches, hyperaktivierendes Muster

»Angst, Zweifel und Vorwürfe durchziehen alles bei mir.« Mit diesen Worten kommt Selina zu ihrer Therapiesitzung. Bis drei Uhr morgens war sie wach und im Gespräch mit ihrem Ex. Mit Fragen wie: »Wie konnte es denn dazu kommen? Tut es dir leid, mich verlassen zu haben? Wenn du es ein wenig bereust, weshalb willst du es dann nicht nochmal probieren?« versucht sie verzweifelt und erfolglos, wieder Trost und Sicherheit zu gewinnen.

> THERAPEUTIN: Wird dadurch das ganze Chaos wieder in Gang gebracht?
> SELINA: Ja, genau. Weshalb haben wir keinen anderen Weg gefunden? Ja, es ist einfach ... wissen Sie ... es tauchen nur immer mehr Fragen auf, verstehen Sie? Und jedes Mal geht dieser Teufelskreis von Fragen wieder los. Weshalb hat er sich nicht mehr angestrengt? Und jedes Mal macht er mir wieder Vorwürfe und ... na ja ... er sollte mir endlich keine Vorwürfe mehr machen! Mein ganzes Leben wird davon beherrscht! Die Vorwürfe und der Schmerz – es durchzieht alles.

## Vermeidendes, deaktivierendes Muster

»Kehr den Schmerz zusammen, stell ihn in eine Ecke und versteck ihn hinter einer Wand aus Wut.« So beschreibt Max in der ersten Sitzung seine Bindungsstrategie. Ein Jahr hat er gebraucht, um diesen Termin zu vereinbaren. Vor sieben Jahren ist sein Vater gestorben. Als er davon spricht, erscheint eine Träne, die er schnell wegwischt. Mit einer wegwerfenden Handbewegung spricht er über seine Depression und seine Angst, dass sich der Umzug seines Partners, Carlos, in eine andere Stadt als dauerhaft erweisen könnte.

MAX: Nach außen versuche ich, selbstsicher und voller Selbstvertrauen zu wirken – das bin ich aber nicht. Schon kleinste spitze Bemerkungen anderer machen mich innerlich kaputt.

THERAPEUTIN: Und Sie schaffen es, nach außen nichts zu zeigen? Innerlich ist alles kaputt bei Ihnen und äußerlich sieht man Ihnen nichts an?

MAX: Ja, das ist eine echte Leistung. Ich musste ganz schön stark sein. Ich muss einfach alles in mir aufsaugen und mich dann mit anderen Dingen beschäftigen – na ja, Sie wissen schon, ich stelle es einfach in die Ecke und kümmere mich nicht mehr darum.

THERAPEUTIN: Innerlich sind Sie wütend und verletzt und äußerlich ...

MAX: Ja, ich bin total wütend und das zeige ich auch.

THERAPEUTIN: Verstehe ich richtig, dass die Wut einen Teil der Wand darstellt, hinter der Sie sich verstecken? Ich habe den Eindruck, das fühlt sich nicht richtig an für Sie. Innerlich erleben Sie sich als kaputt und völlig am Boden und äußerlich ist da eine Wand voller Wut?

MAX: Ja.

## Ängstlichkeit und Vermeidung im Konflikt: 1. Beispiel

Leon bringt folgendes Bild mit in die Therapie: Er fühlt sich wie ein verletztes Tier, voller Angst berührt zu werden.

LEON: Ich glaube, in mir gibt es emotionale Bereiche, mit denen ich erst gar nicht in Kontakt kommen möchte. Und ich bin überzeugt davon, dass ich deshalb in der Lösung meiner Probleme nicht weiterkomme.

THERAPEUTIN: Zum Teil wollen Sie über Ihre ganze Angst und Traurigkeit hinweggehen und einfach nur Leon sein? Sogar eben, als wir gerade anfingen darüber zu sprechen, wie traurig es sich anfühlt, mit ganz wenig Wasser in der Wüste zu sein, da sagten Sie: »Normalerweise lasse ich gar nicht zu, zu spüren, wie traurig mein Leben im Moment ist.« (Leon: Ja) Wow!

LEON: Ja, ich habe das einmal mit einem verletzten Tier verglichen. Es ist wie eine Wunde, die heilen soll. Aber es tut so weh, dass das Tier niemanden an die Wunde heranlässt, um sie zu behandeln.

THERAPEUTIN (empathisches Spiegeln in der ersten Person[40]): »Innerlich fühle ich mich wie dieses verwundete Tier ... Ich weiß, dass ich die Berührung brauche. Ich weiß, dass ich jemandem brauche, der diese Stelle berührt. Ich weiß aber, dass es weh tun wird«. Ist das so? (Leon nickt). Das Bild des verletzten Tiers steht für: »Komm mir nicht zu nahe – rühr mich nicht an«? Wie fühlt es sich in diesem Moment an, das zu sagen? Ist das – ohhh – beängstigend oder spüren Sie den Schmerz?

LEON: Hmm (mit einem leisen Lächeln) – ich neige dazu, das abzutrennen (er schmunzelt und malt eine imaginäre Wand in die Luft), dann kann ich diese Schutzwand stehen lassen.

THERAPEUTIN: So, Sie haben sie wieder hochgezogen?

LEON: Ja – und jetzt hätte ich gern ein Glas Whisky.

## Ängstlichkeit und Vermeidung im Konflikt: 2. Beispiel

Wenn Simone ihr Erleben beschreibt, dann vergleicht sie es mit einem Cartoon, in dem ein kleiner Mann wild um sich schlagend und tretend versucht, mit anderen in Kontakt zu kommen und ein stärkerer Mann drängt ihn immer wieder zurück, so dass er mit nichts und niemanden in Kontakt kommen kann. Simone, arbeitslos, depressiv und ängstlich, ist wütend auf ihren früheren Arbeitgeber und hat die Nase voll von ihren Angehörigen und Kollegen. Ein Teil von ihr möchte mit anderen in Kontakt kommen und sehnt sich danach, wertgeschätzt und verstanden zu werden. Ein anderer Teil von ihr sagt: »Allein bin ich besser dran.« In ihrer Bindungsstrategie erlebt sie den Konflikt zwischen Angst und Vermeidung als einen inneren Kampf zwischen einem mit der Angst verknüpften Druck auf der Brust, den sie mit dem »kleinen Mann, der mit den Armen blindlings um sich schlägt in der Hoffnung, jemanden zu erreichen« beschreibt, und einer körperlich spürbaren, abweisenden kalten Hand, die sie festhält. Zwei Bindungsstrategien – ängstlich versus vermeidend – kämpfen gegeneinander an. Schaut Simone die beiden Teile getrennt voneinander an, kann sie sich in

---

40 Das Sprechen in der ersten Person, d. h. anstelle des Klienten, wird in der EFT als »Doppeln« (englisch »proxy voice«) bezeichnet.

beide Positionen hineinversetzen: »Erst gerate ich in Panik und schlage wütend um mich und dann erstarre ich und tue nichts.«

In unterschiedlichen Bildern beschreiben diese vier Personen die universellen Bindungsstrategien; Strategien, die immer dann zum Zug kommen, wenn es an verlässlichen, vertrauten und responsiven Gegenübern fehlt, die Trost spenden und beruhigen. »Soziale Systeme dienen der emotionalen Regulation von Individuen« (Coan u. Maresh, 2014, S. 223). Steht ein solches Regulationssystem nicht zur Verfügung, können Menschen zu Gefangenen hyperaktivierender Muster voller Angst, Schmerz und nicht enden wollender Fragen werden. Andere bleiben in solchen Momenten möglicherweise in deaktivierenden, Gefühle unterdrückenden Mustern stecken; sie schlucken ihren Schmerz herunter, ignorieren die Trauer, »stellen sie in die Ecke« und verstecken das innere Chaos hinter einer Wand aus Wut. Wiederum andere finden sich in einem ängstlich-vermeidenden Muster wieder, in dem hyperaktivierende und deaktivierende Strategien um die Vorherrschaft kämpfen. Sie durchleben unter Umständen das Chaos des verletzten Tiers, sehnen sich nach Hilfe und Trost und weisen gleichzeitig andere aus Angst vor Verletzung zurück. Oder sie fühlen sich wie der kleine, um sich schlagende Mann, der verzweifelt nach Nähe sucht und dabei von einer kalten inneren Hand zurückgehalten wird.

## Das EFT-Modell therapeutischer Veränderung in der Einzeltherapie

Sowohl die Interventionen als auch die drei Phasen der EFT lassen sich auf das therapeutische Einzelsetting übertragen. Gleiches gilt für die beiden Schlüsselelemente der Veränderung: die Tiefe des emotionalen Erlebens und neue, Verbindung schaffende Interaktionen, wie sie insbesondere in den Phase-2-Veränderungsereignissen stattfinden. Lassen Sie uns zunächst einen Blick auf die Phasen der EFT im Einzelkontext werfen, bevor ich Ihnen ein Fallbeispiel präsentiere. Im Anschluss beschreibe ich die Interventionen, die diesen Veränderungsprozess steuern und verdeutliche anhand eines weiteren Fallbeispiels, wie ein Enactment mit einer früheren Bindungsfigur aussehen kann.

### Phasen der Veränderung

Die therapeutische Veränderung in der Einzeltherapie ruht auf einer sicheren Basis echter, empathischer Responsivität von Seiten der Therapeutin. In Phase 1 werden die ineffektiven Muster der Emotionsregulation in Krisenmomenten nachvollzogen. Der Fokus richtet sich hierbei auf die drei wesentlichen Beziehungskontexte: die Beziehung zwischen Therapeutin und Klient, aktuelle Beziehungen des Klienten und die Beziehungen seiner inneren Welt einschließlich Beziehungen zu früheren Bindungspersonen sowie der Beziehung zwischen gegensätzlichen Selbstanteilen. In Phase 1 werden Kernemotionen, die den ineffektiven Beziehungsmustern zugrunde liegen und sie antreiben, zugänglich gemacht. Phase 2 dient der Korrektur emotionalen Erlebens; die Vertiefung und genauere Erkundung, das Reprozessieren der Kernemotionen erweitert zuvor erstarrte Verhaltensmuster und macht sie flexibler, neue Broaden-and-Build-Muster können sich in verschiedenen Beziehungskontexten entwickeln. Eine neue Selbst- und Fremdwahrnehmung kristallisiert sich heraus (s. unterer Kreis in Abbildung 6) und wird in Phase 3 integriert und konsolidiert.

In Abbildung 6 steht die obere Kreisreihe für die inneren und äußeren Systemkreise eines Individuums. Das Selbst ist eingebettet in und wird geprägt von der Therapeut-Klienten-Beziehung, aktuellen Beziehungen und Beziehungen zu früheren Bindungspersonen bzw. dyadischen inneren Anteilen. Bowlby (1973) zufolge ergänzen sich die inneren und äußeren Kreise eines Systems und halten sich gegenseitig im Gleichgewicht. Mit anderen Worten: interpersonale Muster spiegeln und beeinflussen wechselseitig inneres Erleben und Selbstbild (Costello, 2013). Wie in der Arbeit mit Paaren lassen sich auch bei Einzelklienten in Phase 1 sowohl hyper- als auch deaktivierende Muster der Emotionsregulation identifizieren. Kennzeichen hyperaktivierender Muster sind hohe Erwartungen an sich selbst, während nach außen demonstriertes Selbstvertrauen auf deaktivierende, Bindungsbedürfnisse verleugnende Muster hinweist. Die Identifikation des Musters öffnet Türen zu primären, meist unausgesprochenen und der Wahrnehmung nicht zugänglichen Kernemotionen des Klienten, die jetzt erlebt und aufgefächert werden können.

Das Auffächern zuvor zugänglich gemachter Kernemotionen führt zu den korrigierenden emotionalen Erfahrungen von Phase 2. Die transformativen Veränderungsereignisse verändern Bindungsstile und versetzen Klienten in die Lage, sichere Bindungen zu (zumindest einigen) anderen und in sich selbst aufzubauen. In den Sitzungen lädt die Therapeutin zu korrigierenden emotionalen Erfahrungen in der Therapeut-Klienten-Beziehung, der Beziehung zu aktuell bedeutsamen Menschen und mentalen Repräsentationen früherer Bindungsfiguren ein. Sie unterstützt ihre Klienten darin, Lösungen für Konflikte zwischen dyadischen[41] Anteilen ihres Selbst zu entwickeln. Diese Erfahrungen führen zu

---

41 »Dyadisch« ist ein Schlüsselbegriff in der EFT – im Bindungskontext fokussieren wir auf zwei zentrale Selbstanteile, die in Kontakt gebracht werden: meist das verletzte jüngere Selbst, das gezwungen war, Coping-Bindungsstrategien zu entwickeln, mit dem weiseren, reiferen gegenwärtigeren Selbst.

grundlegenden Veränderungen, die sich in neuen Wegen der Interaktion und Beziehungsgestaltung zeigen. Indem positive Intentionen miteinander in Konflikt stehender innerer Anteile zugänglich gemacht und sichere Bindungen zu aktuell und in der Vergangenheit bedeutsamen Menschen entwickelt werden, verändern sich auch die inneren Arbeitsmodelle von Klienten dahingehend, sich selbst als liebenswert, wertvoll und kompetent und andere als zuverlässig und vertrauenswürdig zu sehen.

Neue, umstrukturierte Bindungen zwischen sich und einigen sicheren anderen Menschen wirken sich auf die Selbstintegration aus. Das korrigierende emotionale Erleben von Phase 2 ebnet den Weg zu einer sicheren Basis, geprägt von neuer Selbst- und Fremdwahrnehmung. Mit Hilfe neu entdeckter interpersonaler und intrapsychischer Ressourcen können in Phase 3 mit Unterstützung der Therapeutin unterschiedlichste Anliegen und Probleme bearbeitet werden. Dieser Prozess erweitert und stärkt neu entstandene Broaden-and-Build-Zyklen.

## Die Entwicklung einer neuen Bindungsstrategie: von hyperaktivierender Panik zur Liebe zum Leben und zur Verbindung mit anderen

Am Beispiel von Ludwig, einem erfolgreichen Wirtschaftsprüfer, lässt sich verdeutlichen, wie sich das Selbst- und Fremdbild eines Klienten im Prozess des Nachverfolgens und Reprozessierens verändert und zur Entwicklung eines neuen Bindungsstils »effektiver Abhängigkeit« führt. Effektive Abhängigkeit lässt Flexibilität und Resilienz wachsen und fördert das Wohlbefinden von Klienten. Auf dem sicheren Boden einer empathischen, akzeptierenden und ehrlichen Beziehung zur Therapeutin wächst bei Ludwig die Bereitschaft, mit tiefen Emotionen in Kontakt zu kommen und seinem inneren Erleben zu vertrauen. Damit sind die entscheidenden Ziele einer EFT-Einzeltherapie erreicht.

Zu Beginn der Therapie ist er tief depressiv und nicht arbeitsfähig. Er ist wieder zum starken Raucher geworden und nimmt regelmäßig Beruhigungsmittel ein. Im Entwirren und Auffächern seines gegenwärtigen emotionalen Erlebens öffnet er sich und beschreibt, wie er gewissermaßen unter Zwang immer mehr Tiere des örtlichen Tierheims in Pflege nimmt – und darüber seinen Beruf vernachlässigt. Sein vierzigster Geburtstag steht bevor und er ist noch immer ein »einsamer Junggeselle«; ein Gedanke, der ihn fast zur Verzweiflung bringt. Dank des empathischen Engagements seiner Therapeutin, die einfühlsam seine Muster herausarbeitet, mit denen er einer Serie bedeutsamer Verluste begegnete, entwickelt er ein tiefergehendes Verständnis für seinen Copingstil. Ihm wird klar, dass seine raschen Urteile und Abwertungen dazu dienen, seine Emotionen auf Abstand zu halten. Mit harscher Selbstkritik kämpft er gegen die Traurigkeit und den Schmerz an, die zu seinen ständigen Begleitern geworden sind.

In dem Moment, in dem die Therapeutin dieses Muster als Ludwigs »bestmöglichen Versuch, mit seinen ungeheuren Verlusten zu leben« validiert, macht sich in ihm tiefe Trauer über den Verlust seiner ersten und einzigen Liebesbeziehung breit. Intensiv erlebt er nochmals die Trauer um Anna, seine längst verflossene Liebe, aber auch über den Tod seines geliebten Hundes und den Verlust seiner Zwillingsschwester. Wie gern würde er noch einmal die Stimme seiner Schwester hören und erleben, dass sein Hund Griffin auf seinen Schoß springt. Er erkennt, wie er hyperaktivierend, ganz auf seine Selbstvorwürfe konzentriert, seine Trauer bekämpft. So wirft er sich vor, Anna geschwängert und das Leben seiner Schwester nicht gerettet zu haben. Je klarer er dieses Muster erkennt, desto freier wird er für die heilsame Erfahrung kohärenter Kernemotionen, mit denen er nun seinen Frieden schließt. Er trauert angesichts seiner schweren Verluste, lässt die »verlorenen« Teile seines Selbst wieder genesen und die Bindung an seine Schwester und an Griffin wieder lebendig werden – Bindungen, die er verloren geglaubt hatte.

In Phase 1 liegt der Schwerpunkt der Arbeit darauf, nicht nur Ludwigs Muster nachzuverfolgen und ihn in Kontakt zu seinen zugrunde liegenden Kernemotionen zu bringen, sondern auch seine Aufmerksamkeit für die Ausweichmanöver zu schärfen, mit denen er der primären Trauer und der primären Traurigkeit aus dem Weg geht. Wann immer diese Gefühle bei ihm anklopfen, entwickelt er in seinem hyperaktivierenden Muster Ängste vor dem eigenen Tod, sorgt sich um misshandelte Tiere und nimmt ein Haustier nach dem anderen aus dem Tierheim auf. Im Rückblick auf Ludwigs Lebensgeschichte wird deutlich, dass seine Bemühungen, andere um Unterstützung zu bitten, zu Enttäuschungen führten. Er beginnt zu erkennen, dass er seine Bedürfnisse anderen gegenüber selten klar kommuniziert hat; stattdessen reibt er sich in der Rekrutierung Ehrenamtlicher für das Tierheim auf. Auf diese Weise isoliert er sich emotional von anderen, da deren Reaktionen auf seine Rekrutierungsbemühungen natürlich nicht dem entsprechen, wonach er sich im tiefsten Inneren sehnt.

Hat der Klient Zugang zu den Kernemotionen gewonnen, die seinen vertrauten Mustern zugrunde liegen, öffnet sich die Tür zu Phase 2. Je mehr es Ludwig gelingt, wieder die Verbindung zu Griffin, seinem verstorbenen Hund, zu spüren, und das nährende Band zwischen sich und seiner Schwester lebendig werden zu lassen, desto mehr verändert sich auch sein Selbstbild. Sein Arzt – für ihn bisher der Vorbote des Todes – wird nun zu einer Quelle der Unterstützung.

Ludwig nimmt sich zunehmend als liebenswert wahr; die Vorstellung, sich noch einmal zu verlieben und es wert zu sein, geliebt zu werden, gewinnt Raum.

Das hat Auswirkung auf seine automatischen Reaktionsmuster. In Momenten der Bindungsbedrohung greift er nun seltener zu Zigaretten und Beruhigungsmitteln, sondern wendet sich Freunden und Verwandten mit der Bitte um Unterstützung und Zuwendung zu. Therapeutisch unterstützt, lässt er voll und ganz eine tiefe Trauer zu, immer noch Junggeselle zu sein, mit seiner Angst, sich zu verabreden und bleibt seinen Selbstvorwürfen und Schuldgefühlen auf der Spur, die ihn begleiten, seit er Anna geschwängert hat und dann von ihr zurückgewiesen wurde. Gemeinsam gehen Ludwig und die Therapeutin durch diese Emotionen hindurch, reprozessieren sie und hören aus den Kernemotionen seine Bedürfnisse heraus. Durch das neu gestaltete Bindungsband ist er in der Lage, enger mit seiner Yogagruppe zusammenzuwachsen, mit der er sich jeden Samstag zum Frühstück trifft; ein Band, das er nährt und das ihn nährt. Er spürt, wie seine Motivation, an die Arbeit zurückzukehren, wächst und fühlt sich zunehmend bereit, diesen Schritt zu gehen. Die dort an ihn gestellten Erwartungen, die Projekte, mit denen er befasst sein wird, gewinnen wieder an Bedeutung. Immer häufiger kann sich Ludwig eine für beide Seiten sowohl fachlich als auch menschlich befriedigende Zusammenarbeit mit den Kollegen vorstellen.

In Phase 3 lädt die Therapeutin Ludwig ein, nochmals einen Blick auf die Veränderungen zu werfen, die sich ereignet haben. Sein Selbstbild eines abstoßenden, nicht liebenswerten Menschen in ständiger Furcht vor einer unheilbaren Krankheit, der andere als wenig einfühlsam und bedrohlich erlebte, hat sich verschoben zu einem Bild von sich als wertvoll, liebenswert und lebendig und von anderen als fürsorglich und unterstützend. Nach 16 Therapiesitzungen wirft Ludwig in der Schlusssitzung einen Blick auf seine neuen Zyklen emotionaler Regulation, die es ihm erlauben, verlässliche Menschen in seinem Umfeld klar und eindeutig um Unterstützung zu bitten und das Erleben seiner selbst in Beziehungen zu feiern. Beziehungen, die er eingeht, erlebt er als unterstützend, während er sie gleichzeitig als sinnvolle Gelegenheit begreift, Fürsorge anzubieten. Er verfügt jetzt über ein neues Narrativ seiner Reise, die ihn von der Verzweiflung zur Lust am Leben gebracht hat; eine Reise bei der aus den »Wogen der Angst« »Triebfedern und Energie« für das Leben wurden.

**Interventionen für Veränderung**

Die aus der Paartherapie bekannten Interventionen (Kapitel 2) kommen auch in der Einzeltherapie zur Anwendung. Hier eine Übersicht:

**Interventionen, um eine Allianz aufzubauen und emotionales Erleben zu erreichen, zu erweitern und zu reprozessieren**
1. Empathisches Spiegeln als Kernintervention der EFT, die Sicherheit schafft sowie Koregulation und Fokussierung ermöglicht
2. Würdigen der Klientenrealität, der emotionalen Reaktionen und des Wunsches nach Trost und Fürsorge
3. Evokatives Reagieren, d. h. Herausfiltern und erneutes Erleben sämtlicher Elemente der Emotion (»Kaum spürten Sie Ihre Traurigkeit ein kleines bisschen, wechselten Sie das Thema und erzählten eine lustige Geschichte über Ihren Bruder. Können wir nochmal an den Punkt zurückgehen, an dem Sie gewissermaßen in einen anderen Gang schalteten?«)
4. Hervorheben, um die Wahrnehmung zu verstärken und das emotionale Erleben zu vertiefen (Wiederholen, re-inszenieren, mit Hilfe von RISSSC refokussieren: wiederholen, Bilder benutzen, einfach, langsam, weich, Worte des Klienten nutzen)
5. Empathische Vermutungen, d. h. am äußersten Punkt des Erlebens Schlussfolgerungen anbieten

**Interventionen, um Muster nachzuverfolgen und neue Broaden-and-Build-Zyklen zur Emotionsregulation zu entwickeln**
1. Nachverfolgen und Spiegeln von Interaktionsprozessen unter Herausarbeitung von Mustern und Positionen (wie kongruentes Aufeinander-Zugehen oder Hyper- bzw. Deaktivierung zur Regulation belastender Emotionen)
2. Reframen des Erlebens in den Bindungskontext
3. Gestalten neuer Interaktionen durch Enactments oder experimentelle Übungen (Johnson, 2009), gegebenenfalls auch im Dialog zwischen Therapeutin und Klient. Im Prozessieren des emotionalen Erlebens des Klienten in Momenten des Sich-Öffnens bzw. Annehmens einer Reaktion ist die Therapeutin Teil der Gestaltung neuer Interaktionsmuster. Enactments können auch imaginiert werden (z. B. »Was könnten Sie ihm/ihr in einem solchen Moment sagen? Wie würde er/sie darauf wohl reagieren?«) oder sie finden direkt mit imaginierten Personen bzw. zwischen zwei Anteilen des Selbst statt.

## Die fünf Moves des EFT-Tangos in der Einzeltherapie

Paartherapeuten, die die EFT in ihre Arbeit mit Einzelklienten übertragen möchten, können sich auch in diesem Kontext an den fünf Moves des EFT-Tangos orientieren, der sämtliche Interventionen der EFT integriert (Brubacher u.

Johnson, 2017; s. Kap. 2). Mit Hilfe dieser grundlegenden Abfolge ist es möglich, in allen Phasen der EFT kleinste Momente korrigierenden emotionalen Erlebens zu gestalten.

Konkret bedeutet das: Bleiben Sie zunächst dem inter- und intrapersonellen emotionalen Prozess auf der Spur, identifizieren Sie den Trigger und verknüpfen Sie a) das limbische subkortikale »Pass auf!«-Signal zur Unterscheidung zwischen »es ist sicher, du kannst dich nähern« und »gefährlich – vermeiden«, b) die körperliche Reaktion, c) die kognitive Bewertung und Bedeutungszuschreibung – das Selbst- und Fremdbild – und d) den typischen sich daraus ergebenden Handlungsimpuls (was der Klient tut bzw. am liebsten tun möchte) miteinander. In diesem, den gegenwärtigen Prozess spiegelnden Ablauf, verknüpft die EFT-Therapeutin mittels einfacher Spiegelungen die einzelnen Elemente von Emotionen miteinander und verfolgt den Zyklus nach. Sekundäre (überdeckende, reaktive) Emotionen und miteinander in Konflikt stehende Anteile des Selbst werden validiert.

Nach der Validierung reaktiver Emotionen beschäftigt sich die EFT-Therapeutin näher mit den dem gegenwärtigen Prozess zugrunde liegenden Kernemotionen und fächert sie auf. Stehen beispielsweise zwei Selbstanteile miteinander in Konflikt, wird für beide Anteile die jeweils antreibende Kernemotion herausgearbeitet. Hierzu ein Beispiel: »Hinter der kalten und entschlossenen Distanz, die Sie zu Ihrer Familie halten, verbirgt sich die wahnsinnige Angst, Ihrer Familie nichts mehr zu bedeuten; neben der Frau, die sich bitter über die Entfremdung von ihren Geschwistern beklagt, steht eine Schwester, die sich nach deren Liebe sehnt.«

Im zweiten Tango-Move werden tiefergehende bzw. neue Emotionen bearbeitet. Als Interventionen kommen Spiegeln, evokative Fragen sowie das Äußern von empathischen Vermutungen und Hervorheben des Gesagten zum Einsatz. Sie alle dienen der Vertiefung und Herauskristallisierung der Kernemotionen. Emotionale Anker, Bilder oder die Wiederholung des vom Klienten Gesagten tragen ebenfalls dazu bei, Klientenerleben zu aktivieren und innezuhalten, um dieses Erleben in aller Ruhe zu würdigen und aus verschiedenen Perspektiven zu entdecken.

Im dritten Tango-Move lädt die Therapeutin den Klienten ein, in klaren und einfachen Worten die eigenen primären Emotionen mitsamt den darin eingebetteten Bedürfnissen und der damit verbundenen Motivation in Besitz zu nehmen. Diese Worte können gegenüber der Therapeutin, einer imaginierten Person bzw. zwischen zwei in Konflikt stehenden Selbstanteilen ausgesprochen werden. Mehr dazu finden Sie in den unten beschriebenen Übungen.

In einem vierten Move wird das Erleben des soeben beschriebenen Enactments/Ausdrucks bearbeitet (»Wie hat es sich angefühlt, das so zu sagen?« »Wie fühlt es sich an, das zu hören?«). Unabhängig davon, ob der Dialog in imaginativer Form mit einer anderen Person stattfindet, zwei Selbstanteile sich hypothetisch unterhalten oder sich der Dialog als Enactment mit der Therapeutin vollzieht, immer wird das damit verbundene Erleben bearbeitet. So lassen sich Interaktionen zwischen Klient und Therapeutin beispielsweise folgendermaßen direkt bearbeiten: »Wie ist es für Sie, so etwas zu tun – mir zu sagen: ›Ich habe Angst, Ihnen in die Augen zu schauen, weil ich weiß, dass sich dann mein Schmerz in Ihrem Gesicht spiegelt. Diesen Schmerz voll und ganz zu sehen, würde mich vollends aus der Bahn werfen‹?«

Den Abschluss bildet der fünfte Move – die Integration, Validierung, Spiegelung und das Hervorheben des Geschehenen. In dieser letzten Bewegung fasst die Therapeutin die Risiken und Schritte, die der Klient auf sich genommen hat, zusammen und feiert das Erreichte. Sie validiert sowohl das innere Erleben als auch die interpersonale Beziehung des Klienten und hebt die Wendung hervor, die der Tanz des Klienten genommen hat. In diesem letzten Move des EFT-Tangos wird die Bereitschaft und Fähigkeit des Klienten, neue Risiken einzugehen, auf andere zuzugehen und die Veränderung seines Selbst- und Fremdbilds von der Therapeutin integriert und konsolidiert.

**Experimentelle Übungen mit Enactments**

»Übergeordnetes Ziel der EFT mit Einzelklienten ist es, primäres emotionales Erleben zu reprozessieren; dieses Ziel kann auf unterschiedliche Art und Weise erreicht werden. So sind beispielsweise experimentelle Übungen dazu geeignet, Klienten aktiv zu beteiligen und korrigierendes emotionales Erleben zu ermöglichen« (Johnson, 2009, S. 417). In diesen auf Bindungsängste bezogenen Übungen findet ein vertieftes Einlassen auf Kernemotionen statt. Johnson schlägt solche Dialoge in Form von Enactments vor: zwischen zwei gegensätzlichen Selbstanteilen, zwischen zwei sich widerstreitenden Bindungsstrategien, die das emotionale Erleben blockieren, zwischen dem Selbst und der inneren Repräsentation einer Bindungsfigur und zwischen dem Selbst und einer relevanten Person, die den Klienten missbraucht oder verletzt hat (Johnson, 2009).

Dialoge und Enactments lassen sich formen mit einem inneren Bild einer sicheren Bindungsfigur des Klienten aus der Vergangenheit, die ihm in Momenten, in denen er sich verletzlich bzw. angreifbar fühlt, Sicherheit gibt und Mut zuspricht. In Dialogen und Enactments können auch alte Schmerzen und Verletzungen heilen, wie das weiter unten aufgeführte Beispiel von Simone anhand eines Dialogs mit ihrer imaginierten Mutter zeigt.

Auch interpersonale Traumata und Missbrauch lassen sich mithilfe von Enactments reprozessieren. Dabei kann der Klient, muss aber nicht, in die Position des Täters gehen. Hierbei sorgt die Therapeutin mit größter Umsicht dafür, dass die Verantwortung beim Täter bleibt und nicht auf den Klienten übertragen wird, der Wunsch des Klienten nach dauerhaftem Abstand zum Täter gewürdigt und respektiert wird. Missbrauchsfolgen können auf diesem Weg *innerlich* heilen, auch wenn Vergebung und Wiedergewinnung von Vertrauen in Bezug auf diese Person oft nicht möglich bzw. gewünscht sein mag.

Um korrigierendes emotionales Erleben zu ermöglichen, können in Phase 1 und 2 explizite, ausgesprochene Enactments als Dialog des Klienten mit einem nur in der Vorstellung anwesenden Gegenüber hilfreich sein. In anderen Fällen reicht es aus, den Klienten zu bitten, sich vorzustellen, was er sagen bzw. wie das Gegenüber reagieren könnte. Gleiches gilt für eine Dyade konflikthaft verbundener innerer Anteile; hier kann die Therapeutin einen expliziten Dialog zwischen diesen inneren Anteilen choreografieren oder den Klienten durch einen Prozess leiten, in dessen Verlauf die Kernemotionen beider Anteile reprozessiert werden. Welches Vorgehen wann genutzt wird, hängt vom Stil der Therapeutin und dem Befinden des Klienten ab. Manche Therapeuten gestalten solche Enactments mit zwei Stühlen[42], andere laden dazu ein, sich lediglich imaginativ in verschiedene Positionen hineinzubegeben (Johnson, 2009; Paivio u. Pascal-Leone, 2010). Das in diesem Kapitel vorgestellte Fallbeispiel illustriert, wie körperliche Bewegung – die nicht zwingend erforderlich ist – das Bewusstsein für die Unterschiede zwischen Anteilen schärft, emotionales Erleben vertieft und die Tiefe des sich in solchen Momenten oft entwickelnden Dialogs zur Integration von rechter und linker Gehirnhälfte beitragen kann.

**Die Bindung zu einer Bindungsfigur aus der Vergangenheit neu gestalten**
Unten stehend finden Sie Auszüge aus einem Transkript einer Sitzung mit Simone, die wir bereits kennengelernt haben. In dieser Sitzung gestaltet die Therapeutin Enactments zwischen Simone und ihrer verstorbenen Mutter,

---

42 Hierzu schreibt Brubacher im ICEEFT-Newsletter Nr. 45, Frühjahr 2020: Ergänzend zu Johnsons theoretischen Ausführungen und ihrer EFIT-Praxis möchte ich Therapeuten dazu ermutigen, darauf zu vertrauen, dass am Prozess zu bleiben, ihm zu folgen und zu ordnen therapeutisch wirksam ist – auch ohne, dass Klienten dabei die Stühle wechseln. Prüfen Sie selbst anhand von Fallbeispielen aus meinen früheren Veröffentlichungen oder in Demonstrationsvideos, in denen ich die Klienten zum Stuhlwechsel auffordere, wie einfach sich das emotionale Reprozessieren auch ohne die Positionsveränderung hätte gestalten lassen. Überlegen Sie deshalb bei jedem Klienten, welches Vorgehen jeweils das Geeignetste sein wird, um dem emotionalen Prozess Ihres Klienten zu folgen, ihn zu ordnen und korrektives emotionales Erleben im EFT-Tango zu gestalten und zu bearbeiten.«

Caroline, mit dem Ziel, die Bindung neu zu gestalten. Das Transkript setzt zu einem Zeitpunkt ein, zu dem Simones Zyklen bereits deeskaliert waren. Diese Zyklen waren beherrscht von Simones Misshandlungserfahrungen und Momenten, in denen sie sich von anderen im Stich gelassen fühlte und an sich und ihren Fähigkeiten zweifelte. In der vorhergehenden Sitzung war es Simone gelungen, einige der negativen Zyklen zwischen sich und der Repräsentation ihrer Mutter im Rahmen von Enactments zu ändern und dadurch die von Selbstkritik und Selbstzweifeln geprägten Zyklen, die zu Lebzeiten der Mutter ihre Interaktion kennzeichneten, zu deeskalieren. In der aktuellen Sitzung fühlt sich Simone bereit, in Phase 2 einzutreten, um die Beziehung zu ihrer verstorbenen Mutter, Caroline, neu zu gestalten. Entsprechend dem EFT-Modell zur Überwindung von Bindungsverletzungen (AIRM) in Kapitel 11 geleitet die Therapeutin Simone durch den Heilungsprozess zwischen ihr und ihrer Mutter.

THERAPEUTIN: Was geht in Ihnen vor, wenn Sie sich Caroline mit all ihrer Schwarzmalerei vorstellen? [Evozieren der emotionalen Bedeutung eines unabgeschlossenen Erlebens]
SIMONE: Das fühlt sich ... hmm ... irgendwie beengt an. Innerlich ganz schwer. Als wäre ich ... steckengeblieben ... ja, irgendwie körperlich steckengeblieben ... die Muskeln angespannt ... unbeweglich und wie – das fühlt sich einfach unheimlich eng an (während des Sprechens ballt sie die ganze Zeit die Fäuste vor ihrem Oberkörper).
THERAPEUTIN: Ah ja, das zeigt, womit Sie zurückgeblieben sind [Therapeutin spiegelt ihre geballten Fäuste vor dem Körper; greift den körperlichen Ausdruck ihres emotionalen Erlebens auf und validiert die Einengung, die Simone erlebt]. So ... das hört sich fast nach Caroline an.
SIMONE: Ja, das stimmt (lacht leise).
THERAPEUTIN: Das ist Carolines Haltung –
SIMONE: Genau.
THERAPEUTIN: Wie fühlt es sich an, so festzustecken, so zurückgehalten zu werden?
SIMONE: Nur so habe ich überlebt – meine Meinung zurückgehalten, niemandem gesagt und gezeigt, was ich gedacht habe oder wie ich handeln würde. Ich war in vielerlei Hinsicht angepasst oder habe gleich aufgegeben. Und wissen Sie was? Dabei habe ich mich immer mehr von mir entfernt.
THERAPEUTIN: Oh – das ist ganz schön traurig [spiegelt die am Rand liegende Emotion], all dieses Zeug, das Ihnen fast die Luft zum Atmen genommen hat. [Vorbereitung eines Enactments, um den Schmerz gegenüber der Repräsentation der Mutter auszudrücken]

THERAPEUTIN: Können Sie sich vorstellen, Caroline zu sagen: »So sehr hast du mich zurückgehalten, so sehr mich von mir selbst ferngehalten?« [Ziel ist, an das innere Erleben der Enge anzuknüpfen.]

SIMONE: Okay. Mama, ich weiß (tiefes Seufzen), vor langer Zeit sagte ich, dass ich ... hmm ... ich ..., dass ich Tierärztin werden und mit Tieren arbeiten wollte und du hast diese Idee nie, wirklich nie unterstützt ... hmm ... ich weiß nicht, warum, aber ich habe keinerlei Unterstützung von dir bekommen. Im Gegenteil – du hast sogar noch mit mir geschimpft, weil ich das Wort »Veterinärin« nicht buchstabieren konnte und stattdessen »Tierärztin« sagte. Und du warst richtig aufgebracht. Ich hatte immer das Gefühl – egal, was ich vorschlug, egal, welche Gedanken, Träume und Ziele ich für meine Zukunft hatte – du hast es immer geschafft, alles zu ... ja, kaputtzumachen. Aber für mich ... weißt du, als du sagtest: »Du kannst es nicht buchstabieren, also kannst du es auch nicht werden«, das war für mich, als würdest du mit einem Satz meine Träume und meine Hoffnungen zerstören. Mir fehlten die Worte. Du hast mich kalt erwischt.

THERAPEUTIN: Wiederholen Sie den Satz: »Du hast meine Träume zerstört.« [Hervorheben mittels RISSSC – wiederholen, Bilder benutzen, einfach, langsam, weich, Worte des Klienten nutzen: anstelle der erhofften Wertschätzung *zerstört* die Bindungsfigur]

SIMONE: Du hast meine Träume zerstört, ich habe keinen Sinn mehr darin gesehen. Du hast mich zerstört – einen Menschen, der gern in viele Richtungen dachte, Optionen abwägte – all das hast du zerstört – und jetzt finde ich es nicht mehr in mir. Du hast einfach meine Hoffnung vernichtet, meine Träume, mein Gefühl dafür, wer ich sein wollte. All das hast du zum Stillstand gebracht.

THERAPEUTIN: Und wie fühlt es sich an, ihr das jetzt zu sagen – ihr so deutlich zu zeigen, wie sie Sie zerstört hat? [Schlüsselwort aufgreifen] Was empfinden Sie jetzt ihr gegenüber? [inneres Erleben evozieren, Kernemotion erschließen]

SIMONE: Ich weiß nicht – es kommt wenig zurück ... für mich fühlt sich das an wie ...

THERAPEUTIN: Vielleicht Traurigkeit – oder fast schon Wut? [empathische Vermutung]

SIMONE: Ich glaube, es ist eine Kombination aus beidem.

THERAPEUTIN: Dann – ja, dann sagen Sie ihr noch einmal: »Wie konntest du es wagen, mir das anzutun?« [die primäre Wut hervorheben]

SIMONE: Wie konntest du es wagen, mich zu behandeln, als wäre ich eine Puppe? Du kanntest mich eigentlich überhaupt nicht. Du hast mich überhaupt nicht verstanden. Du wusstest nicht, wer ich war, denn du hast mich nie danach gefragt. Ich hatte all meinen Mut zusammengenommen, um dir von meinem Traum, Tierärztin zu werden, zu erzählen und diesen Traum mit dir zu teilen und du hast alles zerstört.

THERAPEUTIN: Ja, genau – »Ich habe allen Mut zusammengenommen, um meinen Traum mit dir zu teilen und du, wie konntest du es wagen, alles zu zerstören!«
SIMONE: Wie konntest du es wagen!
THERAPEUTIN: Spüren Sie, wie es sich innerlich anfühlt, in Ihrer Vorstellung Caroline zu sagen: »Wie konntest du es wagen, meinen Traum zu zerstören«?
SIMONE: Jetzt spüre ich wieder diese Enge (schnappt nach Luft). Und das hast du auch noch vor der ganzen Familie gesagt! (schluchzt)
THERAPEUTIN: Haben Sie den Eindruck, sie versteht es?
SIMONE: Sie hört mich.
THERAPEUTIN: Würden Sie auch gern etwas von ihr hören? [bereitet ein Enactment vor; Simone setzt sich auf den anderen Stuhl]

[Vor Simones innerem Auge tauchen Momente auf, in denen sie gekämpft hat, den Schmerz anzunehmen/zu verleugnen und sie arbeitet heraus, wie es dazu kam.]

SIMONE (als Caroline): Ich wollte eigentlich gar nicht sagen, dass du keine Tierärztin werden könntest – ich weiß gar nicht, wie du darauf kommst. Deine Träume zerstört ... Was sind schon Träume? Träume sind etwas, was entweder passiert oder nicht passiert.
THERAPEUTIN: Als Caroline hatten Sie keine Vorstellung davon, wie Simone allen Mut zusammennehmen musste? Dass Sie sich so danach sehnte, *Ihnen* von diesem Traum zu erzählen – dass sie Unterstützung von *Ihnen,* Ihrer Mutter, brauchte?
SIMONE (als Caroline): Nein. Natürlich wusste ich, dass sie Tiere liebte und vielleicht gern mit Tieren arbeiten wollte, aber mir war überhaupt nicht klar, dass –
THERAPEUTIN: Ihnen war überhaupt nicht klar, wie sehr sie Sie brauchte? (Simone als Caroline: Nein) Sie hatten keine Vorstellung davon, wie wichtig es für Simone war, Ihnen von diesem Traum zu erzählen und auf Ihre Unterstützung bauen zu können?
SIMONE (als Caroline): Nein.
THERAPEUTIN: Ihnen war gar nicht klar, wie sehr Sie sie in dem Moment verletzt haben? [Simones Schmerz und erlebten Vertrauensbruch validieren]
SIMONE (als Caroline): Ja, ich sah schon, dass sie aufgeregt war. Aber ich dachte, das sei, weil sie das Wort nicht richtig aussprechen konnte – ich habe doch nicht geahnt, dass es war, weil ich –
THERAPEUTIN: Sie ahnten nicht, dass es darum ging, dass Sie – ihre Mutter – an sie glaubten, dass Simone Sie brauchte. Das wussten Sie nicht [Ausweitung des Dialogs mit der Therapeutin, in dem Simones legitime Bedürfnisse an ihre Mutter hervorgehoben und gewürdigt werden]. Können Sie jetzt zurückgehen und hören, was Simone dazu sagt?

[Stuhlwechsel]
[Klientin gewinnt Zugang zu ihren Bindungsängsten und -bedürfnissen und fasst sie in Worte.]
THERAPEUTIN: Hmm! Wie fühlt es sich für Sie an zu hören, dass Ihrer Mutter gar nicht klar war, wie sehr Sie sie brauchten? [Ziel ist das Evozieren der primären Bindungsemotion]
SIMONE: Nein, das war ihr in der Tat nicht klar.
THERAPEUTIN: Sie wusste wirklich nicht, dass Sie sie brauchten. Dass Sie ein Recht auf eine Mutter hatten, die Sie unterstützt [Das Schlüsselwort für ihre Bindungsängste/-bedürfnisse wiederholen und damit Bindungssamen säen]. Sie zuckt einfach mit den Schultern und sagt »Was ist schon ein Traum?« und sie sagt, dass sie Sie ja nur schützen wollte. [Spiegeln, das Schlüsselwort für die Bindungsängste wiederholen].
SIMONE: Also, das ist ... ja, das ist, als würden sich meine schlimmsten Befürchtungen bewahrheiten ... dass sie nicht für mich da war ... sie hat es einfach nicht verstanden. Sie ist nicht auf mich eingegangen und hat nicht versucht, mich zu verstehen. Sie ist einfach davon ausgegangen, dass ich schon selbst damit klarkäme. Aber es war verdammt hart, dabei so allein gelassen zu werden.
THERAPEUTIN: Ja, das war verdammt *hart,* so allein gelassen zu werden! Können Sie ihr das noch einmal sagen? Ihr sagen, wie hart es war, ganz allein gelassen zu werden? Dass sich Ihre schlimmsten Befürchtungen bewahrheiteten, als sie nicht auf Sie zuging?
SIMONE: Ja, das ist wie ... (tiefes Seufzen). Als ich größer wurde, hatte ich das Gefühl, dass du einfach nicht für mich da warst – aber ich brauchte eine Mama, keine Mutter. Ich brauchte eine Mama, die sich neben mich setzte und mich fragte, wie mein Tag gewesen war ...
THERAPEUTIN: Ich habe dich so sehr gebraucht! [Simone: Ja, genau.] Und du warst nicht für mich da.
SIMONE: Ich habe – ich brauchte dich so sehr und du warst nicht für mich da. Das tut weh. Das tut höllisch weh.
THERAPEUTIN: Und es tut immer noch weh – Sie fühlen den Schmerz immer noch tief in Ihrer Seele? [Hervorheben]
SIMONE: Ja, ich fühle ihn noch.
THERAPEUTIN: Und ich warte immer noch darauf, dass du es endlich verstehst, Mama. Ich brauche es, dass du es verstehst. [Fördern des Inbesitznehmens der eigenen Position]
SIMONE: Ja, ich brauche es immer noch, dass du es verstehst. Ich brauche es, dass du weißt, ich brauchte dich. Ich brauchte eine Mama, die mit mir sprach

und mich nicht immer nur beschwichtigte oder einfach sagte: »Ja, du kannst das machen.« Ich brauchte dich als jemanden, der mir zugehört hätte – und jemanden, der mir heute zuhört.

THERAPEUTIN: Ich brauchte es, von dir gehört und gesehen zu werden – um zu wissen, wer ich bin und um mich zu akzeptieren. [Spiegeln, im Tonfall der Klientin sprechen]

SIMONE: Ja – ich brauche es, dass du mich als Person annimmst.

[Die Klientin unterstützen, die imaginierte Person um Befriedigung ihrer Bindungsbedürfnisse zu bitten.]

THERAPEUTIN: Können Sie sie darum bitten?

SIMONE: Mama, kannst du das für mich tun? Kannst du mich annehmen – so wie ich bin? Kannst du versuchen, die Mama zu sein, die ich gebraucht hätte?

[Klientin geht das Wagnis ein, geht auf die Mutter zu.]

THERAPEUTIN: Lassen Sie es auf sich wirken – lassen Sie auf sich wirken, was für ein großer Schritt es ist, Caroline gebeten zu haben: »Kannst du mich annehmen – so wie ich bin? Kannst du die Mama sein, die ich gebraucht hätte?« [den Mut und das Wagnis hervorheben – ohne zu wissen, wie Caroline reagieren wird]

SIMONE: (seufzt)

THERAPEUTIN: Es braucht wirklich Mumm, eine Menge Mut, von diesem tiefen Schmerz in Ihnen zu sprechen [den Mut würdigen, das auf die Mutter Zugehen hervorheben].

THERAPEUTIN: Wie fühlt es sich jetzt an, sie darum gebeten zu haben? Ziemlich beängstigend?

SIMONE: Ganz schön beängstigend.

THERAPEUTIN: Genau. Können Sie ihr sagen, wie beängstigend es für Sie ist, sie um das Allerwichtigste in Ihrem Leben zu bitten? [die Angst hervorheben, Zugang zur Bindungsbedeutung schaffen]

SIMONE: Ich habe Angst (seufzt). Ich habe so viel Angst, dass sie gar nicht ... dass sie gar nicht verstehen wird, worum es mir geht.

THERAPEUTIN: Ja, natürlich – das macht Angst. In dem Moment, in dem Sie sie um ihr Verständnis gebeten haben, sind Sie ein großes Wagnis eingegangen, nicht wahr? [den Mut würdigen; die Emotion lebendig halten] Sind Sie so weit, sich in ihren Stuhl zu setzen und wahrzunehmen, wo sie gerade ist?

[Aufforderung, sich in einem Moment des Gewahrwerdens eigener Bindungsbedürfnisse der Reaktion des imaginierten Gegenübers auszusetzen]

THERAPEUTIN: Sie wissen nicht, wie lange sie brauchen wird, um Sie zu verstehen, nicht wahr? Bis vor Kurzem war sie noch nicht so weit. Sie hatte keine Ahnung von Ihnen und Ihren Bedürfnissen. [das Risiko würdigen; die Möglichkeit ausbleibender Akzeptanz oder gar Zurückweisung vorsorglich in Betracht ziehen]

[Therapeutin lädt Klientin zum Stuhlwechsel ein.]
[In der Rolle des imaginierten Gegenübers spürt die Klientin die Wirkung dessen, was sie gesagt hat; vorrangig herausarbeiten, wie es zu dieser Wirkung kam.]

THERAPEUTIN: Caroline, was geht in Ihnen vor, wenn Simone sagt: »Kannst du mich annehmen, so wie ich bin? Kannst du erkennen, wie sehr ich dich als Mama brauche?«

SIMONE (als Caroline): Das macht mich traurig. Ich bin noch trauriger als schon zuvor. (Seufzt)

THERAPEUTIN: Ist das eine tiefere Traurigkeit?

SIMONE (als Caroline): Das ist ... Ich ... ich weiß nicht, ob ich ihr geben kann, was sie braucht. Ich fürchte, ich kann ihr nicht genug geben.

THERAPEUTIN: Und jetzt, in diesem Moment, geben Sie ihr als Caroline ihr Herz [würdigen, die auftauchende Responsivität der Mutter ihrer Tochter gegenüber hervorheben]. Eigentlich sagen Sie: »Ich verstehe es – ich verstehe, was für ein einsames kleines Mädchen du warst.«

[Das imaginierte Gegenüber übernimmt Verantwortung für die eigenen Gefühle, spürt die Wirkung des Gesagten, zeigt Reue.]

SIMONE (als Caroline): Und es tut mir so leid!

THERAPEUTIN: Ja, es tut Ihnen so leid. [Hervorheben] Wenn Simone jetzt zu Ihnen sagt: »Ich brauche es *heute*, dass du mich verstehst. Ich brauche dich und dein Verständnis heute noch genau so wie damals!«, dann habe ich den Eindruck, Sie antworten: »Ja, jetzt verstehe ich es. Es tut mir so leid, dass ich nicht für dich da war, als du mich gebraucht hast. [Die Verantwortung der Mutter hervorheben, das sich entfaltende positive Selbst- und Fremdbild der Klientin würdigen.]

SIMONE (als Caroline): Nein, ich war wirklich nicht für dich da.

THERAPEUTIN: Und sie hatte ein Recht darauf, nicht wahr? [Bindungssamen säen, positives Selbstbild würdigen]

SIMONE (als Caroline): Ja, in der Tat.

THERAPEUTIN: Können Sie ihr das sagen? [direktes Enactment]

[Das imaginierte Gegenüber erkennt die Verletzung an, reagiert auf das Bindungsbedürfnis – ein als Gegenmittel wirkender Bindungsmoment.]

SIMONE (als Caroline): Ja – du hattest Anspruch darauf. Wäre ich für dich da gewesen, hätte uns das einander nähergebracht – welche Ironie (seufzt). Du warst eine der interessantesten und in jeder Hinsicht außergewöhnlichsten Menschen, die ich kannte – so ganz du selbst. Und ich habe nicht bemerkt, wie einsam du dich dabei gefühlt hast.

THERAPEUTIN: Jetzt sagen Sie es ihr: »Ich wollte mit dir verbunden sein.«

SIMONE (als Caroline): Ja, das wollte ich. Und ich hatte Angst.

THERAPEUTIN: Sie hatten Angst, es ihr zu zeigen. Und heute sitzt Simone hier. Hören Sie, wie sie sagt: »Ich brauche es immer noch, mich von dir angenommen zu fühlen – so wie ich bin«?

SIMONE (als Caroline): Ja, ich höre es. Ich liebe dich als die, die du bist, Simone – wirklich. Für mich bist du ein ganz besonderer Mensch – in vieler Hinsicht der Mensch, der ich so gern gewesen wäre (seufzt).

THERAPEUTIN: Hmm, Sie lieben sie wirklich und Sie nehmen sie an, so wie sie ist. Und ganz tief in Ihrem Inneren spüren Sie Simones Schmerz – wie sehr sie Sie gebraucht hat, als Sie nicht für sie da waren.

SIMONE (als Caroline): Ja, ich war nicht da.

THERAPEUTIN: Und jetzt sagen Sie ihr …

SIMONE (als Caroline): Jetzt will ich – will ich wirklich für dich da sein. Ich möchte, dass du das spürst – ich … [längerer Dialog zwischen sich und dem imaginierten Gegenüber]

[Damit wird die Beziehung neu – als potenzieller sicherer Hafen – definiert.]

SIMONE: Und jetzt, in diesem Moment, spüre ich – dass du mich auch liebst – das fühlt sich gut an. [Integration]

THERAPEUTIN: Was bedeutet das jetzt für diesen Teil von Ihnen – Sie waren nicht mehr mit sich selbst verbunden (zeigt auf den Teil des Körpers, in dem zuvor die Enge erlebt wurde) – spüren … spüren Sie an dieser Stelle jetzt etwas? [Evokation eines mit dem neuen Selbst- und Fremdbild verbundenen Körpergefühls]

SIMONE: Es fühlt sich entspannter an – nicht mehr so eng. Ich habe mehr … ich fühle mich … beweglicher … ich kann atmen – bin nicht mehr eingeschlossen, ich kann mich jetzt frei bewegen.

THERAPEUTIN: Frei, Simone zu sein – und herauszufinden, was Sie wirklich brauchen und wollen?

SIMONE: Ja!

Interessanterweise deckt sich die Erfahrung, die sich Simone nach und nach erschließt, mit den Erfahrungen aus dem Prozess der Überwindung von Bindungsverletzungen (Kapitel 11). Dieser für die Heilung einer Bindungsverletzung zwischen zwei (Liebes-)Partnern konzipierte Prozess lässt sich auf den Prozess des Vergebens und des Heilens in der Einzeltherapie ausweiten.

## Fazit

Auch wenn sich die einzelnen Phasen der EFT in der Einzeltherapie häufig stärker überlappen als in der Paartherapie, folgen Sie doch der Grundstruktur des Modells. In Phase 1 ist es nicht ungewöhnlich, dass sich die Schritte 1–4 in ihrem Ablauf fließend wiederholen.

Schritt 1: Bauen Sie eine sichere Allianz auf, um die Anliegen, Ressourcen, unerfüllten Bedürfnisse und die Therapieziele des Klienten zu erschließen.

Schritt 2: Verfolgen Sie die hyperaktivierten bzw. deaktivierenden, repetitiven Muster der Emotionsregulation in Zeiten von Bedürftigkeit nach – gegen andere bzw. von ihnen weg. Gehen Sie den primären Gefahrensignalen, Handlungsimpulsen, Bedeutungszuschreibungen (Selbst- und Fremdbild) nach und validieren Sie reaktive Emotionen, indem Sie diese Muster als bestmöglichen Coping-Versuch der Krisenbewältigung beschreiben.

Schritt 3: Schaffen Sie Zugang zu den zugrunde liegenden Kernemotionen (primären Emotionen). Als »Türöffner« dienen der Trigger, die wahrgenommene Gefahr (respektive Bindungsbedrohung), das negative Selbst- und Fremdbild und die automatischen Handlungsimpulse. Neu erschlossene Kernemotionen werden hervorgehoben. Sie geben zuverlässig Auskunft über Bedürfnisse und neue Wege, sich und anderen zu begegnen.

Schritt 4: Reframen Sie die vorgebrachten Anliegen und Probleme als rigide, verfestigte und sich verselbständigte Copingstrategien zum Erhalt der Bindung in herausfordernden Lebenssituationen. Arbeiten Sie heraus, wie Klienten in diesen Situationen mit sich und anderen umgehen und benennen Sie das sich dabei herauskristallisierende, sich selbst verstärkende Muster als das eigentliche Problem. Indem Sie den Emotionen folgen, findet eine Verschiebung alter Muster hin zu neuen, wirksamen Mustern effektiver Abhängigkeit statt; ein Prozess, der Samen der Hoffnung in die Erde legt.

Auch wenn die Schritte 5 bis 7 des Veränderungsprozesses in der Einzeltherapie nicht immer so geordnet ablaufen wie in der Paartherapie, entwickelt sich in Phase 2 ein neues Sicherheitserleben. Alte Bindungsthemen und -muster tauchen in ganz verschiedenen interpersonalen und intrapsychischen Beziehungskontexten auf. Das Reprozessieren der Emotion und der Aufbau einer sicheren Bindung in einer Beziehung wirkt sich auch auf andere Beziehungen aus. So ist es nicht ungewöhnlich, Deeskalation und korrigierendes emotionales Erleben in Phase 2 zunächst anhand einer speziellen Situation bzw. einer Beziehung des Klienten durchzuführen, bevor dieser Prozess im weiteren Verlauf auf mehr Lebensumstände übertragen und nochmals von der Deeskalation in Phase 1 über die Veränderungsereignisse in Phase 2 durchlaufen wird.

Die EFT-Landkarte der Deeskalation, gefolgt von den Phase-2-Veränderungs-ereignissen zeigt einen hilfreichen Weg auf, Beziehungen zu Personen aus der Vergangenheit mit Hilfe mentaler Repräsentationen früherer Bindungsfiguren aufzulösen und sich im Widerstreit befindende innere Anteile von Klienten miteinander zu versöhnen. Der Skizzierung und Bearbeitung des negativen Zyklus folgt die Wiedereinbindung des weniger dominanten, sich eher zurück-ziehenden und das Erweichen des bisher eher anklagenden Selbstanteils; ein Prozess, der zu einer grundlegenden Veränderung des emotionalen Erlebens führt. Hierzu werden die den Handlungsimpulsen zugrunde liegenden guten Absichten, primäre Kernemotionen und die Bedürfnisse sämtlicher Anteile der Person zugänglich gemacht, reprozessiert und in Erfahrungen von Sicherheit und Integration überführt. Auf die Notwendigkeit der Anpassung des Prozes-ses beim Vorliegen traumatischer oder Missbrauchserlebnisse wurde bereits hingewiesen. Die Integration und Konsolidierung der Veränderungsereignisse in Phase 3 hat Auswirkungen auf das gesamte Leben des Klienten. Emily fühlt sich gestärkt, auch ihren Einzelklienten Erfahrungen von Liebe und prägender Veränderung zu ermöglichen.

# Kapitel 13

## Ihr zukünftiger Weg mit der EFT

In diesem Schlusskapitel fasse ich das EFT-Modell nochmals zusammen und skizziere mögliche nächste Schritte auf Ihrem Weg zum EFT-Therapeuten/zur EFT-Therapeutin.

Für EFT-Einsteiger lohnt es sich, sich in ihrer Arbeit mit Paaren darauf zu konzentrieren, dass es »in erster Linie um Wachstum durch eigenes Erleben und durch das Erlernen neue Wege der Verarbeitung des Erlebten, also nicht darum, inhärente Fehler oder Mängel zu korrigieren« geht (Johnson, 2004, S. 43, dt. Ausgabe S. 53). Eines der angenehmsten, überzeugendsten und stabilsten Fundamente für diesen Wachstumsprozess ist die internationale Gesellschaft der EFT-Therapeuten. »Empathie ist lernbar« sagt Rogers (1980, S. 150); eigene EFT-Erfahrungen kontinuierlich in einem interkollegialen Netzwerk von EFT-Therapeuten, -Supervisoren und -Trainern zu reflektieren, lässt die empathische Haltung der EFT zu einem festen Bestandteil Ihrer selbst werden.

Emilys enthusiastischer Einstieg in die EFT liegt mittlerweile schon einige Jahre zurück. Trotz mancher Herausforderungen und Rückschläge hat sie sich ihre Begeisterung erhalten und erlebt ihre Arbeit mit Paaren und das Modell als solches bis heute als inspirierend und sinnvoll. Sie genießt die beeindruckende Veränderung, die hinter ihr liegt – aus der Problemlöserin ist eine empathisch eingestimmte Prozessberaterin geworden, die den Therapieprozess der Umstrukturierung negativer Interaktionszyklen hin zu einer sichereren Bindung als gemeinsame Aufgabe von Klienten und Therapeutin begreift. Ihr fällt auch auf, dass ihr Mitgefühl mit sich und den Menschen in ihrer Umgebung gewachsen ist; ein unerwarteter, aber nicht ungewöhnlicher Nebeneffekt der EFT-Ausbildung (Montagno, Svatovic u. Levenson, 2011).

Ich hoffe, dass Emilys Integration des Modells auch Sie auf Ihrer Reise in die Welt der EFT darauf vertrauen lässt, dass Sie nach und nach Ihren eigenen EFT-Stil entwickeln werden. Ein neues Paradigma zu integrieren kann mitunter eine große Herausforderung darstellen. Aber mit der Unterstützung, die dieses Buch mit der dazugehörigen Website (www.SteppingintoEFT.com) Ihnen bietet sowie den Ressourcen, die ICEEFT[43] (www.iceeft.com) sowie lokale Communities[44] Ihnen zur Verfügung stellen, können Sie diesen Prozess zu einer inspirierenden Erfahrung von wachsender kreativer Kompetenz werden lassen.

Ich möchte Sie an dieser Stelle ermuntern, Teil der internationalen Gemeinschaft von Kollegen und Kolleginnen zu werden, die mit Ihnen die Leidenschaft für die Unterstützung von Paaren in Krisen teilen. Lassen Sie uns zunächst einen Blick auf die zentralen »Perlen der Weisheit« (Johnson, 2010, S. 133) der EFT werfen, in denen sich die Kraft der EFT zur Umstrukturierung von Liebesbeziehungen konzentriert oder – um es in Johnsons Worten auszudrücken: »Wenn du etwas erst einmal verstanden hast, kannst du es auch gestalten«. Und last but not least möchte ich Sie ermutigen, als Teil der Community Ihr eigenes Wachstum von der sich mehr und mehr ausweitenden Vielfältigkeit der EFT beflügeln zu lassen.

## Kostbare Perlen

»Perlen entwickeln sich aus einem Fremdkörper, der sich im weichen Gewebe eines Lebewesens verfängt, während dieses versucht, die für sein Überleben wichtigen Nährstoffe aufzunehmen. Manchmal entsteht dabei aus diesen Fremdkörpern etwas sehr Kostbares und Schönes. In diesem Bild spiegelt sich eine der Grundwahrheiten der Liebe zwischen Erwachsenen. Der Verlust sicherer emotionaler Verbindungen ist mit einem machtvollen Fremdkörper zu vergleichen, der in eine Liebesbeziehung eindringt. […] die EFT weist einen strukturierten Weg zu effektiver Abhängigkeit auf, die es Partnern erlaubt, in Momenten der Bindungsbedrohung in einer Weise füreinander da zu sein, die aus dem Fremdkörper der verlorenen Bindung die kostbare Perle sicherer Bindung werden lässt« (Johnson, 2010, S. 133).

Effektive Abhängigkeit kann mit Fug und Recht als kostbare Perle menschlicher Existenz beschrieben werden. Therapeuten, die neu in die EFT einsteigen, kommen nicht umhin zu erleben, dass klassische Hürden in der Paartherapie zu wirkmächtigen Störfaktoren werden, aus denen sich das bildet, was Johnson als die drei EFT-Perlen der Weisheit des Herzens bezeichnet; Perlen, in denen sich ihrer festen Überzeugung zufolge der Reichtum der EFT konzentriert: Emotion,

---

43  ICEEFT: International Centre for Excellence in Emotion Focused Therapy ist die internationale EFT-Mutterorganisation mit Sitz in Kanada.
44  Für den deutschsprachigen Raum finden Sie die EFT Community Deutschland e. V. (EFTCD) unter www.eftcd.de (Anm. d. Ü.).

Bindung und Enactments – drei wunderbare Ressourcen, die der Therapeutin helfen, ihren Fokus auf dem gegenwärtigen emotionalen Erleben des Paares zu halten, und sie davor bewahren, sich von bezwingenden Inhalten und Fakten ablenken zu lassen. Auch wenn sich diese Perlen getrennt voneinander beschreiben lassen, sind sie doch untrennbar miteinander verbunden – hängen wirksam voneinander ab und unterstützen sich gegenseitig.

## 1. Perle: Emotion

EFT-Therapeuten »folgen der Emotion«, da sie das Herz der Veränderung ist. Sie ist die bestimmende Kraft in intimen Beziehungen: so wie die Hand eines geliebten Menschen hektische Neuronen im Gehirn zu beruhigen vermag (Johnson et al., 2013), so vermag ein vermeintlicher Beziehungsabbruch elementare Panik auszulösen (Johnson, 2010). Zentraler Grundsatz der EFT ist es, den Inhalt des Gesagten dem jeweils gegenwärtigen emotionalen Erleben unterzuordnen, am emotionalen Erleben zu bleiben und den sich daraus entwickelnden emotionalen Prozess von Moment zu Moment zu begleiten. Die emotionale Realität eines Klienten zu entfalten, umfasst weit mehr als das bloße Benennen dieser Emotion. Es bedeutet, den ablaufenden, durch Bewertungen motivierten emotionalen Prozess aufzufächern (s. Kap. 5), emotionales Erleben zu erweitern und implizites Erleben (Stern, 2004) bzw. Emotionen am äußersten Punkt des Bewusstseins explizit werden zu lassen (Rice, 1974). Die emotionale Realität eines Klienten zu entfalten, bedeutet zunächst, die einzelnen Elemente der Emotion zu identifizieren, Zugang zum Felt Sense der Emotion zu schaffen und das auftauchende emotionale Erleben in Worte zu fassen, um dieses neue Erleben dann für neue Interaktionen zu nutzen.

Wenn Sie den Schatz, den diese Perle darstellt, heben wollen, fragen Sie sich selbst: »Nehme ich auch subtile Marker emotionalen Erlebens wahr? Weiß ich, wie ich – ausgehend vom Trigger – dem emotionalen Prozess folgen kann? Fühle ich mich wohl dabei, beim emotionalen Erleben zu bleiben, es aufzufächern und zu vertiefen?« Überlegen Sie sich, wie Sie Ihre Kompetenz in der Arbeit an den Emotionen erweitern können, indem Sie die vier Türen zum emotionalen Erleben öffnen (s. Kap. 5) und sich die Notwendigkeit, den verbalen und nonverbalen Markern von Emotionen zu folgen, wieder ins Bewusstsein rufen. Das wird Ihnen helfen, sich auch weiterhin Ihres eigenen Felt Sense emotionalen Erlebens bewusst zu sein, während Sie sich auf andere einstimmen (Kap. 9).

## 2. Perle: Bindung

»Letztlich geht es um Bindung, also sollten wir uns auf sie fokussieren« (Johnson, 2010, S. 135). Anstatt sich »vom Abwärtssog der Probleme eines Paares nach unten ziehen zu lassen« (Johnson, 2010, S. 136), stellt die EFT-Therapeutin Beziehungsprobleme in einen neuen Rahmen als verständliche Reaktionen auf zentrale Bindungsängste von Verlassenwerden und Zurückweisung und den darin verborgenen Sehnsüchten und unerfüllten Bedürfnissen der Klienten.

In ihrer Rolle als Prozessberater arbeiten EFT-Therapeuten immer unter dem Dach von Bindung, unter dem sie lernen, das gegenwärtige Erleben ihrer Klienten im Licht der Bindung zu sehen, zu hören und spürbar zu erfahren (zu Bindungsthemen s. Kap. 3).

Die beeindruckende Wirkung von Licht konnte ich am eigenen Leib erleben, als ich vor einiger Zeit in einem tiefdunklen Rollkragenpullover meinen Sohn zum Schwarzlicht-Bowling begleitete. Ein Blick auf meinen Sweater ließ mich erstarren: Der unifarbene dunkle Pulli war übersät von weißen Punkten. Unter dem Schwarzlicht trat jedes kleine Knötchen in der Stoffstruktur hervor und war als weißer, glänzender Punkt in der Dunkelheit sichtbar. Genau dieses Prinzip nutzen wir auch in der EFT-Therapie: Mit zunehmender Erfahrung wirkt die Beziehungslandkarte für EFT-Therapeuten immer mehr wie illuminiert von Bindungsthemen – vergleichbar leuchtenden Wollknötchen in der Dunkelheit. Immer deutlicher kristallisiert sich das Drama heraus, in dem Signale der Bindungsbedrohung mit selbstschützenden Reaktionen beantwortet werden und implizite Bindungsängste, Sehnsüchte und Bedürfnisse das Verhalten steuern. Das macht vieles verstehbar.

Mit dem Wissen um den Wert dieser Bindungsperle wird es Ihnen zunehmend leichter fallen, eine Allianz mit zwei im Clinch miteinander liegenden Partnern herzustellen, und Sie werden den Schmerz, den die Bindungsbedrohung diesem Paar zufügt, immer besser verstehen. Schärfen Sie kontinuierlich Ihre Sinne, um ein immer besseres Ohr und ein immer besseres Auge für die verschiedenen Ausdrucksweisen zu entwickeln, mit denen sich der Ruf nach Trost und Unterstützung Bahn bricht. Achten Sie auf die Bindungsemotionen und -themen, die Ihnen begegnen – sei es im Supermarkt, in Filmen oder in den vielen kleinen Beziehungsabbrüchen, die sich tagtäglich um Sie herum ereignen.

Nutzen Sie Gelegenheiten, die Beobachtungen, die Sie machen, in einen Bindungsrahmen zu stellen und hinter Kritik den Kampf um Verbundenheit zu sehen, hinter wüsten Forderungen die verzweifelte Suche nach einem emotional unerreichbaren Gegenüber, hinter einer lauter werdenden Stimme die verzweifelte Bitte um Antwort, hinter emotionalem Ausweichen ein Verstecken aus Angst, einen bedeutsamen Menschen zu enttäuschen, und hinter kalter Lieblosigkeit das Erstarren aus Angst, sich zu wehren und damit die Beziehung zu gefährden.

## 3. Perle: Enactments

Die Gestaltung therapeutischer Enactments dient der Bahnung neuer Wege, aufeinander zuzugehen und aufeinander zu reagieren und stellt die dritte Perle der EFT dar. Diese Perle verknüpft aktiv die erste mit der zweiten Perle, d. h. die Bearbeitung gegenwärtigen emotionalen Erlebens mit der Bearbeitung des Erlebens im Bindungskontext. Sie verbindet auch die zwei Komponenten, die zu Veränderung in der EFT beitragen: die Tiefe emotionalen Erlebens und verbindende Interaktionen. Johnson zufolge steht der Prozess, neu aufgefächertes Schlüsselerleben dazu zu nutzen, um »in therapeutischen Enactments neue Reaktionen auf den Partner zu zeigen, [...] in der EFT im Zentrum der Veränderung« (Johnson, 2004, S. 13, dt. Ausgabe S. 26). EFT-Einsteiger sind sich der herausragenden Bedeutung der Phase-2-Enactments bewusst, in denen die Partner aufeinander zugehen und reagieren, ihren Bindungsängsten Ausdruck geben (Schritt 5) und sich einander mit der Bitte um Erfüllung ihrer Bindungsbedürfnisse öffnen (Schritt 7, WRE und BLS[45]). Da Enactments ein routinemäßiger Bestandteil *jeder* EFT-Sitzung sind (s. Kap. 2), bieten sich Neueinsteigern vielfältige Möglichkeiten, sich frühzeitig mit ihrer Gestaltung vertraut zu machen und »kleinformatig« zu starten.

Das beste Werkzeug zur Gestaltung von Enactments in jeder Sitzung ist vermutlich Johnsons EFT-Tango. Nach Move 1, dem Nachverfolgen des Prozesses »in jedem Einzelnen bzw. zwischen den Beteiligten« und Move 2, dem Vertiefen von Emotion, entwickeln sich die Tango-Moves zu einem wirkungsvollen Enactment (Tilley u. Palmer, 2013): Move 3 bereitet die Bühne zur Choreografie des Enactments und setzt es um. In Move 4 wird die durch das Enactment gewonnene Erfahrung mit jedem der Partner prozessiert. In Move 5 wird der Prozess nochmals nachvollzogen, die neuen Schritte der Partner hervorgehoben und die Therapeutin validiert die offensichtliche Kompetenz des Paares, seine Liebesbeziehung im gegenwärtigen Moment neu zu gestalten.

Sie können die EFT ganz einfach in Ihr therapeutisches Handeln integrieren, indem Sie mit Ihren Paaren in jeder Sitzung diesen Tango tanzen. Dar-

---

45 WRE = Withdrawer Re-Engagement/Wiedereinbindung des Rückzüglers, BLS = Blamer Softening/Erweichen des Anklägers. Mit diesen Abkürzungen werden die beiden zentralen Veränderungsereignisse von Phase 2 beschrieben (s. Kap. 6 und 7).

über hinaus können Sie von diesem letzten, feierlichen Tango-Move, in dem die Schritte und der Fortschritt des Paares nachverfolgt und gefeiert werden, doppelt profitieren, denn auch Ihr Fortschritt als EFT-Therapeutin hat es verdient, nachverfolgt und validiert zu werden. Klopfen Sie sich innerlich auf die Schulter und freuen Sie sich, wenn Sie feststellen, wie sich Ihr Blick auf Paare und Einzelklienten bereits erweitert hat und wie sich dieser geweitete Blick auf Ihre Arbeit auswirkt. Achten Sie auf Ihre eigenen Emotionen und den Felt Sense in Ihrem Körper, während Sie sich darin üben, Partner in Kontakt mit ihrem Inneren und miteinander zu bringen. Validieren Sie Ihre Fähigkeit, die Umstrukturierung von Liebesbeziehungen im Hier und Jetzt anzuregen. Säen Sie Samen der Hoffnung mit einem Bild der Sicherheit und des Vertrauens, das Sie mit Ihren Klienten aufgebaut haben: Wecken Sie ein Bild von sich als jemanden, der dem Prozess und der Ambiguität seiner Arbeit vertraut.

## Teil der Gemeinschaft werden

Eine Schlüsselkompetenz effektiver Prozessberater ist die Fähigkeit, sich in der engagierten Gestaltung des gegenwärtigen Prozesses empathisch auf Klienten einzustimmen und gleichzeitig in gutem Kontakt zum eigenen inneren Felt Sense zu sein. Hierbei kommt der sicheren Verankerung in einer Gemeinschaft große Bedeutung zu, da EFT-Therapeuten ununterbrochen mit ihrem eigenen Erleben in Resonanz bleiben müssen. Umgeben von einfühlsamen, unterstützenden und erfahrenen Kollegen lässt sich dieser Anspruch, der auch zur Bürde werden kann, leichter ertragen. Das EFT-Modell und die Gemeinschaft von Kollegen und Kolleginnen (www.iceeft.com) bieten Therapeuten eine sichere Basis zur Erkundung des eigenen Wegs zum EFT-Therapeuten.

Es gibt verschiedene Ausbildungswege, um sich in der Kunst und Wissenschaft der EFT weiterzuentwickeln. Wie auf jeder Reise und auf jeder Expedition werden Sie vermutlich auch auf dieser Reise von Weggefährten profitieren.

## Eine weltweite Gemeinschaft

In dem Moment, in dem Sie sich für eine EFT-Ausbildung entscheiden, werden Sie Teil einer globalen Bewegung, die sich der Förderung sicherer Bindung verschrieben hat. Das formale Training beginnt mit der weltweit einheitlichen viertägigen Einführung (Externship; www.iceeft.com), nach deren erfolgreichem Abschluss Sie die Aufnahme in die internationale, online-tätige Gemeinschaft – das International Centre for Excellence in EFT – beantragen können. Diese

Gemeinschaft hält für ihre Mitglieder neben einem Listserver voller fruchtbarer Diskussionen verschiedene weitere Ressourcen und einen vierteljährlich erscheinenden Newsletter bereit. All diese Ressourcen dienen der praktischen Unterstützung der Mitglieder und tragen den Herausforderungen Rechnung, die dieses auf den ersten Blick so leicht erscheinende Modell mit seinen vielfältigen Lernmöglichkeiten bereithält. Im Archiv der *EFT Community News* (www.iceeft.com) finden Sie viele Anregungen für die Praxis, u. a. Hilfen für den Einstieg in bzw. Ausstieg aus einer Sitzung, Anregungen, wie das Thema Hausaufgaben angesprochen werden kann, Vorschläge für die Gestaltung der ersten Sitzung und Empfehlungen für die Anwendung der EFT in Familien. Darüber hinaus bietet die internationale Gemeinschaft noch weitere persönliche und virtuelle Trainingsmöglichkeiten.

**Inter- und Supervisionsgruppen**

Neben den bereits erwähnten Vorteilen wird Sie die Mitgliedschaft in der Internationalen EFT-Gemeinschaft darin stärken, EFT in Ihre Arbeits- und Lebensweise zu integrieren, nicht zuletzt durch die Teilnahme an einer lokalen oder virtuellen Intervisionsgruppe. Weggefährten auf dem Weg zur EFT können für Sie zum sicheren Hafen werden, denn diese Menschen wissen die Herausforderungen Ihrer Arbeit und Ihre Selbstzweifel zu würdigen und können auf diese Weise zu einer sicheren Erkundungsbasis werden. In Inter- oder Supervisionsgruppen haben Sie die Möglichkeit, gemeinsam an Videoaufzeichnungen der Teilnehmenden zu arbeiten, über auftretende Schwierigkeiten und Sackgassen zu sprechen, Erfolge zu feiern und Ihre persönlichen Ziele nachzujustieren, um Ihre EFT-Kompetenz stetig zu verbessern. Peers haben meist ein besseres Auge für die Stärken und Anteile am Therapieerfolg, die eine sich abmühende Therapeutin leicht übersieht. Die Akzeptanz und das Vertrauen, das Kollegen vermitteln, unterstützt Therapeuten und stärkt ihre Fähigkeit, sich immer wieder auf sich und ihre Klienten einzustimmen und das eigene Interesse wachzuhalten. Die beste Möglichkeit, empathisches Verständnis und Mitgefühl für herausfordernde Klienten zu entwickeln, stellen Rollenspiele dar, in denen Sie die Rolle des Klienten übernehmen.

Die Bildung von Intervisionsgruppen, die Teilnahme an einer Online-Supervisionsgruppe oder Online-Laboren eignen sich hervorragend zur Unterstützung des eigenen Lernprozesses. Darüber hinaus hält die Website zu diesem Buch (www.SteppingintoEFT.com) weitere Ressourcen bereit, beispielsweise Videoausschnitte und Transkripte aus Therapiesitzungen, die die Schlüsselelemente der EFT veranschaulichen.

## Im Erleben des EFT-Modells wachsen

Mit der Zeit stellt Emily fest, dass ihr das Modell auch hilft, ihre Erwartungen an sich selbst zu senken und mit der Rolle der Prozessberaterin ihrer Klienten vertrauter zu werden. Sie schöpft Mut aus Johnsons realistischer Perspektive: »Lernen braucht Zeit und ist anstrengend. Um ehrlich zu sein, lerne ich selbst nach dreißig Jahren immer noch von jedem Klienten und jedem Paar, dem ich begegne« (Johnson, 2011, S. 248). Auch Emily erlebt die Paare, mit denen sie arbeitet, stets als ihre besten Lehrer, von denen sie viel über Bindungsdynamiken und neue Wege, mit Emotionen zu arbeiten, lernt. Um sich stetig zu verbessern, überprüft sie ihre Arbeitsweise regelmäßig anhand von Videoaufnahmen aus ihren Sitzungen und supervidiert sich selbst – orientiert an der EFT-Knowledge-and-Competency-Scale (EFT-KACS; Levenson u. Svatovic, 2009). Die Flexibilität der EFT und die Tatsache, dass die EFT nicht nur Raum lässt für die Unvollkommenheit von Therapeuten, sondern auch für die Begrenzungen und Ambivalenzen von Klienten, stellen weitere wichtige Stützen für sie dar.

Gelegentlich unterbrechen Paare, mit denen Emily arbeitet, die Therapie. Für solche Unterbrechungen gibt es eine Vielzahl von Gründen: Manchen fehlt einfach das Geld für regelmäßige Sitzungen, anderen sind Urlaube wichtiger und wieder andere können regelmäßige Termine nur schwer mit ihren Arbeitszeiten in Übereinstimmung bringen. Manchmal führt auch die Ambivalenz oder das Widerstreben eines der Partner zu einer Unterbrechung. Für Emily ist es ermutigend, zu sehen, dass Paare, die aus unterschiedlichsten Gründen eine »Pause« eingelegt hatten, Monate oder auch Jahre später wieder zu ihr kommen. Meist gelingt es ihnen dann, den Prozess nahtlos fortzuführen. Auch wenn der Zyklus in der Zwischenzeit möglicherweise wieder Fahrt aufgenommen hat, sind doch die positiven Auswirkungen und kleinen Momente des korrigierenden emotionalen Erlebens aus der frühen Phase-1-Arbeit häufig noch sichtbar und erfahrbar.

## Ihre nächstmöglichen EFT-Schritte

Es ist davon auszugehen, dass die EFT in naher Zukunft eine stärkere Standardisierung im Einzel- und Familiensetting erfahren und sich die Forschungsfragen auf ein breiteres Spektrum von Personengruppen erstrecken werden. Zweifelsohne wird sich das Modell in immer größerem Umfang als Therapiemodell für Klienten ganz unterschiedlicher Art erweisen; ein Therapiemodell, das sich durch gemeinsames Arbeiten auf Augenhöhe, Gelassenheit und Wirksamkeit auszeichnet. Auch Ihre eigene Weiterentwicklung als EFT-Therapeut könnte in einer Erweiterung des Spektrums bestehen, indem Sie das Modell bei Paaren mit unterschiedlichsten Anliegen und Diagnosen und in verschiedenen Einzel-, Paar- und Familienkontexten zur Anwendung bringen.

Die Zukunft der EFT wird mit Sicherheit geprägt sein von einer Ausweitung von Therapie und Forschung auf Familien und Einzelklienten. Daneben ist mit einer Integration der EFT in die Sexualtherapie sowie die Therapie von Zwangsstörungen und Suchtprozessen zu rechnen. Auch wenn im Fokus der EFT-Forschung bislang vorrangig weiße, heterosexuelle Mittelklasseklienten standen, hat sich die Anwendungspraxis längst weit über diese Klientengruppe hinaus entwickelt und sich weltweit in vielen Kontexten und mannigfaltigen Kulturen verbreitet. Die für die EFT geltenden Gesetzmäßigkeiten von Bindung und Emotion sprechen Menschen unabhängig von ihrer spirituellen, religiösen, sexuellen und Genderorientierung über alle Einkommensklassen, kulturellen Besonderheiten und Familienformen hinweg an. Der Ansatz der gemeinsamen Arbeit am Prozess, die normalisierende und empathische Haltung, die Rogers uns gelehrt hat, durchdringt die EFT, stärkt die Relevanz dieses Modells für breite Klientengruppen und respektiert Unterschiede und persönliche Vorlieben. Zum aktuellen Zeitpunkt [Stand 2020] liegt Johnsons Originaltext zur EFT (2004) in elf verschiedenen Sprachen vor.

Vielleicht möchten Sie sich die Landkarte der EFT ja auch näher erschließen, indem Sie sich beispielsweise mit der Integration der EFT in die Paar- und Sexualtherapie beschäftigen (s. Kap. 3; Johnson, 2016a; Johnson u. Zuccarini, 2010, 2011). Möglicherweise sind Sie auch daran interessiert, eine Gruppe von Paaren mit Hilfe von Johnsons Programm zur Verbesserung der Partnerschaft (2008) zu begleiten. Dieses innovative Programm wurde mittlerweile für die Paartherapie mit Armeeangehörigen bzw. Herzpatienten und deren Partnern weiterentwickelt. Ich bin sicher, dass sowohl Sie als Therapeut und Therapeutin als auch Ihre Paare von Johnsons Büchern profitieren werden, die sich an jedermann richten (2008, 2013) und die für viele Paare eine zusätzliche Unterstützung während der Therapie darstellen. Auch diese Bücher wurden in viele Sprachen übersetzt – ein weiterer Beleg für die Universalität der EFT.

In einer 2013 durchgeführten Untersuchung befragten Norcross, Pfund und Prochaska erfahrene Psychotherapeutinnen und Psychotherapeuten, welches Feld der Psychotherapie ihrer Meinung nach in den nächsten zehn Jahren die größte Weiterentwicklung erleben würde (Gurman, 2015). Die Befragten vermuteten das größte Wachstum weder in der Einzel- bzw. Familientherapie noch in der Gruppentherapie, sondern in der Paartherapie. Darin spiegelt sich möglicherweise die Bedeutung der Dyade und der Tatsache, dass wir als Menschen auf Sicherheit in der Dyade angewiesen sind. Bindung steht im Zentrum unserer individuellen, gesellschaftlichen und die gesamte Weltgemeinschaft umfassenden Existenz. Wir wissen, wie wir die Kraft der EFT nutzen können, den Tanz namens dauerhafter Liebe und Gemeinsamkeit zu choreografieren (Johnson u. Tronick, 2016) und die Welt zu verbessern.

Im Vorwort habe ich meiner Hoffnung Ausdruck gegeben, dass das Lesen dieses Buchs Ihre Therapiepraxis bereichert und es Ihnen ermöglicht, die EFT Schritt für Schritt in Ihre Arbeit und Ihr Sein zu integrieren. Abschließend wünsche ich mir, dass Ihre Forschungsreise in die Welt der EFT, die Kunst und die Wissenschaft der Schaffung sicherer Bindung, weiter an Fahrt aufnehmen möge. Ich kann Ihnen nur sagen: Sie haben sich einen erfolgreichen Weg ausgesucht. Bleiben Sie dran!

* * *

## EFT-Haiku

Stage 1
    Savour, linger, breathe
    Every layer of the dance
    Chaos becomes calm
Stage 2
    Deepen, taste, disclose
    Raw spots that our dance evokes
    Healed by your embrace
Stage 3
    THEN we danced in fear
    NOW to songs of needing you
    And finding you near.

### Übersetzung
Phase 1
    Genieße, verweile, atme
    Auf jeder Stufe des Tanzes
    Was chaotisch ist, beruhigt sich
Phase 2
    Vertiefe, schmecke, enthülle
    Wunde Punkte unseres Tanzes
    Heilend durch deine Umarmung
Phase 3
    DAMALS tanzten wir voller Angst
    HEUTE singend, dass wir uns brauchen
    Und uns beieinander finden.

(Brubacher, 2011–2012)

# Dank

Ich möchte zuallererst Sue Johnson danken. Ich danke dir, dass du mich zum Schreiben dieses Buches ermutigt hat. Ich danke dir, dass du ein Therapiemodell geschaffen hast, das so wunderbar zu dem passt, was ich als von Rogers geprägte Therapeutin gelernt und als Lehrende weitergegeben habe, und das mit seiner endlosen Fülle an Optionen offensichtlich die Sterne vom Himmel holt. Du hast mir als Therapeutin, als Supervisorin und als Trainerin immer wieder den Rücken gestärkt, mich unterstützt und mir viele Gelegenheiten eröffnet, als Co-Autorin oder alleinige Autorin über EFT zu schreiben – auch dafür danke ich dir von Herzen.

Ich danke auch Alison Lee für ihr ehrliches Feedback, ihre Brillanz, ihre klugen Bemerkungen und die Ausdauer und Beharrlichkeit, die sie beim Gegenlesen meiner Entwürfe an den Tag gelegt hat. Danke für viele spannende, anregende und mitunter unbequeme Diskussionen. Mein Dank für all deine Arbeit verbindet sich mit meiner tiefen Dankbarkeit für deine Freundschaft, Ermutigung und deinen Glauben an mich. Ohne dich hätte ich das hier definitiv nicht geschafft.

Meine stets verfügbare Quelle der Unterstützung, Ermutigung und Beratung ist mein Mann, Dan Perlman. Er ist mein sicherer Hafen und meine sichere Basis; ohne ihn hätte ich Bowlby nie wirklich verstanden. Ich danke dir für die vielen Stunden, in denen du meine Texte gegengelesen und endlos mit mir darüber diskutiert hast. Und ich danke dir nicht nur für die Berge von Süßigkeiten, mit denen du mich versorgt hast, sondern auch für deine Begeisterung für dieses Projekt, die mindestens so groß war wie meine eigene.

Vielen meiner Kollegen, Supervisees, Trainees und Paaren möchte ich danken dafür, dass ich jeden Tag etwas Neues über EFT lerne. Ich bin erfüllt und beflügelt von den Transformationen die wir co-kreieren. Mein besonderer Dank geht an Craig Cashwell vom Counseling and Education Development Department der Universität von North Carolina, Queensborough, dessen Unterstützung und Großzügigkeit sich nicht in Worte fassen lassen. Viele Kollegen haben mich inspiriert und an mich geglaubt: Becca, Janet, Lillian, Kenny, Yolanda, Veronica, Zoya und viele andere.

Ich verspüre tiefe Wertschätzung für zahllose andere Personen, die mir im Leben eine sichere Basis und Unterstützer für die Ideen dieses Buches waren. Dazu gehören John Douglas und Jackie Evans, meine Kinder Shannon und Josh, meine Geschwister Ross (mit Erin), Moe, Sandy und Colette, meine Eltern Alice und Curtis, meine erweiterte Winnipeg-Familie Bev, Genevieve, Everett und Brian sowie meine EFT-Unterstützer aus North Carolina: Alicia, Scott, Jenna, HM, Jordan, Felicia, Lucy, Lynn, Maria, David, Susan und viele andere.

Ich danke euch allen aus tiefstem Herzen.

# Glossar

**Affiliativ:** Interaktionen ohne direkten Zweck, die einzig dazu dienen, das tiefe menschliche Bedürfnis nach Gemeinsamkeit und der Erfahrung, akzeptiert und geschätzt zu werden, zu erfüllen.

**AIRM:** EFT-Modell zur Überwindung von Bindungsverletzungen (engl. attachment injury resolution model).

**ARE:** Akronym für die Schlüsselelemente sicherer Bindung: »Are you there for me?« (Bist du für mich da?). »A« steht für »Bist *(Are)* du erreichbar, verfügbar, zugänglich?«, »R« steht für »Wirst du auf mich eingehen *(Respond),* wenn ich dich anspreche?« und »E« steht für Emotionales Engagement »Wirst du *emotional* beteiligt sein, wenn du mir antwortest?«.

**ASAM:** Abkürzung für American Society of Addiction Medicine.

**Bindungsangst:** Bindungsangst meint hier alle auf Bindung bezogenen Ängste inklusive der Angst vor Verlust der Bindung.

**BLS:** Erweichen des Anklägers (engl. Blamer Softening) ist ein feststehender Begriff in der EFT.

**Broaden-and-Build-Zyklen:** Interaktionen mit einfühlsamen Bindungspersonen in Momenten, in denen wir aufeinander angewiesen sind, führen zu »Broaden-and-Build-Zyklen«, d. h. einer Abfolge von Interaktionsmomenten, die das subjektive Wohlbefinden und die Verbundenheit steigern und die Bindungssicherheit dauerhaft verankern.

**Containment:** Containment meint das Halten von Gefühlen, die den sicheren Rahmen bieten, um schwieriges oder forderndes emotionales Erleben zuzulassen, ohne überwältigt zu werden.

**Copingstrategien:** Copingstrategien sind meist psychische Vorgänge, die ungeplant oder geplant, unbewusst oder bewusst bei Stress in Gang gesetzt werden, um diesen Zustand entweder zu verringern oder zu beenden.

**CVS:** Concrete, vivid, specific.

**Doppeln:** Das Sprechen in der ersten Person, d. h. anstelle des Klienten, wird in der EFT als »Doppeln« (engl. »proxy voice«) bezeichnet.

**Dyade:** In der EFT arbeiten wir in der Regel dyadisch, das meint eine Zweierbeziehung entweder zwischen Partnern, Familienmitgliedern oder in der EFT Einzeltherapie (EFIT) zwischen zwei Selbstanteilen, die sich aufeinander beziehen.
**EFFT:** Emotionsfokussierte Familientherapie.
**EFIT:** Emotionsfokussierte Einzeltherapie.
**EFT:** Emotionsfokussierte Paartherapie (engl. Emotionally Focused Couple Therapy).
**EFTCD:** EFT Community Deutschland.
**Experientiell:** Auf Erfahrung beruhend, erfahrungsbasiert, erlebensbezogen.
**Felt Sense:** Bezeichnung für ein Körpergefühl, das eine Bedeutung hat. Unsere Emotionen drücken sich im Körpergespür, im Felt Sense aus und spiegeln damit ein sogenanntes inneres Wissen.
**Flow:** Zustand des gänzlichen Aufgehens in einer glatt laufenden Tätigkeit, die als angenehm erlebt wird und zu Zufriedenheit und freudvollem Erleben führt.
**fMRI:** Abkürzung für funktionelle Magnetresonanztomografie (engl. functional magnetic resonance imaging).
**ICEEFT:** International Centre for Excellence in Emotionally Focused Therapy, Kanadische EFT-Mutterorganisation mit Sitz in Ottawa, Kanada (www.iceeft.com).
**Kernemotion:** Als Kernemotionen bzw. primäre Emotionen werden Gefühle bezeichnet, die unsere Wahrnehmung und unser Verhalten steuern, uns aber nicht immer bewusst sind. In der EFT beziehen wir Emotionen auf Bindung. Sue Johnson spricht von Annäherungsemotionen (Freude, Überraschung, Wut) und Vermeidungsemotionen (Scham, Angst, Traurigkeit), diese werden weiter ausdifferenziert.
**Limbische Resonanz:** Limbische Resonanz bezeichnet die im limbischen System, d. h. dem emotionalen Gehirn, angesiedelte Fähigkeit zur Empathie, sich in das emotionale Erleben eines anderen Menschen einzufühlen.
**NACC:** Das Akronym steht für Merkmale einer hohen Präsenz und ist eine Hilfestellung für Therapeuten: Now and immediate = jetzt und sofort; Alive, vivid, fully felt = lebendig, anschaulich, mit allen Sinnen; Concrete, tangible, specific = konkret, fassbar, präzise; in the attachment Channel = im Bindungskanal.
**Pacing:** Pacing bezeichnet, sich in Tempo, Tonfall und emotionalem Ausdruck auf das Gegenüber einzustellen.
**Prädiktor:** Vorhersagevariable.
**PTBS:** Posttraumatische Belastungsstörung.

**Reframing:** In der EFT steht »Reframing« für die therapeutische Intervention, ein Ereignis bzw. Verhalten in den Kontext von Bindung, den Bindungsrahmen, zu setzen und dadurch Klienten eine neue Perspektive zu eröffnen.
**Reprozessieren:** Erneut bearbeiten, durcharbeiten.
**Resilienz:** Resilienz ist die Fähigkeit von Menschen, auf wechselnde Lebenssituationen und Anforderungen in sich ändernden Situationen flexibel und angemessen zu reagieren und stressreiche, frustrierende und belastende Situationen ohne psychische Folgeschäden zu meistern.
**Responsivität:** Bereitschaft von Menschen, eingestimmt aufeinander zu reagieren und eigene Bedürfnisse mit denen wichtiger Anderer abzustimmen.
**RISSSC:** Das Akronym beschreibt die Ausdrucksweise der Therapeutin, mit der sie das emotionale Erleben ihrer Klienten anspricht (wiederholen, Bilder benutzen, einfach, langsam, weich, Worte des Klienten nutzen).
**RSQ:** Fragebogen zur Erfassung von Bindung (engl. Relationship Style Questionnaire).
**TEA:** Akronym für die den Therapieerfolg wesentlich beeinflussenden klientenbezogenen Faktoren (engl. »Task alliance, Emotional depth, Affiliative sharing): T = Aufbau und Aufrechterhaltung einer therapeutischen Allianz, gemeinsames Therapieverständnis; E = emotionales Engagement der Partner; A = affiliatives– die Verbindung stärkendes Teilen von Erfahrungen.
**Validieren:** In der EFT bedeutet es – bezogen auf Bindung, das Bedürfnis, den Sinn, die gute Absicht hinter einem Verhalten zu erkennen und wertzuschätzen.
**WRE:** Wiedereinbindung des Rückzüglers (engl. Withdrawer Re-Engagement) ist ein feststehender Begriff in der EFT.

# Literatur

Ainsworth, M. S., Bowlby, J. (1991). An ethological approach to personality development. *American Psychologist,* 46, 331–341.
Ainsworth, M. S., Blehar, M. C., Waters, E., Wall, S. (1978). *Patterns of Attachement. A Psychological Study oft he Strange Situation.* Hillsdale, NJ: Lawrence Erlbaum.
Arnold, M. B. (1960). *Emotion and Personality.* New York: Columbia Press.
ASAM – American Society for Addiction Medicine (2011). https://www.asam.org/advocacy/find-a-policy-statement/public-policy-statements/2011/12/15/the-definition-of-addiction
Barrett-Lennard, G. (2013). *The Relationship Paradigm: Human Being Beyond Individualism.* New York: Palgrave Macmillan.
Bartholomew, K. (1990). Advoidance of intimacy: an attachment perspective. *Journal of Social and Personal Relationships,* 7, 147–178.
Beckes, L., Coan, J. A. (2011). Social baseline theory: the role of social proximity in emotion and economy of action. *Social and Personality Psychology Compass,* 5 (12), 976–988.
Berscheid, E. (1999). The greening of relationship science. *American Psychologist,* 54 (4), 260–266.
Bertalanffy, L. (1968). *General System Theory: Foundations, Development, Applications.* New York: Georg Braziller.
Blow, A. J., Sprenkle, D. H., Davis, S. D. (2007). Is who delivers the treatment more important than the treatment itself? The role oft he therapist in common factors. *Journal of Marital and Family Therapy,* 33 (3), 298–317.
Bograd, M., Mederos, F. (1999). Battering and couples therapy: universal screening and selection of treatment modality. *Journal of Marital and Family Therapy,* 25 (3), 291–312.
Bowlby, J. (1944). Fourty-four juvenile thieves: their characters and homelife. *International Journal of Psychoanalysis,* 25, 19–52, 107–127.
Bowlby, J. (1958). The nature of the child's tie to his mother. *International Journal of Psychoanalysis,* 39, 1–23.
Bowlby, J. (1973). *Attachment and Loss. Vol. 2, Seperation: Anxiety and Anger.* New York: Basic Books.
Bowlby. J. (1979). *The Making and Breaking of Affectional Bonds.* London: Travistock.
Bowlby, J. (1980). *Attachment and Loss. Vol. 3, Loss, Sadness and Depression.* New York: Basic Books.
Bowlby, J. (1982). *Attachement and Loss. Vol. 1. Attachement* ($2^{nd}$ ed.). New York: Basic Books.
Bowlby, J. (1988). *A Secure Base.* New York: Basic Books.
Bowlby, J. (1990). *Charles Darwin: A New Life.* New York: Norton.
Bowlby, J. (2014). *Bindung als sichere Basis. Grundlagen und Anwendung der Bindungstheorie* (3. Aufl.). München: Reinhardt.
Bradley, B., Furrow, J. J. (2004). Toward a mini-theory of the blamer softening event: tracking the moment-by-moment process. *Journal of Marital and Family Therapy,* 30 (2), 233–246.
Bradley, B., Furrow, J. J. (2007). Inside blamer softening: maps and missteps. *Journal of Systemic Therapies,* 30 (2), 24–43.

Bradley, B., Furrow, J. J. (2010). Conquering the nemesis: blamer softening from A-to-Z. Unpublished paper presented to the EFT Summit, San Diego, California.
Bretherton, I. (1992). The origins of attachment theory: John Bowlby and Mary Ainsworth. *Developmental Psychology*, 28, 759–775.
Brubacher, L. L. (2011–2012). An EFT haiku. *The EFT Community News*, 12, 14.
Brubacher, L. L. (2017). Emotionally focused individual therapy: an attachment-based experiential/systemic perspective. *Person-Centered and Experiential Psychotherapies*, 16 (1), 50–57.
Brubacher, L. L., Buchanan, L. (2014). *Emotionally Focused Therapy Attachment Injury Reduction Model (AIRM) Training Program*. Interactive Video Training Program.
Brubacher, L. L., Johnson, S. M. (2017). Romantic love as an attachment process: shaping secure bonds. In J. Fitzgerald (Ed.), *Foundations for Couples' Therapy: Research fort he Real World* (pp. 8–19). Abingdon: Taylor & Francis.
Brubacher, L. L., Lee, A. C. (2014). Emotion is more than feeling: the elements of emotion in action. *The EFT Community News*, 15, 11–13.
Burgess Moser, M., Johnson, S. M., Dalgleish, T. L., Lafontaine, M. F., Wiebe, S. A., Tasca, G. A. (2015). Changes in relationship-specific attachment in emotionally focused couple therapy. *Journal of Marital and Family Therapy*, 42 (2), 231–245.
Cassidy, J., Shaver, P. R. (Eds.) (2016). *Handbook of Attachment: Theory, Research, and Clinical Applications* (3rd ed.). New York: Guilford Press.
Coan, J. A., Maresh, E. L. (2014). Social baseline theory and the social regulation of emotion. In J. J. Gross (Ed.), *Handbook of Emotion Regulation* (2nd ed., pp. 221–236). New York: Guilford Press.
Coan, J. A., Schaefer, H. S., Davidson, R. S. (2006). Lending a hand: social regulation of the neural response to threat. *Psychological Science*, 17, 1032–1039.
Conrad, C. A. (2015). The evolution of an emotionally focused therapist: amixed-methods research study. *EFT Community News*, 16, 6–7.
Costello, P. C. (2013). *Attachment-Based Psychotherapy. Helping Patients Develop Adaptive Capacities*. Washington, DC: American Psychological Association.
Dalgleish, T., Johnson, S. M., Burgess Moser, M., Wiebe, S. A., Tasca, G. (2015). Predicting key-change events in emotionally focused couple therapy. *Journal of Marital and Family Therapy*, 41 (3), 260–275.
Damasio, A. R. (1999). *The Feeling of What Happens: Body and Emotion in the Making of Consciousness*. New York: Harcourt.
Denton, W. H., Johnson, S. M., Burleson, B. R. (2009). Emotion-focused therapy – therapist fidelity scale: conceptual development and content validity. *Journal of Couple and Relationship Therapy*, 8, 226–246.
Ehrenwald, L. (Ed.) (1976). *The History of Psychotherapy. From Healing Magic to Encounter*. London: Jason Aronson.
Eisenberger, N. I. (2016). Social pain and social pleasure: two overlooked but fundamental mammalian emotions? In L. F. Barret, M. Lewis, J. Haviland-Jones (Eds.), *The Handbook of Emotions* (pp. 440–452). New York: Guilford Press.
Ekman, P. (2007). *Emotions Revealed: Recognizing Faces and Feelings to Improve Communication and Emotional Life*. New York: St. Martin's Griffin.
Elliott, R., Watson, J. C., Goldman, R. N., Greenberg, L. S. (2004). *Learning Emotion-focused Therapy: The Process Experiential Approach To Change*. Washington, DC: American Psychological Association.
Feeney, B. C., Collins, N. L. (2014). A theoretical perspective on the importance of social connections for thriving. In M. Mikulincer, P. R. Shaver (Eds.), *Mechanism of Social Connection: From Brain to Group* (pp. 291–314). Washington, DC: American Psychological Association.

Feeney, B. C., van Fleet, M., Jakubiak, B. K. (2015). An attachement-theoretical perspective on optimal dependence in close relationships. In J. A. Simpson, W. S. Rholes (Eds.), *Attachement Theory and Research: New Directions and Emerging Themes* (pp. 195–233). New York: Guilford Press.
Flores, P. J. (2004). *Addiction as an Attachment Disorder.* New York: Jason Aronson.
Fosha, D. (2000). *The Transforming Power of Affect: A Model for Accelerated Change.* New York: Basic Books.
Frager, R. (2012). *Sufi Talks: Teachings for an American Sufi Sheikh.* Wheaton, IL: Quest Books.
Frijda, N. H. (1986). *The Emotions.* Cambridge: Cambridge University Press.
Frijda, N. H. (2007). *The Laws of Emotion.* Mahwah, NJ: Lawrence Erlbaum.
Furrow, J. L., Bradley, B. (2011). Emotionally focused couple therapy: making the case for effective therapy. In J. L. Furrow, S. M. Johnson, B. A. Bradley (Eds.), *The Emotionally Focused Casebook: New Direction in Treating Couples* (pp. 3–29). New York: Routledge.
Furrow, J. L., Johnson, S. M., Bradley, B. A., Amodeo, J. (2011). Spiritually and emotionally focused couple therapy: Exploring common ground. In J. L. Furrow, S. M. Johnson, B. A. Bradley (Eds.), *The Emotionally Focused Casebook: New Direction in Treating Couples* (pp. 343–372). New York: Routledge.
Furrow, J., Palmer, G., Johnson, S. M., Faller, G., Palmer-Olsen, L. (2019). *Emotionally Focused Family Therapy: Restoring connection and promoting resilience.* New York: Routledge.
Gallese, V. (2001). The »shared manifold« hypothesis: from mirror neurons to empathy. *Journal of Consciousness Studies,* 85 (5–7), 33–50.
Geller, S. M., Porges, S. (2014). Therapeutic presence: neurophysiological mechanism mediating feeling safe in therapeutic relationships. *Journal of Psychotherapy Integration,* 24 (3), 178–192.
Gendlin, E. T. (1981). *Focusing* (2$^{nd}$ ed.). New York: Bantam Books.
Gillath, O. (2015). The neuroscience of attachment: using new methods to answer old (and new) questions. In J. A. Simpson, W. S. Rholes (Eds.), *Attachment Theory and Research: New Directions and Emerging Themes* (pp. 39–67). New York: Guilford Press.
Gillath, O., Selchuck, E., Shaver, P. R. (2008). Moving toward a secure attachment style: can repeated security priming help? *Social and Personality Compass,* 2 (4), 1651–1666.
Gottman, J. M. (1991). Predicting the longitudinal course of marriages. *Journal of Marital and Family Therapy,* 17 (1), 3–7.
Greenman, P. S., Johnson, S. M. (2012). United we stand: emotionally focused therapy for couples in the treatment of postraumatic stress disorder. *Journal of Clinical Psychology: In Session,* 68 (5), 561–569.
Greenman, P. S., Johnson, S. M. (2013). Process research on emotionally focused therapy (EFT) for couples: linking theory of practice. *Familiy Process,* 52, 46–61. Doi: 10.1111/famp.12015
Greenman, P. S., Young, M. Y., Johnson, S. M. (2009). Emotionally focused couple therapy with intercultural couples. In M. Rastogi, V. Thomas (Eds.), *Multicultural Couple Therapy* (pp. 143–165). Thousand Oakks, CA: Sage.
Gross, J. J. (2014). Emotion regulation: conceptual and empirical foundations. In J. J. Gross, *Handbook of Emotion Regulation* (2$^{nd}$ ed.; pp. 3–20). New York: Guilford Press.
Gurman, A. S. (2015). The theory and practice of couple therapy: history, contemporary models, and a framework for comparative analysis. In A. S. Gurman, J. L. Lebow, D. K. Snyder (Eds.), *Clinical Handbook of Couple Therapy* (pp. 1–18). New York: Guilford Press.
Harper, D. (2001–2016). *Online Etymology Dictionary.* https://www.etymonline.com/
Hatkoff, I., Hatkoff, C., Kahumbu, P. (2007). *Owen und Mzee: Best Friends.* New York: Scholastic.
Hawkley, L. C., Masi, C. M., Berry, J. D., Cacioppo, J. T. (2006). Loneliness is a unique predictor of age-related differences in systolic blood pressure. *Psychology and Aging,* 21 (1), 152–164.
Hazan, C., Shaver, P. (1987). Romantic love conceptualized as an attachment process. *Journal of Personality and Social Prychology,* 52, 511–524.

Herman, J. L. (1992). *Trauma and Recovery*. New York: Basic Books.
Iacoboni, M. (2007). Face to face: the neural basis of social mirroring and empathy. *Psychatric Annals*, 37 (4), 236–241.
Jacobson, N. S., Gottman, J. M. (2007). *When Men Batter Women: New Insights Into Ending Abusive Relationships*. New York: Simon & Schuster.
Johnson, S. M. (1993). Healing broken bonds (DVD). International Centre for Excellence in EFT (Producer).
Johnson, S. M. (1998). Listening to the music: emotion as a natural part of systems theory. *Journal of Systemic Therapies: Special Edition. The Use of Emotions in Couples and Family Therapy*, 17, 1–17.
Johnson, S. M. (2002). *Emotionally Focused Couple Therapy with Trauma Survivors: Strengthening Attachment Bonds*. New York: Guilford Press.
Johnson, S. M. (2003). Attachment theory: a guide for couple therapy. In S. M. Johnson, V. Whiffen (Eds.), *Attachment Process in Couple and Family Therapy* (pp. 103–123). New York: Guilford Press.
Johnson, S. M. (2004). *The Practice of Emotionally Focused Couple Therapy: Creating Connection* (2nd ed.). New York: Brunner/Routledge.
Johnson, S. M. (2004dt). *Praxis der Emotionsfokussierten Paartherapie*. Paderborn: Junfermann.
Johnson, S. M. (2007). A new era for couple therapy: theory, research, and practice in concert. *Journal of Systemic Therapies*, 26, 5–16.
Johnson, S. M. (2008). *Hold Me Tight. Seven Conversations For a Lifetime of Love*. New York: Little Brown.
Johnson, S. M. (2009). Attachment theory and emotionally focused therapy for individuals and couples. In J. H. Obegi, E. Berant (Eds.), *Attachment Theory Research in Clinical Work With Adults* (pp. 410–433). New York: Guilford Press.
Johnson, S. M. (2010). Emotionally focused couple therapy: it's all about emotion and connection. In M. Kerman (Ed.), *Clinical Pearls of Wisdom: 21 Leading Therapists Offer Their Key Insights* (pp. 133–143). New York: Norton.
Johnson, S. M. (2011). Commentary on the special section on learning emotionally focused couples therapy. *Journal of Martial and Family Therapy*, 37, 247–248.
Johnson, S. M. (2012). EFT and trauma. Interview, February 29 (R. Jorgensen, Interviewer). ICEEFT Trainer Talk. http://connectpro67534013.adobeconnect.com/p63 t5nb74ur/
Johnson, S. M. (2013). *Love Sense. The Revolutionary New Science of Romantic Relationships*. New York: Little Brown.
Johnson, S. M. (2014). *Externship in Emotionally Focused Couple Therapy: Participiant's Manual*. Ottawa: ICEEFT.
Johnson, S. M. (2015). Emotionally focused couple therapy. In A. S. Gurman, J. L. Lebow, D. K. Snyder (Eds.), *Clinical Handbook of Couple Therapy* (pp. 97–128). New York: Guilford Press.
Johnson, S. M. (2016a). Attachment and the dance of sex: integrating couple and sex therapy. Presented to Psychotherapy Networker Symposium, Washington DC, 19 March.
Johnson, S. M. (2016b). Emotionally focused therapy: on target couple interventions in the age of attachment (DVD).
Johnson, S. M. (2016c). Shaping love: a seminal study [Blog post], January. https://drsuejohnson.com/blog/
Johnson, S. M. (2016d). Tweet, 4 June. https://twitter.com/dr.SueJohnson?lang=en
Johnson, S. M. (2018). *Attachment Theory in Practice: Emotionally Focused Therapy (EFT) with Individuals, Couples, and Families*. New York: Guilford Press.
Johnson, S. M. (2019). *Halt mich fest. Sieben Gespräche über lebenslange Liebe* (2., überarbeitete Aufl.). Paderborn: Junfermann.

Johnson, S. (2020). *Bindungstheorie in der Praxis: Emotionsfokussierte Therapie mit Einzelnen, Paaren und Familien*. Paderborn: Junfermann.

Johnson, S. M., Bradley, B., Furrow, J., Lee, A., Palmer, G., Tilley, D., Wooley, S. (2005). *Becoming and Emotionally Focused Couple Therapist: The Workbook*. New York: Routledge.

Johnson, S. M., Brubacher, L. L. (2016a). Claryfying the negative cycle in emotionally focused couple therapy (EFT). In G. Weeks, S. Fife, C. Peterson (Eds.), *Techniques fort he Couple Therapist: Essential Interventions* (pp. 92–96). New York: Routledge.

Johnson, S. M., Brubacher, L. L. (2016b). Deepening attachment emotion in emotionally focused couple therapy (EFT). In G. Weeks, S. Fife, C. Peterson (Eds.), *Techniques For the Couple Therapist: Essential Interventions* (pp. 150–160). New York: Routledge.

Johnson, S. M., Brubacher, L. L. (2016c). Emotionally focused couple therapy: empirism and art. In T. Sexton, J. Lebow (Eds.), *Handbook of Family Therapy* (pp. 326–348). New York: Routledge.

Johnson, S. M., Burgess Moser, M., Beckes, L., Smith, A., Dalgleish, T., Halchuk, R., Hasselmo, K., Greenman, P. S., Merali, Z., Coan, J. A. (2013). Soothing the threatened brain: leveraging contact comfort with emotionally focused therapy. *PLoS ONE*, 8 (11), e79314.

Johnson, S. M., Faller, G. (2011). Dancing with the dragon oft trauma: EFT with couples who stand in harm's way. In J. L. Furrow, S. M. Johnson, B. A. Bradley (Eds.), *The Emotionally Focused Casebook: New Direction in Treating Couples* (pp. 165–192). New York: Routledge.

Johnson, S. M., Greenberg, L. S. (1985). Differential effects of experential and problem-solving interventions in resolving marital conflict. *Journal of Consulting and Clinical Psychology*, 53 (2), 175–184.

Johnson, S. M., Greenberg, L. S. (1988). Relating process to outcome in marital therapy. *Journal of Marital and Family Therapy*, 14 (2), 175–183.

Johnson, S. M., Hunsley, J., Greenberg, L., Schindler, D. (1999). Emotionally focused couple therapy: status & challenges. *Clinical Psychology: Science & Practice*, 6, 67–79.

Johnson, S. M., Lafontaine, M.-F., Dalgleish, T. L. (2015). Attachement: a guide to a new era of couple interventions. In J. A. Simpson, W. S. Rholes (Eds.), *Attachement Theory and Research: New Directions and Emerging Themes* (pp. 393–421). New York: Guilford Press.

Johnson, S. M., Lee, A. (2000). Emotionally focused family therapy: restructuring attachment. In C. E. Bailey (Ed.), *Children in Therapy: Using the Family as a Resource* (pp. 112–136). New York: W. W. Norton.

Johnson, S. M., Maddeaux, C., Blouin, J. (1998). Emotionally focused family therapy for bulimia: Changing attachment patterns. *Psychotherapy: Theory, Research and Practice*, 35 (2), 238–247.

Johnson, S. M., Makinen, J. A., Milliken, J. W. (2001). Attachment injuries in couple relationships: a new perspective on impasses in couples therapy. *Journal of Marital and Family Therapy*, 27 (2), 145–155.

Johnson, S. M., Sanderfer, K. (2016). *Created For Connection: The »Hold Me Tight« Guide for Christian Couples*. New York: Little Brown.

Johnson, S. M., Talitman, E. (1997). Predictors of success in emotionally focused marital therapy. *Journal of Martial & Family Therapy*, 23, 135–152.

Johnson, S. M., Tronick, E. (2016). *Love Sense: From Infant to Adult* (Video). Zugriff am 08.09.2020 unter https://www.youtube.com/watch?v=OyCHT9AbD_Y

Johnson, S. M., Zuccarini, D. (2010). Integrating sex and attachment in emotionally focused couple therapy. *Journal of Marital and Family Therapy*, 36 (4), 431–445.

Johnson, S. M., Zuccarini, D. (2011). EFT for sexual issues: an integrated model of couple and sex therapy. In J. L. Furrow, S. M. Johnson, B. A. Bradley (Eds.), *The Emotionally Focused Casebook: New Direction in Treating Couples* (pp. 219–246). New York: Routledge.

Josephson, G. J. (2003). Using an attachmend-based intervention with same-sex couples. In S. M. Johnson, V. E. Whiffen (Eds.), *Attachment Process in Couple and Family Therapy* (pp. 307–317). New York: Guilford Press.

Karen, R. (1994). *Becoming Attached. Unfolding the Mystery of the Infant-mother Bond and Its Impact on Later Life*. New York: Warner Books.

Klein, M., Mathieu, P., Kreisler, D., Gendlin, E. (1969). *The Experiencing Scale*. Madison, WI: Wisconsin Psychatric Institute.

Landau-North, M., Johnson, S. M., Dalgleish, T. L. (2011). Emotionally focused couple therapy and addiction. In J. L. Furrow, S. M. Johnson, B. A. Bradley (Eds.), *The Emotionally Focused Casebook: New Direction in Treating Couples* (pp. 193–218). New York: Routledge.

Ledoux, J. (1996). *The Emotional Brain: the Mysterious Underpinnings of Emotional Life*. New York: Simon & Schuster.

Levenson, H., Svatovic, M. (2009). The EFT knowledge and compehency scale: construction and psychometric properties. Unpublished manuscript. Accessed at: www.iceeft.com/Downloads/knowledge&CompetencyScale.pdf

Lewis, T., Amini, F., Lannon, R. (2000). *A General Theory of Love*. New York: Random.

Lietaer, G., Rombauts, J., van Balen, R. (1990). *Client-Centered and Experiential Psychotherapy in the Nineties*. Leuven, Belgium: Leuven University Press.

Liu, T., Wittenborn, A. (2011). Emotionally focused therapy with culturally diverse couples. In J. L. Furrow, S. M. Johnson, B. A. Bradley (Eds.), *The Emotionally Focused Casebook: New Direction in Treating Couples* (pp. 295–316). New York: Routledge.

Love, H. A., Moore, R. M., Stanish, N. A. (2016). Emotionally focused therapy for couples recovering from sexual addiction. *Sexual and Relationship Therapy*, 31 (2), 176–189.

Makinen, J. A., Johnson, S. M. (2006). Resolving attachment injuries in couples using EFT: steps toward forgiveness and reconciliation. *Journal of Consulting and Clinical Psychology*, 74, 1055–1064.

Martin, D. (2000). *Counseling and Therapy Skills* (2nd ed.) Prospect Heights, IL: Waveland Press.

Maté, G. (2010). *In The Realm of Hungry Ghosts*. Berkeley, CA: North Atlantic Books.

Mesman, J., van IJzendoorn, M. H., Sagi-Schwartz, A. (2016). Crosscultural patterns of attachment: universal and contextual dimensions. In J. Cassidy, P. R. Shaver (Eds.), *Handbook of Attachment: Theory, Research, and Clinical Applications* (3rd ed., pp. 852–877). New York: Guilford Press.

Mikulincer, M., Shaver, P. R. (2015). Boosting attachment security in adulthood: the »broaden-and-build« effects of security-enhancing mental representations and interpersonal contexts. In J. A. Simpson, W. S. Rhodes (Eds.), *Attachment Theory and Research: New Directions and Emerging Themes* (pp. 124–144). New York; Guilford Press.

Mikulincer, M., Shaver, P. R. (2016). *Attachment in Adulthood: Structure, Dynamics, and Change* (2nd ed.). New York: Guilford Press.

Minuchin, S., Fishman, H. C. (1981). *Family Therapy Techniques*. Cambridge, MA: Harvard University Press.

Montagno, M., Svatovic, M., Levenson, H. (2011). Short-term and long-term effects of training in emotionally focused couple therapy: professional and personal aspects. *Journal of Marital and Family Therapy*, 37 (4), 380–392.

Ogner, R. (2015). Re: Growing in our craft decades in and on. ICEEFT members'electronic mailing list: therapists@list.efters.com), 14. August.

Paivio, S. C., Pascual-Leone, A. (2010). *Emotion-focused Therapy for Complex Trauma: An Integrative Approach*. Washington, DC: American Psychological Association.

Palmer, G., Johnson, S. M. (2002). Becoming an emotionally focused couple therapist. *Journal of Couple & Relationship Therapy*, 1 (3), 1–20.

Panksepp, J. (2003). Feeling the pain of social loss. *Science*, 302, 237–239.

Panksepp, J. (2010). Affective neuroscience of the emotional BrainMind: evolutionary perspectives and implications for understanding depression. *Dialogues in Clinical Neuroscience*, 12 (4), 533–545.

Panksepp, J., Solms, M., Schläpfer, T. E., Volker, A. (2014). Primaryprocess seperation-distress (panic/grief) and reward eagerness (seeking) process in the ancestral genesis of depressive affect and addictions. In M. Mikulincer, P. R. Shaver (Eds.), *Mechanism of Social Connection: From Brain to Group* (pp. 33–53). Washington, DC: American Psychological Association.

Perls, F. S. (1969). *Gestalt Therapy Verbatim*. Lafayette, CA: Real People.

Pinel, J. P. (2015). *Introduction to Biopsychology* (9th ed.). Harlow: Pearson Higher Education.

Porges, S. W. (2011). *The Polyvagal Theory: Neuro-physiological Foundations of Emotions, Attachment, Communication, Self-Regulation*. New York: Norton.

Porges, S. W. (2015). Making the world safe for our children: down-regulating defence and up-regulating social engagement to ›optimise‹ the human experience. *Children Australia*, 40, 114–123.

Response to AASECT position statement (2016). Accessed at: www.iitap.com/blog/2016/12/14/reponse-to-aasect-position-statement/

Rheem, K. (2012). Helping a combat vet face his vulnerability: connecting with the shut-down client. *Psychotherapy Networker*, 36 (3). www.psychotherapynetworker.org

Rice, L. N. (1974). The evocative function oft he therapist. In D. A. Wexler, L. N. Rice (Eds.), *Innovations in Client-Centered Therapy* (pp. 289–311). New York: Wiley.

Rice, L. N., Koke, C. J., Greenberg, L. S., Wagstaff, A. (1979). *Manual for Client Vocal Quality*. Toronto: York University Counselling and Development Centre.

Robertson, J. (1952). *A Two-year-old Goes to Hospital* (DVD). Zugriff am 08.09.2020 unter https://www.youtube.com/watch?v=s14Q-_Bxc_U

Rogers, C. R. (1961). *On Becoming a Person*. London: Constable.

Rogers, C. R. (1980). *A Way of Being*. New York: Houghton Mifflin.

Rogers, C. R. (1986). Reflection of feelings. *Person Centered Review*, 1, 375–377.

Safran, J. D., Greenberg, L. S. (1991). *Emotion, Psychotherapy, and Change*. New York: Guilford Press.

Sahdra, B. K., Shaver, P. R. (2013). Comparing attachment theory and Buddhist psychology. *International Journal for the Psychology of Religion*, 23 (4), 282–293.

Sandberg, J. G., Knestel, A. (2011). The experience of learning emotionally focused couples therapy. *Journal of Martial and Family Therapy*, 37 (4), 398–410.

Sexton, T., Coop Gordon, K., Gurman, A., Lebow, J., Holtzworth-Munroe, A., Johnson, S. (2011). Guidelines for classifying evidence-based treatments in couple and family therapy. *Family Process*, 50, 377–392.

Shaver, P. P., Mikulincer, M. (2006). A behavioral systems approach to romantic love relationships: attachment, caregiving, and sex. In R. J. Sternberg, K. Weiss (Eds.), *The New Psychology of Love* (2nd ed., pp. 35–64). New Haven, CT: Yale University Press.

Shaver, P. P., Mikulincer, M. (2014). Attachment bonds in romantic relationships. In M. Mikulincer, P. R. Shaver (Eds.), *From Brain to Group* (pp. 273–290). Washington, DC: American Psychological Association.

Siegel, D. J. (2009). Emotion as an integration: a possible answer to the question, what is emotion? In D. Fosha, D. J. Siegel, M. F. Solomon (Eds.), *The Healing Power of Emotion: Affective Neuroscience, Deleopment & Clinical Practice* (pp. 145–171). New York: Norton.

Siegel, D. J. (2010). *The Mindful Therapist: A Clinician Guide to Mindsight and Neural Integration*. New York: Norton.

Siegel, D. J. (2012). *The Developing Mind: How Relationships and the Brain Interact to Shape Who We Are* (2nd ed.). New York: Guilford.

Simpson, L. E., Doss, B. D., Wheeler, J., Christensen, A. (2007). Relationship violence among couples seeking therapy: common couple violence or battering? *Journal of Marital and Family Therapy*, 33 (2), 270–283.

Simpson, J., Rholes, W. (1994). Stress and secure base relationships in adulthood. In K. Bartholomew, D. Perlman (Eds.), *Attachment Process in Adulthood* (pp. 181–204). London: Jessica Kingsley.

Simpson, J., Rholes, W. (2015). *Attachment Theory and Research: New Directions and Emerging Themes*. New York: Guilford Press.
Snyder, D. K., Castelani, A. M., Whisman, M. A. (2006). Current status and future directions in couple therapy. *Annual Review of Psychology*, 57, 317–344.
Stangl, W. (2020a). Coping-Strategien. *Online Lexikon für Psychologie und Pädagogik*. Zugriff am 08.09.2020 unter https://lexikon.stangl.eu/8135/coping-strategien/
Stangl, W. (2020b). Flow. *Online Lexikon für Psychologie und Pädagogik*. Zugriff am 08.09.2020 unter https://lexikon.stangl.eu/303/flow/
Stangl, W. (2020c). Resilienz. *Online Lexikon für Psychologie und Pädagogik*. Zugriff am 08.09.2020 unter https://lexikon.stangl.eu/593/resilienz/
Stern, D. N. (2004). *The Present Moment in Psychotherapy and Everyday Life*. New York: Norton.
Tilley, D., Palmer, G. (2013). Enactments in emotionally focused couple therapy: shaping moments of contact and change. *Journal of Marital and Family Therapy*, 39 (3), 299–313.
Tronick, E. Z. (1989). Emotion and emotional communication in infants. *American Psychologist*, 44, 112–119.
Tronick, E. Z. (2007a). »Still Face Experiment«. Zugriff am 08.09.2020 unter https://www.youtube.com/watch?v=apzXGEbZht0
Tronick, E. Z. (2007b). *The Neurobehavioral and Social-Emotional Development of Infants and Children*. New York: Norton.
Vangelisti, A. L. (2009). *Feeling Hurt in Close Relationships*. New York: Cambridge University Press.
Walant, K. B. (1995). *Creating the Capacity for Attachment: Treating Addictions and the Alienated Self*. New York: Jason Aronson.
Wiebe, S. A., Johnson, S. M. (2016). A review of the research in emotionally focused therapy for couples. *Family Process*, 55 (3), 390–407.
Wiebe, S. A., Johnson, S. M., Lafontaine, M.-F., Burgess Moser, T., Dalgleish, T. L., Tasca, G. A. (2017). Two-year follow-up outcomes in emotionally focused couple therapy: an investigation of relationship satisfaction and attachment trajectories. *Journal of Marital and Family Therapy*, 43 (2), 227–144.
Zuccarini, D. J., Johnson, S. M., Dalgleish, T. L., Makinen, J. A. (2013). Forgiveness and reconciliation in emotionally focused therapy for couples: the client change process and therapist interventions. *Journal of Marital & Family Therapy*, 39, 148–162.
Zuccarini, D., Karos, L. (2011). Emotionally focused therapy for gay and lesbian couples: strong identities, strong bonds. In J. L. Furrow, S. M. Johnson, B. A. Bradley (Eds.), *The Emotionally Focused Casebook: New Direction in Treating Couples* (pp. 317–342). New York: Routledge.